"神话学文库"编委会

主　编

叶舒宪

编　委

（以姓氏笔画为序）

马昌仪	王孝廉	王明珂	王宪昭
户晓辉	邓　微	田兆元	冯晓立
吕　微	刘东风	齐　红	纪　盛
苏永前	李永平	李继凯	杨庆存
杨利慧	陈岗龙	陈建宪	顾　锋
徐新建	高有鹏	高莉芬	唐启翠
萧　兵	彭兆荣	朝戈金	谭　佳

"神话学文库"学术支持

上海交通大学文学人类学研究中心

上海交通大学神话学研究院

中国社会科学院比较文学研究中心

陕西师范大学人文社会科学高等研究院

上海市社会科学创新研究基地——中华创世神话研究

"十二五""十三五"国家重点图书出版规划项目
第五届、第八届中华优秀出版物奖获奖作品

神话学文库
叶舒宪 主编

希腊神话与美索不达米亚
荷马颂歌与赫西俄德诗作中的类同和影响

GREEK MYTHS AND MESOPOTAMIA

［英］查尔斯·彭格雷斯（Charles Penglase）◎著
张 旭 祖晓伟 等◎译 唐 卉◎校译

陕西师范大学出版总社

图书代号 SK23N1142

Greek Myths and Mesopotamia: Parallels and Influence in the Homeric Hymns and Hesiod / by Charles Penglase / ISBN: 9780415157064

Copyright © 1994 by Routledge

Authorized translation from English language edition published by Routledge, part of Taylor & Francis Group LLC; All Rights Reserved.

本书原版由 Taylor & Francis 出版集团旗下，Routledge 出版公司出版，并经其授权翻译出版。版权所有，侵权必究。

Shaanxi Normal University General Publishing House Co. Ltd. is authorized to publish and distribute exclusively the Chinese (Simplified Characters) language edition. This edition is authorized for sale throughout Mainland of China. No part of the publication may be reproduced or distributed by any means, or stored in a database or retrieval system, without the prior written permission of the publisher.

本书中文简体翻译版授权由陕西师范大学出版总社有限公司独家出版并限在中国大陆地区销售，未经出版者书面许可，不得以任何方式复制或发行本书的任何部分。

陕版出图字：25 - 2019 - 103

图书在版编目（CIP）数据

希腊神话与美索不达米亚：荷马颂歌与赫西俄德诗作中的类同和影响 /（英）查尔斯·彭格雷斯著；张旭等译. —西安：陕西师范大学出版总社有限公司，2023.10
（神话学文库 / 叶舒宪主编）
ISBN 978 - 7 - 5695 - 3697 - 3

Ⅰ. ①希… Ⅱ. ①查… ②张… Ⅲ. ①神话—研究—古希腊 Ⅳ. ①B932.198.4

中国国家版本馆 CIP 数据核字（2023）第 113542 号

希腊神话与美索不达米亚：荷马颂歌与赫西俄德诗作中的类同和影响
XILA SHENHUA YU MEISUOBUDAMIYA: HEMA SONGGE YU HEXIEDE SHIZUO ZHONG DE LEITONG HE YINGXIANG
[英] 查尔斯·彭格雷斯 著　张 旭　祖晓伟 等译　唐 卉 校译

出 版 人	刘东风
责任编辑	刘存龙
责任校对	庄婧卿
出版发行	陕西师范大学出版总社
	（西安市长安南路 199 号　邮编 710062）
网　　址	http://www.snupg.com
印　　刷	中煤地西安地图制印有限公司
开　　本	720 mm × 1020 mm　1/16
印　　张	17.5
插　　页	4
字　　数	282 千
版　　次	2023 年 10 月第 1 版
印　　次	2023 年 10 月第 1 次印刷
书　　号	ISBN 978 - 7 - 5695 - 3697 - 3
定　　价	98.00 元

读者购书、书店添货或发现印刷装订问题，请与本公司营销部联系、调换。
电话：(029) 85307864　85303635　传真：(029) 85303879

"神话学文库"总序

叶舒宪

神话是文学和文化的源头，也是人类群体的梦。

神话学是研究神话的新兴边缘学科，近一个世纪以来，获得了长足发展，并与哲学、文学、美学、民俗学、文化人类学、宗教学、心理学、精神分析、文化创意产业等领域形成了密切的互动关系。当代思想家中精研神话学知识的学者，如詹姆斯·乔治·弗雷泽、爱德华·泰勒、西格蒙德·弗洛伊德、卡尔·古斯塔夫·荣格、恩斯特·卡西尔、克劳德·列维－斯特劳斯、罗兰·巴特、约瑟夫·坎贝尔等，都对20世纪以来的世界人文学术产生了巨大影响，其研究著述给现代读者带来了深刻的启迪。

进入21世纪，自然资源逐渐枯竭，环境危机日益加剧，人类生活和思想正面临前所未有的大转型。在全球知识精英寻求转变发展方式的探索中，对文化资本的认识和开发正在形成一种国际新潮流。作为文化资本的神话思维和神话题材，成为当今的学术研究和文化产业共同关注的热点。经过《指环王》《哈利·波特》《达·芬奇密码》《纳尼亚传奇》《阿凡达》等一系列新神话作品的"洗礼"，越来越多的当代作家、编剧和导演意识到神话原型的巨大文化号召力和影响力。我们从学术上给这一方兴未艾的创作潮流起名叫"新神话主义"，将其思想背景概括为全球"文化寻根运动"。目前，"新神话主义"和"文化寻根运动"已经成为当代生活中不可缺少的内容，影响到文学艺术、影视、动漫、网络游戏、主题公园、品牌策划、物语营销等各个方面。现代人终于重新发现：在前现代乃至原始时代所产生的神话，原来就是人类生存不可或缺的文化之根和精神本源，是人之所以为人的独特遗产。

可以预期的是，神话在未来社会中还将发挥日益明显的积极作用。大体上讲，在学术价值之外，神话有两大方面的社会作用：

一是让精神紧张、心灵困顿的现代人重新体验灵性的召唤和幻想飞扬的奇妙乐趣；二是为符号经济时代的到来提供深层的文化资本矿藏。

前一方面的作用，可由约瑟夫·坎贝尔一部书的名字精辟概括——"我们赖以生存的神话"（Myths to live by）；后一方面的作用，可以套用布迪厄的一个书名，称为"文化炼金术"。

在21世纪迎接神话复兴大潮，首先需要了解世界范围神话学的发展及优秀成果，参悟神话资源在新的知识经济浪潮中所起到的重要符号催化剂作用。在这方面，现行的教育体制和教学内容并没有提供及时的系统知识。本着建设和发展中国神话学的初衷，以及引进神话学著述，拓展中国神话研究视野和领域，传承学术精品，积累丰富的文化成果之目标，上海交通大学文学人类学研究中心、中国社会科学院比较文学研究中心、中国民间文艺家协会神话学专业委员会（简称"中国神话学会"）、中国比较文学学会，与陕西师范大学出版总社达成合作意向，共同编辑出版"神话学文库"。

本文库内容包括：译介国际著名神话学研究成果（包括修订再版者）；推出中国神话学研究的新成果。尤其注重具有跨学科视角的前沿性神话学探索，希望给过去一个世纪中大体局限在民间文学范畴的中国神话研究带来变革和拓展，鼓励将神话作为思想资源和文化的原型编码，促进研究格局的转变，即从寻找和界定"中国神话"，到重新认识和解读"神话中国"的学术范式转变。同时让文献记载之外的材料，如考古文物的图像叙事和民间活态神话传承等，发挥重要作用。

本文库的编辑出版得到编委会同人的鼎力协助，也得到上述机构的大力支持，谨在此鸣谢。

是为序。

致　　谢

"没有人是一座孤岛,可以在大海中独居。"约翰·邓恩(John Donne)这句不朽的名言非常适用于撰写学术专著的作者,当然,笔者也不例外。我很高兴能有机会感谢那些在本书创作期间提供帮助和支持的人们。

首先,我要感谢澳大利亚研究理事会,其三年来提供的大笔资金和研究员职位使本研究得以顺利进行。同时,我要感谢德国政府的大力支持,德意志学术交流中心允许我在海德堡与慕尼黑进行相关研究。我要感谢几位在我的研究中给予帮助并以不同方式表示鼓励的朋友。衷心感谢牛津大学东方研究所杰里米·布莱克(Jeremy Black)博士,他阅读了本书的大量内容,提出了有益的批评意见,纠正了我在苏美尔与阿卡德语言研究中的一些错误,尤其是与他广泛深入的讨论使我受益匪浅。感谢苏黎世大学古典文学系瓦尔特·伯克特(Walter Burkert)教授阅读拙作并提出很有价值的评论,感谢他的支持。感谢我的德国同事海德堡大学中东语言与文化研究所卡尔海因茨·戴勒(Karlheinz Deller)教授和哈特穆特·韦措尔特(Hartmut Waetzoldt)教授,以及慕尼黑大学亚述学与赫梯学研究所迪茨奥托·埃查德(Dietz Otto Edzard)教授和克劳斯·维尔克(Claus Wilcke)教授,他们在我造访之时给予了热情接待。感谢牛津大学奥里尔学院罗伯特·帕克(Robert Parker)博士、牛津大学圣体学院罗宾·奥斯本(Robin Osborne)博士、澳大利亚纽卡斯尔大学古典文学系休奇·林赛(Huge Lindsay)先生,他们对本书作出了相关评论。最后,我要衷心感谢我的母亲,澳大利亚纽卡斯尔大学社区规划系的贝西娅·彭格雷斯(Bethia Penglase)博士,感谢她在措辞及学术上对我的帮助,以及她坚持不懈的支持。

查尔斯·彭格雷斯

缩 略 语

ARV——J. D. Beazley：《阿提卡红彩花瓶画》（*Attic Red-Figure Vase Painters*），第二版，第一卷及第二卷，牛津：克拉伦登出版社，1963。
AV——《伊什塔尔下冥府》（*Ishtar's Descent to the Netherworld*）
ID——《伊南娜下冥府》（*Inanna's Descent to the Netherworld*）

时期：见下页年代表
NS——新苏美尔
OB——古巴比伦
MB——中巴比伦
NB——新巴比伦
LB——后巴比伦
SB——标准巴比伦
OA——古亚述
MA——中亚述
NA——新亚述

杂志名的缩写形式，见 Leland G. Alkire，Jnr 编著：《期刊名缩略语》（*Periodical Title Abbreviations：By Abbreviation*），第四版，底特律：盖尔研究公司，1983。

年代顺序表

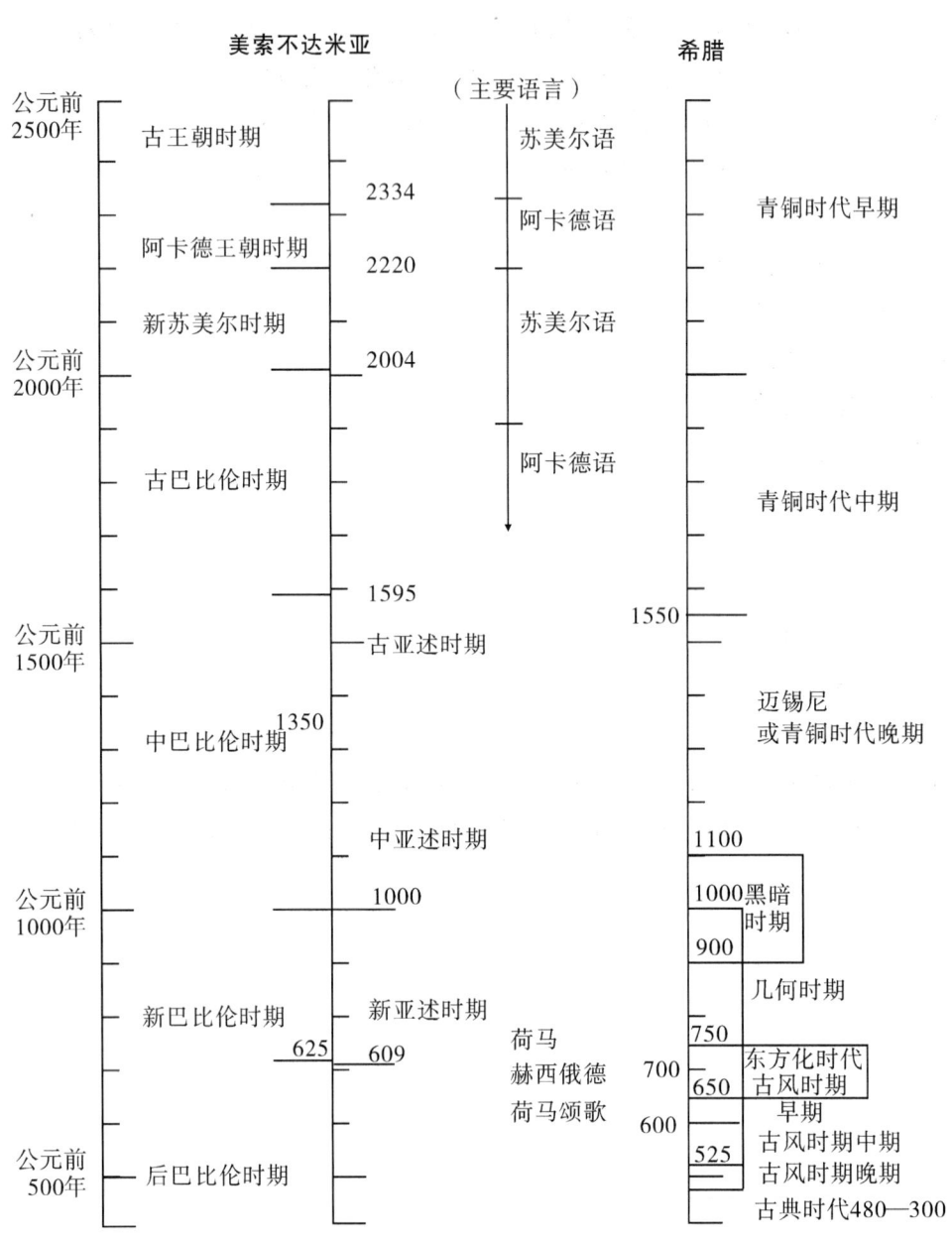

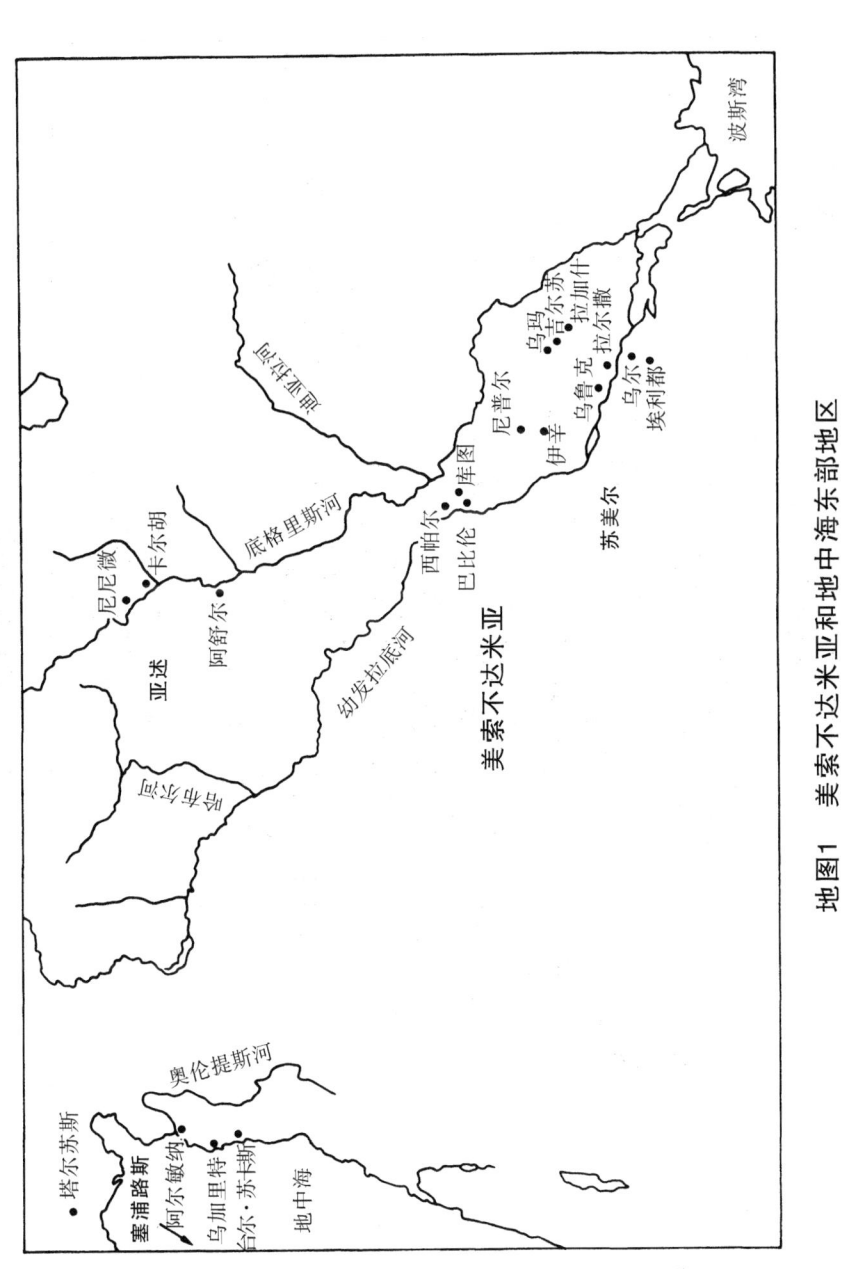

地图1 美索不达米亚和地中海东部地区

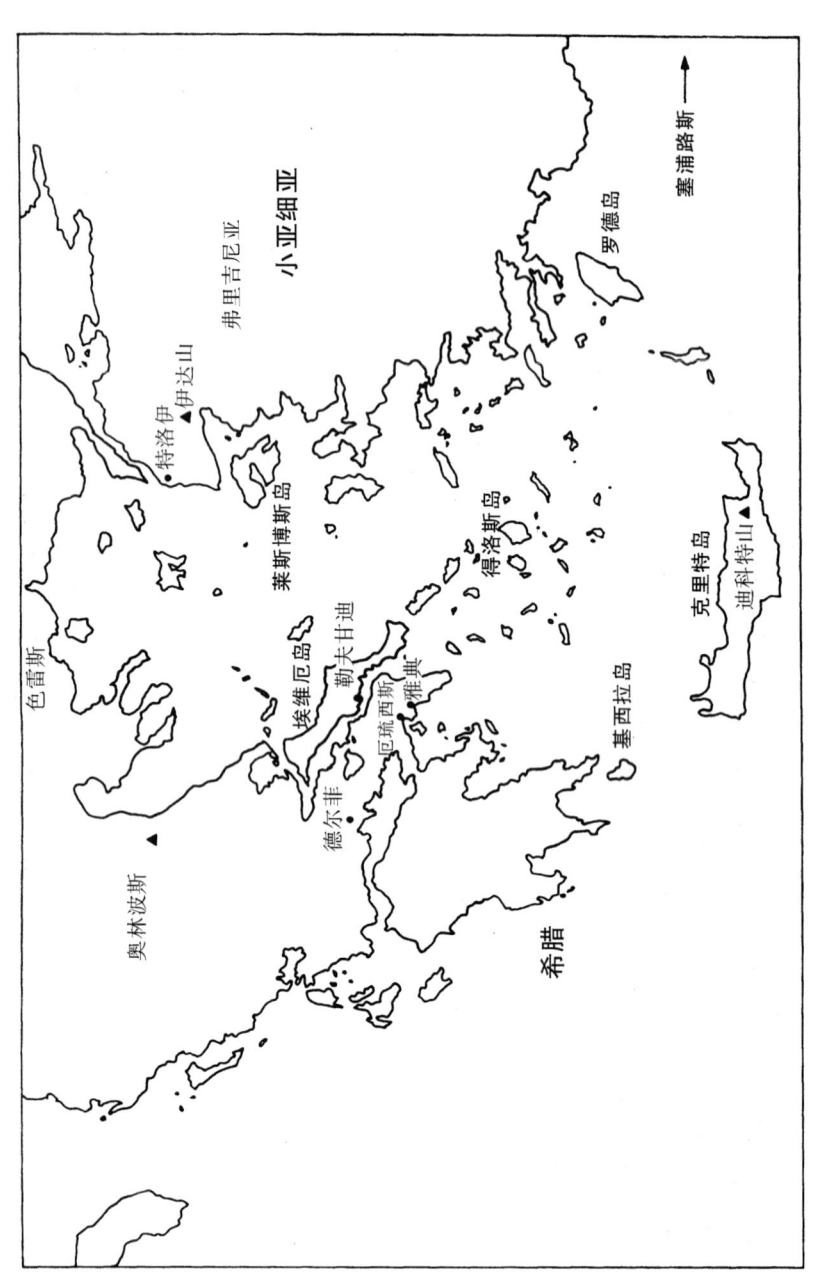

地图2 希腊和爱琴海

目　　录

第一章　基本原理 / 001

第二章　伊南娜 / 012

第三章　尼努尔塔 / 040

第四章　从埃库尔到奥林波斯 / 060

第五章　荷马颂歌致阿波罗 / 062

第六章　荷马颂歌致得墨忒耳 / 104

第七章　阿芙洛狄忒神话和她的起源 / 131

第八章　赫尔墨斯和宙斯之旅 / 149

第九章　潘多拉、普罗米修斯和恩基神话 / 164

第十章　雅典娜的诞生 / 192

结　语 / 198

附录一　阴间女王埃列什吉伽尔 / 205

附录二　美索不达米亚文学的若干资料 / 207

参考书目 / 211

索　引 / 232

第一章 基本原理

阿波罗（Apollo）阔步穿过奥林波斯的厅堂，拉着他那把闪闪发光的弓。一看到这位年轻的神灵，众神便惊恐地从座位上一跃而起。阿波罗的母亲勒托（Leto）走上前去，从鲁莽的儿子手中拿过弓和箭筒，挂在一根金钩上。她吩咐阿波罗坐下，并将他引见给他的父亲——至高无上的神宙斯（Zeus）。宙斯赐予他神酒（nectar）和仙肴（ambrosia）。

这一场景出现在《荷马颂歌致阿波罗》的开篇，描绘的是年轻的神灵阿波罗首次出现在众神集会上的情景。该场景具有典型的希腊风格，但是，如同整个颂歌一样，其中包含着丰富的主题和思想，它们是美索不达米亚神话的中心要素。事实上，荷马颂歌中这些主题思想的深刻含义和目的只有从美索不达米亚神话的角度看才能清晰地反映出来，它们出现在公元前第三千纪末期到公元前第一千纪中期这段时期的文本当中。

《荷马颂歌致阿波罗》并非个例。古风时代早期，还有几个希腊神话不仅在其对应的内容、数量和范围上很近似，而且众神活动所隐含的思想意义也趋于一致。这些思想对本书分析的神话至关重要，本研究在讨论希腊神话时只涉及古风时代早期或稍后时期的文学作品，主要包括篇幅较长、大部分创作于公元前7世纪的荷马颂歌，以及比荷马颂歌略早的赫西俄德（Hesiod）的诗篇《神谱》（*Theogony*）和《工作与时日》（*Works and Days*）。这一关于美索不达米亚和希腊神话的对应与影响研究，几乎全都涉及旅程，其中遵循的主要思想之一便是神在旅程中获取权力并行使权力。

近东与希腊神话的对应及影响研究已经持续了很长时间，并取得了不同程度的成功。长久以来，包括美索不达米亚在内的一些近东起源和影响在希腊宗教和神话的某些领域被广为接受。与近东资料的对应最为著名的，可能要属赫西俄德的《神谱》。本研究的主干即承继神话当中已经发现和胡利安（Hurrian）/赫梯（Hittite）、美索不达米亚尤其是巴比伦（Babylon）有着密切的相似。

自近东文本得到发掘及重构以来,这些对应就已经被详细论述过。① 多数情况下,对照的困难之处在于其中涉及何种关联。就赫西俄德的《神谱》来看,近东影响被广泛接受。

就女神阿芙洛狄忒(Aphrodite)而言,她不仅仅是神话影响的产物,而且还受到宗教甚至是崇拜的影响。古典主义者一般认为,古希腊人崇拜的这位女神有诸多特征都是从美索不达米亚主神伊什塔尔(Ishtar)身上借鉴而来的。就连那些寻找希腊神话及宗教的印欧源头的学者也倾向于承认,阿芙洛狄忒似乎承继了美索不达米亚女神或其衍生神的特征。②

20 世纪 70 年代至 80 年代初,杰奎琳·杜契明(Jacqueline Duchemin)指出

---

① Hans Gustav Güterbock, 'The Hittite Version of the Hurrian Kumarbi Myths: Oriental Forerunners of Hesiod', AJA 52 (1948) 123 – 134; W. G. Lambert and P. Walcot, 'A New Babylonian Theogony and Hesiod', *Kadmos* 4 (1965) 64 – 72; P. Walcot, *Hesiod and the Near East*, University of Wales Press, Cardiff, 1996, passim; M. L. West ed., *Hesiod Theogony*, Clarendon Press, Oxford, 1966, pp. 19ff; G. Komoróczy, 'The Separation of Sky and Earth', AAntHung 21 (1973) 21ff.; G. S. Kirk, *The Nature of Greek Myths*, Penguin Books, Harmondsworth, 1974, pp. 26 – 27, 116ff.; Jacqueline Duchemin, *Prométhée: Histoire du mythe, de ses origines orientales à ses incarnations modernes*, Société d'éition《Les belles lettres》, Paris, 1974, pp. 33ff.; Jacqueline Duchemin, 'Les mythes de la Théogonie hésiodique. Origines orientales: Essai d'interprétation', in Jean Hani, ed., *Problèmes du mythe et de son interprétation*, Actes du Colloque de Chantilly (24 – 25 avril 1976), Société d'éition《Les belles lettres》, Paris, 1979, pp. 51 – 67; Albert I. Baumgarten, *The Phoenician History of Philo of Byblos: A Commentary*, E. J. Brill, Leiden, 1981, pp. 94 – 139; Henry Podbielski, 'Le mythe cosmogonique dans la *Théogonie* d'Hésiode et les rites orientaux', LEC52 (1984) 207 – 216; Robert Mondi, 'The Ascension of Zeus and the Composition of Hesiod's *Theogony*', GRBS25 (1984) 342ff.; M. L. West, 'Hesiod's Titans', JHS 105 (1985) 174 – 175; Gérard Naddaf, 'Hésiode, précurseur des cosmogonies grecques de type 《évolutioniste》', RHR 203 (1986) 339 – 364; Friedrich Solmsen, 'The Two Near Eastern Sources of Hesiod', *Hermes* 117 (1989) 413 – 422; Robert Mondi, 'Greek Mythic Thought in the Light of the Near East', in Lowell Edmunds, ed., *Approaches to Greek Myth*, Johns Hopkins University Press, Baltimore and London, 1990, pp. 151ff. and *passim*; Christoph Auffarth, *Der drohende Untergang: 'Schöpfung' in Mythos und Ritual im Alten Oriten und in Griechenland am Beispiel der Odyssee und des Ezechielbuches*, Walter de Gruyter, Berlin and New York, 1991, pp. 129 – 130.

② Kirk, *The Nature of Greek Myths*, p. 258; Walter Burkert, *Greek Religion*, Harvard University Press, Cambridge (Mass.) and London, 1985, pp. 152ff., and *The Orientalizing Revolution: Near Eastern Influence on Greek Culture in the Early Archaic Age*, Harvard University Press, Cambridge (Mass.) and London, 1992, pp. 97 – 99 (此书翻译、更新自 *Die orientalisierende Epoche in der griechischen Religion und Literatur*, Carl Winter Universitätsverlag, Heidelberg, 1984); Lewis Farnell, *The Cults of the Greek States*, II, Clarendon Press, Oxford, 1896, pp. 618ff.; Hans Herter, 'Die Ursprünge des Aphroditecultes', pp. 61 – 76 in *Éléments orientaux dans la religion grecque ancienne*, Travaux du Centre d'Études Supérieures spécialisé d'histoire des religions de Strasbourg, Colloque de Strasbourg, 22 – 24 mai 1958, Presses Universitaires de France, Paris, 1960; Deborah D. Boedeker, *Aphrodite's Entry into Greek Epic*, Mnemosyne Supplement 32, E. J. Brill, Leiden, 1974, pp. 5 – 6; Paul Friedrich, *The Meaning of Aphrodite*, University of Chicago Press, Chicago, 1978, pp. 9 – 10, 22 – 23.

赫西俄德诗篇中一处明显受美索不达米亚影响的例证。杜契明和其他一些学者还讨论了潘多拉（Pandora）和普罗米修斯（Prometheus）神话中神灵普罗米修斯与恩基（Enki）的一些相关神话中神灵恩基的角色和功能之间的相似之处。①

尽管这些经过讨论的话题引人注目，但事实上，普罗米修斯神话、潘多拉神话与恩基神话中仍有大量的相似性没有得到解释。在潘多拉的塑造、人类的起源及早期人类历史中，这些对应尤为显著。大洪水的故事就是最明显的主题之一，这一因素已经受到广泛讨论，仍有更多相似的思想及主题都直指美索不达米亚。

多数相似在赫西俄德的作品《神谱》和《工作与时日》中均有发现，这两部作品创作于古风时期早期或略早时期。这一时期还有其他作品讨论了与近东，尤其是美索不达米亚材料中的对应。其中最为著名的是荷马的《伊利亚特》。人们普遍认为，荷马史诗稍早于赫西俄德的《神谱》。荷马生活于公元前750年至公元前700年之间。瓦尔特·伯克特曾强调过两者几处颇有可能相似的地方。其中一组是俄开阿诺斯和妻子忒堤丝与巴比伦神阿普苏（Apsu）和提亚玛特（Tiamat）夫妇，他们分别代表淡水神和咸水神。② 人们称俄开阿诺斯与忒堤丝是众神乃至万物的起源（《伊利亚特》14.201，246，302），而在巴比伦宇宙史诗《埃努玛·埃利什》中，阿普苏和提亚玛特则是包括众神在内万物的起源（泥版 I.1—5）。③ 另一组对应见于，阿芙洛狄忒为狄俄墨得斯所伤，回到奥林波斯山向父亲宙斯和母亲狄娥奈抱怨的场景（《伊利亚特》5.311—430）；《吉尔伽美什史诗》中伊什塔尔为吉尔伽美什（Gilgamesh）所辱，去天堂向父亲阿努（Anu）和母亲安图（Antu）抱怨的场景（泥版 VI.1—106）。这两个场景中有几

---

① Jacqueline Duchemin, *Prométhée*; 'Le mythe du Déluge retrouvé dans des sources grecques?', RHR 189 (1976) 142 – 144; 'Le Zeus d'Eschyle et ses sources proche-orientales', RHR 197 (1980) 27 – 44; also her 'Le mythe de Prométhée et ses sources orientales', REG 88(1975) viii – ix.

② 和 A. Kragerud 对比，伯克特认为在《埃努玛·埃利什》中他们分别在水的上层和下层：《〈埃努玛·埃利什〉中创造的概念》，见 C. J. Bleeker, S. G. F. Brandon and M. Simon, eds., *Ex Orbe Religionum: Studia Geo Widengren*, vol. 1, E. J. Brill, Leiden, 1971, p. 41。

③ Walter Burket, 'Oriental Myth and Literature in the Iliad', in Robin Hägg, ed., *The Greek Renaissance of the Eighth Century BC: Tradition and Innovation*，第二次国际学术研讨会于1981年6月1—5日在雅典的瑞典研究所召开, P. Aström, Stockholm, 1983, p. 54; 'Homerstudien und Orient', in Joachim Latacz, ed., Zweihundert Jahre Homer-Forschung: Rückblick und Ausblick, B. G. Teubner, *Stuttgart and Leipzig*, 1991, p. 171; Auffarth, *Der drohende Untergang*, pp. 131 – 140。

处相似。①

除了这几处相似之外,在希腊神话与美索不达米亚神话之间,还有许多其他相似和已经被指出的影响迹象。其中有些相似是复杂的、极为详尽的,有些则只是一些暗示。②

研究希腊神话中美索不达米亚影响的文字艰深难懂,因而采取适当的方法极为重要。为确立影响关系,或者至少清楚影响的可能性,要经历两个重要的步骤:第一步,必须确立历史上两个地区存在影响的可能性;第二步,两个地区神话之间的相似必须符合一套极为严格的相关标准。

第一步确立历史上存在影响的可能性中包含两个主要部分。首先,两个地区之间必须存在某种联系,如贸易往来和文化交流。文化交流一般都紧随贸易往来之后。其次,两个地区进行贸易或其他接触的前提条件是,一定形式的文学作品已经存在。

该方法的第二步是证实美索不达米亚文学作品与希腊文学作品之间的确在本质上存在着相似之处。为表明影响或存在影响的可能性,诸多相似之处必须能够符合一套适当的标准。

因此,首要问题在于证实美索不达米亚与希腊之间存在接触及这种接触所出现的时期。希腊在两段时期内明显受到包括美索不达米亚在内的近东地区的影响,这一影响体现在贸易往来和文化交流上。第一个时期是公元前13世纪—前14世纪的迈锡尼时期晚期,当时的希腊人在塔尔苏斯等城市和叙利亚西北部建立了定居点。第二个接触广泛的时期在公元前第一个千年:一种观点认为始于公元前800年,另一种观点认为始于公元前850年。当时希腊向近东各种文化包括美索不达米亚文化敞开胸怀。这两个时期是频繁接触的时期,其间涉及贸易中心的建立。这两个时期之间是所谓的"黑暗时代",没有诸如此类贸易活动

---

① Walter Burket, *The Orientalizing Revolution*, pp. 96 – 99.

② 参见 Walter Burket, *The Orientalizing Revolution*, pp. 96 – 99. 另外,最近的关于这个问题的作品有: G. S. Kirk, 'Greek Mythology: Some New Perspectives', JHS92 (1972) 74 – 85, *The Nature of Greek Myths*, pp. 254, 274; Gerald K. Gresseth, 'The Gilgamesh Epic and Homer', CJ70/4 (1975) 1 – 18; Walter Burket, 'Itinerant Diviners and Magicians: A Neglected Element in Cultural Contacts', in Hägg, ed., *The Greek Renaissance*, pp. 115 – 119; Walter Burket, 'Oriental and Greek Mythology: The Meeting of Parallels', in Jan Bremmer, ed., *Interpretations of Greek Mythology*, Croom Helm, London and Sydney, 1987, pp. 10 – 40; Christopher A. Faraone, 'Hephaistos the Magician and Near Eastern Parallels for Alcinous' Watchdogs', GRBS 28 (1987) 257 – 280.

广泛的迹象，但稀疏的联系仍然存在——尽管相对有限。近期，埃维厄岛的勒夫甘迪出土了公元前 10 世纪—前 9 世纪的近东手工艺品，这强有力地证明了上述观点。① 而在此之前，根据一些能够反映近东起源或近东影响的残存陶瓷和其他物件，学者们就已经得出结论，认为在这两个接触较为频繁的时期之间存在一定程度的持续接触。② 然而，希腊现存材料中最显著的效果见于希腊艺术的东方化时期，这一时期从公元前 750 年到公元前 650 年左右，持续了一个世纪之久。在公元前第一个千年，希腊人普遍返回到同一区域，以及诸如台尔·苏卡斯等其他地方。③ 一般说来，与近东这一地区接触加强的这两个时期，是亚述人掌权的时期。当然，并不排除巴比伦人的影响，只是在公元前第一个千年间，希腊与美索不达米亚之间有联系主要归因于亚述人的活动，尤其是始于公元前 9 世纪的西部扩张活动，特别是公元前 8 世纪中期以后提革拉-帕拉萨三世的活动。因此，在这些时期，美索不达米亚与希腊之间存在广泛接触，而在公元前 9 世纪后半叶重建密切联系前的几个世纪里，可能存在着有限的联系。

该方法的第二部分存在于构建影响的历史可能性的过程当中，它考察的是彼时是否存在相关文学资料。与此研究相关的美索不达米亚作品似乎至少在新亚述时代还存在，正是这些著作，或者说著作中的思想，能够影响此处所分析的希腊作品的最晚一个时期。关于美索不达米亚文学，包括作品的组成年代和现存泥版的日期，在分析这些作品的相关章节将进行必要的讨论。在公元前第

---

① Peter Blome, 'Die dunklen Jahrhunderte – aufgehellt', Latacz, ed., *Zweihundert Jahre Homer-Forschung*, pp. 45–47, 58–60; Günter Kopcke, *Handel*, Archaeologia Homerica, Kapitel M, Vandenhoeck & Ruprecht, Göttingen, 1990, pp. 90–100; Auffarth, *Der drohende Untergang*, p. 142.

② Jeffrey H. Hurwit, *The Art and Culture of Early Greece*, 1100–480 BC, Cornell University Press, Ithaca and London, 1985, pp. 125ff.; Burket, *Greek Religion*, p. 52; Martin Robertson, *A History of Greek Art*, Cambridge University Press, Cambridge, 1975, p. 21.

③ West, *Hesiod: Theogony*, p. 28; P. J. Riis, *Sukas I*, Copenhagen, 1970, pp. 127, 161–162; Dolores Hegyi, 'Die Griechen und der Alte Orient in 9. bis 6. Jahrhundert v. Chr.', in Hans-Jörg Nissen and Johannes Ringer, eds., *Mesopotamien und seine Nachbarn. Politische und kulturelle Wechselbeziehungen im alten Vorderasien vom 4. bis 1. Jahrtausend v. Chr.*, 25e Rencontre Assyriologique Internationale (1978 Berlin), Berliner Beiträge zum Vorderen Orient 1, Dietrich Reimer Verlag, Berlin, 1982, pp. 531–538; Peter Walcot, *Hesiod and the Near East*, University of Wales Press, Cardiff, 1966, pp. 53–54; William Culican, *The First Merchant Venturers*, Thames & Hudson, London, 1966, pp. 90–94; John Boardman, *The Greeks Overseas*, Penguin Books, Harmondsworth, 1964, pp. 61–69; E. Gjerstad, 'The Stratification at Al-Mina (Syria) and its Chronological Evidence', *Acta Archaeologica* 45 (1974) 107–123; J. M. Cook, *The Greeks in Ionia and the East*, Thames & Hudson, London, 1965, pp. 64–65; Walter Burket, 'Oriental and Greek Mythology: The Meeting of Parallels', in Bremmer, ed., *Interpretations of Greek Mythology*, p. 13.

一千纪的图书馆存在的时间,也将在与希腊神话相关的章节中予以讨论。多数相关文本的泥版存在于新亚述时期的图书馆中,这一时期美索不达米亚与希腊有着频繁接触。

图书馆中的文学文本显然不限于个别抄写作品。例如,赫梯首都哈图沙遗址中就发现了吉尔伽美什史诗的一种版本。事实上,文本用途的扩展和民众对故事的熟悉程度已有显露,即抄写员拿着泥版的抄写本教授私立学校的学生学习该文本。此外,毫无疑问,各种宗教崇拜中的崇拜者已然知晓故事和神话。诚然,人们期望更多地了解这些故事并深入认识故事中的思想,因为它们构成了美索不达米亚信仰体系的部分基础。故事与思想从一种文化传播到另一种文化,其形式与方法可以是多种多样的。由于这一话题涉及现在的人们所认知的美索不达米亚与希腊,也仅仅是推测,所以并不是本研究的关注点,因为这对目前的探讨无关紧要。

该方法的第二阶段涉及对神话中相似之处的讨论,这是本书的主要部分。首先,若有任何关于相似之处或影响迹象的恰当标准,那么在论述中谨慎遵守这些标准极为重要。热切探寻浅显的相似之处极易,但经不起仔细推敲。因此,相似之处所隐含的思想必须类似。其次,为表明任何影响的迹象,相似之处应数目繁多,内容复杂、详尽,且相关概念的用法类似。而且,理想上,相似之处应指向美索不达米亚的一部具体神话或一组相关神话。最后,相似之处以及它们类似的潜在思想必须包含所对比作品的核心要素。① 只有这样,所得观点才可能比纯属巧合更具说服力,才值得慎重考虑。这些标准也要求使用文学作品,因为唯有文学作品才能提供必要的语境,使得主题背后的潜在思想及其他特征得以确认并充分说明。本书通过对比美索不达米亚神话与希腊神话得出了两者间大量的相似之处。尽管该方法的标准十分严格,但只有遵循这些标准,本研究的成果,即对影响的评估才会被视为可靠。

这里分析的所有神话都涉及神的旅行,神话之间的比较几乎完全建立在这些旅行的结构成分与旅行所表述的思想之上。其中的中心思想之一,是旅行之中神对神力的获取与展示。这一"神力之旅"是旅行序列中神的表现的主要目

---

① Robin Osborne, 'Orientalism in Eighth-and Seventh-Century Greece', 未公开出版的文章, Corpus Christi College, Oxford, 1990。

的之一，它贯穿于美索不达米亚神话与希腊神话。在这些神话中，它往往形成一种语境，使得其他很多思想能够被清楚理解和定义。

在对美索不达米亚和希腊神话思想的相似之处进行评估之前，应对美索不达米亚神话中神力之旅的思想进行彻底论证。这一思想在希腊神话的比较之中占据特殊地位，它与旅行序列一道，共同形成了对其他许多特征进行定义的语境。鉴于目前的美索不达米亚神话研究尚未对这一思想予以全面论述，本书前两章将聚焦美索不达米亚神话中的旅行及相关思想。神话中的其他特征在随后的希腊神话讨论之中也很重要，我们将在相关旅行与神力的讨论之中有所涉及。

本书对旅程神话的对比集中于旅程所表达的思想或主题上，而非它们的具体体现上。这些具体体现因神话不同而存在着巨大差异。例如，尼努尔塔（Ninurta）返回尼普尔（Nippur）时的战车和战利品本身并不重要，重要的是，这些东西代表了神在当时情况下的神力，从其他因素来看，它们具有重大功能。与之相似，伊什塔尔从冥界上升时所穿戴的服饰并不重要，重要的是，这些服饰与尼努尔塔的战车和战利品一样，象征着旅行之中的神力。又如，《吉尔伽美什史诗》中吉尔伽美什从海底拔出的物品的重要性在于它是生命之食，是神力的另一象征。至于它是一株植物，还是一片珊瑚，都无关紧要。这株植物作为生命之食的功能清晰地表露于故事的上下文当中。简而言之，本书关注的重点是故事中众神的行为以及相关因素背后隐含的思想，因为正是它们体现了相关民族的信仰体系。这是本研究分析神话的一个关键之处。

为了使阐述中的思想尽可能清楚，必须对某些概念加以定义。神话通常被定义为"传统故事"。[1] 本研究对此加以些许限定，即将神话视为众神与神界的故事，或涉及神界的故事。不过，本研究中希腊神话的"传统"本质有待讨论。这取决于诗人创作时对相关神话的改动程度及神话存在时间的长短。无论如何，由于本研究分析的是宗教神话文学作品，所以定义中纳入宗教因素的目的在于强调它构成了文学作品的核心要素，这些文学作品可能包括政治、宗教、社会、历史、崇拜、科学、环境、民间传说和其他因素，但宗教因素是其核心。

本研究聚焦于神话及其所涉及的材料背后的观念，这由其他术语反映出来。

---

[1] Kirk, *The Nature of Greek Myths*, pp. 19ff. ,30; Burket, *Greek Religion*, pp. 120 – 121, and *Structure and History in Greek Mythology and Ritual*, Sather Classical Lectures 47, University of California Press, Berkeley, 1979, pp. 1ff. ,23.

术语"主题"一般指叙述中某些特定因素背后的思想，如"声响"主题。这一主题隐藏在此类情境之后，如阿波罗前往奥林波斯山时弹奏竖琴，尼努尔塔前往尼普尔城时发出如暴风雨般的雷鸣之声。该术语有时则是神话中这一思想的具体体现，不过术语用法的区别总是清晰的。

术语"思想"一般指一个复杂的概念，如上升序列的概念，通常涉及很多主题。然而，它有时被用来指代另外被描述为主题的元素，不过只有当它强调主题是正在讨论的神话中的概念时才会发生这种情况。在阐述神话时，语境会明确该术语的相关含义。

解密神话中的思想的关键点在于方法，它构成了本研究分析的基础，同时也是一个至关重要的特征。简要分析第一手资料，即神话本身，会使思想脱离出来。应避免使用各种哲学方法论，如人类学、社会学、精神分析、列维－斯特劳斯的结构主义理论等等。① 这样做的目的在于尽可能地贴近神话，并在神话内部阐明结构和要素。在诠释神话时，研究者们把要素脱离出来后，会从其他方面对神话进行解读，如神话外部、文化的其他部分，甚至是超越神话的时间、文化背景。也就是说，通常会从素材的可能来源、社会环境及上述理论方法来解读神话，这似乎是个通则。诚然，这些方面在神话研究中占有一席之地，但在离开神话文本前，似乎有必要进一步审视神话中隐含的思想，并从神话内部探究可能造成影响的因素——独特而重复的模式。

换言之，其目的在于尽可能地让神话为自己发言：揭示反映出相关民族理论或信仰体系的结构，而不是将一种外部结构强加给神话。这至少是目标。这在理论上或许可行，但实际上非常困难，甚至可能无法实现。然而，研究者至少应努力达到这一目标。在实现这一目标的过程中，避免以上述哲学理论为前提至关重要，因为这些理论涉及了现代的信仰体系。如果将当代哲学方法应用于古代资料，不同民族、不同时代固有的信仰体系势必会附加给原材料。这相当于重写历史，使其以符合当今信条的形式呈现。如果这种方法同时有助于揭示过去社会的信仰，那或许可以接受。然而，它似乎只会掩盖古代人的宗教、

---

① 参照柯克关于不同的哲学方法：*The Nature of Greek Myths*, pp. 38 – 91，以及 'Aetiology, Ritual, Charter: Three Equivocal Terms in the Study of Myths', YCS 22 (1972) 83 – 102, 特别是 101—102 页。还有 Malcolm Heath, 'The Structural Analysis of Myth', CR33 (1983) 68 – 69, 关于列维－斯特劳斯结构主义和标准。

社会信仰，而这些信仰隐隐呈现于文本中，构成了写作文学作品的基础。如此一来，一个始终存在的风险便是歪曲神话中异常清晰的概念，从而使人们对古代社会产生大体错误的印象。因此，要避免以理论为前提来解读原始资料，而要通过直接分析文本的方法查明相关民族的理论体系，这一点至关重要。

做到完全客观，也就是摆脱哲学理论的主观性影响，即能够对现代的信仰体系及各种假说不予考虑。这有可能实现，也必须实现。恰当的方法似乎只能是在分析材料时摒弃任何先入之见，之后彻底审查结果中是否残留有可辨别的理论前提或个人情感。当然，由于不同的物质、精神环境，当代人与古代人有着不同的思维方式，因此当代人绝不可能完全置身于当前时代之外而进入另一时代，绝对客观似乎不可能实现。然而，客观的方法会使研究者尽可能地接近预期目标。这种客观性很难实现，但就此类研究而言，似乎并非无理的要求。

另一逻辑观点也支持避免以哲学理论为前提。在我看来，把包含宗教与社会的起源及性质假说的理论观点作为解读众神及其神话的基础，假定结果证实了最初的理论，这似乎构成了循环论证，这种情况极为不利。同样，也应避免使用理论的先验形式解读原始资料。先构成文学作品原始状态或神话原始形式的理论前提，再根据这一前提分析文本显然站不住脚。不幸的是，此类推理十分普遍。

美索不达米亚神话与希腊神话以文学作品的形式存在。然而，尽管神话具有文学本质，即它们以文学作品的形式写成并存在，但本研究不从文学作品的角度分析神话，这一方法频繁地应用于纯文学作品（belles-lettres），且不考虑宗教信仰体系的本质核心。要谨记，这些是宗教神话作品，它们向作者及读者传达了极为重要的信仰体系。关于神界及人在神界的地位的思想不是仅以文学效果为目的的文学主题思想。本研究所探讨的思想的深远、永恒意义由于其在两千多年间反复出现而得以证实。

文学作品的分析始于现存最早的一些神话学材料，即新苏美尔（NS）和古巴比伦时期（OB）的苏美尔作品。所讨论的材料是一直持续至公元前第一个千年的后半期的美索不达米亚宗教神话学遗产的一部分。希腊神话源于希腊资料，主要源于属于古风时代初期前后的荷马颂歌与赫西俄德作品。尽管古风时期早期之后的作品只是用来确认更早时期的材料，但是品达（Pindar）、埃斯库罗斯（Aeschylus）及其他作家也提供了有价值的材料。本书也会在相关部分涉足阿波罗多罗斯（Apollodorus）的《书库》（Bibliotheca）的概述，将其与古风时代初期的材料进行对比。本研究多半仅限于探讨文学作品，因为对神话所包含思想的精细分析及解读依赖于作品的语境。

由于本研究意图面向广大的读者群体，而后文引用了原始资料的部分段落，因此开始分析神话前，需要简要说明美索不达米亚语及其音译的书写方式。有两种美索不达米亚语，即苏美尔语和阿卡德语，它们都使用楔形文字。这种文字一般会转变为罗马字母，其结果有多个特质。苏美尔语和阿卡德语用楔形符号写成，通常刻在泥版上。楔形是指芦苇笔的楔形末端在泥版上刻写的符号形状，拉丁语为 cuneus。这些符号代表音节和字词而不是字母。写音节的方式通常有多种。例如，gu 有 14 种写法。① 苏美尔单词 gu 意为"牛"，但其同音词 gu 则指"线"，二者符号有别。可将数字附在符号上以示区别，这一般是根据相对频率进行。意为"线"的 gu 是 gu 的第一个符号，书写时没有数字。第二个符号用尖重音标识，因此第二个 gu 写作 gú。第三个以重音标识，即 gù；第四个及以后则标有数字，如 gu_4 指"牛"。符号也可以有几种值。代表音节的符号通过连字符连在一起组成词，例如：在句子 me šu ga-mu-ra-ab-du_7（"为了你，我会让神力变得完美"）中，连在一起的这组符号是个限定复合动词。这里使用了两个能够影响发音的变音符号：一个是 šu 中 s 上的钩号，该词发音如同英语单词 shoe；另一符号是 ĝ，发音如同 sing 中的 ng。字母 h 发音如同 loch 中的 ch。

苏美尔语是一种黏着语，其每个意义单位，如一个名词或动词，都以一个不变音节或多音节来表示。这一音节可能会被一系列的前缀和后缀修饰，如 é（房子）可变为 é-a-ni（他的房子），动词 ku_4（进入）可变为 ì-ku_4（他进入）。复合动词 ga-mu-ra-ab-du_7 由动词 du_7（变得完美或使其完美）加上一系列前缀组合而成。

阿卡德语沿用苏美尔语所使用的楔形文字。在不同历史时期，不同地理位置，主要的苏美尔楔形文字有不同的形式或变体，如公元前第一个千年的新亚述文字。符号可表示辅音加元音（如 ba），元音加辅音（如 ab），辅音加元音加辅音（如 tam），或语标。如 KÙ.BABBAR，这是苏美尔词，用以书写阿卡德词

---

① 关于楔形文字写苏美尔语和阿卡德语的全面阐述，见 C. B. F. Walker, *Cuneiform*, British Museum Press, London, 1987。

kaspum，意为"银""钱"。语标都用大写字母书写，其他符号则用小写。楔形符号通过音译并由连字符连在一起，转换成古巴比伦形式单词，如 *a-wi-lum*。这此后在阿卡德词中得到标准化，在必要时加上元音音长，如 *awīlum*（人）。有两种区分符号，即长音符号和音调符号。长音符号使元音变长，如 *awīlum* 中的情况；音调符号使元音缩短，如 *ukân* 中的情况。缩短的元音发音则为长元音。此外还有其他标记，如 *šarrum*（国王）一词中 s 上的钩号，这表示这一字母的发音如同 ship 中的 sh。又如 t 和 s 下面的着重号，ṭ的发音通常与正常的 t 一致，ṣ的发音通常为 ts，以示与 s 的区别。字母 h 的发音如同 loch 中的 ch。

依据惯例，阿卡德语以斜体书写，如 *ana šībūt sarrātim*，苏美尔语则采用普通形式，如 é-a-ni。阿卡德语是以三辅音词根为基础的闪族语，如 *rakābu*（骑）中的词根 rkb。书写系统是为苏美尔语设计的，因此不是很适用于阿卡德语。

总而言之，这些是语言音译的书写方式。希望以上这些简要概述足以使对此不熟悉的读者对后文分析苏美尔与阿卡德神话时所引用段落中的文字多少有些了解。

第二章　伊南娜

在美索不达米亚的女神中，伊南娜（Inanna）是最具扩张主义思想的一位。因此，在论述美索不达米亚旅程神话的神力因素研究中，我们恐怕应当首先关注她的活动。诚然，伊南娜是美索不达米亚众神中最为重要的女神，在所有女神中，流传下来的关于她的神话数量也是最多的。其最为人所知的身份是爱神、人类及动物的有性生殖之神，但她同时也是伟大的战争女神。在阿卡德文学中，她被称为伊什塔尔。在闪米特时代，伊什塔尔，这位伟大女神具备其他许多女性主神的职能和特性，如创世母亲女神宁图（Nintu）/玛弥（Mami），她的名字被普遍运用，泛指"女神"。在苏美尔文学中，这位女神地位的抬升过程显而易见。①

这位女神较为人所知的神话，有苏美尔版《伊南娜下冥府》，阿卡德版《伊什塔尔下冥府》《伊南娜和恩基》《伊南娜和埃比赫》《伊南娜和舒卡雷图达》。她还在各种各样的神话中担任次要角色，如苏美尔的《吉尔伽美什、恩启都和冥府》，以及后期的阿卡德巨著《吉尔伽美什史诗》。许多关于伊南娜的苏美尔颂歌流传下来，如 nin-me-šár-ra 和 in-nin šà-gur₄-ra。这两首颂歌都出自萨尔贡的女儿恩西杜安娜（Enheduanna）之手，她是苏美尔乌尔城（Ur）月神南纳神庙中的女祭司。阿卡德人也有很多歌唱伊什塔尔的颂歌。此外，还有一组神话讲述了她和爱人/配偶，即那位牧人/牧羊人杜姆兹（Dumuzi）之间的关系。②

以上部分神话与旅程有关，在这些神话中，女神为获取各种不同神力而奔赴各个目的地，随后携带她获取的神力返回。与此同时，这些神话与伊南娜相关的重大主题和思想，我们将在旅程与神力的讨论中予以提及。

以上几点的讨论中，伊南娜/伊什塔尔神话最重要的部分是《伊南娜下冥

---

① John Gardner and John Maier, *Gilgamesh: Translated from the Sîn-leqiunninnī Version*, Alfred A. Knopf, New York, 1984, pp. 20–22; J. Van Dijk, *Lugal ud me-lám-bi nir-ğál: Le récit épique et didactique des Travaux de Ninurta, du Déluge et de la Nouvelle Création*, vol. 1, E. J. Brill, Leiden, 1983, p. 41.

② 苏美尔及阿卡德文本的原本及译本见附录二。

府》、阿卡德版《伊什塔尔下冥府》《伊南娜和恩基》及 in-nin šà-gur₄-ra 颂歌中的一部分。本章的主要议题是伊南娜神话,但同时也会涉及达穆(Damu)的某些崇拜仪式等相关问题,尤其是 edin-na ú-saĝ-ĝá 和 TRS 8。达穆与伊南娜女神关系密切,因为他是这位伟大女神的配偶杜姆兹的一个方面,或者就是杜姆兹本人。① 这些仪式所展现的旅程同时也证明了"神力之旅"的思想,这些旅程及其他主题思想与后文讨论的各种希腊神话有关。在关于伊南娜和达穆的这些作品中,故事情节不尽相同,但是两位神的旅程结果一致,即修习并施展其在旅程活动中所获取的神力。我们首先探讨的神话是伊南娜神话中最重要的部分,古巴比伦时期的《伊南娜下冥府》(以下简称 ID)。伊南娜出行的目的是夺取统治冥界及阳界的权力。

伊南娜入地并返回

伊南娜决定前往冥界。她把欲念从"宽广的上天"延伸到"广阔的阴间"。② 她放弃了天界和阳界,要下到冥界去。她穿戴好象征其神力的七件服饰,嘱咐好侍从宁舒布尔(Ninshubur),如果三天后她还没有回来,应该如何行事,然后便出发了。③

---

① 起初,达穆崇拜(ú-sag-cult)不同于杜姆兹崇拜,但是后来,约在苏美尔时代晚期,这两种崇拜及与其相关的神话被融合成一体,女神格什提南娜(杜姆兹的妹妹)和尼娜兹姆等其他形象也被视为一体。Claus Wilcke, 'Politische Opposition nach summerischen Quellen', in *La Voix de l' opposition en Mesopotamie*: *Colloque organisé par l' Institut des Hautes Études de Belgique*, 19 et 20 mars 1973, Institut des Hautes Études de Belgique, Brussels, 1975, p. 61。二者的同一性问题,见 Thorkild Jacobsen, *The Treasures of Darkness*, Yale University Press, New Haven and London, 1976, p. 63; S. N. Kramer, *The Sacred Marriage Rite*, Indiana University Press, Bloomington, 1969, p. 159。作者克莱默也指出,达穆崇拜的众多仪式直接将其与杜姆兹视为一体。

② 有用资料:William R. Sladek, 'Inanna's Descent to the Netherworld', Ph. D diss. ,University Microfilms, Ann Arbor, 1974; A. R. George, 'Observations on a Passage of "Inanna's Descent"', JCS 37/1 (1985) 109 – 133; 又见 S. N. Kramer, '"Inanna's Descent to the Netherworld" Continued and Revised', JCS 4 (1950) 199ff., 及 'Revised Edition of "Inanna's Descent to the Netherworld"', JCS 5(1951)1ff. 另有一部新近译作:Thorkild Jacobsen, *The Harps that Once...*; *Sumerian Poetry in Translation*, Yale University Press, New Haven and London, 1987, pp. 205 – 232。

③ 关于伊南娜衣服象征神力的论述,见 Sladek, 'Inanna's Descent', p. 20, and Chapter 5。宁舒布尔作为伊南娜的侍从是女性,而作为安的侍从则是男性,见 Gertrud Farber-Flügge, *Der Mythos 'Inanna und Enki' unter besonderer Berücksichtigung der Liste der me*, Studia Pohl Series Minor 10, Biblical Institute Press, Rome, 1973, pp.9 – 10。

伊南娜气势汹汹地敲响冥界入口"甘泽尔宫殿"的大门,大声呼唤守门人尼提来开门。伊南娜说她正要前往东方,然后撒谎隐瞒了她进入冥界的目的。尼提让伊南娜等候,自己去向冥界女王埃列什吉伽尔(Ereshkigal)禀报。女王对伊南娜的衣着和到来的方式非常警觉,她向尼提做了指示。尼提陪同伊南娜向下走去,他依次打开七扇大门,每打开一扇,便脱去伊南娜的一件服饰,并解释说这是遵照冥界的规矩办事。因此,当伊南娜来到冥界时,她已经赤身裸体。因为她所有的衣服都被脱下并带走,她被"制服"了。① 埃列什吉伽尔愤怒地从王座上站起身来,伊南娜立刻就坐了上去。阿努那众神审判了她,于是伊南娜被杀,尸体被挂在钩子上。

三天三夜过去了,伊南娜还没有返回。宁舒布尔便按照女主人当初的指示去做。她先前往尼普尔城恩利尔(Enlil)的庙宇向他求救,但是这位愤怒的神灵拒绝给予伊南娜帮助。他责备伊南娜贪恋阳界和冥界的权力。他说,谁觊觎冥界的权力,"谁就必须留在那里"。乌尔城的月神南纳同样拒绝提供帮助。最终,正如伊南娜的预言,智慧之神恩基答应伸出援手。恩基造出两个特殊的人,库尔迦鲁(kur-gar-ra)和卡拉图鲁(gala-tur-ra)②,给予他们能使人起死回生的植物和水,并教授他们让伊南娜复活的办法。

两人来到冥界,看到埃列什吉伽尔赤身裸体地躺着分娩,疼得大声哀号,于是他们帮助女王解除了痛苦。女王很高兴,要赐给他们礼物,但他们拒绝了礼物,只要求换取伊南娜的尸体。

他们在伊南娜身体上洒上圣水,让她吃下植物,"因此伊南娜复活了"(281行)。伊南娜正要离开冥界,阿努那众神却捉住她,声称从来没有人能活着离开冥界,如果她要离开,必须找个人替她留下来。

一群凶恶野蛮的魔鬼尾随伊南娜来到人间。伊南娜一回到地上,遇见的第一个人是衣衫褴褛、匍匐在地的宁舒布尔。她拒绝把这位忠诚的仆人交给叫嚣的魔鬼作为自己的替代品。后来,她在乌玛城遇到沙拉,在巴得提比拉城遇到卢拉,但都拒绝将他们交出。然而,当她与魔鬼来到库拉布平原一棵大苹果树下,她看见自己的丈夫杜姆兹坐在王座上,"衣着华美"。伊南娜盛怒之下将杜

---

① 伊南娜实际所穿的衣服(9件)和她脱去的衣服(7件或8件)在数目上是有差别的,这取决于文本。但诗人描述她最后到达时是赤身裸体的。

② 这两人的天性及其在神话中的角色,见 Sladek, 'Inanna's Descent', pp. 86ff。

姆兹交给了魔鬼。杜姆兹恳求他的内兄太阳神乌图（Utu）把自己变成一条蛇，以便逃脱。此处，残缺不全的文本显示，鬼魅还是穷追不舍捉住了他。伊南娜，或者埃列什吉伽尔①命令杜姆兹和他的妹妹格什提南娜（Geshtinanna）轮流在冥界待半年时间。"由此，圣洁的伊南娜拱手让杜姆兹做了她的代替品"（410行）。文本最后是对埃列什吉伽尔的两行赞语。

神力是伊南娜旅程的中心环节。正是通过入地和返回这整个旅程中的表现，伊南娜获取了她所追求的神力。在本研究所分析的各种旅程中，获取的神力的类型及神力的使用这两个因素取决于所涉及的神和各个文学作品的目的。在 ID 中，伊南娜入地的目的是把权力扩展到冥界。伊南娜在人间已然拥有一定神力。②她想扩大权力，这一意图在恩利尔的讲话中清楚地显示出来（190—194行），南纳对这一讲话一再重复（204—208行）。恩利尔得知伊南娜进入冥界并被困的消息后十分恼怒：

愤怒的［父亲］恩利尔回答宁舒布尔：

"［我的女儿］渴望天上的权力，也渴望地下的权力。

［伊南娜］渴望天上的权力，也渴望地下的权力。

冥界的神力不是谁都可以垂涎的，得到［神权］的人必须留在［冥界］。

到了那里的人，［居然还妄想离开吗］？"③

愤怒的恩利尔无意营救伊南娜，也不知道拯救她的窍门。然而恩基打算救她，这位大神智慧超群，必然懂得其中的法门。

伊南娜在追求神力的过程中起初失败了。她被杀死，尸体被挂在钩子上。不过，她已预料到这样的结果并做好了准备，事先嘱咐宁舒布尔该如何救她。④在宁舒布尔的努力之下，恩基造出两个特殊的人从地上世界来到冥界提供帮助，伊南娜才得以复活并回到地上世界，从而成功实现了她的计划。开始失败—在冥界之上或出发之地寻求帮助—得到帮助—最后胜利，这一模式在追求神力的

---

① S. N. Kramer, 'Dumuzi's Annual Resurrection: An Important Correction to "Inanna's Descent"', BASOR 183（1966）31，其中认为伊南娜说了"是合理的决策"这句话。与之相比，A. Falkenstein 则假定是埃列什吉伽尔说了这句话，参看 Or 34（1965）450 – 451。

② Sladek,'Inanna's Descent', pp. 17 – 20, and Chapter 5.

③ Sladek 在 ID 和 AV 的讨论中使用了苏美尔和阿卡德文本，为《伊南娜下冥府》提供了材料。

④ 32 行及以下，同样见于 31a 和 31b。Sladek,'Inanna's Descent', p. 155, n. 1。

旅程中十分普遍且极为重要。神在到达目的地时往往遭遇敌对人物，在这种活动中，上述模式似乎至关重要。例如，在尼努尔塔神话中，安祖神话和《卢迦勒》，以及《吉尔伽美什史诗》中的吉尔伽美什身上，都能够看到这种模式。① 当然，加大故事中主人公的困难，可能是一种加强趣味的叙事手段，进而能够突显主人公战胜困难后的成就。然而在 ID 中，这不仅是一种叙事手段，更是伊南娜下冥府必不可少的组成部分，界定了她所获取的那些神力的本质。

乍看上去，伊南娜获取冥界神力的努力失败了。其实，她已经实现了此行的目的。人们之所以产生失败的印象，是因为看到被削弱的女神坐上埃列什吉伽尔的王座后死去了。当然，这反映的是"最初失败"的主题。伊南娜想通过坐上埃列什吉伽尔的王座夺取冥界神力，但这第一次尝试失败了。其原因在于，通过七扇门进入地底后，伊南娜丧失了她在地上世界的神力（126—164 行），而这正是埃列什吉伽尔计谋的成功。然而，伊南娜自有后备方案。她已为此做好了准备，并吩咐了宁舒布尔。显而易见，伊南娜从未想要待在冥界，而只是想获取冥界的神力。她的计划是，如果她没有在某一既定时间返回，那么宁舒布尔就要开始营救行动（31 行及以下和 173 行及以下）。

伊南娜的胜利在于她从"不归之地"回来了，意味着她得到了冥界的神力。正如她所计划的那样，她得到神力重新回到地上，战胜了冥界及冥界让所有人有来无回的核心神力，这是冥界众神掌控死亡的神力。最为重要的一点是，尽管任何人都能入地，但伊南娜的成功之处在于，在她之前没有人能这样活着重新回到地上。②

神话反映了这次入地和返回旅程的发起人对伊南娜的要求。当她准备返回地上时，阿努那众神的话语即起到这一作用（286—287 行）：

  阿努那众神捉住伊南娜（说）：

---

① 安祖神话：泥版 II, 1 – 149 行；泥版 III, obv. i, 2 – 12 行；《卢迦勒》151—297 行；吉尔伽美什史诗：泥版 V。有关赫梯语修订版的某些片断参见 James B. Pritchard, ed., *Ancient Near Eastern Texts Relating to the Old Testament*, 3rd edition, Princeton University Press, Princeton, 1969, p. 83。

② 参见 Sladek, 'Inanna's Descent', p. 23。另外克莱默提出，根据恩利尔的话（190ff.），伊南娜可能打算自己做地下世界的女王：JCS 5（1951）16；参见 Sladek, 'Inanna's Descent', p. 21。如果此说法可信，那么伊南娜第一次取得神力的尝试，包括她想取代埃列什吉伽尔的位置成为冥界女王的尝试，她失败了。而她的获取神力的第二次计划则成功了。然而，伊南娜渴望获取埃列什吉伽尔的王座，取代她统治地下世界，这个观点与著作中某些其他要素是有冲突的。关于这一点，在附录一中有完整的论证。

"谁能从冥界回到地上？谁能活着从冥界回到地上？"

阿努那众神不会轻易放弃他们的特权。他们规定，伊南娜要想回到地上，必须找到代替她的人（288—289行），从而在一定程度上保留了他们对伊南娜的权力。

关于伊南娜和杜姆兹的另一文献——《杜姆兹和格什提南娜》①，似乎也提到恶魔对伊南娜这一先例提出要求。恶魔们对伊南娜说（4行及以下）：

> 快点吧，伊南娜，继续下阴间吧，继续你一个人的旅程。②

接下来的几行文字提到伊南娜进入冥界，失去衣物，以杜姆兹为替代者等。有关返回地上的描述可以理解。这一文本实际上没有表现伊南娜下冥府的故事，而是聚焦于抓获杜姆兹、格什提南娜的保护者角色及她成为杜姆兹的代替者的情节。③

伊南娜首先发起了入地和返回的行为，这一举动在杜姆兹和格什提南娜每年入地和返回的过程中被永远铭记。杜姆兹的返回和伊南娜的返回一样，是繁殖力的象征，既包括性繁殖能力，也包括植物生命复苏的能力。④这方面的诸多要素在ID中都有涉及，但并没有占据重要地位，至少没有像阿卡德版本等其他故事中表现得那么明显。根据内容来看，它更关注伊南娜入地和上升的神力，替换过程的开始、死亡和重生的永恒过程——入地和返回——这是替换所赋予的神性。

伊南娜获取了掌控死亡的权力，入地、返回而不受惩罚，这是她进入冥界然后回到地上的结果。这一情节还出现在《伊南娜和恩基》里。⑤ 在这部作品中，伊南娜前往埃利都的阿布祖（Abzu），获取了许多神力，其中的两个是（泥版Ⅱ.v.19—20）：

> e_{11}-dè 降（至冥界）

---

① 此文献可能不同于ID的部分观点：Claus Wilcke, private correspondence, 25/10/1990。
② 翻译及苏美尔文本见 Sladek, 'Inanna's Descent', pp. 225-226, 231。
③ 文本和翻译参见 Kramer, PAPS 107, 492ff., 515ff. 另见 Sladek 'Inanna's Descent', p. 28ff., p. 225。
④ Claus Wilcke 认为《伊南娜下冥府》是由三个原本独立的神话构成的，合起来使伊南娜对神力的追求成为杜姆兹之死的原因。参见 'Politische Opposition nach sumerischen Quellen', pp. 59ff。无论事实如何，起源问题或者神话可能的原始结构都没有涉及现存的研究。现存的研究是把所有文献作为确实存在的进行分析，文献的观点和相互关系都是由古代作家计划的。
⑤ 文本和翻译参见 Farber-Flügge, *Der Mythos 'Inanna und Enki'*, pp. 1ff。下文将对这一作品进行分析。

e_{11}-da 升（于冥界）

在 ID 中，库尔迦鲁进入冥界使伊南娜复活，随后死在冥界。他的神力以及 ID 中降入冥界过程中其他要素的神力，也出现在上述两项神力的文本之后（泥版 II. v. 21 及以下）。① 本特·阿尔斯特（Bendt Alster）认为，这一旅程可能也象征着入地与返回。②

根据恩利尔的话（191—192 行）可知，伊南娜不仅战胜冥界，获取神力重返地上，她还通过这次旅程获取了地上世界的神力。这一神力可在返回或上升的神话过程中得到一定程度的证明，即她必须挑选别人替自己留在冥界，她对所遇之人掌握着生杀予夺的权力。她与宁舒布尔、沙拉、卢拉、杜姆兹的相遇（290—349 行）就明显证实了这一点。前三位神尊重她，悲痛、虔诚地伏在她脚下，她放过了他们。而杜姆兹既不尊重她，也没有意识到她的权力。他并不悲痛，也未拜倒在伊南娜脚下，而是穿着华丽的衣服，高高地坐在"宏伟的王座"上，于是伊南娜把他交给冥界（349—358 行）。③

有观点认为，这一情节表明伊南娜获取了地上世界的神力。与此看法相反的是，由于当时有鬼魅跟随，因此她不得不选择一个替代品。所以，如果这一情节暗示的是她在地上世界的权力，即此前恩利尔的谈话所透露的权力，尽管伊南娜的确拥有选择权，那么前一种观点仍不能令人信服。然而，比起现有资料，伊南娜将生者交给冥界这一权力的背后隐藏着更多信息。伊南娜可使地上人类毁灭或繁殖，在人间事务中无处不在、无所不能，这种伟大神力在其他地方有大篇幅的描述。这在恩西杜安娜所作的颂歌 nin-me-šár-ra 和 in-nin šà-gur$_4$-ra 中描绘得尤为显著，在其他作品中也很清楚：她是天上和地上的女王，拥有所有神力。在安与恩利尔的授权之下，她统治大地，裁决地上所有生物的命运。④

ID 展现了神力的多种象征物。此处的神力就是 me。伊南娜的衣服之所以代

---

① Farber-Flügge, *Der Mythos 'Inanna und Enki'*, pp. 105–106; Sladek, 'Inanna's Descent', p. 95.

② Bendt Alser, 'On the Interpretation of the Sumerian Myth "Inanna and Enki"', ZA64 (1975) 23.

③ 在 e-ne-èĝ-ĝá-ni i-lu-i-lu 和 ù-u$_8$-ga-àm-du$_{11}$ 两种礼拜仪式所提及的另一神话中，根据伊南娜的说法，恩利尔（或神母）显然应为杜姆兹的死（或她儿子达穆）负责，伊南娜本人则是希望他复生的，见 Claus Wilcke, private correspondence, 25/10/1990。

④ nin-me-šár-ra，参见 William W. Hallo and J. J. A. van Dijk, *The Exaltation of Inanna*, Yale University Press, New Haven and London, 1968。in-nin šà-gur$_4$-ra，参见 Ake W. Sjöberg, 'in-nin šà-gur$_4$-ra: A Hymn to the Goddess Inanna by the en-Priestess Enheduanna', ZA 65 (1976) 161–253。

表神力,是因为它象征着 me(14—25、130—164 行)。① 《拉哈尔和阿什南》(98 行)是以衣服作为神权的另一个例子:me-ni ugun mu-na-ab-ak-e,"多亏了我(拉哈尔),沙坎神才能造出他多彩的 me",此处"根据语境,me 不是其他东西,就是指王室衣物"。②伊南娜降入冥界时失去了衣服,因此丧失了她在地上的神力。衣物这一涉及神力的主题,在文本开始描述伊南娜穿衣时也有所显示(14—25 行)。同样,阿卡德版本(AV)中的伊什塔尔入地时失去了衣物或神力,返回过程中又重新获得衣物或神力(42—62、119—125 行)。神力的其他象征物还包括赐予伊南娜生命之食和水。它们是女神重获神力过程中的组成部分,使她马上复活并返回,从而战胜冥界(280—281 行)。

女神开展旅程以获取神力,其形式是降入冥界,到达埃列什吉伽尔的地下王国,然后返回地面。然而在文本中,她实际上是水平地、沿着地面巡游到达冥界入口。文本表明,她抛弃了许多苏美尔城市为她设立的各种神庙,降入冥界(7—13 行)。一份手抄本(Ni 368 和 CBS 9800)③ 显示,沿途城市顺序为乌鲁克、巴得提比拉、扎巴拉姆、阿达部、尼普尔、基什、阿卡德。大方向是沿幼发拉底河及其运河前行,朝西北方向经过一个个城市,只有开始时由西向东从乌鲁克到达巴得提比拉。基于此,斯莱德克和巴克拉提提出两种不同的解读。斯莱德克认为,伊南娜经这些城市朝位于东北方的扎格罗斯山行进,冥界入口甘泽尔就在那里。也就是说,她朝东前进,抛弃那些城市后来到扎格罗斯山,因为她在甘泽尔告诉尼提,自己正往东去。④ 她越过大地来到扎格罗斯山是水平运动,直到通过甘泽尔,才垂直向下降入冥界。

巴克拉提则指出,伊南娜的目的地可能是库图,那是冥界之神涅伽尔(Nergal)所在的城市。⑤ 阿卡德是文本提到的最后一个城市,如果伊南娜到达阿卡德后继续前行,那么大致方向则指向库图。苏美尔版本没有提到库图,而阿卡德版本则明确指出冥界即库图。伊什塔尔准备进入冥界时,守门人说:"请进,女士,库图欢迎你。"(obv.40) 如果库图并不确指冥界,那么它也起到象征冥

---

① Sladek,'Inanna's Descent', p. 20, and Chapter 5.
② Alster, ZA 64 (1975) 33, n. 33.
③ 有些手稿中的城市顺序和名称不尽相同,有些只是名称不同:Georgio Buccellati,'The Descent of Inanna as a Ritual Journey to Kutha?', SMS 4/3 (1982) 3。
④ Sladek,'Inanna's Descent', pp. 61 – 63.
⑤ Buccellati, SMS 4/3 (1982) 3 – 7.

界的作用。如此一来，这一旅程可能指崇拜意义上的"传统的神之旅"，即带着神像前往目的地，然后带其返回。宁舒布尔向恩利尔、南纳、恩基求助时对伊南娜的描述，似乎是将神像拆解成几个部分（43—47 行等）。① 宁舒布尔请求众神阻止伊南娜在冥界的遭遇。这里提到女神，可能是指神像的旅程。然而，巴克拉提指出，文本远非朝拜过程的规则和相关的宗教仪式那么简单。就其本质而言，故事是具有复杂情节的叙事神话，旅程是降入埃列什吉伽尔的王国。

巴克拉提认为，文本中伊南娜的旅程是传统意义上的神之旅。与此观点相反的事实是，比起宗教仪式过程，神话中的行为的确含有更多意义。当然，这一问题的答案可能是，神话将神像从乌鲁克送到库图，然后带回这一宗教仪式过程的背景。然而，针对库图就是旅程目的地的观点，更明确的反对意见指出，当伊南娜来到甘泽尔时（81—82 行），她确实说自己是在向东前行。斯莱德克指出，伊南娜向东到达山脉，她在此过程中放弃了许多文明城市。与此相对应的是杜姆兹到达山脉的旅程，他是为了去冥界替换妹妹格什提南娜。② 如果扎格罗斯山确实是旅程的目的地，那么关于 kur（意为"冥界"或"山脉"）这个词就会出现一个文字游戏，文本表明女神放弃天界，放弃她在苏美尔的城市及庙宇，降入 kur（4—5 行）。以上就是对旅程的两种主要解读。然而，不管符合哪种解读，这一神话旅程都是关于女神前往埃列什吉伽尔的王国并返回的故事。

在前往冥界的旅程中，相对照的地点是地上世界和地下世界、伟大的天界（an-gal）和伟大的下界（ki-gal）（1 行）。③ 此处，地上世界等于天和地，即大地表层（5 行）：

伊南娜放弃天界，放弃人界，降入冥界。

大地上的旅程是水平进行的，到达甘泽尔后，则变为垂直向下的旅程。在《吉尔伽美什史诗》和《吉尔伽美什、恩启都和冥界》中，甘泽尔出现在一个神奇的平面上，吉尔伽美什的布库和美库穿过它掉进冥界。④ 因此，在伊南娜的旅程中，她穿过甘泽尔降至埃列什吉伽尔的王座前。旅程的过程是下降和返回，

---

① A. R. George, 'Observation on a Passage of "Inanna's Descent"', JCS 37/1 (1985) 109 – 113.
② W. G. Lambert, 'The Pair Lahmu-Lahamu in Cosmology', Or 54 (1985) 202.
③ Kramer 将 an-gal 译为"伟大的上界"：JCS 5 (1951) 1；ki 可指"大地"或者"冥界"，土地表面之内或之下的地方。此处的 ki-gal 指冥界。
④《吉尔伽美什史诗》，泥版 XII. i. 1—5。该史诗重复了《吉尔伽美什、恩启都和冥府》的情节。

如果真如巴克拉提所说,文本涉及的旅程实际上是神像从乌鲁克到库图的"传统的神之旅",那么可以看出,尽管乌鲁克和库图处于同一平面,却在仪式上分别象征着地上和冥界。

此处我们加入一条评注,即尽管神话中提到伊南娜行至冥界,但冥界并非神力之旅的根本性目的地。冥界之所以是本神话中心,是因为伊南娜渴望得到冥界的神力,向冥界进发、从冥界出发,这是她获取神力的途径。此外,如果本特·阿尔斯特对其他众多神话的解读能够证明前往冥界并返回、上界与冥界的对比等观点是重要的,那么,这些观点对伊南娜神话来说可能也是重要的。①

伊什塔尔入地并返回

ID 的阿卡德版本为《伊什塔尔下冥府》②,以下简称 AV。它比 ID 简短得多,只是其篇幅的三分之一。鉴于篇幅短小,很多情节的功能及情节之间的联系变得模糊不清,但大部分还是可以通过苏美尔原作加以理解。然而,这两个版本在细节和重点上仍有差别。在下文 AV 的内容概要中,只讨论其与 ID 在细节上的不同。

月神辛的女儿伊什塔尔决定前往库尔努基③,那是一片黑暗的不归之地。那里的人长着翅膀或羽毛,他们吃灰尘、泥土,喝废水。伊什塔尔到达冥界门前威胁道,如果不予允许,她就强行进入。守门人前往埃列什吉伽尔处请求指示。听说妹妹前来,埃列什吉伽尔起了警惕之心,好奇伊什塔尔为什么开始关注起死人。不过她还是命令守门人让伊什塔尔进来,并按照古老神圣的传统来接待她。守门人带领伊什塔尔穿过七扇门降入冥界,并在每扇门前拿走她的一件衣服或饰品。看到伊什塔尔来到冥界,埃列什吉伽尔十分震怒。当伊什塔尔不假思索冲向她时,她命令管家那姆塔尔对伊什塔尔施加六十种疾病。

由于伊什塔尔身处库尔努基,且很可能已经死亡,因此,地上的动物和人

---

① Alster, ZA 64(1975)30ff.
② 原文、音译、翻译,参见 Sladek, 'Inanna's Descent', pp. 239 – 262;另一译本,参见 Stephanie Dalley, *Myths from Mesopotamia*, Oxford University Press, Oxford, 1989, pp. 154 – 162。
③ 又称"伊尔卡拉的居所"(The abode of Irkalla,第 4 行)。阿卡德语与苏美尔语对冥界的称谓,参见 A. Heidel, *The Gilgamesh Epic and Old Testament Parallels*, University of Chicago Press, Chicago, 1949, pp. 170 – 171。

类都不再繁衍。伊什塔尔的管家帕普苏卡尔来不及洗漱，便悲伤地穿着丧服，"疲惫地来到伊什塔尔的父亲月神辛面前，在埃阿（Ea，恩基）王面前泪如雨下"（83—84行）。他诉说了伊什塔尔降入冥界及大地失去繁衍能力的情况。于是，英明的埃阿创造了阿苏舒那米尔，即阿西努，去拯救伊什塔尔，并在路上指示他如何行事。

七扇门全为阿苏舒那米尔打开，埃列什吉伽尔对他的到来表示欢迎。埃列什吉伽尔向众神起誓之后，阿苏舒那米尔向她要一个皮革水袋用以解渴。埃列什吉伽尔非常生气，咒骂了阿苏舒那米尔。然而，她还是命令那姆塔尔召唤了阿努那库（Anunnaku），并给伊什塔尔全身洒了生命之水。当和伊什塔尔一起返回时，阿西努重新为伊什塔尔穿上装束，穿的顺序与伊什塔尔下降时脱去衣物的顺序刚好相反。

埃列什吉伽尔命令那姆塔尔，如果伊什塔尔不给自己找一个替身的话，就把她带回来。①这个故事的最后几行（127—138行）特别难懂，没有解释清楚其情节之间的联系。似乎，埃列什吉伽尔还命令杜姆兹应该接受清洗，并施以涂油礼，穿上红色外衣；他应当吹起长笛，妓女应当燃起他的性欲。

故事转向比利利女士（此处指杜姆兹的妹妹），她打扮自己，在胸部和膝部装满饰珠。得知杜姆兹的死讯后，她把这些饰品从胸部和膝部扯了下来，放声哭喊着她唯一的哥哥不能就这样离她而去。文本最后提到杜姆兹的返回（136—138行）：

　　当杜姆兹升起，当天青石长笛和玛瑙铃铛随之而起，
　　当送葬的男男女女随之而起，
　　让死者上前来闻一闻这香气。②

可以看出，故事情节与ID基本一致，也涉及了获取神力的旅程。它同样强调了通往冥界之旅不可逆转的本质，这一特征被伊南娜和伊什塔尔克服。然而在所用资料上，两个版本存在很多差异，因此我们所要分析的思想观念也就有所不同。

一处显著的文本差别是，AV省略了伊南娜准备的细节，如她的穿着及与其

---

① 此处，那姆塔尔的角色与ID中盖鲁的角色相当。那姆塔尔有时被描述成恶魔，见Sladek,'Inanna's Descent', p. 43 n.1。

② 翻译和阿卡德版本，见Sladek,'Inanna's Descent', pp. 250, 262。

信使的讨论。然而，这些活动还是可以理解的，不会影响对这一思想的认识。相关的一处差异在于"最初失败"的顺序，即只有一个援助者降下去帮助伊南娜。与 ID 中的援助者一样，阿苏舒那米尔这一人物似乎极其性感，冥界女王深受其吸引。① 如 ID 中的库尔迦鲁和卡拉图鲁一样，阿苏舒那米尔并不想得到女王的身体，而是要一个皮革水袋来喝水（98—99 行）。关于他所要之物，存在不同观点。通常认为，皮革水袋中有能够救活伊什塔尔的生命之水（114 行）。② 斯莱德克认为，皮革水袋代表伊什塔尔的尸体。这就与 ID 故事中援助者索要伊南娜的尸体的情节是一致的。关于对应的主题，斯莱德克引用了《伊南娜和比鲁鲁》，故事讲述的是伊南娜将比鲁鲁（阿卡德神话中的比利利）变成沙漠旅行者使用的皮革水袋。③ 与之相反，比鲁鲁这一名称似乎与江河、水道有关，因此，不能将比鲁鲁仅仅视为尸体。④ 阿苏舒那米尔也想用皮革水袋饮水，这就使人产生疑问，皮革水袋是否指代伊什塔尔的尸体？然而，阿苏舒那米尔所要的水袋就是伊什塔尔的尸体这一观点，也许能够解释为什么给伊什塔尔洒生命之水的是那姆塔尔，而非阿苏舒那米尔。⑤

在 ID 中，生命之水是卡拉图鲁带到冥界的，但 AV 却未提及阿苏舒那米尔带来生命之水。如果他带了，那么这一行为就是 AV 所省略的另一细节，因为冥界似乎并没有水，冥界的人只能通过地上的人的奠酒得到水。然而，除去与之相关的问题暂且不谈，这里的生命之水与 ID 中的生命之水有着相同的功效，即帮助女神复活并上升返回。⑥ 与 ID 的叙述一样，正是由于援助者从上界降下带来援助，女神才战胜了这片不归之地。

最后几行（127—138 行）提到杜姆兹代替女神，以及杜姆兹每年下降并返回。这些文字晦涩难懂，可通过 ID 中的情节加以理解。最后一部分可能指宗教

---

① 阿苏舒那米尔是一个阿西努（92 行），要么是一名男妓，要么是一名同性恋者。斯莱德克在第六章讨论了阿西努、库尔迦鲁、卡拉图鲁、kulu'u，第 96 页及以下。

② 参见 Heidel, *The Gilgamesh Epic*, p. 126, n. 79。

③ Th. Jacobsen 'Inanna and Bilulu', JNES 12 (1953) 176, lines 110, 121。

④ Thorkild Jacobsen, 'The Myth of Inanna and Bilulu', in William L. Moran, ed., *Toward the Image of Tammuz and Other Essays in Mesopotamian History and Culture*, Thorkild Jacobsen, Harvard University Press, Cambridge (Mass.), 1970, pp. 57ff.; Samuel Noah Kramer, *The Sumerians*, University of Chicago Press, Chicago, 1963, p. 173；恩比卢卢（Enbilulu）是"运河巡视者"；与之相似，Hermann Behrens, *Enlil und Ninlil. Ein sumerischer Mythos aus Nippur*, Studia Pohl Series Maior 8, Biblical Institute Press, Rome, p. 199。

⑤ 这一点与 ID 不一致，见 Sladek, 'Inanna's Descent', p. 41 n. 4。

⑥ AV 还省略了生命之植物、第二位援助者等。

仪式；AV 具有"明确无误的崇拜特点"，其功能可能等同于一种杜姆兹节日中的献祭演说（ἱερὸς λόγος）。① 这也许可以解释 AV 为什么会强调那些失去人间所爱之人的死者，强调他们的困境。AV 最后也提及死者某些本性的复苏（136—138 行）。

在 AV 中，丰产是伊什塔尔下降并返回的一个重要方面。她降至库尔努基，导致人间繁衍的停止，帕普苏卡尔以此为据劝说上界众神帮助他的女主人（81—90 行）。性繁殖的问题在整个文本中随处可见，知道伊什塔尔是生育女神，这一点就可以理解了。② 或许是随着伊什塔尔的返回，大地恢复繁衍能力。同样，杜姆兹于春天从冥界返回大地，也引起牲畜的繁殖。与女神缔结的"神圣婚姻"通常是在这种情况下返回的结果。③ 在 ID 中，伊南娜返回后在大苹果树下与杜姆兹相遇时，没有对这一婚姻的描述（347—348 行），这也许是实现作品目的的需要，而且伊南娜当时非常生气，需要展现其破坏性的一面。在其他文本中，男神和女神在苹果树下相遇有着相反的结果，即生育。此类情景见于另一版本，杜姆兹与伊南娜在苹果树下完婚，于是带来了农业上的丰产，女神带来蔬菜和谷物。④

涉及众神权力的穿衣主题在 AV 中似乎很重要。当阿卡德版本简略地讲述着 ID 的故事时，整个裸体的场面被保存，加了着装的场面（119—125 行）。当女神伊什塔尔重新上升时，再次穿上衣服，象征着她恢复权力。她穿衣服的顺序和她降至冥界的顺序恰恰相反。这一穿衣场面虽在 ID 中被省略，但是她穿衣服这一情景一定能被理解，因为女神伊什塔尔绝不会赤身裸体回去，以免吓到苏

---

① Sladek, 'Inanna's Descent', pp. 43 – 45, 50. 但这一解释是假设性的。

② 性方面，34—35 行, 77—78 行, 87—90 行；阿西努, 92 行；贝壳, 116 行, 这似乎隐含性的含义：Sladek, 'Inanna's Descent', p.42n.4。还有比利利, 她胸部和膝内的饰珠, 见 p.47n. 3。

③ 达穆文本中有所提及, 参见 Thorkild Jacobsen, 'Religious Drama in Ancient Mesopotamia', in Hans Goedicke and J. J. M. Roberts, eds., *Unity and Diversity: Essay in the History, Literature, and Religion of the Ancient Near East*, Johns Hopkins University Press, Baltimore, 1975, pp. 90 – 91。年轻的神也许在春天或新年返回, 与女神完婚, 其结果是大地繁衍, 城市繁荣, 见 Hartmut Schmökel, *Sumer et la civilisation sumérienne*, Payot, Paris, 1964, pp.130ff. Schmökel 还指出神圣婚姻在苏美尔宗教中的重要性。神圣婚姻及相关苏美尔文本, 参见 S. N. Kramer, *The Sacred Marriage Rite*; Jacobsen, in *The Treasures of Darkness*, pp. 32ff. Bendt Alster 最近研究了这些文本, 讨论了仪式及其含义的内容和目的：'Sumerian Love Songs', RA79（1985）127 – 159。

④ S. N. Kramer, *From the Poetry of Sumer*, University of California Press, Berkeley, 1979, pp. 93-94. SRT 31 中提到杜姆兹和伊南娜在苹果园结合：Alster, RA 79（1985）146；杜姆兹的厄运：p.145。

美尔城里的众神。ID 中对于这一情节的省略可能是因为这样一个事实。提升的顺序集中在女神归来的可怕方面，因为她的归来伴随着很多恶魔鬼怪。

达穆礼拜仪式

另有一项旅程，它以获取神力来实现神的功能为目的，体现在"死去又返回"的神达穆的礼拜仪式中。达穆司掌植物的繁衍，等同于杜姆兹，或是杜姆兹的一个方面。[①] 他还等同于其他很多神，如宁吉什兹达和伊什塔伦。[②] 达穆死亡与返回的故事引发了对他的哀悼，他的母亲或妹妹（其他资料中可能是母亲和妹妹）在大地和冥界四处寻找，最终他返回上界，返回城市。

许多礼拜仪式都讲述达穆的故事，不过主要有两种：edin-na ú-sag̃-g̃á，《早期草地上的沙漠》讲述他的死亡；TRS 8，讲述他的死亡及返回。[③] 其他作品也描述了他降入冥界，其中也都提到他的母亲和妹妹（或妹妹们）。[④]

主要仪式是 edin-na ú-sag̃-g̃á，它实际由许多关于已死之神达穆／杜姆兹及相关神的神话的各种原始资料文本组成。这个作品是 OB 和 NA 泥版上残存下来的，明显经历了漫长的历史、重大的变化，从而使文本的修复和叙述变得困难。例如，文本中的一个部分在 OB 中似乎叙述的是母亲降入冥界拯救儿子，而在 NA 中则叙述的是达穆的冥界之行。汇编成分也增加了问题的复杂性，这从一开始就十分明显。引文部分表现的是伊南娜对丈夫杜姆兹的哀悼，但是接下来的部分则是关于达穆和他的母亲杜图尔（Duttur），其中的一部分是关于达穆的妹

[①] Jacobsen, *The Treasures of Darkness*, p. 63；Kramer 指出，许多礼拜仪式将达穆与杜姆兹直接等同起来：*The Sacred Marriage Rite*, p. 159。

[②] Jacobsen,'Religious Drama', p. 91；参见 TCL XV 8：121 – 124。

[③] 神的上升，又见 Claus Wilcke,'König Šulgis Himmelfahrt', in *Festschrift László Vajda*, Münchner Beiträge zur Völkerkunde, Band 1, Hirmer Verlag, Munich, 1988, pp. 246 – 248. edin-na ú-sag̃-g̃á, Jacobsen, *The Harps that Once*, pp. 56 – 84, *The Treasures of Darkness*, pp. 63ff., 247 nn. 40 – 49,'Religious Drama', pp. 85ff.；Bendt Alster,'Edin-na ú-sag-gá': Reconstruction, History, and Interpretation of a Sumerian Cultic Lament', in Karl Hecker and Walter Sommerfeld, eds, *Keilschriftliche Literaturen. Ausgewählte Vorträge der XXXII. Rencontre Assyriologique Internationale*, Münster, 8. – 12. 7. 1985, Dietrich Reimer Verlag, Berlin, 1986, pp. 19 – 33；TRS 8 及其复制版本，CT XV pls 26, 27, 30：Jacobsen, *The Treasures of Darkness*, pp. 68ff., 247, and'Religious Drama', pp. 90 – 93。

[④] Kramer, *The Scared Marriage Rite*, p. 159. 参见 Jacobsen, *The Treasures of Darkness*, p. 67，另一个是 CT XV 20 – 24。参见 Jacobsen,'Religious Drama', p. 87；'Ningizzida and Ninazimu'a'。

妹古努拉。最后,在冥界帮助达穆的这个妹妹被命名为圣母杰世廷,这似乎指的是杜姆兹的妹妹格什提南娜。正如阿尔斯特所提出的,很难按顺序排列章节。事实上,将部分双语版本视为独立的文本,而非原作的副本,工作就会容易许多。①

故事讲述的是一位母亲寻找她丢失的儿子,儿子从冥界返回,这一情节占据了很多部分,顺序有时候混乱不清。主要包括伊南娜的哀悼,杜图尔的哀悼与寻找,年轻神明的冥界之旅,母亲准备食物和啤酒,很多神明的化身,古努拉,母亲决意进入冥界,达穆/杜姆兹与妹妹在冥界相见。这一礼拜仪式的展现参考了阿尔斯特最新作品中雅各布森的《往昔的竖琴》的类似情节,它是 OB 和 NA 的汇编。②

文本以伊南娜对死去的丈夫杜姆兹(达穆、宁吉什兹达等等)的哀悼开篇(12—15 行):

> 牧羊人,杜姆兹神,伊南娜的新郎,
> 阿拉里神,牧羊山的神啊,
> 我的柽柳,从不汲取果园中的水,
> 它的树冠在沙漠中没有叶子。

在 OB 版本的开始,神母,或许是杜图尔,为她失去的儿子痛哭。在接下来的很多部分,这位母亲寻找儿子无果,其实她的儿子已经被抓住了。关于那位年轻的神的死法,文本有多种不同的观点。接下来,在女神的哀悼的过程中,她那死去的儿子不断地插话,试图劝阻母亲跟着他,但显然,他的母亲并不能听到或辨识他的声音。他喊道,母亲不能吃他所吃的食物,也不能饮水,并说自己不会被释放。在 OB 版本中,女神准备降入冥界,在日落时分向着象征死亡国度的山脉进发(177—180 行):

> "如果需要,孩子,让我与你同行,走向那不归之路。
> 啊,孩子!我的达穆!"
> 她走啊走啊,走向山中,
> 白昼就要结束,白昼就要结束,走向山中,仍然明亮。

---

① Alster, 'Edin-na ú-sag-gá', p. 26.
② Jacobsen, *The Harps that Once*, pp. 56 – 84; Alster, 'Edin-na ú-sag-gá'. 此处使用的是雅各布森的译文。

杜姆兹的鬼魂就像一阵风,她怎样才能跟得上他呢?达穆又一次哭喊,说她不应该跟着他。

在这一点上,OB 文本讲述那死去的神与其他鬼魂在路上相遇。杜姆兹希望给家里的母亲捎个信,但那些只是鬼魂,无能为力。

我们回到母亲寻找儿子的主题上:神母准备了一顿饭,酿了啤酒,召唤那年轻的神回来享用。啤酒似乎被认为有让神起死回生的特效。杜姆兹为此痛哭,因为他已经死去,变成鬼魂,无法对母亲的召唤做出回应(252—253 行):

我无法回应我的母亲

我在古迪那(吉尔苏和乌玛之间的某地)

听着我的母亲在沙漠中召唤我。

这个神以当地各种垂死之神的化身出现,那些神在仪式中躺进坟墓。

神母似乎来到了儿子被杀的地方,发现他的血迹(或是象征着他血迹的一些植物),有人鼓励她把那些血迹挖出来,切成小丁,用来酿造啤酒,从而使他的儿子感到快乐和温暖。在这一点上,达穆抱怨命运的不公,因为他从未有过仇敌。

接着是兄妹之间的对话,讲述他失去家人及后来家庭毁灭。妹妹似乎也加入寻找哥哥的行列。在接下来的部分中,女神重述自己将去冥界寻找失去的儿子。但是结果并不清楚,因为古巴比伦版本中这一节的最后部分残缺不全。

文本以这位母亲的哀悼开始。在 OB 版本的结尾处(SK 27 v 7—16),达穆/杜姆兹见到降入冥界的妹妹。她肯定既是他的妹妹,又是他的母亲,他称其为圣母杰世廷,这一名称似乎专指杜姆兹的妹妹格什提南娜。她说:

谁是你的妹妹?我,我是你的妹妹!

谁是你的母亲?我,我是你的母亲!

原文以她乐观的预言结束:

白昼为你破晓,也将为我破晓,

你所见的白昼,我也将看得见。

另一重要文本 TRS 8 和副本,讲述了神的返回。[①] 它以对达穆的哀悼开篇,担心他不能返回乌鲁克,担心此后没有水源、颗粒无收等可怕后果。他的母亲

[①] Jacobsen, *The Treasures of Darkness*, pp. 68–71.

出发寻找他。母亲装饰自己的全身,穿上精致的亚麻布,戴上精美的头饰,然后去找孩子的保姆,即一棵树,她之前把孩子交给了她。女神向她索要自己的孩子①,以为孩子睡在她的果核或树皮里,却发现孩子已降至下界。(在达穆/杜姆兹的这些神话中,睡眠象征死亡)② 这位母亲再次说为达穆的到来所做的装饰准备,在这些诗行里,她把自己比成许多不同的形象,如她是一棵柏树,她是哈舒尔山上的雪松,也是迪尔姆恩(Dilmun)的黑木等。③ 她装扮好自己,说道:

> 为使在洪水浪头扬帆的他高兴,
>
> 为使从江河中出来的他高兴,
>
> 我,为使从江河中出来的孩子高兴。④

她提及达穆的睡眠变换不定。他睡在灌木中、草地上、杨树中、柽柳中。这位神明从洪水浪头扬帆返回,但也提到他是从"江河中出来"。

文本接着描述了他归来后的欢庆场面。⑤ "野牛"达穆以上述名称受到赞扬,而且作为乌拉什和恩基的儿子,他也得到了称赞。⑥ 达穆在众人陪同下走向他的父亲。他同时被授予乌尔第三王朝国王及伊辛王朝国王等一系列称谓。文本最后提及达穆供应食物,以及他的返回给大地和城市带来繁荣。

这些文本体现了与这位神相关的许多主题思想,这些对于后文探讨其与希腊神话的相似之处极为重要。此刻,我们只把关注点放在旅程中的权力主题上,也是达穆神话中存在的一个主题,以此来检测旅程不可或缺的多样特征。达穆

---

① 这个孩子在这里有不同的名字,如 Ningishzida、Ususu、Igishuba,参见 Jacobsen,'Religious Drama', p.91。

② 见 Jacobsen,'Inanna and Bilulu', JNES 12 (1953), pp.102-103, lines1ff., in Moran, *Toward the Image*, "野牛"或"牧羊人"杜姆兹死后睡着;达穆在 SK iv 1ff 中也一样。

③ 埃安那神圣的雪松,乌鲁克的伊南娜的庙宇,不仅被看作神的出生地的标志,而且被认为是他的母亲,见 Jacobsen, *The Treasures of Darkness*, p.72。

④ Jacobsen, *The Treasures of Darkness*, p.69;又见 Jacobsen,'Religious Drama', p.91。

⑤ TCL XV 8: 146-187。

⑥ Kramer, *The Scared Marriage Rite*, p.159. 这里给出众神不同的身世,例如杜姆兹的身世,他的母亲是西拉特,他的姐妹是格什提南娜,或者他是连尼示纳的儿子,古努拉的弟弟。这与达穆/杜姆兹的模式一样,母亲的、姐姐的,以及死神的,是死神利尔(Lil)的模式。死神利尔的母亲是女神宁胡尔萨格,他的姐姐是 Egime。Lil,这个名字是一个苏美尔词,意思为"风",这在一些达穆神话中被看作一种特点。礼拜仪式和评论同上,见 *The Scared Marriage Rite*, pp.159-160;又见 Henri Frankfort, *Kingship and the Gods*, University of Chicago Press, Chicago, 1948, pp.312-312。

的死亡和返回旅程的目的是履行他神圣的权力，给城市带来富饶和繁华。这个旅程的目的并不是像文章所叙述的那样，例如，在 ID 中，达穆违背自己的意愿被带到地下世界，或者至少没有任何下降的意图。文章中，此神起死复生是为了使蔬菜王国、森林王国富饶，河流、沼泽复苏①，这和 AV 中伊什塔尔的复活返回伴随着人类和动物的复苏属于同一类型。达穆通过这个旅程获取了执行其神圣职责的权力，他的返回带来了活力和富饶。

正如伊南娜或伊什塔尔的旅程一样，达穆的旅程也是冥界之行和复还。目的地就是地下埃列什吉伽尔的领土，例如，在 ID 和 AV 里那片领土也以同样的情形呈现，似乎也能被理解。② 然而库尔山脉似乎也代表了冥界。③

在文本中可以看到最初失败和最终归来这一结构，在上层世界的帮助下，在地下世界获得神圣的成功。达穆去世并以各种方式（风、魔鬼、下行的船只，或者由死神伴随前往山脉）被带到冥界。④ 在 edin-na ú-saḡ-ḡá 中，他的死亡——当他母亲叫他时，他却不能站起来——就成了他的第一次失败。他的母亲为他失声痛哭，呼唤他，他却不能回应或者站起来。他哀号自己是鬼魂，之后又哭喊道自己无法回应母亲在沙漠中的呼唤（SK 26 iv 15—19）：

> 她将永远得不到答复，
>
> 我不是草，
>
> 不能为她再次生长，
>
> 我不是水，
>
> 不能为她再次涌起，
>
> 我不是
>
> 在沙漠中发芽的草，
>
> 我不是
>
> 在沙漠中成长的新草！

克劳斯·维尔克对最后两行的翻译有所不同：

---

① Jacobsen, *The Treasures of Darkness*, 第 68—69 页引用的文本。

② 又见《吉尔伽美什、恩启都和冥府》神话；S. N. Kramer, 'The Death of Ur-Nammu and his Descent to the Netherworld', JCS 21 (1967) 104ff。

③ 见 Jacobsen 对 Religious Drama 的评论，第 86 页。又见 Moran, *Toward the Image*, pp. 102-103。

④ 杜姆兹雕塑被送到东部的山上，杜姆兹替身格什提南娜的崇拜再现，见 Sladek, 'Inanna's Descent', p. 62 and n. 4。

你不是绿草吗？在大草原上生长吧。

你不是香草吗？在大草原上遍地生长吧。

根据这一有趣的翻译，这几行似乎提及了年轻的神重返人间。① 但是，该部分的影响是相同的，因为这个阶段神深陷地狱，他再也不能回应母亲的呼唤。然而女神，不论是他的母亲，还是他的妹妹，必须在他起死回生之前，下到冥界去寻找他。他的复生可能给人间透露了一些暗示。在 SK 27 v 7—16 中，当格什提南娜遇到杜姆兹时，此处的唯一建议似乎是女神自己来替代她死去的哥哥。最后两行，女神预言自己在黎明和白天的经历，似乎提及格什提南娜和杜姆兹在冥界可选择住所的故事。ID 结尾建立的每年的替代循环，就是每一位神灵每年都在冥界住六个月（407—409 行）。因而，在 edin-na ú-saĝ-ĝá 中，母亲或者妹妹作为帮助者或者替代者角色，她们游荡在大地上寻找达穆，最终至少有一位到达下界。

TRS 8 和副本讲述了神的返回。在文本中，他的返回呈现好几种形式。他似乎是以蔬菜形式重生的，这似乎又涉及重生：②

那孩子被他们（灌木、草、杨树、柽柳）释放在高处的沙漠里

释放在高处的沙漠和低处的沙漠

沙漠在那里一直注视他

…… 有如牧牛人一般

他也在涨潮时乘船而归。在 TRS 8 的第九首歌中，乌尔第三王朝首位国王乌尔-纳姆，以及与达穆功能相仿的后期统治者，他们也都是在江河中划船回到城市。③ 然而，达穆在上升过程中却以另一种形式出现，即"从江河中出来"，这里显然象征着冥界。④

---

① 参见 Wilcke, 'König Šulgis Himmelfahrt', pp. 248 - 249 n. 26。

② CT XXV 27：43 - 46, Jacobsen, *The Treasures of Darkness*, p. 70；Jacobsen, 'Religious Drama', p. 92。

③ 神圣婚姻中的伊南娜和扮演杜姆兹角色的苏美尔国王：Kramer, *The Sumerians*, pp. 45, 140 - 141；Heimpel, JCS 33（1981）104；Frankfort, *Kingship and the Gods*, pp. 224, 295 - 299。

④ Jacobsen, *The Treasures of Darkness*, pp. 29ff.；又见 Helmer Ringgren, *Religions of the Ancient Near East*, SPCK, 1973, p. 13。

女神及其配偶

达穆神话，以及伊南娜和杜姆兹的神话，似乎代表了苏美尔神话中的一种典型，方便起见，我们将之称为"女神－配偶"神话。在《古美索不达米亚的宗教剧》一文中，雅各布森也提出了一种被他称为"繁殖戏剧"的神话。[①] 这种神话的典型特征是它们都涉及了家庭和个人的事情——爱情，婚姻，家庭成员关系，比如兄弟关系、夫妻关系，或者母子关系、情人关系——而不是像尼尔努塔神话，涉及的是英雄功绩和法庭场景。另外，这类神话倾向于描写在神话中扮演重要角色的女性，在一些神话中女性甚至处于主导地位，如 ID 和达穆两则神话中。许多神话中的男性配偶，通常是丈夫、情人、兄弟或者儿子的角色，必然遭受某种形式的死亡或者灾难。在某些神话中，男性配偶在夫妻关系中直接遭到了伤害。如 ID 中的杜姆兹，他就因从冥界回来的伊南娜的盛怒而受到伤害。在另外一则神话中涉及两个礼拜仪式，e-ne-èĝ-ĝá-ni i-lu-i-lu 和 ù-u$_8$ ga-àm-du$_{11}$ 的神话中，恩利尔要为杜姆兹的死亡负责任，根据伊南娜的说法，她要求杜姆兹回来，恩利尔勉强同意了。[②] 在《吉尔伽美什史诗》中，女神同样要为杜姆兹的堕入冥界负责（泥版Ⅵ.46—50）。

达穆死后堕入冥界，在这种情况下，女神扮演了拯救者的角色，她来到了冥界解救了达穆。在这些神话中，女神通常采取下降的方式，或者开始于一场周游大地之旅。在达穆神话中，与女神角色相似的是格什提南娜，她作为杜姆兹的替身来到冥界，解救了他。

在上述神话中提到的其他的神，如宁吉什兹达和伊什塔伦——他们在上述神话中被认为是达穆，在这一部分中也起到了作用。里尔神和妈妈宁胡尔萨格，妹妹艾格米与达穆或者杜姆兹神话是相似的。另一对兄妹太阳神乌图和伊南娜在这部分也一起出现了，这与他们为了繁殖的目的而去山里的旅程神话是一样的。[③] 相似的结构和角色很明显地出现在了尼努尔塔和母亲宁门娜（Ninmenna,

---

[①] Jacobsen, 'Religious Drama', pp. 65ff.
[②] 感谢 Claus Wilcke，他向我指出了这两部作品以及它们的重要性。又见 Wilcke, 'König Šulgis Himmelfahrt', p. 246。
[③] 这个神话见于 Kramer, *From the Poetry of Sumer*, pp. 94–96。

又称玛弥）的神话中（UET6/1 2）。当时尼努尔塔已死或者阿布祖城已被占领，宁门娜为了拯救尼努尔塔而寻找替身（55 行及以下）。① 在乌尔城，月神南纳（阿卡像版为辛）和他的妻子宁卡尔有着与达穆或者杜姆兹一样的神话。②

这部分的另外一个例子，是《恩利尔和宁里尔》神话。③ 恩利尔象征性地堕入了冥界④，这可以看作与女神交合的一个结果。恩利尔触犯了女神，被公民大会驱逐出了城市，之后他便开始了由几个阶段组成的旅程。其间有两个目的地似乎象征着冥界。一个是库尔的"食人河"（i_7-kur-ra and i_7-lu-ku-ku，93、94 行）。在这里，库尔最可能指的是"冥界"，也有可能指的是"山脉"。此处在杜姆兹和乌图神话中象征冥界。根据上下文来说，"食人河"实质上是与库尔指的同一样事物——冥界。⑤ 第二个目的地是在众神也要经过的同一条河流上的摆渡人之地（119 行及以下）。⑥ 库伯所指出的，这部作品为地下世界起了当地的地名。⑦ 在这次旅程中，女神似乎也要跟随恩利尔"降到"冥界，这与达穆神话中的情节是一样的。在他们旅程的每一个阶段，恩利尔和宁里尔都会相遇。经过一系列的策略，恩利尔每次都能成功地让女神怀孕。月神南纳是在尼普尔孕育的，另外三个是冥界神涅伽尔、尼那祖和恩比卢卢，他们也都是在旅途中孕育的。每次相遇过后，恩利尔都会继续他的旅程。

在这里也可以找到达穆或者杜姆兹神话中重要的替身主题。冥界诸神，或者（也许更加确切地说）恩利尔和宁里尔的孩子们降到了冥界；他们看起来是恩利尔的替身，或者也可能是月神辛的替身，而月神本身就是恩利尔的替身。⑧

库伯指出，文学作品的目的至少在表面上是"讲述了四个神的起源"，并"解释了为什么辛神在天堂闪耀，另外三个却住在冥界"⑨。文本也提到了南纳的

---

① 泥版记述了故事的这一点。
② Jacobsen, 'Religious Drama', p. 85.
③ 这部作品近期的研究，提供了文本、意译、译文和评论，见 Behrens, *Enlil und Ninlil*, pp. 1ff., 尤其是第 213—254 页；近期研究见 J. S. Cooper, 'A Critical Review [on Behrens's *Enlil und Ninlil*]', JCS 32/3 (1980) 175 – 188。
④ Jacobsen, *The Treasures of Darkness*, pp. 103 – 104; Kramer, *The Sumerians*, p. 133.
⑤ Behrens, *Enlil und Ninlil*, pp. 192 – 194, 尤其是第 194 页。
⑥ Cooper, JCS 32/3 (1980) 179; Kramer, *The Sumerians*, p. 133; Jacobsen, *The Treasures of Darkness*, pp. 103 – 104.
⑦ Cooper, JCS 32/3 (1980) 183 – 184.
⑧ Cooper, JCS 32/3 (1980) 175 – 188, 尤其是第 179、182—183 页。
⑨ Cooper, JCS 32/3 (1980) 180.

长子身份，也提到了作为达穆或者杜姆兹神话的一个特征的生殖能力。文章以一首称赞恩利尔的颂歌结束，在颂歌中，恩利尔作为能够使亚麻和大麦生长的"丰产之神"和"天堂和人间的主宰"被人们崇拜着。

伊南娜和恩基

与 ID 和 AV 神话一样，伊南娜为了得到权力这个相似的目的而进行的旅程也出现在另外一个神话中，即 OB《伊南娜和恩基》。① 这个"传统的神圣旅程"发生的地方是乌鲁克城和埃利都。这次神圣的旅程是在人间，而不是像在 ID 和 AV 神话中那样，从上界到冥界。然而，这次旅程依然包括了许多与 ID 和 AV 神话一样的主题，尤其是在权力主题的表达上。

伊南娜决定去位于埃利都的恩基的神庙阿布祖，去为自己及其城市乌鲁克获取恩基的"法典"。伊南娜做了准备，然后径直去了阿布祖。② 掌管天上和人间法典的智慧之神恩基，在伊南娜出现之前，早已预测到了她的来意。他开始为她的到来做准备，并且吩咐了他的信使伊西穆德。

伊南娜到来后，伊西穆德用茶点招待了她。等到恩基和伊南娜在安的圣地阿布祖畅饮了大量的甜葡萄酒之后，醉醺醺的恩基将他的法典——"神权"或"神职"递给伊南娜，逐一地列举法典中的一百条左右。③

恩基宿醉醒来之后发现他的法典不在平常放置的地方。信使告诉他，他把自己的法典送给了伊南娜，而她已经带着法典，乘着"天国之舟"起程了。恩基命令伊西穆德带着恩库姆（enkum，大概是神庙的财政人员）去索要法典，说伊南娜可以回乌鲁克城，但不能带走法典。

伊西穆德赶上了伊南娜，盛怒的女神指责恩基可耻地食言。几乎在她说出

---

① 见 Faber-Flügge, *Der Mythos 'Inanna und Enki'* 及 Abdul-Hadi A. Al-Fouadi, *'Enki's Journey to Nippur: The Journeys of the Gods'*, Ph.D. diss., University Microfilms, Ann Arbor, 1969, pp. 5 – 14。

② 见 Bendt Alster 在引言中的评论，该部分介绍了神话发生的时间，并强调了她的性力量的重要性：ZA 64（1975）23。

③ Faber-Flügge, *Der Mythos 'Inanna und Enki'*, p. 1; Al-Fouadi, 'Enki's Journey', p. 7. 法典见 Faber-Flügge, pp. 97ff, pp. 9 – 10; 参照 Alster, ZA64（1975）33 n.33。W. G. Lambert, 'Comptes rendus', RA 70（1976）77 – 78.

这些话的同时,恩库姆占领了她的船。伊南娜立即召唤自己的信使宁舒布尔,从她在乌鲁克城的神庙中来帮助她,宁舒布尔吟诵了一段咒语来帮助她①:

a šu-zu nu-tag a me-ri-zu nu-tag

(水一点都不会触及你的手,水一点都不会触及你的脚)

在宁舒布尔的帮助下,伊南娜成功地控制了天国之舟,并使之安全航行。在旅途的每个阶段,恩基都派来魔鬼、怪物和其他人试图夺回法典。然而每次伊南娜都从乌鲁克城召唤来宁舒布尔。最后,伊南娜成功地回到了乌鲁克城,在宴会和庆祝活动上,她预言了乌鲁克城辉煌的未来。

恩基派伊西穆德前去观察乌鲁克城的一举一动。此处文本遭到损坏,但逐一列举法典——第四次列举,又过了大约八个空缺行,文本接着描述恩基到达乌鲁克城。作品结尾部分遭到严重破坏,但从残留的部分来看,恩基与伊南娜似乎又和好如初。

如同法贝尔·弗鲁格指出的那样,伊南娜在《伊南娜和恩基》中的行为动机与在《伊南娜下冥府》中的极为相似。在 ID 神话中,伊南娜的目的是去占有不属于她的权力,增加自己的权威,提升魅力使得自己更能吸引异性的注意。②这就是神力主题。在《伊南娜和恩基》中,为了从阿布祖得到神力,伊南娜开始了旅程。

旅程中许多描写权力主题的因素与 ID 和 AV 神话中的一样。女神的旅程包括七个阶段,每个阶段都牵涉了权力。在《伊南娜和恩基》中涉及她在阿布祖获得的权力之争。同样,在 ID 版本里,女神带着权力的返回也引发了阿努那诸神的争执。在两部作品中,女神都带着权力回去了:《伊南娜和恩基》神话中,由天国之舟载着权力;而在 ID 和 AV 神话中,权力则由女神随身带着。在 ID 和 AV 神话中,牵涉此次交锋的权力主题的其他元素是生命之水和生命之食,这些东西可以使她回到上界。在《伊南娜和恩基》中,对于"传统的神圣之旅"来

---

① SLTNi 32 Tabl. II col. 1. 33 and *passim*.

② Faber-Flügge, *Der Mythos 'Inanna und Enki'*, p. 16; M. W. Green, ' *Der Mythos "Inanna und Enki" unter besonderer Berücksichtigung der Liste der me*. By Gertrud Faber-Flügge …, (Rezension)', JAOS 96 (1976) 283 – 284: Green 认为,伊南娜旅行的目的是获取性诱惑,这看起来至少是目的的一部分。

说，食物和饮料是普通的好客场景中的一部分。① 在主题情节中，食物和饮料的作用是类似的，它们作为"遭遇"的一部分在目的地出现，并在女神的凯旋中起到作用。在回程之前，与恩基吃饭喝酒，得到包括"生命法典"（me u_4-ti-la-ke_4）在内的法典的类似情节，在《尼努尔塔前往埃利都之旅》（col. ii. 11）中可以看到。②

在《伊南娜和恩基》、ID、AV 神话中，成功之前必需的旅程中需要得到帮助的主题，是旅程的一个结构性的元素，并牵涉女神的权力。伊南娜遭到恩基的使者的袭击，天国之舟被夺走；但为了得到来自乌鲁克城的帮助，女神前面的失败是不可避免的，这与 ID 和杜姆兹神话中来自上界的帮助是类似的。伊南娜六次将天国之舟和法典输给恩基的仆人，但是每一次宁舒布尔的帮助都使女神得到胜利。宁舒布尔吟唱的咒语有帮助女神抵抗来自阿布祖之水的意图，在某种意义上促使了恩基使徒的坠落以及她的返回。③

这部作品中的旅程与 ID 和 AV 神话中的伊南娜的另外一种方式的旅程是类似的。阿尔斯特指出阿布祖之行看起来是一次象征性的堕入下界和归来。④这次旅程的目的地，阿布祖－埃利都，看似有着下界的象征性意义。在神话学层面上，恩基在埃利都的神庙阿布祖似乎代表着由恩基统治的地下王国。文中的措辞也指出了这种象征意义。诗中使用固定词组阿布祖－埃利都，代替了单一的埃利都，表明了"与深渊阿布祖相联系的神话的世界"⑤。另外，在泥版 I. i26—27，伊南娜"堕入"阿布祖⑥：

> 我，女王，让我走，让我堕入阿布祖

主题的相似，尤其是旅程的七个阶段，可能也表明了以阿布祖－埃利都为

---

① Jerrold S. Cooper, *The Return of Ninurta to Nippur*: *an-gim dím-ma*, Analecta Orientalia 52, Biblical Institute Press, Rome, 1978, p. 13 and n. 1.

② Daniel Reisman, 'Ninurta's Journey to Eridu', JCS 24 (1971) 3ff. ,4, 6. Reisman 指出这种神话类型与《伊南娜和恩基》相类似；传统神之旅，见 Cooper, *The Return of Ninurta*, p. 13, 及 Al-Fouadi, 'Enki's Journey', pp. 4, 5 - 10, 关于"传统的神圣旅程"；Ferrara, op. cit. ,1ff.

③ Faber-Flügge, *Der Mythos ' Inanna und Enki'*, pp. 15, 85; 又见 Alster, ZA 64 (1975) 24。

④ Alster, ZA 64 (1975) 30ff. Alster 提出了一种对于这部作品结构性的解读。他的结构多少建立在对文中零散部分中伊南娜和恩基的行为的再构建之上，比如，青蛙插曲部分，尤其是 Faber-Flügge 的文本的零散的结论。这种重构受到了普洛普关于民间故事的结构主义影响，参照 p. 27 and *passim*。

⑤ Alster, ZA 64 (1975) 20, 32. 乌鲁克城和埃利都代表了"女神的宇宙旅行的两个目的地"，第 32 页。与埃利都相关的另一个阴间，参见第 33 页。

⑥ Alster, ZA 64 (1975) 20, Alster 重组了诗行。

冥界和有着安神庙的"天之女王"的城市乌鲁克城为"上界"，同类型的伊南娜寻求权力之行象征性代表了一个礼仪性的目的。"传统的神圣之旅"中的场所的象征性使用，巴克拉提解释为与 ID 神话中伊南娜的旅程中乌鲁克城和库图城的使用相似。然而，ID 和 AV 神话中，伊南娜要去拜见冥界之王埃列什吉伽尔才能得到权力，而这里是拜见恩基。（伊南娜之行的实际地理位置，前五次是沿着埃利都的运河，然后从幼发拉底河到了乌鲁克城。旅程各阶段提到的地点未知。）①

根据阿尔斯特关于《伊南娜和恩基》的评论，在其他版本的伊南娜神话中，降下—归来的旅程似乎是女神活动的基础。除了《伊南娜下冥府》，他还引用了《伊南娜和舒卡雷图达》、《伊南娜埃比赫》和《伊南娜宁埃旮勒》（*Inanna Nin-egala*）的颂歌。②他尤其提到了《伊南娜和舒卡雷图达》，其开始方式与伊南娜的冥界之行相同。在引言中，伊南娜离开了"天堂"和"人间"去了库尔（Kur），这里指的是"山脉"。③ 当然这里仍然有一个难点，即诗歌的开头是不完整的，并且妨碍了 kur 这个单词的用法的精确定义。

in-nin šà-gur₄-ra 颂歌中的伊南娜之行

<u>45</u>　　伊南娜的赞歌，这首诗可能是阿卡德国王萨尔贡的女儿恩西杜安娜公主写成的，简要地提到了伊南娜通过某一性质的旅行而获得权力的情况。即伊南娜在某次自然旅程之后被卷入了权力之争。在伊南娜到达天堂之后，她对天堂的诸神有威胁（104—109 行）：④

　　　　阿努那众神低下了头，葡匐在地，
　　　　你骑着七头巨犬，出现在天堂，
　　　　伟大的安畏惧你……他害怕你的寓所，

---

① Faber-Flügge, *Der Mythos 'Inanna und Enki'*, pp. 13 – 14；又见 Th. Jacobsen,'The Water of Ur', *Iraq* 22（1960）181ff。
② Alster, ZA 64（1975）30ff。
③ 参看 Wilcke, AfO 24（1973）86。
④ 颂歌的音译和翻译，参见 Ake W. Sjöberg ,'in-nin šà-gur₄-ra: A Hymn to the Goddess Inanna by the en-Priestess Enheduanna', ZA65（1976）161 – 253（此处引用的 104—109 行，见第 188—189 页）。全文只有一处是 OB 时期的，见第 161 页。

他让你就坐于伟大的安的寓所

（然后）他不再害怕你。

（他说：）"我将赐予你高贵的王室'加尔萨'（以及）神圣伟大的'加尔萨'！"

伟大的众神亲吻大地，他们服侍（你）

原文中第 105 行的"an-na ba-e-è-dè"的译文是"你来到/前来天堂"。① J. V. 金尼尔·威尔逊将这个词组翻译成"在天堂中出现"或者"升至天堂"。② 这代替了萧伯格最初的译文"你来自天堂"。这一译法似乎不符合语境，因为女神当时是在安的寓所里就座的。

伊南娜在这里是一个令人畏惧的女神，她使阿努那诸神和安神感到畏惧。她带着威胁性的目的到来，驾驭着七头巨犬，或者更准确地说，是七头狮子，这些动物们总是与她待在一起。这种状况可能指的是这样一种观念，即伊南娜像一颗星星（金星）一样从地平线之下升到了天堂。然而清楚的是，"她从其他某个地方来到这里吓唬安，并且当安显然为了安抚她而交出王室和神圣的加尔萨（garza）时，她享受着获得权力的快乐。③

与这章的其他神话一样，在旅程神话中，对神力的追求是一个察觉到的结果，并且是最主要的目的。如同恩利尔的话所揭示的，ID 神话中伊南娜在冥界和上界寻找权力。同样的故事出现在 AV 神话中。在《伊南娜和恩基》神话中，女神在埃利都之行中得到了恩基的法典；而在 in-nin šà-gur$_4$-ra 神话中，当她到达天堂，她从安神那里得到了"加尔萨"。在杜姆兹的礼拜仪式中，杜姆兹需要借助旅程得到权力，从而行使他给城市带来丰产和繁荣的神圣职权。

伴随着旅程中的权力观念，本章中的每个神话都提出了与女神有关的重要的观念和主题。当然，伊南娜或者伊什塔尔是一个伟大而复杂且有着众多职权的女神，尤其是后来，因此不可能希望在一个短的章节中公正地评价女神的性

---

① Claus Wilcke, private correspondenc, 25/10/90.

② J. V. Kinnier-Wilson, *The Rebel Lands*, Cambridge University Press, Cambridge, 1979, p.19. 类似的"你在天堂出现"或"到达天堂"，见 Dr J. A. Black, *Oriental Institute*, Oxford, private correspondence, 5/7/88。

③ 关于这些"神力"，参见 Faber-Flügge, *Der Mythos 'Inanna und Enki'*, pp.97ff。

格、角色和职能，或者扩大她的神话的范围，本章还把主题限制在对女神旅程的讨论和在旅程中与她相关的具体的观念上。不过，本章的每个神话都提供了女神的重要的特征，以及许多对于她的神话来说重要的观念和主题。类似地，女神的配偶杜姆兹的一些特性也涉及了，这些特性在杜姆兹神话中是重要的。

为圆满完成对于伊南娜及其配偶的探讨，还需再解读几个神话。在另一神话中，伊南娜进行了一次旅程，因而施展了神权：在《伊南娜和埃比赫》神话中，她毁坏了埃比赫山脉。这个涉及了对异国的毁坏的神话，却没有提到对权力的寻求，也没有显示任何关于寻求权力之旅的新东西，除强调了伊南娜战神的一面外，他没有提及任何对于女神来说十分重要的特征。

伊南娜和杜姆兹的关系的主要方面是他们的爱情和婚姻，尽管杜姆兹的不幸命运是因此而产生的，它仍然显得十分重要。由于女神与其配偶的复杂关系对探讨某些希腊神话有价值，所以大体概括相关材料很有必要。有很多以生动的细节来描述两个神的关系的诗歌，庆祝他们的恋爱、结婚和结合，有时也会有导致生育的描写。也有很多文本涉及伊南娜和许多城市的国王的神婚，这些国王为了丰产和他们城市的繁荣，扮演了女神配偶和情人杜姆兹的角色。作为杜姆兹与伊南娜婚姻的一部分，作为礼拜性质的神婚的一部分，女神总是精心地装扮自己，为自己沐浴，涂上香油，穿上"神力之衣"去见她的情人。也有许多爱情关注的是诸神浪漫的性欲的一面。一首以伊南娜和杜姆兹神话为原型的诗——SRT 31 中，在26—30 行通过提及杜姆兹阿布祖（这里指杜姆兹）揭示了这样一个特点，即杜姆兹的死亡是对女神的爱的后果，是曾经得到过暗示的，但是这个暗示只是描写俗世人类的事件（18—26 行）。①

> 我的爱人，我的（心上）人，
> 我将为你带来厄运，我最俊美的兄弟，
> 你的右手抚摸过我的性器，
> 你的左手伸向我的头，
> 你的嘴亲吻过我的嘴，
> 你让我的唇亲吻过你的头，
> 你，因此，厄运降临，

---

① SRT 31：Kramer, *The Sacred Marriage Rite*, pp. 104 – 106；Alster, RA 79 (1985) 142 – 146.

因此,这就是"悍妇",我最俊美的兄弟。

然而,关于杜姆兹不幸的命运最著名的描写在《吉尔伽美什史诗》(泥版 6.ii.46—79)中被发现,这里提到了可能发生在女神伊南娜或者伊什塔尔爱人身上的灾难。一次中断后,46—50 行又简略提到这位年轻神的厄运①:

为塔姆兹(Tammuz,即杜姆兹),你年轻时的爱人。

你年复一年地为他痛哭。

你爱上了淡紫色的牧羊鸟儿:

于是,你抓住他,折断他的翅膀。

他站在森林中,哭喊着:"Kappi!我的翅膀!"

---

① 译文见 Gardner and Maier, *Gilgamesh*, pp. 152 – 155。

第三章 尼努尔塔

尼努尔塔是苏美尔万神殿中伟大的战神，他的崇拜中心位于尼普尔城的埃苏麦沙神庙。作为苏美尔神灵中的至高神恩利尔的儿子，尼努尔塔在有关他的几则神话中扮演神灵大会中的英雄冠军的角色，他率领众神与群山中可怕的怪物安祖（Anzu）和阿萨格（Asag）对峙。他击败了怪物安祖并最终成为诸神大会的首领是非常重要的神话主题。此外，他在一场宏大的战争中战胜了阿萨格也为他的神话添加了一抹亮丽的色彩。而另外一些描写他如何战胜强大而可怕的对手的神话并没有完整地保留下来。尼努尔塔以战功卓越著称，同时他也是一位掌管着底格里斯河与幼发拉底河流域的灌溉神、农业丰产神。

有关他的神话在一定程度上被后来变得重要的其他神祇的神话取代。例如在《埃努玛·埃利什》中被称为美索不达米亚主神的巴比伦的马尔杜克，马尔杜克（Marduk）的儿子纳布（Nabû），以及冥界的主人涅伽尔。马尔杜克的神话在很大程度上依附于尼努尔塔，尤其是打败安祖和阿萨格的这两个神话，这在《埃努玛·埃利什》中可以清楚地看到。通常认为，《埃努玛·埃利什》这部作品作于公元前第二个千年的后250年，而另有评论家将它创作完成的时间确定为公元前1100年。① 在这部作品中，因为他在与女怪神提亚玛特的战斗中的英勇表现而被描述成众神集会的优胜者。在公元前第一个千年的一些作品中，马尔杜克尤其是纳布直接取代尼努尔塔成为击败安祖的神祇。涅伽尔与尼努尔塔关系紧密，在一些卓越的功绩和英勇的事迹上取代了尼努尔塔。

---

① W. G. Lambert,'Studies in Marduk', BSOAS 47（1984）1 – 9; Réné Labat et al., *Les Religions du Proche Orient asiatique*, Fayard/Denoël, Paris, 1970, p. 36; Alasdair Livingstone, *Mystical and Explanatory Works of Assyrian and Babylonian Scholars*, monograph of Ph. D. diss., Clarendon Press, Oxford, 1986, p. 155. 关于尼努尔塔神话的一些观点，见 J. J. van Dijk, *Lugal ud me-lám-bi nir-ğál: Le récit épique et didactique des Travaux de Ninurta, du Déluge et de la Nouvelle Création*, vol. 1, E. J. Brill, Leiden, 1983, pp. 3, 26, 27。另外参照 Wilfred G. Lambert,'Ninurta Mythology in the Babylonian Epic of Creation', in Karl Hecker and Walter Sommerfeld, eds, *Keilschriftliche Literaturen. Ausgewählte Vorträge der XXXII. Rencontre Assyriologique Internationale*, Münster, 8. -12.7.1985, Dietrich Reimer Verlag, Berlin, 1986, pp. 55 – 60。

尼努尔塔是美索不达米亚的一位重要神祇,有关他的神话传说在数量上仅次于女神伊南娜。尼努尔塔作为帮助亚述人击败他们的敌人的战神在公元前第一个千年被亚述王们崇拜。例如在公元前第一个千年,亚述(Assyria)那西尔帕二世(前883—前859年)在他的新首都卡尔胡(今尼姆鲁德)建立了尼努尔塔神庙,与之相邻的金字形神塔也是献给尼努尔塔的。

尼努尔塔的旅行神话所表现的主要观点,尤其是在旅行中获得神力和展现神力,是接下来的几章中讨论其与希腊神话相似性的关键。在他们的旅行顺序中发现了一些重要特点,而那些发生在这些顺序中的事件和母题,诸如尼努尔塔的斗争及其现场、寺庙中的场景和他与其他诸神的遭遇等,都将在针对这一旅行的动力的追查过程中和表述尼努尔塔神话的方法中出现。这一调查所得将是本章论述的焦点,正如分析伊南娜的章节一样。因为这些观点在之前没有被详细的论述过,为了讨论其与希腊旅行神话的相似之处,它需要被详尽论述。在希腊的旅行神话中,它被认为是一个重要的观点,其他一些观点在尼努尔塔的神话中也很重要,并将成为讨论其与希腊神话相似之处的中心。但在处理尼努尔塔神话时,我们不会指出这一点,以免使对尼努尔塔神话的探讨和随后各章中对相似之处的研究造成偏见。目前的探讨仅仅集中于获得神力的旅行及这一旅行在神话中的表现。

尼努尔塔为获取权力而展开旅程这一主题在他的旅程神话中是个永恒不变的特征,其中年轻的神的权力及权威是核心问题。在主要的战斗神话——安祖神话、《安基姆》和《卢迦勒》中,尼努尔塔进行了一次旅程,在山中与敌人英勇战斗,从而获得或保住了他在众神大会中的权力。尼努尔塔的神力——在众神集会中的地位——问题在每个神话中各有不同:在安祖神话中,尼努尔塔在已经确立的天界秩序中从卑微变得显赫;在《安基姆》中,一个特殊的问题似乎是尼努尔塔的神力在埃库尔(Ekur)的地位,以及由于他的行为引起的与其父,也就是最高神祇的关系;尼努尔塔捍卫其在众神集会中的权威似乎是《卢迦勒》最关心的问题。为了获得力量而展开旅程的主题,在传统神圣的旅程神话中屡见不鲜,例如,STVC 34《尼努尔塔前往埃利都之旅》。虽然UET6/1 2的结尾中,《尼努尔塔和神龟》丢失了,但尼努尔塔寻找神力也是这部作品的一个主题。在这部作品中,尼努尔塔去埃利都夺取恩基从安祖那里获得的神力。有关这一主题的第一个神话是尼努尔塔与可怕的鸟首狮身怪物安祖的对抗。在卡尔胡的尼努尔塔神庙中，有一块画像石上发现了有关他击败这个对手的描述，然而，对抗安祖的也有可能是阿萨格。在这个神话中安祖被描绘成一个具有狮子的头、身体、前爪，以及鹰的羽毛、尾羽和后爪的怪物。①

安祖神话

安祖神话有两个版本，标准巴比伦（SB）和古巴比伦（OB）版本。尼努尔塔是 SB 版本中的神。同时，在 OB 版本中的宁吉尔苏神在许多地方与尼努尔塔非常相似。SB 版本来源于阿舒尔（Assur）和尼尼微出土的中亚述时期（MA）的泥版，以及尼尼微和萨尔坦出土的新亚述时期（NA）泥版，新巴比伦时期（NB）残存的碎片来自尼尼微。SB 版本的第一块和第二块泥版保存得非常完好，尽管第一块泥版的开始部分有一些残缺，第三块和最后一块泥版也有很多不完整。在 OB 版本里的神是宁吉尔苏，它由来自苏萨的两块泥版组成，可能是第四块泥版的残余部分。② 尽管两个版本讲述的是同一个故事，但 SB 版本的内容更加丰富，本研究将依据此版本展开论述。

神力是安祖神话的中心问题，尤其是年轻的尼努尔塔抢回了被安祖盗走的"命运簿"之后神力和权威的上升。尼努尔塔通过去山中部族旅行获得了他的神力，打败了那里的妖怪，重新获得了恩利尔丢失的"命运簿"。

这部作品以诗人赞扬尼努尔塔的意图开始。尼努尔塔是恩利尔和玛弥的儿子③，后来成为一位"大能者"，并且由于击败安祖而成为阿努那库的首领。这个故事发生在恩利尔统治伊吉吉（Igigi）之前的神话时代，也在底格里斯河和

---

① 关于是安祖的说法，见 Stephanie Dalley, *Myths from Mesopotamia*, Oxford University Press, Oxford, 1989，标题页的说明。关于是安祖或阿萨格的说法，见 Jeremy Black and Anthony Green, *Gods, Demons and Symbols of Ancient Mesopotamia: An Illustrated Dictionary*, British Museum Press, London, 1992, 第35—36 页（"阿萨格"），（"尼努尔塔"），第142—143 页的描绘。

② 最近的重要文本：W. W. Hallo and W. L. Moran, 'The First Tablet of the SB Recension of the Anzu-Myth', JCS 31 (1979) 65 – 115; M. E. Vogelzang, *Bin šar dadmē: Edition and Analysis of the Akkadian Anzu Poem*, Styx Publications, Groningen, 1988. 关于第三块泥版的补充，见 H. W. F. Saggs, 'Additions to Anzu', AfO 33 (1986) 1 – 29; 这篇文章展示了 GM 1 文本，即包含三块泥版的安祖神话，它残缺不全地提出了反面观点。另见 William L. Moran, 'Notes on Anzu', AfO 35 (1988) 24 – 29。

③ 关于宁图，Aruru, 宁胡尔萨格, Dingir-mah 和 Bēlet-ilī，参照 J. S. Cooer, *The Return of Ninurta to Nippur: an-gim dím-ma*, Analecta Orientalia 52, Biblical Institute Press, Rome, 1978, p.104。

幼发拉底河灌溉苏美尔地区之前。伊吉吉给他们的父亲恩利尔带来消息：安祖在山上出生了。在第一和第二部分的不完全记录中，恩利尔和埃阿遇见了安祖。据埃阿所言，安祖出生于阿普苏神纯洁的圣水、广阔的土壤和山上的岩石中。埃阿认为恩利尔应该给安祖一块地方来保卫他圣地的宝座。

安祖在内殿门口处经常看到恩利尔在净水中沐浴，看到他在行为处事时展现出王者风范。他经常凝视恩利尔的王冠、神圣的长袍和他手中的"命运簿"。他开始觊觎恩利尔的最高统治权。

破晓时分，当恩利尔摘下王冠，放下手中的"命运簿"，在净水中沐浴时，安祖伸出手一把抓起"命运簿"，然后逃进了山中。之后，一片沉寂包围了埃库尔，神殿也不再光彩照人。恩利尔也"静如止水"。①

众神聚集在埃库尔，阿努要求在众神中选出一个优胜者去杀死安祖，夺回"命运簿"。他召唤来阿达德（Adad），让他完成这个任务——用雷电击死安祖——并承诺赋予他无敌的力量。但是阿达德拒绝了，他说现在的安祖有恩利尔的"命运簿"在手，已经没有人对付得了他了。接着阿努又召见了吉拉和沙拉，但他俩也以同样的原因拒绝了这次行程。

智慧的埃阿想出了一个好主意，他告诉那些为此事烦恼的诸神，他有办法找到一个愿意去打败安祖的人。他召见玛弥，并且封给她"众神之主"的最高荣誉称号。埃阿告诉玛弥应该让她儿子尼努尔塔去完成打败安祖的任务，并且许诺一定会有丰厚的奖励——这一点在前面的三行中已经提到（128—132 行）。玛弥同意了，她说服儿子去夺回"命运簿"，并给了尼努尔塔这次行动计划的指示，而且命令他一得到"命运簿"就马上归还恩利尔，最后告诉他做这件事是有奖励的。尼努尔塔接受了命令就前往安祖的山中。在那里，他碰到了他的对手。

在第一回合中，尼努尔塔失败了，因为安祖手中有"命运簿"，他念着咒语将英雄神手中的箭击了个粉碎。埃阿建议尼努尔塔的信使沙拉使用他的武器——风。他也反复念着玛弥的指示，其中包括马上给恩利尔归还"命运簿"的命令。他还承诺以权力作为回报——通过赐予他座位或宝座，以及宗教、政治权力，让他得到众神认可。

---

① Hallo and Moran, op. cit.

在第三块泥版中记载，尼努尔塔使用了埃阿的建议击败了安祖，他用箭和一把标枪杀死安祖，并毁灭了这座山。杀死安祖之后，他得到了"命运簿"。风带回了安祖的羽毛作为成功的标志。农神达甘（Dagan）向诸神报告了这个消息，并且详细叙述了尼努尔塔的功绩。之后，尼努尔塔被召见，恩利尔根据之前的承诺授予了他在集会中的地位。

恩利尔遣信使贝尔杜（Birdu）去召尼努尔塔到众神集会来，但是从泥版残存的碎片来看，尼努尔塔很有可能拒绝把"命运簿"还给恩利尔。① 然而，最后尼努尔塔还是把"命运簿"还给了恩利尔，并因杀死了安祖，战胜了山中部族，重新树立了恩利尔的权威，而得到了自己尊贵的地位。现存文本以他在不同地方得到声誉的叙述和对他的进一步赞美结束了这个故事。

神力是安祖神话中一个十分清楚的中心问题。尼努尔塔神力的提升是通过他的黑贝山（Hibi）之旅（黑贝山在叙利亚群山的西边，或在埃兰群山东边）——他打败安祖重新获得"命运簿"，以及在战斗之后的一些活动而确立的。这场战斗可能发生在他快要返回尼普尔的路上。返程之旅在残存的泥版上记载得不是很清楚，但是引言和第三块泥版的结尾，从在众神大会上的权威和崇高的神力两方面显示了尼努尔塔的行为，他从卑微的地位到一个"大能者"、阿努那库的领导者、建立秩序的权威。他不仅仅是一位战功卓越的战神，而且是重要的灌溉神和农业丰产神。尼努尔塔战胜安祖后的返程见于从萨尔坦出土的亚述泥版（51/19A+37，52/187），其对这个故事进行了独立的叙述。

在这个故事中，神力的主要象征是"命运簿"，它是最高权力的源泉或象征。在埃阿和玛弥神话中，尼努尔塔应该在得到"命运簿"后将其归还恩利尔（泥版 II. 22—23，117—118）。② 在第三块泥版中这一点可能存在争议，他曾经从安祖那里夺取"命运簿"，但是在神话的结尾十分清楚，他把"命运簿"还给了恩利尔。另一个关于神力的标志，或者说证据，是关于令人肃然起敬的权力主

---

① 参考 Vogelzang, op. cit., p.72, G obv ii 22, 以及她的一些评论文章。尽管 Saggs 并未出现在文章中：AfO 33（1986）24. 参照 UET 6/1 2, 这章中出现了类似的情况：尼努尔塔不满足于恩基的赞扬，而是希望得到"命运簿"本身。

② 在 Sargonid 时代，究竟能在泥版上看到什么，可以参见 Vogelzang, op. cit., pp. 140 – 141, 以及 A. R. George, 'Sennacherib and the Tablet of Destinies', *Iraq* 48（1986）133 – 146。

题。安祖从恩利尔那里偷走"命运簿"后，作为失去神圣权威的证明，埃库尔失去了它的"令人生畏的光彩"（I.86）。当安祖拥有"命运簿"后就具有了"神圣而强大的力量"（SB II.37，OB II rev.82，obv.2），这再一次证明了"命运簿"所具有的神力。在《卢迦勒》中，尼努尔塔击败阿萨格之后获得了令人生畏的力量（289—293行）。

在其他为了获得神力而展开的旅程时，最初败北的复杂主题在这部作品中也有所提及。尼努尔塔在与安祖的对抗中最初失败了，但他通过信使得到了众神大会的帮助和建议，最终取得了胜利（泥版II.61到III ovb.i.12）。毫无疑问，这一叙述增强了神话的紧张气氛，但是更为重要的是它强调了任务的艰巨，增强了获胜者的荣誉，从而增大了他要求履行承诺的筹码。①

安 基 姆

最古老的《安基姆》文本是古巴比伦时期的版本，被认为创作于乌尔第三王朝时期或古巴比伦初期。② 古巴比伦文本由苏美尔语写成，而且十分完整。它由208行组成，然而有些行残缺不全，有些断行可从之后的校订本中复原。该文本来自尼普尔城，尽管在乌尔的学校课程里发现了它，不过这一文本肯定也是其他地区抄写课程的一部分。③ 其他的校订本有：尼普尔城喀西特时期的中巴比伦版本；尼尼微城的新亚述时期的版本；仅包含六行残缺不全的新巴比伦时期的版本。库伯指出，有些后期文本比中巴比伦时期的版本更接近于古巴比伦时期的原文本。在中巴比伦时期，苏美尔文本中也添加了阿卡德语译文。

这再一次说明，一个神的神力和权力，包括他为获得神力展开的旅程，是作品的主题。在《安基姆》中，这个问题明显表现在尼努尔塔在埃库尔的地位，尤其是他成功地远征库尔山返回埃库尔后，与他的父亲——众神之主的关系。

确切来说，《安基姆》不能被归入神话一类。该作品可能介于"相对活跃地

---

① 虽然在这个神话中关于神对力量的追求这一分析没有得到特别重视，但Claus Wilcke所做的一个政治性假设中指出，在神话中，拉加什（Lagash）在完成对众山（Gutians，库提人）的统治后，又将他的统治欲望带回了苏美尔。

② Cooper, op. cit., p.10：这一神话资料无疑是很古老的，但由于缺乏相对立的原文证明，因此在这一时期，《安基姆》也许代表着作者将尼努尔塔神话和古代传统相结合创作出的一个新课题。

③ Cooper, op. cit., pp.32, 54.

描述神话及史诗与相对静止地罗列称号及颂歌之间"。仅有少部分描写了故事情节，通常出现在长篇大论地介绍完尼努尔塔的特征与品质，赞扬完他的权力与伟大事迹之后。然而作品中确实有故事情节，尽管对于尼努尔塔的长篇赞扬有时在很大程度上使得情节十分费解。情节很简单：尼努尔塔从库尔山返回，在恩利尔的神庙埃库尔中与他对峙，向他讲述自己的胜利并索要权力，之后他前往自己的神庙——埃苏麦沙，展示自己的权威与王位。①

叙述开始于对尼努尔塔的赞美，"出生于库尔"，是恩利尔和宁图的儿子。②他获得了卢迦勒的"陆地上的国王"这一称号（7行），这是恩利尔的一个称号；他的神力与安和恩利尔同等，这体现在短语"像安一样创造，像恩利尔一样创造"（1—2、7行），在25—28行，他被描述为"有角的野牛"，以及"野公羊"和"牡鹿"，但是最突出的还是把他形容为"库尔庞大的公牛"（或"群山"）。

故事情节开始于第30行，介绍了他从库尔去埃库尔的旅程。他打败的那些被列入了名单当中，为他赢得荣誉的妖魔鬼怪。他们都被悬挂在他的战车上，正如故事中所写到的，尼努尔塔登上了他那熠熠发光的战车，向埃库尔驶去。陪伴在他身边的还有几个神祇，包括"尤坦尼（Udanne），全知之神"，以及"被杀死的英雄们"。伴随着雷鸣般的喧闹和破坏，他奔向尼普尔城，与他的随从一起，他像暴雨一样席卷大地，"像暴雨般呼啸于天际"。阿努那众神因为"不可能战胜他"而纷纷逃走。

努斯库（Nusku），恩利尔的大臣，欢迎尼努尔塔的到来，请求他不要惊吓到阿努那众神和在埃库尔的恩利尔，并告诉尼努尔塔由于他的英勇和无畏，恩利尔将送给他一些礼物——也可以理解为贿赂。尼努尔塔的反应是令人费解的，他放下他的武器，把他的牲畜赶向埃库尔，并展示他丰富的战利品。阿努那众神十分惊奇，而恩利尔则非常谦卑。宁里尔热情地赞美他（110行）③：

> 野公牛，带着长出的凶猛的角。恩利尔的儿子，你给了众神沉重的打击。

---

① 关于原文与解释见：Cooper, op. cit., pp. 53-103。
② 关于尼努尔塔出生于胡尔萨格山中或是库尔，参考 Cooper, op. cit., p. 105, 对比 Hallo, CRRAI 17.30。也可参见 Van Dijk, op. cit., p. 35, 关于尼努尔塔出生于山中，以及他母亲在库尔生下他的记载。
③ Cooper, op. cit., p. 27；"宁里尔"与第二行中"宁图"同义，也可参见 Cooper, op. cit., p. 104。

尼努尔塔向她详细炫耀了自己的功绩，接着列举出自己的武器，最后大胆地要求恩利尔将自己的战利品及武器带入神庙，并用圣水清洗自己"英勇的臂膀"（154 行）。另外，他还做了一首自夸的赞美诗，罗列了他的功绩和高尚的品性，并为自己要求更多的神力、城市及神庙。然后他从众神面前走向他的神庙（单独一个人进入），来到妻子身边，在这里我们把他的妻子叫她尼尼布茹，"尼普尔的女人"。之后，他发表了有力的言论成为这个城市的王，并对自己的力量与王位进行了一番赞美，他在库尔的胜利在这里也被提到了（203—204 行）。《安基姆》在重述尼努尔塔与恩利尔的关系中结束（207 行）：

尼努尔塔，埃库尔杰出的后裔。

尼努尔塔通过在旅途中的活动获得神力，尤其是他与库尔的怪兽的斗争。这一事件被描述在他的返程途中，在这一过程中，他使阿努那诸神感到害怕，也给大地带来了灾难（71—76 行）。他甚至敢于在恩利尔的神庙中给予其警告（88 行）。返程途中那些被用来装饰他的战车的被他杀死的对手们，是他力量与威严的象征（51—62 行）。在返回埃库尔的路上，他要求得到的来自恩利尔的神力使他更进一步的要求天界的统治权和王位（165、168 行）。① 他在库尔的表现以及他充满威慑的返程是他的要求得到认可和回报的基础。他对诸神有一定的威胁证实了他的神力，也巩固了他得到回报的基础。他还展示了他的战利品作为他卓越功绩的证明，这似乎对恩利尔和其他诸神产生了影响（99—115 行）。

尼努尔塔的神力在埃库尔的地位是这个问题的主要方面。这部作品主要描述了尼努尔塔在埃库尔的得意及众神对尼努尔塔过分的赞美，展示了年轻神与恩利尔和安在神性方面的平等。这部作品利用每一个机会热情洋溢地赞美尼努尔塔，并以前 29 行的热情赞美开篇。尽管对他的赞美堆积如山，对他的高贵品质赋予了许多称号，例如"大地之主"（7 行），展示了他与安和恩利尔神性的平等（1—2 行）。但是，尼努尔塔从属于主神恩利尔却是十分明显的。尽管尼努尔塔羞辱恩利尔，并在他返程之后对诸神造成威胁，但作品强调了尼努尔塔与恩利尔的父子关系。关于这一点最好的例子是他捣毁恩利尔的神庙，自夸地述说自己的丰功伟绩进而要求在众神大会的统治权，并在后来无理地要求恩利

---

① 苏美尔版本的第 165 行中"天堂之统治"这一短语，在阿卡德版本的翻译中只是以"适合的王权"简单结束。虽然这行文字并没有完整的存在于 OB MS，但至少有一半与 MB MS 上所表现的相似。参照同上，p. 89 n. 1。

尔将他的武器和战利品带入神庙，并将他的"至尊战车"提升到一个很高的位置（153—159 行）。① 所有这些都可以说明，他相对恩利尔来说是一个次一级的神祇。然而，作品中没有提到恩利尔对这些事的反应。正如库伯所说，"这是《安基姆》的一个谜"②，但是这正好构成了他与其父之间的紧张气氛。作品以相同的方式结尾，重述了这位年轻神祇的成就和他力量的获得（203—207 行），但是整篇文章围绕着他与恩利尔及埃库尔关系的论述，说明了恩利尔权威的延续和尼努尔塔在这一权威下的地位（202、208 行）。

关于尼努尔塔在返程途中神力的描述与伊南娜神话十分相似，尤其是与 ID 和 AV，例如"穿戴象征权力的服饰"、随从人员和受惊吓的诸神。这些相似之处表明，众神在旅途中获得神力有相同之处。

当他开始返程（30—113 行），他用库尔的胜利中赢得的战利品装饰他"金光灿灿的战车"③，这是他要求神力的一部分。④ 这个"穿着主题"可以从伊什塔尔神力的变化看出来。每经过一个地点，穿戴的衣着和佩戴的首饰不同，神力的强弱也就不同（AV119—125 行）。服饰所代表的神力在伊南娜降至下界时尤其明显。当她被一件一件脱去衣服、除去首饰，最后到达冥界，见到埃列什吉伽尔时，她已经变得没有神力，脆弱不堪了（ID14—25、130—164 行）。

尼努尔塔的出行总有随从陪同，或前或后跟随他：两个在前，两个在后。他的侍从包括"被杀害的英雄的"（65—68 行）同伴。伊南娜同样也被一个魔鬼或前或后跟着，或者有一群魔鬼陪着她（ID291—296 行）。

尼努尔塔从库尔返回，带着令人惊惧的情形：雷鸣般的喧闹和强烈的破坏性。这引起了阿努那诸神的恐慌，他们纷纷逃走（70—89 行）。同样的，当伊南娜在侍从的陪同下出现时，城里的诸神和杜姆兹感到恐怖，他们纷纷逃走了（306 行及以下）。在恩西杜安娜的赞美诗 in-nin-šà-gur₄-ra 中，她升入天堂，使阿努那诸神感到害怕，她把他们从天界抛到了地面。同样，令人惊奇的是，伊

---

① 参考 UET 6/1 2 关于尼努尔塔在回尼普尔的路上控制恩利尔的动机。
② Cooper, op. cit. ,p.13.
③ 尼努尔塔也指"光辉灿烂"，而阿卡德人则译为"雄狮"，第 56 页中也指光辉灿烂之义。比较一下尼努尔塔伴随着伊南娜赞歌归来的方式："带着雄狮般健壮的身躯和肌肉，你，长大了。"雄狮的称号通常也用来形容国王：Cooper, op. cit. ,p119。
④ 关于战利品，参见第 51—62 行；关于以胜利为基础的权利，参见第 90 行；关于胜利及他所使用的武器，参见第 128—152 行。

南娜在安的寓所里就座，安也吓得发颤，还交出了权力（104—109 行）。① 这个情景与尼努尔塔的返回及他到达尼普尔城相似。在赞美诗 nin-me-šár-ra 中，伊南娜同样让阿努那众神感到害怕，他们像蝙蝠一样逃走了（34—35 行）。在《安基姆》中，阿努那众神被描述成像鸟一样逃窜了，或像公牛、老鼠一样飞快逃逸，以免与尼努尔塔正面交锋（122—123、174—175 行）②。伊南娜和尼努尔塔一样，都喜欢在他们遇见的诸神面前显示他们的神力。

尼努尔塔旅行的目的地是库尔和群山部族，而不是埃列什吉伽尔的领土——那是伊南娜神话的目的地。这些群山似乎对尼努尔塔具有十分特殊的意义，因为在这儿他打败了他的敌人，赢得了神力和荣誉。因此，在安祖神话、《安基姆》和《卢迦勒》中，无论是扎格罗斯山或是叙利亚群山，都是尼努尔塔旅行神话的目的地。多山地区一般都在比较偏远的地方，因此可以被赋予神秘玄妙或阴森恐怖的寓意，这些地方适合神话的产生。Kur 这一单词对苏美尔人来说有时具有敌意，它给人一种"外来的"或"地方土地"之意。③

在这部著作中，政治特征是一个重要的问题。非常清楚的一点是，神话在一个城邦中具有某种崇拜意义。④ 评论家朗登和近期的阿尔斯特都提到这部作品可两用，既可作为神话故事又可应用于城市事务。⑤ 除了纯神话性以外，阿尔斯特说，政治特征代表了一种"典范"，例如欢迎胜利的国王返回城邦，修建神庙等。神话中使用的术语表达了神话和政治上的矛盾之处：库尔和尅贝勒（ki-bal）的使用，"反叛之地"并列使用，有时实际上是同义词（例如 18—19、119—120、139、143 行）。就像尅贝勒与库尔并置一样，政治方面与尼努尔塔的胜利角色中的神话同时出现，神话中他从库尔带回了怪物们作为战利品，同时

---

① 参考 Ake W. Sjöberg, 'in-nin-šà-gur₄-ra: A Hymn to the Goddess Inanna by the en-Priestess Enheduanna', ZA65 (1976) 188 – 189, lines104 – 109。

② 第 71—77 行（记载于 Cooper, op. cit., p. 26）描写了阿努那的样子；第 86、89、121—122 行；第 122、123、174—175 行描写了逃跑的阿努那神。

③ 例如，关于库尔的这方面，见 Henri Limet, 'Étude sémantique de ma. da, kur, kalam', RA72 (1978) 12。

④ Cooper, op. cit., pp. 8, 9, 12. 同样，《卢迦勒》的研究也有很多层面：神话学的，宗教仪式的，历史上的或是政治上的。神话材料最终是为宗教仪式和历史研究服务的，见 J. J. van Dijk, *Lugal ud me-lám-bi nir-ğál*, op. cit., pp. 8 and 18。

⑤ Stephen H. Langdon, *Semitic Mythology*, volume 5 of *The Mythologies of All Races*, (J. A. MacCulloch, ed.), Cooper Square Publishers, New York, 1964, pp. 124ff.; Alster, RA 68 (1974) 54.

又像一个胜利的国王携带着"被掠夺城市"的战利品凯旋一般。舒尔吉（Shulgi）赞美诗提供了库尔和尅贝勒这种类似的并置。① 这是神话在城邦崇拜中的运用。它并没有改变年轻神灵权力提升的主题，这是神话故事本身的中心。

UET 6/1 2

UET 6/1 2 摘录于一个与安祖神话相关联的文学作品，然而，两者之间还是存在巨大的差异。② 在 UET6/1 2 中，尼努尔塔败于恩基之手，这个恩基是仍然流传的一些神话中的英雄；但是穷尽整本书也未能知晓最终的结果。此神话中，尼努尔塔迈上了埃库尔之旅，他对权力孜孜不倦的追求是其核心问题，这里也被描述为神力、宏愿或命运的丰碑（2—4 行）。

作品以尼努尔塔和安祖的讨论开篇，安祖说当尼努尔塔击中他时，神力就重返阿布祖了。尼努尔塔悲叹神力及其所代表权力的丧失，他也为不能像恩基一样在阿布祖树立威望而悲叹。

安祖指引尼努尔塔来到阿布祖，来到恩基的面前，恩基盛赞尼努尔塔从伟大的安祖那里重获神力的伟绩，并谈及尼努尔塔在埃库尔获得的权力。然而，尼努尔塔并不满足于恩基的赞美，也不满足预言能力局限于埃库尔，于是，他秘密图谋反对恩基。尼努尔塔用滔天的洪水攻击神明及其庙宇，但是被伏兵击败，掉进了海龟挖掘的深坑中。恩基一直得意于战胜英雄尼努尔塔。这一片段以尼努尔塔的母亲宁门娜的悲痛结尾，她似乎在为失败的儿子找替代者。

作品中的尼努尔塔为一个讥讽的形象，而恩基在流传下来的文本中毫无疑问是一个英雄。恩基的角色被陈述为一个例子——神话逼真地描述了法力无边与充满智慧的"父亲恩基"的无所不知，他甚至在肇事者尼努尔塔来到阿布祖之前，就已洞悉他嫉妒的图谋。在尼努尔塔阴谋失败后，恩基沉湎于自我赞扬之中，也沉浸于对不幸和因战败而感到耻辱的年轻英雄的自鸣得意中。

---

① Jacob Klein, *Three Šulgi Hymns*, Bar-Ilan University, Ramat Gan, 1981, Shulgi D 151 – 153, 197 – 199.
② 关于文本和讨论，参见 Bendt Alster, ' "Ninurta and the Turtle", UET 6/1 2 ', JCS 24（1972）120 – 125.

然而，在传说中尼努尔塔踏上了旅程，此次旅程的目的是获取权力。事实上，他对权力的炽烈欲望，也类似于安祖在安祖神话中的表现，在安祖神话中，怪物垂涎于恩利尔的命运之碑。在现存的卷帙中，尼努尔塔在他的探寻中彻底失败，即使恩基郑重其事地说到尼努尔塔会因击败安祖而获得在埃库尔的权力。宁门娜的出现被视为尼努尔塔失败后的活力复苏（55 行及以下），这些事情的结束最终会带来年轻神明在埃库尔的成功，这和恩基的预言是一致的。

尼努尔塔前往埃利都之旅，STVC 34

这则神话出现在他的返程之旅后，在这趟旅程中尼努尔塔获得了权力。① 尼努尔塔就是这样拥有自身及恩基特征的英雄，他旅行的情形被库伯描绘成"传统的神的旅行模式"——权力和喜好都"被崇敬地追寻和仁慈地给予"，这与《安祖神话》及 UET 6/1 2 中在目的地相遇时满是敌对气氛的情境形成对比。②

在《尼努尔塔前往埃利都之旅》中，尼努尔塔从埃库尔行至埃利都，也就是说，不同于阿布祖，恩基的神庙在埃利都。尼努尔塔被一个向导愉快地引向了阿布祖，这个向导在现存的文献上没有命名。这位向导起着"携带者"的作用（8 行），假设携带一尊神明的雕像："他在愉悦中促使尼努尔塔通往阿布祖。"③ 尼努尔塔到达阿布祖并遇到恩基后，获得了权力并开始行使它，"使得埃库尔富丽堂皇的年轻人"得到了赞扬，而且在众神大会上与安及恩基同坐（ii.21）。第三卷和第四卷由赞美诗构成，赞扬尼努尔塔的事迹，他作为一个国

---

① STVC 34; Daniel Reisman, 'Ninurta's Journey to Eridu', JCS 24 (1971) 3ff.
② Cooper, op. cit., p.13; note also ibid., n.1, 'traditional divine journey' of the gods; 也见 A. J. Ferrara, *Nanna-Suen's Journey to Nippur*, Studia Pohl Series Maior 2, Biblical Institute Press, Rome, 1973, pp. 1ff.; 更多相关内容在 Ferrara 的书目中可以找到。关于宇宙法典的出现的观点，见 *Iddin-Dagan's Hymn to Inanna*, 在这里，恩基将宇宙法典送给伊南娜作为礼物，与《伊南娜和恩基》中她从恩基那里偷来的描述成为鲜明对比。Reisman 基于旅程和神对宇宙法典的探寻之间的联系，将这些神话联系在一起。这样，他通过动机和主题来支持他的这种做法。他还指出不同的神话可能从不同的角度来展现行为，这个事实没有理由去否定他们之间重要的联系：op. cit., p.4。
③ 参考这个神话在宗教仪式上的运用，神像用在众多庙宇中，见 A. Leo Oppenheim, *Ancient Mesopotamia*, University of Chicago Press, Chicago, 1964, pp184 – 185。也见 Livingstone, op. cit., p.223；纳布的塑像经常从他的城市 Borsippa 来到他父亲（马尔杜克）的城市参加宗教庆典。当然，这是以后发生的事。

王和英雄的贡献，以及他的职责（iii. 11—38）。① 尼努尔塔的返程在第三卷第29行标明，在第四卷他从阿布祖返回埃库尔。② 在《安基姆》中，尼努尔塔从库尔返回时（51—89行）表现出来的可怕的一面与这部分相呼应，因为他"伴着巨大的噪音从阿布祖"返回（18行），而且在21—22行中："你的阴影高耸，遮住了大地/……像一块布一样。"

该文本的结尾方式与《安基姆》一样，因为尼努尔塔的权力再一次受限于他与恩利尔的关系。结尾处对他的事迹与权力都有所提及，但作者同时指出所有这些，包括他的"决定命运"权在内，都是"遵循恩利尔的意愿"（iv. 23—28）。

尼努尔塔的埃利都之旅十分清晰的目的是获得神力，他在到达阿布祖和"遇到"恩基后获得了此种神力。神话中此处关于恩基将权力赐予尼努尔塔的描写十分有趣，一种很有意思的观点这样陈述：恩基，地下世界之王，赐予尼努尔塔"生命之权"（me u_4-ti-la-ke_4）（ii. 11）。③

就像神话里描述的那样，尼努尔塔获得权力表明了他王者的地位，他统治着阿布祖，也统治着外国的土地，可以支配命运、法律和秩序；但与此同时，他也展示了让植被、动物、生命丰产的能力（i. 7—28）。④ 这一丰产和创造方面是战斗胜利取得的另一个结果⑤，在《卢迦勒》中与阿萨格和库尔的冲突中特别清晰地展现了出来（349—367行）。

另外一个《传统的神圣旅行》的例子，是由古地亚·塞林德（Gudea Cylinder）提供的。其中神的旅程与STVC⑥中一样。此处的神被称为宁吉尔苏，他在一些作品中被视为尼努尔塔。古地亚的文本中清晰地表明了宁吉尔苏通过旅程获取权力的企图：

> 那位勇士，当他去往埃利都，
>
> 他们会颂扬——伟大的旅程，

---

① Reisman, op. cit., pp. 3ff.
② 参考 iv. 20ff.
③ 参考 ii. 11; Reisman, op. cit., pp. 4, 6.
④ 尼努尔塔是一位勇猛无敌的国王，也是动物繁衍，农业生产的保护神。《安基姆》只关注其作为勇士的一面，而《卢迦勒》则描述了这两方面。Cooper, op. cit., pp. 10 - 11.
⑤ 见 Van Dijk, op. cit., p. 23, 他指出了阿萨格的死和随后的重生之间的联系。在《创世神话》中也可以找到类似的死和重生，《埃努玛·埃利什》中还涉及了马尔杜克和提亚玛特之间的战斗。
⑥ Gudea Cyl. B VIII 13 - 16.

> 宁吉尔苏，当他从埃利都归来，
>
> 已筑城市的伟力将更加巩固。

在其他众多通往尼普尔的神明之旅中，众神通过旅程获得权力，也是为了向众城邦展示神力。每一次的旅行目的都是从恩利尔那里获得有利的命运，并确保到访城市的繁荣昌盛。月神南纳-辛去往尼普尔之旅就是很好的例子。①

卢 迦 勒

《卢迦勒》是展现完整旅程的另一本著作，这个英雄之旅包括去往库尔及其返程。② 旅程（是相对于刚刚论及的，并非指传统的神明之旅）和英雄的能力体现在确保众神的权力，特别是尼努尔塔和恩利尔抗击来自恶魔阿萨格的威胁。尼努尔塔在权力上也有所收获，这是对他胜利的纪念。

这首长诗，由729行组成，是一部复杂的作品。像《安基姆》一样，《卢迦勒》有一系列的等级、神话、仪式和历史/政治，神话的材料可以用于仪式和历史的结尾；这就是这本著作的意图。③ 它以四个神话传说组成："（1）尼努尔塔击败恶魔阿萨格，（2）尼努尔塔为造福人民而建立胡尔萨格，（3）将尼努尔塔的母亲宁玛赫（Ninmah）易名为宁胡尔萨格——"胡尔萨格女神"，（4）石头上双关语的判断。"④ 长诗中也提及一些其他神话人物，他们是尼努尔塔/宁吉尔苏神话中的一部分。⑤

尽管作品是拼接而成的，但尼努尔塔活动的基本结构是往返于库尔山脉——大概位于埃兰群山的东北方。故事开始于众神集会的地方，即尼普尔城中

---

① 关于神圣的旅程，见 Abdul-Hadi A. Al-Fouadi,'Enki's Journey to Nippur: The Journeys of the Gods', Ph. D. diss. ,University Microfilms, Ann Arbor, 1969, passim, 以及 Ferrara, op. cit. , pp. 1ff. and notes。

② Van Dijk, op. cit. , pp. 8, 9, 35；在这篇史诗中，旅程开始于第75行，回归见于第231、381、648行及以下。

③ Van Dijk, op. cit. , p. 8。

④ Dr Jeremy Black, private correspondence, 23/7/87。同样见其文章,'The Slain Heroes – Some Monsters of Ancient Mesopotamia', SMS Blulletin 15 (1988) 23。如果从库尔的回归被看作是一个单独的神话的话，那么大概有五个神话，见 Claus Wilcke, private correspondence, 25/10/1990。

⑤ 第129—133行；Van Dijk, op. cit. , p. 8。"死亡的英雄或被俘的英雄"的主题中也提到了帕皮尔萨格、宁吉尔苏、恩扎格、纳布、马尔杜克、阿舒尔和涅伽尔；Van Dijk 认为，尼努尔塔从帕皮尔萨格和宁吉尔苏那里借了这些人物，马尔杜克和阿舒尔又从尼努尔塔那里借了这些人物: p. 17。参看"死亡"和"被俘虏"的英雄主题, pp. 17–18。

恩利尔的埃库尔神庙。尼努尔塔通过他的信使及武器沙鲁尔（Sharur）得知他们将面临来自库尔的威胁：阿萨格在天神与地神（即安和启）的结合下诞生了。沙鲁尔报告阿萨格已与库尔结合，生下了石头之类的东西；他的力量不断增强，并扬言要剥夺尼努尔塔从阿布祖那里获得的优待与特权。尼努尔塔怒气冲冲地去见阿萨格。一开始，他成功地抵抗住库尔的力量，杀死了库尔的英雄们，但之后他被阿萨格打败了。沙鲁尔收到尼普尔城的恩利尔的建议与鼓舞后，尼努尔塔重返战场，在一次激烈的战斗中征服了阿萨格。之后，他把阿萨格变成胡尔萨格山，将它堆积到库尔上面，并制伏了库尔发出的洪水。接着，他将水引到苏美尔城的河流、运河中，使土壤肥沃，使众神（他们将不再需要工作）①和人类受益。他的母亲来到山里找他，他将她更名为宁胡尔萨格以肯定她对他的支持（390—394 行）。当他摧毁了阿萨格，从库尔返回苏美尔时，他像一轮太阳一样现身——毕竟，他来自乌图升起的山脉：

> 英雄击碎了山脉；当他开始在大草原上走动时，
>
> 他像太阳一样，出现在人群中，
>
> 在一片欢呼声中，他出现了，
>
> 庄严而肃穆地前进。

他离开埃苏麦沙前往另一个地方（648 行及以下）。文中并未说明确切的目的地，但有可能是恩利尔的埃库尔神庙。这一点在第 231 行有所暗示，其中尼努尔塔在恩利尔的明确命令——"让我们儿子和他（l'Asakku）一起来到埃库尔"——下返回苏美尔。另一种可能是旅程始于尼普尔，目的地是拉加什。②

《卢迦勒》中的权力主题

神的权力似乎是旅行的目的。在《卢迦勒》中，旅行的主要目的在于保护尼努尔塔及尼努尔塔所拥护的恩利尔的权力（36、42、53—54、56、64、186 行及以下）。③与此不同的是，在安祖神话中，尼努尔塔旅行的目的在于恢复恩利尔

---

① 参照《阿特拉哈西斯史诗》泥版 I. 189 - 197；还有《埃努玛·埃利什》VI. 29 - 49：René Labat et al. , *Les Religions du Proche-Orient asiatique*, Fayard/Denoël, Paris, 1970, p. 60 nn. 1, 2.

② Van Dijk 提出了这两个目的地，op. cit. , p. 48；另见 Cooper, op. cit. , p. 112，关于恩利尔的话语。

③ 尽管尼努尔塔在《卢迦勒》中有各种各样的称号，但他还是从属于安和恩利尔（第 12、16、19 行）：M. J. Geller, 'Notes on Lugal', BSOAS 48 (1985) 216。

的权力，同时为自己赢得权力，使自己的地位提升到《卢迦勒》开篇所描述的那样。在《卢迦勒》中，阿萨格和库尔对尼努尔塔的权力及权威造成了威胁，但他通过旅程和关键性的战斗保全了这些。然而，即使在这种情况下，尼努尔塔返回苏美尔时同样收获了额外的权力，作为对他在库尔英勇对抗阿萨格的奖励（698—700 行）。除了收到长生不老和城市繁荣昌盛等祝福外，他还收获了"神圣力量"（700 行）：

> 王者被赐予神圣力量作为奖励

与阿萨格搏斗后，尼努尔塔在处理石头及组建宇宙的过程中展示了自己的权力——大洪水时期的"再创造"（包含重组宇宙）——并开创了灌溉等农业技术从而使土壤肥沃（249 行以下）。

旅行前神庙中的众神大会

在《卢迦勒》中，如同安祖神话一样，英雄还未前往山脉与怪物交手时，众神在神庙中聚集（17—23 行）。然而，两部作品中的这一情景展现了尼努尔塔不同的权力地位。在《卢迦勒》的故事情节开始时，尼努尔塔的权力地位已经确立，因为他在众神大会中与安、恩利尔及其他神一样，坐在自己的宝座上。① 与此相对的是，在安祖神话中，阿努和恩基承诺，若尼努尔塔能成功地打败山上的怪物安祖，找回他从恩利尔那里偷走的权力，作为回报，他将在众神大会及敬拜中获取权力。尼努尔塔在《卢迦勒》和安祖神话中扮演角色的另一个不同可能是，尼努尔塔初始状态的不同，在《卢迦勒》里尼努尔塔宣称要与反对其意志的对手对抗，而不是在另一个神灵的命令之下。这与关于尼努尔塔/宁吉尔苏的其他所有神话中的最初情形都形成了对比。

在《卢迦勒》中，神庙中的情景所表明的尼努尔塔的权力地位与《安基姆》中也有所不同，后者被描述为尼普尔城中"尼努尔塔的晋升"。②在《安基姆》中，神庙中的情景表明了尼努尔塔有权在尼普尔城的众神大会及敬拜中获得权力——考虑到他在库尔的表现及他的凯旋。就尼努尔塔的地位而言，《安基姆》可以看作安祖神话的续集，在安祖神话中，尼努尔塔得到承诺——如果他能成

---

① 例如第 12、17—21 行。
② Van Dijk, op. cit., p.4.

功击败安祖，他将获得权力作为回报。① 在《安基姆》和《卢迦勒》中，尼努尔塔的行为也存在着相同之处：他在行使权力时体现出骇人的一面，因而吓坏了众神。在《卢迦勒》中，尼努尔塔从沙鲁尔那里听说阿萨格的妄自尊大及威胁行为后十分生气，阿萨格使众神感到恐惧并纷纷逃走（70—74 行）：

> 上帝喊道：就在他停留的那处，天空都在颤动；
> 他侧过身：恩利尔从埃库尔出来，显得狼狈不堪，
> 大山崩塌，变为虚无；就在那时，天黑了，阿努那众神颤抖着。
> 那位英雄用拳头敲打着大腿：众神四散而逃；
> 阿努那众神如鸟兽般四散而逃，消失在地平线上。

在《安基姆》和《卢迦勒》中，这一场景都展示了尼努尔塔可怕的权力，但在《安基姆》中，这样做的目的在于加大他索要权力的筹码。

起初失败

神起初在旅程的目的地被怪物打败，这一熟悉的模式在《卢迦勒》中也可以看到（182—297 行）。在第一回合中，尼努尔塔打败了"已死的英雄们"，或是"被俘的英雄们"，但之后阿萨格袭击并战胜了他。再一次，一位信使被派到众神大会上：尼努尔塔派他的武器沙鲁尔将自己失败的消息带给尼普尔城中众神大会上的恩利尔。此处文本遭到破坏，但故事重新开始时，沙鲁尔已回到尼努尔塔身边，向他传达恩利尔的建议与鼓舞。英雄再次投入战斗，最终战胜了阿萨格。起初失败，随后得到来自众神大会上恩利尔的帮助和建议，重新投入战斗并最终获得成功，这一结构与《伊南娜下冥府》（166—284 行）和安祖神话（泥版 I. 29 到 III obv. i. 12）中的模式一致；《吉尔伽美什史诗》中体现了同样的结构，吉尔伽美什得到沙玛什和恩启都的鼓舞后，重新投入战斗，并扭转了他起初败于胡瓦瓦的事实。② 起初失败的主题在马尔杜克史诗中也有所体现，

---

① 对比这些场景只是为了分析不同的文学作品中这些要素的使用方法，展示神在权力主题中起到的作用，并展示这些场景中出现的其他要素。这并不意味着讲述尼努尔塔的一系列活动的文学作品的先后顺序。

② 赫梯校订本的泥版 IV 中的残缺部分和诗行，见 James B. Pritchard, ed., *Ancient Near Eastern Texts Relating to the Old Testament*, 3rd edition, Princeton University Press, Princeton, 1969, p. 83。

马尔杜克与怪物提亚玛特首次交锋后陷入了犹疑与困惑之中（IV.67—68 行）。①

"英雄"系列神话

尼努尔塔是英勇的战神，他的神话在关于美索不达米亚神话的权力主题研究中代表着所谓的"英雄"系列神话。有相当多的神与尼努尔塔共享神话和神话作品：帕皮尔萨格、宁吉尔苏、纳布、恩扎格、涅伽尔、马尔杜克（巴比伦神之首，他承担着许多苏美尔神话的主神角色②），以及阿舒尔，亚述版的尼努尔塔。宁吉尔苏在多处被认为实际上与尼努尔塔完全一样："尼努尔塔与宁吉尔苏的关系……不是共享或借用的关系，而是实质上等同的关系，而且［在《安基姆》中］，两位神被认为完全一致。"③ 在安祖神话中，罗列称号的那部分中情况也是如此。④ 在之后的神学清单中，尼努尔塔等同于宁吉尔苏、扎巴巴和纳布。⑤ 马尔杜克与纳布继承了尼努尔塔的英勇，而且有时等同于他；马尔杜克、涅伽尔和纳布代替尼努尔塔成为毁灭安祖和阿萨格的神。⑥ 关于马尔杜克，冯·戴伊克认为《卢迦勒》中的阿萨格神话和其中的神话主题对于《埃努玛·埃利

---

① Van Dijk, op. cit., p.9; Van Dijk 指出，此外，《埃努玛·埃利什》中的矛盾及要素都映射了安祖神话和《卢迦勒》中尼努尔塔与怪物们的交锋。他基于作品的组成成分和要素对比了《埃努玛·埃利什》和《卢迦勒》。

② Issac Mendelsohn, *Religions of the Ancient Near East*, New York, 1955, p.17.

③ Copper, op. cit., p.11. 其他人也同意这种说法。参照 Thrkild Jacobsen, *The Treasure of Darkness*, Yale University Press, New Haven and London, 1976, pp.128 – 129; Wilfred G. Lambert, 'The Gula Hymn of Bullusta-rabi', Or 36 (1967) 110 – 111; 也见 Van Dijk, op. cit., p.4 n.2，以及那里引用的资料。另一方面，Van Dijk 并不确定这种说法。然而，不管这两个名字是否确实指的是同一位神，但在宗教仪式中，他们有着相同的神话，两个名字可以相互替代。是有意将两位原本不同的神混淆，还是说他们就是同一位神，这在此处并不重要。与此处相关的是他们在这几部作品中被认为是同一位神。

④ GM 1 rev. col. v lines 125 – 162, 参照 H. W. F. Saggs, 'Additions to Anzu', AfO 33 (1986) 2, 25 – 28。

⑤ Van Dijk, op. cit., p.7. 在献给古拉（Gula）神的颂歌中，所有这些神的身份一致，古拉神自己歌颂自己和她的配偶，并给他取了各种各样的称号: Wilfred G. Lambert, 'The Historical Development of the Mesopotamian Pantheon: A Study of Sophisticated Polytheism', in Hans Goedicke and J. J. M. Roberts, eds, *Unity and Diversity: Essays in the History, Literature, and Religion of the Ancient Near East*, Johns Hopkins University Press, Baltimore, 1975, p.197; 颂歌可见 Lambert, Or 36 (1967) 105 – 132; 关于尼努尔塔、帕皮尔萨格和宁吉尔苏的相同身份还可见于苏美尔颂歌 SLTN 61。

⑥ Livingstone, op. cit., pp.152 – 154; Cooper, op. cit., pp.10 – 11, 153 – 154; Van Dijk, op. cit., pp.3, 25, 27; J. J. van Dijk, 'Les contacts ethniques dans la Mésopotamie et les syncrétismes de la religion sumérienne', in Sven S. Hartman, ed., *Syncretism*, Almqvist & Wiksell, Stockholm, 1967, p.176.

什》而言十分重要。正如库伯指出的那样，涅伽尔和他的兄弟尼努尔塔共享多个武力方面的特征。① 在《埃拉史诗》中，埃拉可尔神（Errakal）在本质上与涅伽尔相似，因而他也等同于尼努尔塔。② 帕皮尔萨格、恩扎格、纳布、马尔杜克和阿舒尔等其他神与尼努尔塔/宁吉尔苏有着同样的神话传说。③ 一些怪物被杀也归功于这些神。④ 在《埃努玛·埃利什》中，这些英雄都变成了"被俘的"或"已死的"神。⑤ 在冯·戴伊克看来，尼努尔塔照搬了帕皮尔萨格/宁吉尔苏的这些特征，而马尔杜克和纳布从尼努尔塔那里继承了这些。⑥ 总之，所有这些神共享这些神话，而且这些神话一同构成了美索不达米亚神话中的"英雄"系列神话。

雅各布森在《古美索不达米亚的宗教戏剧》一文中指出，这些神话属于同一类，其中他列举了尼努尔塔和马尔杜克勇士的神话。⑦ 这些神话的显著特征是聚焦于英勇事迹、搏斗场景、众神集会的宫廷场景，以及权力等级。雅各布森将美索不达米亚神话中的这组英雄神话与另一组他称之为"丰产戏剧"的神话区分开来。后者与本研究中所称的"女神及其配偶"系列神话对应，其中具有代表性的是伊南娜和杜姆兹神话及达穆的神话。目前已探讨过这两个系列的神话。可以看出，在所有这些神话中，神在展开旅程的过程中获得了权力。

此处所探讨的尼努尔塔的旅程及其所包含的重要活动的目的，具体在于获取权力、维持权力并行使权力。尽管各个神话描述的故事不同，而且几乎每个神话处理权力问题的方式都不同，但这一目的显然始终存在。因此，展开旅程

---

① Cooper, op. cit. , p. 11.

② Cooper, op. cit. , p. 11. 关于埃拉可尔神，参照 Van Dijk, Lugal ud me-lám-bi nir-ğál, op. cit. , p. 24。

③ Van Dijk, op. cit. , p. 19. 正如 Van Dijk 所指出的那样，尼努尔塔的职责与赫拉克勒斯的职责有惊人的相似之处，例如，同上，第17—18 页，他比较了尼努尔塔与赫拉克勒斯的神话中的怪物。不过，他还指出，希腊神话中丧失了创世特征和内涵。另一差别是，在美索不达米亚神话中，神话属于神，而在希腊神话中，神话与半神英雄的名字有关。关于这些相似之处，也可参照 Black, SMS Bulletin 15（1988）25。

④ Van Dijk, op. cit. , p. 17, 同时参考上一条脚注资料。

⑤ Van Dijk, op. cit. , p. 16. 另见 Labat et al. , op. cit. , p. 54 n. 1：The 'dead gods' 'ne sont pas morts au sens strict du terme, comme on le voit au vers 127: ce sont des dieux, vaincus, relégués dans l'au-delà, où ils vivrent parmi les morts'。

⑥ Van Dijk, op. cit. , p. 17.

⑦ Thorkild Jacobsen, 'Religious Drama in Ancient Mesopotamia', in Goedicke and Roberts, eds, op. cit. , pp. 65ff. , 尤其是第72 页。

似乎是神获取权力的过程中的一个重要成分。也就是说，在这些神话中，神通过展开旅程获得了权力。这一结论也适用于上一章中伊南娜和达穆的神话。

　　本章节的关注点必须集中于神权之旅及其在尼努尔塔的这些神话中的表现形式，因为这些思想需要得到彻底证实。然而，在解读尼努尔塔神话的过程中，其他许多对于尼努尔塔的旅程和他本人来说极为重要的思想也有所体现，而且正如包含这些思想的语境中所体现的神权之旅的思想一样，这些思想对于本书剩余部分将要探讨的某些希腊神话来说也极为重要。神权之旅仅是所有这些重要思想中的一个，它们对于探讨其与希腊神话的相似之处而言同等重要。而且，正是希腊神话中多个这样的思想在神权之旅的背景下组合起来，才使得探讨相 72
似之处真正有价值，并引出了美索不达米亚神话对希腊神话的影响问题。

第四章　从埃库尔到奥林波斯

现在，我们将视线从美索不达米亚转移到希腊。在本研究中，埃库尔和奥林波斯之间的关系正是这两个地区之间关系的缩影。埃库尔是尼普尔的最高神恩利尔的神庙，尼努尔塔在完成其伟大历险后返回此庙。埃库尔这个名字表示"山中房屋"，是众神的神殿。奥林波斯等同于埃库尔。与恩利尔一样，希腊最高神宙斯也住在山上，即奥林波斯山，其居所奥林波斯殿堂也是希腊众神的神殿。

这是一对有着诸多有趣关联的复杂概念。本研究所分析的希腊神话中有很多类似的复杂关联，有些甚至比埃库尔和奥林波斯这对概念更为复杂，但与这对概念不同，其他那些都不是孤立的。它们往往一起出现，且常常出现在旅行语境中，而这种旅行又与美索不达米亚神话中的旅行在本质及目的上是一致的。事实上，在相似主题中所展现的此类宗教神话概念在古风时期早期的希腊神话中就可以找到。神之旅行的结构与神获取、施展神力这一核心概念同时呈现。在旅行行程中，许多理念与主题都与美索不达米亚神话中的相似。所有这些相似概念都对希腊神话的本质及希腊神话与美索不达米亚神话本质的关系有着深远意义。

有些记载中含有大量与美索不达米亚神话相同的概念与主题，其呈现方式也与美索不达米亚文献直接相符。这让我们马上想起献给阿波罗与得墨忒耳（Demeter）的荷马颂歌、赫西俄德《神谱》及《工作与时日》中普罗米修斯与潘多拉的神话。然而，本研究所讨论的其他神话中也有类似的旅行及神力之旅的理念，同时也有很多其他的具体比对概念。

篇幅较长的《荷马颂歌致阿芙洛狄忒》就是其中一个例子，其中很多概念与伊南娜及杜姆兹神话对应。这在阿芙洛狄忒神话中并不令人惊讶，因为长久以来，阿芙洛狄忒被认为是源于伊南娜这一美索不达米亚女神。如果美索不达米亚神话思想对希腊神话有影响的话，那么一定可以在阿芙洛狄忒神话中找到答案。当我们发现献给阿波罗和得墨忒耳的颂歌在旅行和相伴等观点上与美索不达米亚神话存在相似时，起初可能觉得惊讶，尤其当原本以为是外国神灵，但又显示出影响的证据之时，就更加吃惊。这些颂歌中的主神，例如勒托、阿波罗、阿尔忒弥斯（Artemis）、得墨忒耳、珀耳塞福涅（Persephone）、哈德斯（Hades），被认为与美索不达米亚神话没有明显关联。当然，如果说这些神话与美索不达米亚有关的话，也不过是在宗教神话思想与概念有关联，与相关神明的起源无关。

其他一些神话也呈现出许多思想与主题上的对应。在雅典娜（Athena）的诞生神话中尤为明显，但其本质极为复杂。宙斯神话，尤其是关于神力之旅的思想，也与美索不达米亚神话有很多对应之处。在阿芙洛狄忒的出生神话中这一点也很明显，如《荷马颂歌致阿芙洛狄忒》里安喀塞斯（Anchises）与阿芙洛狄忒的风流韵事，与伊南娜神话十分相似。

在这一关于希腊神话与美索不达米亚神话之间对应关系的研究中，最为显著的特征之一是，美索不达米亚神话中的某些概念与希腊神话具有明显差异。希腊神话中，女神与配偶神话及英雄神话中的思想与主题截然分离，这与美索不达米亚神话不同。这一点在巨著《荷马颂歌致阿波罗》中十分明显。这种差异是本研究的显著特征之一，但也仅是显著对应概念中的一个。只有对所有的对应概念进行整体分析，对其在希腊神话中的呈现进行全面考察，那么，关于美索不达米亚神话对古风时期早期的希腊神话有影响的结论才能经得起考验。在下一章关于献给阿波罗的颂歌的论述中有大量对应概念，它们对研究希腊神话思想的本质有很多有趣的启示意义。

第五章　荷马颂歌致阿波罗

"箭术精湛的阿波罗啊，我将铭记并永不忘。"在《荷马颂歌致阿波罗》篇首第一行及其后几行中，诗人的目的一目了然：他要赞美勒托与宙斯之子阿波罗，他称得上是强大的奥林波斯之神。在颂歌的两个部分中，他极尽想象之能事颂扬阿波罗，两个部分展现出这位年轻的神的不同英雄形象。首先，他赞颂其母亲勒托奔波前往得洛斯岛以寻找分娩之地，并赞颂了这位强大神明在岛上的出生与成长。接着，诗人在第二部分用完全不同的方式歌颂了他的英雄事迹，即他第一次来到他的父亲、至上神宙斯的大殿，然后在德尔菲（Delphi）建起自己辉煌的神殿。

诗人的才华无疑是这篇颂歌的显著特征。在颂歌中，诗人以不同方式，从各个层面展现了自己的构思技巧和艺术才华。作为继承了荷马史诗传统的诗人之一，比起荷马在《伊利亚特》和《奥德赛》中将史诗传统发挥到登峰造极的地步，这位诗人并不逊色。我们的诗人似乎是在公元前7世纪或稍后写就了这篇颂歌，这晚于荷马的时代，颂歌中明显带着荷马的影子。①

诗人的艺术才华在阿波罗降生于得洛斯岛的描绘中初露锋芒。此处，他运用多种象征手法及大量巧妙典故，展示了与这位年轻神灵相关的很多概念。诗人的手法从而展现出来，随着故事逐渐展开，颂歌中始终可见这样的例子。最能体现诗人才华之处，是他对阿波罗在神界及人间获取权力时的相关概念、神话及思想的处理方式。

诗歌的写作方式表明，颂歌中的故事及颂歌的思想必须清楚无误地传达给

---

① 一些关于时间的观点：Richard Janko, *Homer, Hesiod and the Homeric Hymns: Diachronic Development in Epic Diction*, Cambridge University Press, Cambridge, 1982, pp. 132, 195 - 198; M. L. West, 'Cynaethus' Hymn to Apollo', CQ 25（1975）161ff.; Walter Burkert, 'Kynaithos, Polycrates, and the Homeric Hymn to Apollo', in G. W. Bowersock, W. Burkert and M. C. J. Putnam, eds, *Arktouros: Hellenic Studies presented to Bernard M. W. Knox on the Occasion of his 65th Birthday*, Walter de Gruyter, Berlin, 1979, pp. 53 - 62; Karl Förstel, *Untersuchungen zum homerischen Apollonhymnos*, Studienverlag Dr N. Brockmeyer, Bochum, 1979, pp. 200 - 211。

古希腊读者。但是它对外部群体，如我们现代人来说却很陌生。显然，我们需要掌握大量希腊神话和宗教背景知识才能读懂，这种情况在其他所有希腊宗教或神话文本中并不存在。

然而，令人惊讶的是，从上文研究的美索不达米亚文本中获取的神话学知识来看，颂歌中的故事在很大程度上变得一目了然。诗人在赞美诗的两个部分中对神的主要观点的巧妙介绍也是根据美索不达米亚材料中的主题和思想揭露出来的。我们只有清楚这些，并且理解颂歌中的用法，才能充分理解诗人的真正艺术性和他讲述的故事的本质。从颂歌结构及美索不达米亚神话材料来看，诗人展现阿波罗形象的手法有两个主要方面，这两方面在颂歌两个主要部分——得洛斯部分（The Delian section，1—178 行）及皮提亚部分（The Pythian section，179—546 行）——中迥然不同。考虑到这两方面的特点，有必要分而论之，这在后文对颂歌两部分的探讨中将清楚显现出来。

得洛斯部分

得洛斯部分如同戈尔迪之结，这个难题盘根错节，设计巧妙，而问题的答案就隐藏其中。然而，某些美索不达米亚神话中的观点似乎可以给出解开谜题的钥匙，至少也可以管窥古代读者所看到的画面。

能够为我们提供线索的神话，都是关于女神及其配偶的神话，尤其是达穆神话。得洛斯部分与此类神话的基本特征有许多相似之处，不过主要的相似之处是旅行及"神力之旅"的思想，这是这一部分的核心内容。阿波罗及其母亲勒托都曾有过旅行，这在本部分的叙事部分占的比例最大，是故事情节的主干。根据美索不达米亚材料及此前几章探讨的中心思想来看，本部分中这两位重要主神的活动，特别是阿波罗的活动被完全改变了，这些活动展现了关于这位年轻神灵及其获取权力的诸多概念，这些概念在其他文本中则完全被隐藏了起来。本部分中展现的阿波罗的思想只是这位神明形象的一部分，需要皮提亚部分加以补充才能完整。不过，诗人在得洛斯部分对颂歌中复杂而细微的阿波罗形象做了精彩的描写。

颂歌开篇展现了阿波罗到达奥林波斯山宙斯神殿的情景。阿波罗穿过宙斯的厅堂，向惊恐的众神举起弯弓。他的母亲勒托缓和了气氛，将他引见给宙斯，宙斯赐予他神酒仙肴。

接着，诗歌开始讲述阿波罗在得洛斯岛出生的故事。勒托在希腊四处奔波寻找分娩之地，最终选择了岩石密布的得洛斯岛。当她请求这座拟人化的岛让她在此生子时，得洛斯岛有些犹豫不决，因为她担心阿波罗出生后会摒弃这块多岩石的土地并将她踏入海底。勒托以众神大誓冥河的名义起誓，她的儿子出生后会在岛上建起自己的神殿，然后才会去其他地方建立崇拜庙宇及植被。就这样，勒托在岛上安定下来，其他女神守护着她，赫拉（Hera）显然并不在场。

然而此时，勒托又经受了一场磨难。一连九天她都无法生下阿波罗。这是因为生育女神厄勒提亚仍在奥林波斯山，她对勒托的情况一无所知——这显然是赫拉搞的鬼。伊里丝被派去请她，还带了一条长九腕尺的金质特殊项链作为礼物。

伊里丝陪同厄勒提亚从奥林波斯山返回，生育女神刚踏上得洛斯岛，勒托就开始分娩了。在金托斯山脚下的伊诺波斯溪旁（117—119 行）：

> 她将手臂搭在棕榈树上，跪在
> 柔软的草地上，身下的大地在微笑：
> （阿波罗）降生出世，所有女神惊呼起来。

阿波罗出生后，众女神为其洗浴，然后给他穿上白衣。大家给他神酒仙肴，他的力量立刻显现出来，金质的绳带都无法缚住他。这时，阿波罗宣布对竖琴和弓的拥有权，同时承认父亲的权力至高无上。

长发的福玻斯阿波罗开始下地行走，女神们感到惊奇。接着，整个得洛斯岛闪耀着金光，"如同山顶覆盖林地野花"。① 他跨过得洛斯岛上的金托斯山，走遍群岛，建立起他的崇拜、神庙、树林及他的节日包含拳击、跳舞和唱歌等活动。②

这两位神（勒托和阿波罗）的旅行是得洛斯部分的主要结构特征，主要目的在于提升神明并展示其神力。根据颂歌的描写，阿波罗的神力在旅行之中呈

---

① 135—139 行。136—138 行是 139 行的备选，因而删去。
② 尤其是得洛斯岛上爱奥尼亚人的节日，比较 J. D. Niles, 'On the *Design of the Hymn to Delian Apollo*', CJ 75（1979）37。

现多种特点，但由于与阿波罗相关的许多活动都经过了象征性塑造，因此，"神力之旅"的主题起初并不明显。传达思想时的主要巧妙之处在于出生场景及其后诗行对阿波罗旅行的象征性描绘（67—75、119—135、139—146行）。只有在详尽地讨论勒托与阿波罗的旅行及旅行中所反映的思想之后，"神力之旅"的主题才会完全显现出来。只有根据美索不达米亚资料，特别是那些得洛斯部分所讨论的几乎所有相似之处的源头的女神及其配偶神话，勒托与阿波罗复杂旅行中相关特征的重要性才会清楚明了。相似之处基本上可在达穆/杜姆兹神话中看到，但其妻伊南娜的神话中也有很多。

首先，本部分几个主旨中展现了阿波罗神力的主题：在出生这一场景中，阿波罗由众女神为其洗浴，并从忒弥斯处得到仙肴后立刻获得力量（124—125行）；他要求得到弓和竖琴的拥有权（131—132行），颂歌其他部分以这两样东西表现他的神力（1—13、182—206行）；阿波罗出生后在得洛斯岛及其他岛屿创制神庙、节日、仪式，以建立自己的崇拜（140—152行）。只有研究了颂歌本部分涉及的女神及其配偶的旅行，那种展现了阿波罗神力的神力之旅的语境及其神力的其他各种重要例证才会变得清晰起来。

得洛斯部分（1—178行）主要介绍了两段旅行：一是勒托四处辗转寻找分娩场所，最终来到得洛斯岛；二是阿波罗的降生，这似乎涉及了象征从地里升起。勒托的旅行直截了当，生下阿波罗即表明达成目的。然而，在成功生下阿波罗之前，勒托经受了一次初始挫折，这一形式与美索不达米亚神话中复杂的初始挫折系统极为近似。神抵达旅行目的地时，都会经受失败。只有得到上界众神的帮助，通常是通过一个中间人或帮手，才能成功实现目标。

勒托抵达诗人为她设定的目的地得洛斯岛时遇到挫折，无法实现其旅行的目的——生下阿波罗（89—92行）。奥林波斯山上的生育女神厄勒提亚前来援助，为勒托带来生育的力量。这一援助得益于中间人伊丽丝，是她从神殿邀请并陪同生育女神前来。

ID中也有相同思路，女神伊南娜遇到冥界女神埃列什吉伽尔后死于冥界，其侍从及信使宁舒布尔四处奔走并最终来到恩基的神庙，从而得到上界众神的帮助。这种帮助还体现在下入冥界的人带给她生命之食和水，从而使其从冥界重生，这种"重生"似乎在此处的希腊神话中也通过类似的主题表现出来。厄勒提亚的帮助是赐予勒托生育的力量，从而助她渡过难关；其实，厄勒提亚旅行的目的与勒托前往得洛斯岛生下阿波罗的目的是一致的。在寻找分娩阿波罗的场所的旅行过程中，勒托也扮演了施助者的角色，这与达穆神话中母亲女神出发将孩子从冥界解救出来的情节是类似的。美索不达米亚文学中还有关于初始挫折主题的其他例子，例如安祖神话，关于尼努尔塔的《卢迦勒》《吉尔伽美什史诗》等。①

伊南娜、尼努尔塔、吉尔伽美什，这几个美索不达米亚神明都因为敌对力量的存在而遭受挫折。在勒托的故事中，她的敌人是赫拉。赫拉设法使厄勒提亚不知勒托的困境，以阻止阿波罗的降生。② 与厄勒提亚相关的另一个元素是她从伊里丝处得到的金项链。希腊生育女神的这一装饰物与《阿特拉哈西斯史诗》（泥版Ⅲ.vi.2—4）中美索不达米亚创世与生育女神，即产婆玛弥/宁图的特殊项链有着惊人的巧合之处。③

第二段旅行是对本部分阿波罗一系列活动的解释的一个重要特点。构成旅行的一系列活动是以阿波罗的降生为起点的。阿波罗从母亲，即大地女神的子宫中跳了出来，周围所有女神都大呼起来（115—119行）。旅行以阿波罗周游得洛斯岛，在岛上创立崇拜及神庙为结局（119—142行）。所涉及的旅行其实是一个上升的过程，但却以极其象征化的手法表现出来。得洛斯在旅行中的作用，以及作为旅行组成部分的她与阿波罗的关系，这两个因素在表现手法上极为晦涩，但又十分巧妙，它们由一系列象征呈现出来。参照本部分中阿波罗与勒托的这种旅行所涉及的美索不达米亚思想来看，这些重要的象征之处就一目了然了。

构成得洛斯部分（30—142行）活动基础的混合旅行——勒托离开奥林波斯山在希腊奔波最后到达得洛斯岛及阿波罗象征性的上升之旅——与 edin-na ú-saǧ-ǧá 及 TRS 8 中达穆及其母亲女神的基本旅行模式，在这两者之间建立直接对应，对于不太熟知相关美索不达米亚思想的人来说，似乎有些荒诞。在美索不达米亚神话中，女神四处寻觅儿子，最终使其从地下解救并重生。此处的希腊颂歌中，

---

① 安祖神话：泥版 II. 1—149 和泥版 III obv. i, 2—12 行；《卢迦勒》：157—297；吉尔伽美什史诗：泥版 V. 赫梯校订本中的片段，参看 James B. Pritchard, ed., *Ancient Near Eastern Texts Relating to the Old Testament*, 3rd edition, Princeton University Press, Princeton, 1969, p.83。

② 另比较 Callimachus' *Hymn to Delos*, 60。

③ 关于此史诗，见下文第九章，关于潘多拉。

勒托在希腊四处寻觅，其子阿波罗出生时进行了上升之旅。勒托是在寻找分娩之地而非寻找其子，但是最终生下孩子，所以结果一致。在希腊神话中，阿波罗是出生，而非达穆一般重生，因为这是阿波罗的降生神话。但是结构一致：女神奔波之旅与其子在上升之旅中的降生。只有分析了阿波罗的上升之旅及所有相关思想，我们才会发现，建立这一相似关系是恰当的。实际上，这一相似之处既复杂又深奥。

在阿波罗出生所反映的各种主旨中，"上升"是以巧妙而又高度隐喻化的方法呈现出来的。其降生情节与宙斯出生的模式相似，后者的出生过程也包括从地下出现。作为出生插曲的一部分，这位神灵从大地上出现以及在其诞生和准备中可以看到其他主题，根据美索不达米亚神话中女神及其配偶上升序列的观念，这些思想完全可以理解，这有助于解释诗人在这一场景中关于阿波罗故事上升序列的复杂性和深刻性。

阿波罗从母体降生，其中涉及的思想是他从地下升至阳光普照的大地。从这一上升思想来看，阿波罗的降生与赫西俄德笔下宙斯在克里特岛埃该俄斯山降生的记载及帕莱卡斯特罗颂歌中的宙斯的降生十分相似。在帕莱卡斯特罗颂歌中，"已去地中"的年轻神明从克里特岛迪科特山中一跃而起。赫西俄德《神谱》（468—484 行）中宙斯的降生有着相同的基础，即作为其降生过程的一部分，瑞亚（Rhea）带走宙斯，大地将他隐藏在树木茂密的埃该俄斯山上一处深洞之内（482—484 行）；这是在大地子宫中的另一种说法，他必须从此处自然出现。这其实是这位神灵的第二次象征性出生。在阿波罗多罗斯所述的关于宙斯出生的段落的末尾，瑞亚将他带到迪科特山上的一处洞穴，这是同一思想的不同表述方法。但在此处，神明阿波罗从母体出生，这与具有象征意义的从大地出生发生巧合。①

宙斯出生情节中的很多主题在阿波罗的出生场景中反复出现，这些相似之处是两个出生场景涉及相同思想这一论断的首个印证。在《神谱》中，母亲女神瑞亚行至岛上分娩（477—478 行）。当宙斯象征性地从大地——山中洞穴——出生时，山便是其出生之地（482—484 行）。在阿波罗多罗斯的记述中，宙斯出

---

① Apollodorus I. i. 7；帕莱卡斯特罗颂歌，见 Martin L. West, 'The Dictaeon Hymn to the Kouros', JHS 85（1965）149 – 159。

生时，周围的人大呼起来，这是有意将宙斯从母体出生和象征性地从大地出生等同视之。

所有这些主题都出现在阿波罗的出生场景之中（16—17、117—122 行）。勒托行至得洛斯岛，在金托斯山分娩（16—17 行），周围也有一群人（92—95、119 行）。呼叫、光、神一跃而起，这几个主旨都直接出现在阿波罗的出生场景中（117—119 行）。

这些诗行将阿波罗从母体出生的情节描述成具有象征意义的从大地内部升起，这与宙斯的降生直接相似。场景中对大地女神的提及直接暗指从大地升起，这一场景的多个思想明显与从大地升起的宙斯出生场景的思想类似。然而，最引人注目的是这一场景中关于大地的隐喻，正是这一隐喻明确揭示出阿波罗是从地内升起。大地在这一场景中的角色由"身下的大地在微笑"一句表现出来（118 行）。我们仔细推敲就会发现这句话意义重大，它是出生场景的核心。勒托跪在草坪上，她分娩时，身下的大地微笑着，接着阿波罗一跃而起，众女神大呼起来。大地微笑张开嘴，这一主题以高度诗化的语言表现了勒托张开的子宫下方大地女神那打开的内部，正是在这个时候，阿波罗一跃而起，如同年轻的宙斯从山上跃出大地——实际上连措辞都是一样的（119 行）——如同宙斯从埃该俄斯山大地洞穴出生。因此，阿波罗从母体出生，同时也是从大地内部升起，这种双重思想与《神谱》（479—484 行）及阿波罗多罗斯所述（I. i. 7）的宙斯的出生一致。无论阿波罗还是宙斯，从地下出生的思想显然都是象征性的。

继续讨论之前，我们必须提及帕莱卡斯特罗颂歌与赫西俄德《神谱》中宙斯的出生问题。有些学者倾向于把帕莱卡斯特罗颂歌中年轻而垂死的，即下降又返回的神，与赫西俄德笔下的宙斯分而视之。主要原因可能是著名诗人卡利马科斯（Callimachos）在《宙斯颂歌》中强烈反对宙斯每年都会"死去"的观点，他指责克里特人制造谎言，称自己清楚地知道宙斯不会死。①

尽管垂死的宙斯这一概念并不完全属于克里特信仰，不过，从希腊人通常所认为的神是不朽的这一角度来看，拒绝将两种宙斯形象关联起来的学者们也

---

① *Hymn to Zeus*, 8-9；颂歌中所引用的文字出自 Epimenides of Crete，见 G. R. Maclennan, *Callimachus*, *Hymn to Zeus*, Edizioni dell'Ateneo e Bizzarri, Rome, 1997, pp. 14, 35ff。可比较 N. Hopkinson, 'Callimachus' *Hymn to Zeus*', CQ 34 (1984) 140。也可比较 West, JHS 85 (1965) 156。

许是正确的,因此,卡利马科斯对克里特人那种严厉的指责似乎有失公允。① 实际上,希腊各地都有宙斯坟墓,它们证实了希腊大陆各地有着相似的信仰。然而,关于迪科特山上的那位神明也许不是赫西俄德笔下的宙斯的观点,并不能影响我们对帕莱卡斯特罗颂歌及《神谱》中出生神话反映的主旨的解读,它也不会减弱照耀在阿波罗出生场景中主旨上的光芒。

神话的另一个特点也说明了阿波罗从地下升的过程,即升到光中(119 行)和看见光芒(71 行)的主题。这个思路又与从黑暗的地下升到从天界洒下的光中的主题相似。比如珀耳塞福涅在冥界释放了一个人,这个回到人间的人看到了光芒。在品达残篇 133 中,灵魂从冥界返回到阳光中也可发现类似的写作思路。② 大量观点也许为阿波罗出生这个最重要的主题奠定了基础,且对阿波罗的崇拜有重要意义,但其中一个观点就是象征性地从大地子宫中升起并来到地面,而在这里上升的地点是得洛斯岛的金托斯山。

因此,出生那一幕中谨慎的暗喻及与希腊神话材料的相似之处说明了这是从地下出生的年幼的神的上升过程。这个"上升"是这位四处奔波寻找的女神的旅行的第二个部分,且整个旅行都与上文提及的达穆/杜姆兹礼拜仪式中旅行的写作思路产生共鸣。这首颂歌与美索不达米亚神话中"上升"的相似处也清楚地说明了上升的存在。

阿波罗在得洛斯出生那一幕中许多附加的主题都能解释"上升"这个命题。而这些主题只有在仔细对比美索不达米亚下降和回归神达穆/杜姆兹的女神及其配偶的神话中的观点后才能理解。这些主题对于阿波罗寻求力量的过程中所表达的一些思想尤为重要。其一,就是这位神和其母亲交互上升和下降。其二,就是这个年幼的神上升所带来的丰产效果。这两个特点是美索不达米亚达穆/杜

---

① 关于冥界的宙斯与赫西俄德的宙斯,见 Walter Burket, *Greek Religion*, Harvard University Press, Cambridge (Mass.), 1985, pp. 200 – 201; Martin Nilsson, *The Mycenaean Religion and its Survivals in Greek Religion*, Lund, 1968, pp. 553 – 554; M. L. West, ed. *Hesiod Theogony*, Clarendon Press, Oxford, 1966, pp. 290 – 293; H. Verbruggen, *Le Zeus crétois*, Collection d'études mythologiques 10, Société d'Édition 《Les belles lettres》, Paris, 1981, pp. 69-70。关于古风时期早期、几何时期及更早时期对克里特宙斯的崇拜,见 Peter Blome,'Die dunklen Jahrhunderte-aufgehellt', in Joachim Latacz, ed., *Zweihundert Jahre Homer-Forschung. Rückblick und Ausblick*, B. G. Teubner, Stuttgart and Leipzig, 1991, pp. 56 – 57。

② Christiane Sourvinou-Inwood,'The Boston Relief of Locri Epizephyrii', JHS 94 (1974) 136. 释放灵魂到上界,让他们重见太阳,见品达残篇, from Plato's *Meno*: Ivan M. Linforth, *The Arts of Orpheus*, University of California Press, Berkeley, 1941;参考残篇 133: B. Snell and H. Maehler, eds, *Pindar Carmina cum Fragmentis*, Part 1, B. C. Teubner, Leipzig, p. 111。

姆兹神话的核心问题。

阿波罗出生后，这两个特点在接下来的诗行中既巧妙又富有艺术性地表达出来。这两点也都涉及阿波罗与得洛斯神之间的互动。而后者在"上升"中是一个与阿波罗相反的女神。既然这些特定的过程需要一位女神，那么她似乎可以取代勒托。勒托在阿波罗一出生后立即从叙事部分中消失了，并且在得洛斯岛这部分其他描写阿波罗力量的活动中也没有提及。而在得洛斯岛这部分的结尾，上升的影响及对其力量的描述是核心内容。既然阿波罗已经出生，箭术精湛的福玻斯阿波罗就开始在广阔大地上（133 行），即开满金花的得洛斯岛（金托斯山，133—142 行，尤其是 141 行）上四处游走。紧接着，他又建立起他的神殿、树林和节日。对阿波罗的力量，尤其是他的神圣本质和崇拜力量的展现，在他的神殿、树林和节日中得以体现，但是其力量的展现也在涉及得洛斯的主题中有所体现。

第一个特点表达的一个观念在达穆/杜姆兹神话和其他女神及其配偶的神话中都能看到，即阿波罗与得洛斯的相遇。这个相遇涉及男神与女神的交互下降，这与《伊南娜下冥府》神话中所看到的场景一样，其中既包括达穆降入冥界替换伊南娜，使她离开阴间、重返回地面（281、285—289、347—358 行），也包括格什提南娜降入冥界替换这位年轻的男神（401—410 行）。但是这似乎在达穆神话的末尾也有所提及。① 这个观念绝不是仅仅靠研究上述诗行就能明白（133—142 行），而是需要研究得洛斯部分其他诗行后才能以希腊颂歌中所采用的形式呈现整个事件。在希腊神话中，相遇以小冲突的形式展开，刚刚升起的强大男神在冲突中占了"上风"——这个特点与颂歌中阿波罗经历的相遇完全吻合（356—362、375—387 行）——然后女神下降。而这场相遇在得洛斯向勒托透露其不安时曾经提及。得洛斯担心强大又自负的阿波罗出生后会将她抛弃，并踢下万丈深海（71—75 行）。既然得洛斯是个岛，海底是个较低的地区，因此也许可以将其比作冥界。而结合上升与下降的背景来看，海底象征冥界的手

---

① OB 版本，373—374 行，见 Thorkild Jacobsen, *The Harps that Once…: Sumerian Poetry in Translation*, Yale University Press, New Haven and London, 1987, p.84。

法在美索不达米亚神话中也出现过。①

由于诗人已知的一些原因，实际上这场小冲突已在颂歌中被诗人谨慎地绕开了。至少，得洛斯让勒托做出允诺，作为她在此地分娩的交换条件，她的儿子阿波罗首先要在岛上建起他的神殿和教派，才能在地上其他地方做同样的事情（61—88行）。诗人巧妙地避免了冲突，只是保留了以力量为主题的结果。

然而，得洛斯和阿波罗之间富有象征意味的相遇在颂歌后来的部分中有所提及，在上文提到的诗行中（133—135、139行），阿波罗开始在大地上，也就是在得洛斯岛上巡游。阿波罗在岛上巡游（当然是用其双足）的意象揭示了阿波罗将得洛斯踢进海底这一主题的重要性。根据阿波罗上升这一背景，在这一主题中体现了阿波罗与得洛斯相遇，之后又"打败"她的观点，于是女神开始下降。

在宗教信仰的层面上，这个清晰的交替行为的实际重要性并不清楚，并不能根据美索不达米亚神话来进行机械的阐释，特别是这几行中没有暗指永久性上升下降循环的观点，即使希腊颂歌的其他特点与美索不达米亚神话类似。实际上，颂歌中对阿波罗行为的解释是，至少得洛斯认为，阿波罗会变成一位强大的神，不屑于得洛斯岛这种不毛之地，并将不顾一切、毫不犹豫地将其推下海底。以主题的复杂性、重要性及作者的创作手法来看，这个解释迂腐可笑，也许这个主题寓意颇深。但是正如作为颂歌中行为的一部分，它旨在强调阿波罗的强大力量，并且解释了他为什么在岛上建立祭坛和神殿。

第二个附加的主题是神灵的上升所引起的丰产主题，它也对"上升"这一命题进行了阐释。在美索不达米亚素材的参照下，这一主题的深刻性与复杂性均显露无遗。这一主题是通过阿波罗与得洛斯之间的互动得以呈现的，并且是阿波罗展示自己神力的一种方式。我们从阿波罗在得洛斯岛上巡游这一情境中就可以洞悉这个主题：通过巡游，阿波罗使小岛开满了金色的花朵，宛如一座铺满了林地鲜花的山峰。② 这似乎指涉着年轻的阿波罗神通过上升引发了丰产的效果，这是达穆/杜姆兹神话的一个核心特征。通过其他与女神及其配偶模式相

---

① 见《吉尔伽美什史诗》中的迪尔姆恩章节（亚述版本泥版 X. v. 1—XI. vi. 282），在这部史诗中女神及其配偶的神话的观点是核心。关于在这首史诗中相关观点以及与阿波罗的上升的相似之处，见得洛斯部分中的评述。

② 第135、139行。

等同的主题来表示丰产，这种做法本身就强烈地暗示了上升与出生场景相关联。而这个主题又使人想起一些其他的关于达穆上升和展示神力的观念。它再次证明了诗人灵活的技巧及对诗学原理炉火纯青的把握，同时也证明他已充分掌握并彻底理解了神话资料及其背后所蕴含的神话寓意。此外，这个主题还将年轻的阿波罗神从冥界的升起及其引发的结果再现为一幅完整的画面，展示了强大的整合力量，因而显得异常引人注目。这个巧妙的主题具有双重功能，因为它似乎也暗示了新上升的太阳的金色光芒在清晨触摸山峰，显然这是对阿波罗与太阳关系的参考，此后的时间里，它成为该神特征的重要方面。① 太阳触摸山岳的主题可能也与丰产有关。

丰产主题将山岳与日出纳入上升的场景之中，这样一来，又有一个与达穆神话的复杂相似性为大家所周知。在女神及其配偶的神话背景中，山岳代表了特殊的含义。也许这就是为什么山岳代表了特殊的含义，以及为什么山岳被纳入年轻的阿波罗神诞生/上升的场景中吧。在达穆神话中，山岳是冥界的象征，神正是从那里升起，来到地面；达穆从冥界升起后，会返回某些特定的山岳，而这些山岳就在太阳升起的地方，它们位于苏美尔的东方。每天清晨太阳神乌图都会从这些山岳中升起。② 阿波罗好像也和乌图一起做着类似的事情，丰产主题暗示了他也是通过类似的方式从大地之中升起。无论我们是否在希腊发现山岳的其他象征意义，无论山岳崇拜在不同宗教中拥有多么悠久的历史，在这里山岳确乎是与日出意象结合在一起来表达神灵上升的观念。

从整体来看，诞生场景（119—132 行）涉及许多不同的主题，而这些主题和接下来的诗行（133—142 行）完整地描述了阿波罗的上升场景，从而构成他

---

① "阿波罗如同黎明之阳"的相同母题似乎和他给予阿尔戈英雄的神显一同出现，Ap. Rhod. 2, 669 – 719。阿波罗在黑暗中游走，他的弓握在手中，箭筒挂在背上，在史诗这部分中，神显用来暗指太阳的到来，参见 Richard Hunter, 'Apollo and the Argonauts: Two Notes on Ap. Rhod. 2, 669 – 719', MH 43 (1986) 50 – 52。

② 达穆/杜姆兹和东方的山脉用来表示冥界：edin-na ú-saǧ-ǧá, OB 版本, 177—180 行，见 Jacobsen, op. cit. , p. 74; 'The Wild Bull Who Has Lain Down', in William L. Moran, ed. , *Toward the Image of Tammuz and Other Essays on Mesopotamian History and Culture*; Thorkild Jacobsen, Havard University Press, Cambridge (Mass.), 1970, pp. 102-103 及讨论; Jacobsen, 前引书第 49 页, 第 25—26 行, 以及第 47 页的讨论。关于东方的山以及杜姆兹往返山的旅程，见 William R. Sladek, 'Inanna's Descent to the Netherworld', Ph. D. diss. , University Microfilms, Ann Arbor, 1974, p. 62 and n. 4; Wilfred G. Lambert, 'The Pair Lahmu-Lahamu in Cosmology', Or 54 (1985) 202。

从母亲体内出生过程的一部分。通过在阿波罗的诞生及其随后在得洛斯岛上巡游的场景中巧妙运用这些不同的主题，诗人成功地在同一个场景中展示了两种观念：阿波罗的肉体从母亲体内诞生的观念，以及这位年轻的神灵从黑暗的大地中升起的观念。

通过对诗歌如此高超的处理，诗人赋予了一个简单的出生母题更为深远的神话意义，也许还有宗教的意义。由于诗人用象征的手法描绘了上升场景，如果不能领悟这些主题的深刻意义，那么我们的确难以洞悉这一场景。然而，对于古代的读者来说，这个场景很可能显而易见，因为这首颂歌是为他们量身定做的。诗人很可能使用了广为人知的象征体系，或者至少被作品特定的受众所熟知。因此，仅使用几个简洁的暗喻，便足以勾勒出一幅错综复杂的神话图景，但对于现代读者来说，这幅完整的画卷却仍是未解之谜。有可能这幅画卷蕴含了深刻的宗教意义，它并不是为了服务于不同环境中的所有受众而作，尤其是那些处于世俗环境中的人。然而，另一方面，特别是鉴于诗人曾经在诗行中用赞美的口吻提及自己（169—178 行），它也很可能被所有对它感兴趣的人熟知——如果这两个段落由同一位诗人用无法确知的惯用传统堆砌而成——对上升观念及各种相关思想的精妙描述便仅仅是对他自己艺术技巧的展现，那必然是毫无价值的。

这部分的"上升"中包含了一些其他的主题，对神力之旅这个观念很重要，同时它们与美索不达米亚女神及其配偶神话似乎有着千丝万缕的关系。阿波罗出生后的一些主题解释了他获得力量的过程。神肴的主题便是其中之一：忒弥斯女神为阿波罗呈上了神酒仙肴（124—125 行），当金绳带无法束缚住阿波罗时，他的力量立刻显现出来（127—129 行）。这个主题和观点也许与《伊南娜下冥府》中的主题相似。在《伊南娜下冥府》中，来自恩基神的食物和水就是上升过程的一部分（224—225、252—253 行），且正是这些食物引起了神的"上升"——在伊南娜的故事里，她得到了力量重新升起。不过，这个主题只是这一幕的一部分。在这一幕中，神同样苏醒过来，并象征性地从地下升起。因此，背景核心是相同的。

关于阿波罗力量的主题随着他要来弓和竖琴，且确认他父亲作为至上神的权威而推进。在颂歌中，弓和竖琴是展示至上神之子力量的道具。由于它们并不能代表这位神的力量，实际上，这些特点是关于阿波罗另一方面的，而这方面大部分将在皮提亚部分中提到。在这里，这些特点连接着颂歌中阿波罗及其传奇故事完整认知的两个方面。

在上升的力量主题中发挥着重要作用的另一个主题似乎是阿波罗出生后的沐浴和穿衣。这也许与女神及其配偶神话中的主题相接近，在这些神话中，沐浴和更衣作为上升的一部分，被赋予了力量的内涵。颂歌中幼神的沐浴和更衣自然有其实际的目的，但是根据沐浴更衣的情景，以及背景相似的美索不达米亚神话，主题的用意也许用来象征神得到了力量。在颂歌中，它是为下文众女神围绕着阿波罗做铺垫，并以阿波罗显示其已得到力量而结束。因此，它的设定也是为了建构出生场景的其他主题中的象征系统。如此看来，这与上升旅程中的沐浴和装扮母题情况类似，如《伊什塔尔下冥府》的神话。举个美索不达米亚神话中的例子。伊什塔尔被喷洒了生命之水并穿上衣服，这是她回归人间及重新获得人间力量的过程的一部分（114、118—125 行）。实际上这位女神的神话和《伊南娜下冥府》的主题，以及颂歌中的上升场景和得到力量的场景不谋而合。伊南娜/伊什塔尔的其他神话中也有这种主题。在这些神话中，此主题又被赋予了力量的内涵：在圣婚的准备过程中，这位女神沐浴后便穿上了"神力之衣"。① 结果之一就是生育。在这个故事中，此主题是女神的力量的一个环节，而背景却是截然不同的。

另一个美索不达米亚神话中也有回归过程中沐浴更衣的主题，并且在此过程中，主人公经过努力得到了力量。在《吉尔伽美什史诗》中，主人公吉尔伽美什从迪尔姆恩岛启程返回苏美尔城乌鲁克之前也洗澡更衣。在此之后吉尔伽美什于乌鲁克获得了其沐浴着装之后立即追寻的权力。② 当然这篇史诗是关于一位非人非神的英雄的故事。但是根据最新研究显示，在很多地方和层面，女神伊什塔尔起了重要的作用，并且女神及其配偶神话的基本观点和主旨是这篇史

---

① 关于神圣婚礼仪式的沐浴更衣，见 S. N. Kramer, *The Sacred Marriage Rite*, Indiana University Press, Bloomington and London, 1969, pp. 63 - 65, 73 - 77。一些关于沐浴和更衣的文章：*Iddin-Dagan's Sacred Marriage Hymn*, 180-184, in Daniel Reisman, 'Iddin-Dagan's Sacred Marriage Hymn', JSC 25（1973）191; SRT 5 lines 3 - 7, 特别是第七行关于服装的重要性；这首诗见 Bendt Alster, 'Sumerian Love Songs', RA 79（1985）146 - 152。关于服装的特点，也见 Jacobsen 的翻译，前引书第 16 页第 7 行，"身着华丽的礼服，那是天堂的女王的礼服"。

② 泥版 XI. 238 - 282。关于史诗的翻译，见 Stephanie Dalley, *Myths from Mesopotamia*, Oxford University Press, Oxford, 1989, pp. 39-153; John Gardner and John Maier, *Gilgamesh*: *Translated from the Sîn-leqi-unninnī Version*, Alfred A. Knopf, New York, 1984, pp. 57 - 271。

诗的主要特点。① 这些主题与阿波罗的颂歌所反映的主题的作用十分相似，都是错综复杂的，因此需要广泛深入的研究。它们在史诗中十分重要，用意颇深，并且对于颂歌的比较也十分重要。因为这些主题似乎是希腊史诗从美索不达米亚神话那里继承来的，二者都解释了这些主题的特点。

史诗中，吉尔伽美什长途跋涉寻找长生不老的方法。他渡过"死亡之水"（泥版 X.iii.50, X.iv.3 及以下）来到迪尔姆恩岛（泥版 X.v.1 及以下），在那里见到了他的祖先乌塔那庇什提姆（Utnapishtim），这位祖先得到了天神的赐福而永生不老。吉尔伽美什和乌塔那庇什提姆的辩论，以及吉尔伽美什在岛上的活动涉及长生不老和人类生老病死的主题。沐浴更衣后，他准备返回。正值此时，他得知了长生不老的植物就长在海底的秘密。于是这位英雄沉船潜水通过"死亡之水"来到海底，带回了象征生命的植物，这才打道回府（泥版 XI.258—284）。文末，他的这颗植物被蛇叼走了，故事以悲剧结尾（泥版 XI.285 及以下）。不过这一节涉及的是生老病死的主题，而非回归过程中沐浴更衣及获得力量的主题。

因此，吉尔伽美什完成的旅途和阿波罗进行的上升旅途在某些方面是相似的，而且有相同的潜在含义。只是由于两部作品的目的、主题及主人公的身份不同，表现方式出现了差异。然而，相似处仍有一些更耐人寻味的方面，这将在这部史诗对系列旅途本质的探索过程中进一步阐明。

吉尔伽美什完成了两次旅途，它们似乎都是放逐到冥界，然后返回天界的象征，反映了典型的女神及其配偶主题。他来到位于"死亡之水"对面的迪尔姆恩岛后，试图从乌塔那庇什提姆那儿得到长生不老的秘密。因此他在岛上沐浴更衣，然后离开。在这个过程中，他获得了长生不老的力量，特别是拥有了永恒的青春（泥版 XI.270, 280—281）。其实，获得力量这个行为本身就是一次下降和上升的旅行，在旅途中他必须潜入"死亡之水"的海底捞取仙草（泥版 XI.271—276）。这个过程和他从苏美尔到迪尔姆恩岛，然后返回的旅途很相似。不过其区别在于，一个是进入"死亡之水"的垂直旅行，一个是穿过"死亡之水"的水平旅行。这里所要表达的观点是人终有一死，只有经过死亡这个过程，

---

① 同上，pp.17, 20-22, 26, 35；这首史诗中女神及其配偶的主题，最初是以文学的角度来看：D. Gray Miller and P. Wheeler, 'Mother Goddess and Consort as Literary Motif Sequence in the Gilgamesh Epic', AcAn 29 (1981) 81-108。

才会有长生不老。

这篇史诗中与旅途相关的结构及意义似乎都来自女神及其配偶的故事。因为这些观点只在 ID 和 AV 这两篇故事中可以见到。在《伊南娜下冥府》中体现了"食物"和"沐浴"母题（280 行及以下），在《伊什塔尔下冥府》中体现了"沐浴"母题（118 行及以下）。在这个旅途过程中，她克服了阴间敌对力量对她的阻挡，努力战胜了重重困难获得了力量，来到了天界。史诗用不同事例来表达相同的观点和主题。虽然史诗有不同的歌颂对象，但它们都关注人的生命及对长生不老的渴望。ID、AV 和吉尔伽美什史诗都用这些观点和模式展示了各自深刻内涵和目的。

分析完这些作品的相似性，我们可以从中看出，女神及其配偶模式及一些相似的概念结构也出现在阿波罗颂歌中，但是表达方式、叙述方式和解读方式不同。在史诗里，阿波罗和吉尔伽美什一样也完成了一系列复杂的旅途活动。ID 和 AV 中的伊南娜/伊什塔尔故事就可以证明。吉尔伽美什完成了象征从阴间返回天界的回归旅程。在旅途中他沐浴更衣，结果获得了他想要的神力，他的神力也以食物的形式获得。同样，阿波罗也完成了从大地中心上升的旅途，大地中心在其他的神话语境中通常指冥界。在这个旅途中，他也沐浴更衣，然后又以食物的形式获得神力。后来他以各种方式展示他的神力，这些方式也出现了典型的女神及其配偶故事模式。

在这篇颂歌里，用来表达这种类似故事观点的模式不是很常见。诗人只谈到了一些和上升旅途相关的观点，这种表达方式的确像迷一样让人费解。现代解读者因对这些对背景知之甚少，所以如门外汉般一头雾水，只能够了解故事的大体梗概。结果，在美索不达米亚神话中用这些相似模式表达的深刻主题，在这篇颂歌中只是隐约可见。然而，就像这些颂歌的古代读者在读完神话之后，脑海里会立即浮现出种种美丽的画面一样，阿波罗神话被解读后也会给人们带来一幅完整美丽的画卷。

旅途中沐浴更衣模式是我们在这篇颂歌中要讨论的中心问题，它也出现在其他希腊神话中。在下面的庆典仪式中，我们也看到了类似的模式：在帕勒隆北郊的近海中，游行队伍先把赤裸的雅典娜雕像浸入水中，然后又把她送回帕勒隆，换上新衣服。这个过程同样反映了女神重获神力的主题。然而，这个仪式中的模式和主题已经从某种意义上脱离了颂歌和美索不达米亚神话，因此用它做比较评价就没有多少意义。

在颂歌的这个部分里,我们还发现了女神及其配偶神话里另外一个重要的主题模式。这就是神的三位一体模式:母亲、姐妹、年轻新神。这种模式在达穆神话中由杜图尔、格什提南娜/古努拉和达穆/杜姆兹来体现。希腊的三神组合出现在得洛斯部分的结尾处,诗人谈到人们在祭坛前祭拜他们的神的场景:勒托、阿波罗及他的姐姐阿尔忒弥斯(158—159行)。

因此,我们可以看到得洛斯部分和美索不达米亚神话的众多相似点,其中比较明显地出现在有历史根据叙事的部分里。其他的相似点在表达诸神活动所隐含的观点时也起了重要的作用。只有一个主题或模式例外——宣誓对竖琴和弓箭的所有权。因为它起着连接阿波罗在出生地获得神力和颂歌其他部分展示神力之旅的作用。与得洛斯部分和美索不达米亚神话相似的主题和表现模式,也出现在女神及其配偶神话故事里,主要是在达穆/杜姆兹神话中,而且也在他的妻子伊南娜的神话故事中。主要的相似点有:

1. 相似的旅途结构:流浪旅途,不断寻找母亲的旅途,以及孩子出生后从大地内部上升的旅途;

2. 相似的旅途目的:获取神力;

3. 相似的女神模式:女神开始旅途后的一系列挫折;

4. 相似的旅途模式:众神和女神完成的完整的上天界、下冥界的旅途;

5. 获得神力的神在人间展示他的力量;

6. 母亲、姐妹、上升的年轻男神的三位组合。

这其中也有不太显著的相似点。比如,山的寓意以及展现神力的模式,如神的食物、沐浴更衣模式。总之,得洛斯部分和美索不达米亚神话仍有许许多多错综复杂的以至细致入微的相似点。

到目前为止,得洛斯部分还没有提到颂歌开头的神庙场景(1—13行)。虽然这个场景的一个主要目的是展示阿波罗的神力和神圣性,但它和得洛斯部分的旅途却没有任何关系。从另一个角度看,它不属于这个旅途,因为它与女神配偶神话达穆/杜姆兹年轻神灵的回归没有相似之处。但它却是皮提亚部分体现与阿波罗相关主题的一个重要手段。它之所以出现在得洛斯部分的原因,将在后面讨论皮提亚部分和美索不达米亚神话相似性的过程中进一步阐明。得洛斯部分和皮提亚部分分别同美索不达米亚神话的相似点在数量上大体相等,但追求神力旅途的主题模式除外。这些相似之处出现在一组完全不同的美索不达米亚神话中,揭示了关于阿波罗作为至高神宙斯之幼子的一系列不同观念。

皮提亚部分

颂歌的这个部分主要讲述至上神宙斯之子的英雄故事。这种类型的故事在美索不达米亚神话中也能见到。它用美索不达米亚神话的两个主流模式之一——英雄主义模式展现。阿波罗的一系列旅途也展示了这种故事模式的核心思想和观念。

在美索不达米亚传统中,尼努尔塔神的形象首次出现在对这位年轻英雄神详尽描述的颂歌里。他是苏美尔至上神恩利尔的儿子,曾重重击败了恶毒怪兽。这些主要特征也被其他的美索不达米亚神话采用,特别是后来的巴比伦神马尔杜克和他儿子纳布的神话。纳布和尼努尔塔、阿波罗一样,都是至上神的儿子。我们还可以在美索不达米亚的神话里找到其他的相似点。然而,在后来的传统版本中我们可以看到,许多类似的主题模式都出现在马尔杜克的神话里。在描述他的英雄史诗《埃努玛·埃利什》中充分体现了这种相似性。人们普遍认为,这部宏大的史诗写于公元前第二千纪后 250 年①,但它的内容主要还是来自尼努尔塔的神话。②

皮提亚部分一个很突出的特点就是它的叙事模式大都来自美索不达米亚英雄模式神话,并且表达了和美索不达米亚神话几乎相同的中心思想。但是,这部分和美索不达米亚神话中女神及其配偶故事模式没有相似特征。英雄模式神

---

① Wilfred G. Lambert,'Studies in Marduk', BSOAS 47 (1984) 1 – 9; R. Labat et al., *Les Religious du Proche-Orient asiatique*, Fayard/Denoël, Paris, 1970, p. 36; Thorkild Jacobsen, *The Treasures of Darkness*, Yale University Press, New Haven and London, 1976, p. 167。《埃努玛·埃利什》的翻译,见 Dalley, *Myths from Mesopotamia*, op. cit., pp. 228 – 277; 早期的翻译,见 Pritchard, op. cit., pp. 60 – 72, 501 – 503; 阿卡德文本的诗歌,见 Wilfred G. Lambert and Simon B. Parker, *Enuma Eliš: The Babylonian Epic of Creation: The Cuneiform Text*, Blackwell, Oxford, 1974。

② 在某些方面参照有关尼努尔塔的神话,见 J. J. van Dijk, *Lugal ud me-lám-bi nir-g ál: Le récit épique et didactique des Travaux de Ninurta, du Déluge et de la Nouvelle Création*(《〈卢迦勒〉:作品中关于尼努尔塔、大洪水和重新创造的史诗叙述和说教作用》), vol. 1, E. J. Brill, Leiden, 1983, pp. 3, 26, 27。同样参见 Wilfred G. Lambert,'Ninurta Mythology in the Babylonian Epic of Creation', in Karl Hecker and Walter Sommerfeld, eds, *Keilschriftliche Literaturen. Ausgewählte Vorträge der XXXII. Rencontre Assyriologique Internationale, Münster, 8. – 12.7.1985*, Dietrich Reimer Verlag, Berlin, 1986。

话别出心裁地描述了英雄神的荣耀及他在神殿神坛得到神力、获得权威的故事。这些观点在战斗中的英雄行为、神殿和宫廷等场景中表现得淋漓尽致，他的神力也在这些场景和神殿、神坛的建立过程中得到展示。预言在这个过程中起了重要的作用。

这类故事里所表现的观念和模式与女神及其配偶故事形成了鲜明的对照。女神及其配偶故事关注女神本身、女神与年轻神间的关系、女神的生育，以及神的死亡和复活等观点，用来表达这些观点的模式通常和英雄故事不同。得洛斯部分中勒托和阿波罗的旅途也展示了这些特征，因此与皮提亚部分中的旅途形成了鲜明的对比。

皮提亚部分和美索不达米亚神话的相似点有：一是构成这部分整体行为基础的系列旅途方式相同，旅途中神的活动也相似；二是在表达旅途的中心思想方面相似，都描述神的神力增长和神力的展示。一系列的旅途的完成实现了神获得力量的目的，而神的出生崛起从得洛斯部分的旅途就已经开始。如果说神力的上升和获得在得洛斯部分很重要，那么它在皮提亚部分就显得极其重要。这也折射出美索不达米亚故事中神的关注点，他们的活动也和阿波罗相似。鉴于这些相似性，这部分完成了诗人写这篇颂歌的目的。从传统的美索不达米亚宗教神话角度来看，神圣性的完整概念在整体上得到了成功的表现。两种故事的中心思想统一于颂歌中，它们共同展现了神的活动，并最终确立了神的神力和神威。

阿波罗穿着清香飘逸的护身衣，手持竖琴，从得洛斯旅行到了德尔菲（184行）。紧接着他又穿过人间来到奥林波斯山的众神神殿。他随即弹起竖琴，众神都被他的音乐陶醉了，不由自主地随着音乐翩翩起舞。此时的阿波罗更是浑身上下光芒四射，甚至连双脚和长袍也闪闪发光。

从奥林波斯山下来后，他游历人间寻找建造神庙和祭坛的地方。正当对所见的地方不满意时，他经过奥切斯托斯（Onchestos），那是海神波塞冬精美的小树林。这儿正举行一个庆典仪式，只见一匹无人驾驶的马车正在树林里奔驰，马拉的车子随时都可能被撞坏。

阿波罗看中了这块地方，准备立即在泰勒芙莎（Telphousa）溪边建造他的神庙和树林。可是，泰勒芙莎唯恐失去自己的地方，因此她狡猾地劝说阿波罗放弃这个想法，并告诉他克利萨的帕纳索斯山是个很美丽的地方，适合建造他的神庙。后来阿波罗到达德尔菲，决定在帕纳索斯山的山峰下建造他的神庙。

春天来临的时候，阿波罗在他的神庙附近举办庆祝击败雌性巨蟒灵皮同（Pytho）的盛宴。从这引出了妖魔堤丰（Typhaon）出生的故事。① 在《神谱》里，宙斯战胜了敌人获得了神力。同时，赫拉发现神力大增的宙斯对自己不忠，非常生气，就生了堤丰。赫拉这样做是因为宙斯羞辱了她——她亲眼看到宙斯在没有她的帮助下就自行将雅典娜生出。她从奥林波斯山来到人间花了一年时间生了堤丰，并把他交给巨蟒灵皮同抚养。像巨蟒灵皮同一样，堤丰也习惯破坏德尔菲圣庙周围的东西。至于巨蟒灵皮同，阿波罗用一支箭将其射中之后，她躺在地上大口喘着气不断翻滚，血液从体内流出，而阿波罗在一旁满意地注视着自己的"杰作"。

突然，阿波罗意识到泰勒芙莎故意设计骗他。于是他怒气冲冲地跑到溪边用一座山压住她，把她埋在碎石下面。阿波罗就在溪边建立了他的神庙祭坛，小溪的溪水从陡峭的山上流出。

结束了这些战斗，阿波罗完成了皮提亚神庙的建立。接下来，他打算找一些称职的神职人员。他乘克里特岛人的船从克里特的克诺索斯到达皮洛斯。他变成一条巨大的海豚，并在海里遇见了克里特岛船员。他跳上船，把船驶向德尔菲方向。在克利萨海岸上，他乘闪闪发光的火焰快速飞向德尔菲神庙。当他走进神殿后，显赫的三足鼎的火焰便骤然燃烧得更旺了，他壮丽辉煌的光轴立马从神庙中涌出。他的光辉洒在整个克利萨山上。在火焰喷发的那一刹那，克利萨的妇女和姑娘们都大声惊呼。然后，他才引领依然惊愕不堪的水手们来到德尔菲神殿，在他的神殿里授以他们祭庙仪式。

因此，皮提亚部分集中讲述了阿波罗到达奥林波斯山，以及后来在德尔菲建立神殿、确立神威的故事。这个部分包括三次旅行。他们和英雄神话故事里的系列旅途的类型、观点和内容都十分相似。这些系列旅途和旅途中的活动都表现了与神相关的主题，美索不达米亚神话也是如此。除此之外，系列旅途和活动也是这个神话的主要表现方式，它们主要用来确立和表现神的权威。

---

① 在颂歌中没有给巨蟒灵皮同命名。但在其他著作中它被叫作 Πύθων，Δελφύνη（阴性的），Δελφύνης（阳性的），见 T. W. Allen, W. R. Halliday and E. E. Sikes, *The Homeric Hymns*, 2nd edition, Oxford University Press, Amsterdam, 1963, p.247。在欧里庇得斯的 I. T. 1245 和鲍桑尼亚斯的 X. 6. 5 中，巨蟒灵也没有名字，并且它的性别变为男性。

第一次旅途是指阿波罗从得洛斯岛到德尔菲,然后到达奥林波斯山众神神殿的旅途(179、206 行)。根据所涉及的旅途观点,我们发现阿波罗的旅途和尼努尔塔在获得神威后返回宙斯和众神神殿的旅途十分接近。阿波罗在出生地获得了神力和神威,在旅途中展示了他的神力和神威。到达奥林波斯山后,他作为天神的儿子,在众神的神殿里,又一次展示了他的神威。

在这篇颂歌里,有两次遇见众神并向他们展示神威的场景。第一个场景出现在得洛斯部分的开头(1—13 行),第二个场景出现在皮提亚部分的开头,也就是得洛斯之旅结束之时(186—201 行)。这两个神殿场景给解读者带来许多不便。但是颂歌中这些场景的作用,在后面和尼努尔塔神话中相似场景的对比中,以及颂歌本身的暗示中逐渐明朗化。这两个场景实际上是同一个场景的两个不同版本。这"同一场景"是指阿波罗第一次到达他父亲、主神宙斯的神殿,像美索不达米亚神话一样,这一场景也是众神集会的一个组成部分。这个旅途从得洛斯部分他的出生开始,中途穿过得洛斯和其他岛屿,最后在众神神殿集会的场景中结束。显然,这是阿波罗第一次到达神殿。根据时间推算,颂歌里的第一个场景的出现发生在得洛斯部分一系列事件之后,因为这些事件讲了他的出生。从诗人的言语中我们也可以看出这个场景只是个复制品。他在第 11 行指出得洛斯部分的庙宇场景其实就是皮提亚部分开头所提到的阿波罗到达奥林波斯山的场景,即宙斯"炫耀自己亲爱的儿子"。①

但也有许多其他理由来解释两个场景都出现的原因。这是诗人高超写作技巧的表现。诗人用这两个场景来凸显阿波罗这一年轻英雄神的地位。我们可以从尼努尔塔神话中的神殿场景看出这里进行场景复制的一个原因。这个场景是尼努尔塔展示神力神威的一个主要特征。阿波罗旅途中的两个场景和尼努尔塔旅途中的两个神庙场景很相似。第一个就是在神庙里的威胁性见面场景(《安基姆》),强大的神警示其他众神(63 行及以下)。这个场景是他展示神力和神威的一种表现手段。在《安基姆》里,尼努尔塔威慑性地走进神庙,使得其他神都惧怕他。信使、努斯库、尼努尔塔的母亲宁里尔一起缓解了这种紧张局势。努斯库送上了主神恩利尔恩准的神物。虽然宁里尔也为儿子的神力感到震惊,

---

① 同样参见 Josef Kroll, 'Apollon zu Beginn des homerischen Hymnus', *StudItalFilolClass* 27 – 28 (1956) 181, 183 – 184,他同样指出这是阿波罗初次到达众神集会的时候。

但她还是表扬了他。同时，主神恩利尔也在神殿里赋予儿子神力，这在努斯库的承诺中可以体现出来（63—176 行）①。得洛斯场景中的活动和这一系列活动所表现的主题联系紧密：阿波罗背着弯弓大步穿过宙斯神殿，众神紧张地从他们的座位上跳了起来。阿波罗的母亲勒托接过儿子肩上的弓和箭，把它们挂在金钩上，缓解了这种剑拔弩张的形势。她向天父引见阿波罗，宙斯赐给他神酒仙肴。像尼努尔塔神一样，这次会面后，众神承认了阿波罗的神威，神殿也接受了他。勒托也和宁里尔一样，为她强大的儿子感到高兴。阿波罗也以同样的方式展示了他的神力。这一系列模式在希腊神话故事里没有相似的表现，但和《安基姆》中尼努尔塔的故事场景极其相似。②第二个是友好会面场景，如尼努尔塔去埃利都的旅行（STVC 34）。这是一个传统的神灵旅途神话，其中众神祝贺旅行的神以礼物的形式获得了神力（col. ii. 10 及以下）。③ 与此类似，在皮提亚部分，阿波罗抵达神殿也是友好会面。众神载歌载舞，宙斯和勒托也高兴地看着儿子。诗人使这两个场景成为第一次到达神殿的两个不同版本，并用得洛斯旅途把二者分开。这样，他就成功地在一篇诗作里简洁地描写了两种形成对照的神殿场景。

颂歌中出现这两个场景的第二个原因和阿波罗在得洛斯部分的出生地获得神力有关。这部分最终解释了神的世界里神的力量及这些力量作为他部分神威的重要性。在这两个场景中，阿波罗在出生地获得的两种神力得到了展示，这些神力也影响了其他的神。这两种神力分别是：第一个场景中弓箭象征的勇士神力（131—132 行），第二个场景中竖琴的音乐神力。这两种神力共同表达了阿波罗的神力高于其他神，从中也可看出他和其他神的一些关系。

在阿波罗去奥林波斯山的旅途中，我们发现作者使用的竖琴音乐主题模式和另外一个神力主题模式，这些模式和《安基姆》中尼努尔塔返回神殿的模式相似。事实上，阿波罗去奥林波斯山的一系列旅途和尼努尔塔的返回旅途本质上一样。像尼努尔塔一样，阿波罗旅行的目的地是众神的神殿，在那里他向众神展示了所拥有的神力。这其实就是获取神力后的一系列返回旅行，在美索不

---

① 尼努尔塔神要求得到认可的会面在以下文章中得到体现：Jerrold S. Cooper, *The Return of Ninurta to Nippure：an-gim dím-ma*, Analecta Orientalia 52, Biblical Institute Press, Rome, 1978, p.28。

② 见 Kroll, op. cit. , pp. 183 - 184。

③ Daniel Reisman, 'Ninurta's Journey to Eridu', JCS 24 (1971) 4 - 6.

达米亚年轻英雄神的神话故事里也可以见到。阿波罗在去神殿的旅途中所演奏的音乐模式和尼努尔塔返回神殿时的声音模式一样。尼努尔塔在穿越人间时像雷暴一样巨吼。它们所制造的声音都对各自的神殿产生了一定的影响力,同时也展示了年轻神的神力和神威。因此,它们从表面上看虽然具体表现方式不同,但是所表达的主题、观点、目的是相同的。

阿波罗颂歌和尼努尔塔神话的第二个相似点是衣服模式。在出生场景中,衣服被看作神力的代表(121—122 行)。在阿波罗的奥林波斯山旅途中,衣服也起了同样的作用,如他穿着飘香的衣服去奥林波斯山神殿(184 行)。在强调神的神圣性的场景里,其衣装所具有的芳香特质更能强调神力的重要性。在尼努尔塔的返回旅途中,衣服也被用来表达相似的目的,不过表达方式略有不同。当准备返回神殿时,尼努尔塔神用他在山上取得胜利后所获的战利品,装饰自己的战车,所以战利品也就成了获得神力的象征(《安基姆》,51—68 行)。在展示神力方面,他们还有另外一个共同点。当众神随着他的美妙音乐翩翩起舞时,阿波罗及象征他力量的东西,如竖琴、长袍和双脚都闪闪发光(201—203 行)。这和尼努尔塔神返回旅途中的情景十分相似。他通身的光辉笼罩着整个恩利尔神庙,在《安基姆》里,象征他力量的战车也闪闪发光(51、82、124 行)。所以说,这些相似点的具体表现方式不同,但是所表达的目的和观点是一致的。比如,走进神殿时,尼努尔塔的声音用雷声表现,而阿波罗用竖琴的音乐声来表现。但在这两个英雄故事里,均涉及"声音"母题,目的都是展示他们走进神殿时的神力和神威。其他的相似点也是如此。

在《安基姆》和《卢迦勒》中,尼努尔塔在返回旅途中从神庙获取力量的模式在这里也有体现。① 在得洛斯部分里,主神宙斯赐给阿波罗神酒仙肴,阿波罗用这种方式获得了神力。在得洛斯部分的出生场景里,食物也是他取得力量和神威的象征物(124—125 行)。在皮提亚部分,他只向那些被他音乐吸引的神展示了他的力量。

在奥林波斯山向众神展示完神力后,阿波罗开始着手在德尔菲建造神庙和祭坛。在这个过程中,他完成了两次英雄般的探索旅途,同时也从中获得了力量。离开众神神殿后,阿波罗开始了一个四处寻找地方建神庙的旅途。在这个

---

① *Angim*, 90, 156ff.;*Lugale*, 684 – 700.

旅途即将完成时，他遇到并击败了巨蟒灵皮同和泰勒芙莎。

这个系列旅途所表现的观点、主题都能在英雄故事里找到。阿波罗的这一续发事件和尼努尔塔神话及后来的马尔杜克神话，这些神话中的神从众神集会神殿出发，打败一个怪物般的敌人而获得权力的情形直接关联一致。除此之外，阿波罗完成的两次功绩，一次为射死巨蟒灵皮同，一次是把泰勒芙莎掩埋在山下。他们和美索不达米亚神话里英雄战斗故事的两个版本相似。这两种类型在尼努尔塔的故事里能找到，随后又出现在马尔杜克的神话故事里。这些战斗对这两位神获取神力起了重要的作用。同时他们也是阿波罗获取力量的主要表现手法。

为寻求神力而进行旅行的观点在阿波罗神话和美索不达米亚神话里显得颇为一致。在安祖神话和《埃努玛·埃利什》史诗中，尼努尔塔和马尔杜克都通过和对手的战斗显示他们勇士的形象，并最终得到了神力。同样，阿波罗遇到巨蟒灵皮同时，在与他的战斗中淋漓尽致地展示了自己的强大力量。相比在众神群体中处于"冠军"位置的尼努尔塔和马尔杜克，阿波罗在奥林波斯众神中并不是权力最强大的。在希腊的宗教信仰里，众神之神的角色一定属于宙斯。他打败了和阿波罗相似的对手怪物堤丰。这个怪物和巨蟒灵皮同联系十分紧密。不过，与尼努尔塔和马尔杜克相似的是，阿波罗获得了神力，并在一些战斗后建立了自己的神庙。①

在此旅程开始之初，阿波罗的权力状态与阿萨格神话中的尼努尔塔尤为相似，在那里因为尼努尔塔打败怪物被广为接受，并在神灵集会中独占一席。在《埃努玛·埃利什》里，马尔杜克的情景和尼努尔塔的相似，他也是在神殿取得神力后才和邪恶的提亚玛特进行较量。当然，他是宇宙的主神，而阿波罗不是（泥版 III. 116—IV. 34）。从这个意义看，作为主神之子阿波罗的故事和尼努尔塔的故事更为相似。因此，从另一个角度看，这个差异反映出阿波罗在神殿里的强大权威。

阿波罗的旅途和他们两个稍有不同的是，这两个神故意去击败魔怪。虽然他们的动机不同，但这也无关紧要。因为阿波罗旅途的主要特征就是遭遇困难和阻拦，最终在德尔菲建立神庙。很显然，诗人有意安排这些事件发生。阿波

---

① *Angim*, 156, 193ff.; *Enuma Elish*, Tablet VI. 49 – 80.

罗旅途中的两次战斗在尼努尔塔和马尔杜克的故事里都能找到，并且阿波罗颂歌中的战斗和美索不达米亚神话中战斗的特征也相似。对尼努尔塔而言，他的战斗是和安祖的战斗，以及在《卢迦勒》中和阿萨格、库尔的斗争①。这些都在马尔杜克的英雄史诗《埃努玛·埃利什》中重复出现。在《安祖》里马尔杜克射死了提亚玛特，这为《埃努玛·埃利什》史诗中马尔杜克和提亚玛特的交锋提供了模式和素材，虽然在阿萨格战斗中，提亚玛特只起到战斗领导者的作用（泥版 IV.93—104）。马尔杜克和阿萨格的交锋模式在这篇神话里也有所涉及。在编号为 SIR. SIR 的神话中，我们看到马尔杜克把提亚玛特埋在山下（泥版 VII.70—75）。② 阿波罗颂歌中的交锋故事的内容和形式与马尔杜克的传统神话相似，和较早的尼努尔塔神话不相似。

阿波罗与皮同战斗中出现的相关母题令人回想起了《埃努玛·埃利什》中的马尔杜克和提亚玛特之间的冲突，而这主要是早前尼努尔塔和安祖战斗的一个变体。在溪水边，阿波罗用箭射死了肥胖或臃肿的巨蟒灵皮同，只见她的血从身体中流了出来。美索不达米亚神话中的所有战斗故事都与马尔杜克和提亚玛特的斗争故事大体相仿。而这一情节在所有美索不达米亚神话故事里最接近于马尔杜克和提亚玛特之战，在这场战斗当中，女怪物提亚玛特被马尔杜克形成的阵阵狂风吹成肿胀拱起的一团，最终被一支箭射穿（泥版 IV.96—102）。提亚玛特的血液同样倾洒了出来，但她的血液在这里是以被风改变流向的溪水呈现出来（泥版 IV.32，131—132）。在实际战斗中具有相似之处的因素被限定在抵抗一只女性怪兽的战斗和这只怪兽最终被一支箭射杀的情节。更进一步的相似性在于巨蟒灵皮同难以捉摸的本性。虽然提亚玛特没有采用这种形式，但在她和马尔杜克的斗争中，她确实和那邪恶的巨蟒灵皮同相似（泥版 III.23—36）。这种形式较为特殊，未见于尼努尔塔的安祖和阿萨格的争斗。但除此之外，提亚玛特似乎有水的特性，因此她被称作胡伯尔母亲（Mother Hubur）（泥版 I.132），而胡伯尔本身就是一条河。③ 在阿波罗颂歌中，巨蟒灵皮同和水也有关联，因为斗争就发生在水边。在卡利马科斯（Callimachus）的《得洛斯颂歌》

---

① *Myth of Anzu*, Tablets II. 35 – 149, III. obv. i. 2 – 12. *Lugale*, 70 – 297.
② 见泥版 V.57。
③ 提亚玛特作为胡伯尔母亲，见 Samuel Noah Kramer and John Maier, *Myths of Enki*: *The Crafty God*, Oxford University Press, New York and Oxford, 1989, p.140。

中（92行），她和水的联系也很紧密，特别是和德尔菲的皮雷斯托斯河谷（Pleistos）。①

巨蟒灵皮同和堤丰这两个异性怪物组合，是赫拉和堤丰故事的一个部分，它也反映了《埃努玛·埃利什》英雄史诗的某些特征。在英雄史诗《埃努玛·埃利什》中，女神提亚玛特和她邪恶的儿子沁古共同构成了马尔杜克的敌人（泥版 III. 37—49）。这两个异性怪物在两个相似的希腊神话版本中出现了分裂。② 在阿波罗颂歌中，阿波罗的对手是雌性的巨蟒灵皮同，而宙斯的对手是雄性的堤丰。《神谱》（821行）和阿波罗多罗斯第1卷第39章中，雄性堤丰是地神盖亚（Gaia）的儿子，盖亚也和颂歌中的赫拉一样，都因宙斯的不忠而生气。和阿波罗相关的雄性怪物传统可见于欧里庇得斯的《伊菲革涅亚在陶里斯》第1245行，鲍桑尼亚斯《希腊纪行》第10卷第6章第5节，以及卡利马科斯的《阿波罗颂歌》第100行。其中没有命名的德尔菲蛇怪是雄性。然而，因为故事是在颂歌里展开的，所以这和马尔杜克同两个异性怪物的斗争相似。它们相似的另一种原因是雄性怪物受雌性怪物的支配。

在颂歌中巨蟒灵皮同和堤丰是英雄神对手的两种主要形式，而在美索不达米亚神话中，一个是尼努尔塔的对手安祖或者阿萨格类型，另一种是马尔杜克的对手女神兼女怪类型。堤丰和安祖或者阿萨格类似，巨蟒灵皮同和提亚玛特相似。通过对比，我们可以看到女神作为英雄神对手的角色在美索不达米亚史诗中显而易见，而在希腊神话中那个角色由赫拉和巨蟒灵皮同共同扮演。女神赫拉和巨蟒灵皮同组合的敌对角色，在《埃努玛·埃利什》史诗中，由提亚玛特这个兼神和怪物的神话人物体现。也就是说，提亚玛特扮演着双重角色：一方面，她扮演像赫拉一样的雄怪物母亲的角色；另一方面，她又扮演像巨蟒灵皮同一样的抚养怪物的角色。在巴比伦史诗中，她是沁古的母亲；在亚述的文本里，她又扮演抚养人的角色。从抚养人这个角色来看，提亚玛特等同于战争女神伊什塔尔，因此抚养角色也是她的一个重要特征。③ 像赫拉一样，伊什塔尔

---

① 德尔菲的皮雷斯托斯河，见 A. W. Mair and G. R. Mair, *Callimachus, Lycophron, Aratus*, Heinemann, London, 1995, p. 92 n. b.

② J. Fontenrose, *Python: A Study of Delphic Myth and its Origins*, University of California Press, Berkeley, 1959, p. 252, 这本书认为这些希腊神话都来源于近东（p. 176）。

③ Alasdair Livingstone, *Mythical and Mythological Explanatory Works of Assyrian and Babylonian Scholars*, Clarendon Press, Oxford, 1986, p. 234.

也曾扮演她丈夫的敌对角色。因此，和提亚玛特有关的思想是多方位的，颂歌中的复杂情景所体现出的相似性是难以捉摸的，但是很有启发性。

阿波罗的第二个斗争对手是泰勒芙莎，她是溪水的拟人化。阿波罗把她埋在群山和碎石下，她的溪水便从山上涌了出来。把敌人埋在山下后有溪水流出的模式和阿萨格的战斗场景特别相似。在这场战斗中，尼努尔塔把他的敌人变成了一堆岩石，也就是胡尔萨格山脉。他把这座山建在库尔"身上"。在神话里，库尔也是他的敌人。当水从库尔身体中流出来后，就形成了一条河（《卢迦勒》，326、334—359 行）。这场战斗要比阿波罗和泰勒芙莎的战斗复杂得多，但他们所表现主题的相似性却很惊人。尼努尔塔所表现的战争思想在《埃努玛·埃利什》的对话部分重复出现（泥版Ⅶ.70—75）。马尔杜克把一座山压在提亚玛特身上，文章也提到马尔杜克像穿过河水一样，从桥上、从她身上跨过。①《埃努玛·埃利什》中，这些观点的安排和泰勒芙莎的相关情节特别相似。提亚玛特被看作一条埋在山下的小河，与此类似，泰勒芙莎也是被埋在山缝乱石下的溪流。不同的是，泰勒芙莎是有生命的，而阿萨格和库尔是无生命的物体。因此，在这个方面，希腊神话似乎和后来发现的提亚玛特、马尔杜克神话更接近。

泰勒芙莎的故事显得有些奇怪，因为阿波罗在和巨蟒灵皮同交战前，他已经遇见了泰勒芙莎。但他打败泰勒芙莎却是在他摧毁巨蟒灵皮同之后。作者的这种安排方式肯定有特殊用途，因为诗人没有必要通过泰勒芙莎引出巨蟒灵皮同。然而不管这种安排的用意是什么，泰勒芙莎被击败后埋在山下的描述和《卢迦勒》中阿萨格战争，以及《埃努玛·埃利什》中马尔杜克击败提亚玛特的战争中的另外一个相关主题相似。在这些美索不达米亚神话中，英雄神和怪物斗争后总会出现控制水的场景。这是个普遍性主题，因为众神就是通过这种方式造出了底格里斯河和幼发拉底河，并用它们灌溉美索不达米亚平原。这一普遍性主题在阿波罗神话中不是很明显，因为斗争只是为阿波罗在泰勒芙莎处创立崇拜提供依据。尽管如此，这篇颂歌的主题和美索不达米亚神话的主题仍十分相似（除了一些明显的表达差异）。如果说和阿波罗相关的这些主题模式能反映更深刻的意义，如揭示神活动的共同点，那么在美索不达米亚神话中——尼

---

① 希腊神话中把山压在河流上的另外一个例子是战神阿瑞斯：Callimachus, *Hymn to Delos*, 133ff。

努尔塔和马尔杜克的活动——的相似模式所揭示的主题,应该也出现在阿波罗神话里,但这一点在颂歌中却没有明确的体现。

除了巨蟒灵皮同和泰勒芙莎的故事外,阿波罗在其他地方的旅途中也有好多故事。如发生在奥切斯托斯的仪式上的故事,以及发生在波塞冬的著名小树林里的故事。这是这篇颂歌的又一个特色,也给解读者带来了许多困难。无人驾驶的马车在树林里疾驰,车子随时都有毁坏的可能。这个片段提供的信息量很少或者只是一个暗示。作者期望希腊读者知道这背后的故事,但是由于指代的简洁性,没有背景知识的人很难明白这一小插曲对整个颂歌的重大意义。乍一看,人们会感到很奇怪,因为这个和阿波罗颂歌毫不相干,但实际上它和诸神获得神力神威有很大的关系。然而从诗人在其他地方对材料选择应用的准确性方面来看,这个情节的出现还有特殊原因。这个插曲也许是仪式背后某个神话的映射。它和阿波罗的旅途及其最后获得神力有明显的联系,但在颂歌里却没有足够的材料说明他对现代读者的现实意义。① 不过这个故事插曲和尼努尔塔、马尔杜克英雄故事的一些情景很相似。颂歌中提到的波塞冬的故事也反映了这些特征,因为恩基这个美索不达米亚神话中的海神在尼努尔塔和马尔杜克获得神力的过程中也扮演了重要的角色。如果说阿波罗神话受美索不达米亚神话主题的影响,那么就足够解释把波塞冬的故事涵盖在阿波罗出生和获取神力这个神话故事中的原因了。

108 　　根据美索不达米亚的神话主题,阿波罗从众神集会到他和敌人相遇的旅途,是一种外出型旅途。即使在这一系列旅途的结尾处,故事仍然显得不完整。因为在故事的后面部分应该出现从众神集会或神庙场景的返回旅途,但是没有。在离开众神集会、击败怪物的外部旅途之后,尼努尔塔完成了一次从众神集会或神庙的返回旅行,在这个过程中他展示了自己的力量。同样的,在安祖神话、阿萨格神话及《安基姆》神话中,尼努尔塔每次回到众神集会或神庙后,都会有类似的旅途。②

---

① 对于仪式的不同解释,见 A. Schachter,'*Homeric Hymn to Apollo*,lines 231 – 238(the Onchestos Episode): Another Interpretation',BICS 23(1976)102 – 113。另见 Georges Roux,'Sur deux passeages de l'hymne homérique à Apollon',REG 77(1964)6 – 22。

② *Angim*,75,177,185;*Lugale*,648ff.

阿波罗的返回旅途，以及随后的斗争都在颂歌的最后一次旅途中体现出来。在这一旅途中，他从海上到达德尔菲神庙，展示了他的神力后，便着手完成祭坛的建造。在德尔菲时，阿波罗意识到克里特水手们还在船上，然后他就以巨大海豚的形式跃上小船，突然出现在他们面前。这儿没有提到任何一个从德尔菲到海外的外出旅行，但是描写了从海上返回德尔菲的旅行。这次旅行也展示了许多尼努尔塔返回旅途中具有的典型特征。

阿波罗"从海上到神庙"的旅行主题的确和尼努尔塔、马尔杜克神话中的情景相似。在尼努尔塔神话中，这些主题以象征的方式出现。尼努尔塔到埃利都的旅行是一次很神圣的旅行。他从海神恩基的阿布祖神庙所在地埃利都回到他自己的神庙所在地尼普尔。位于埃利都的神庙，抑或"阿布祖之屋"(e-abzu)，有时作为象征意义上的淡水河冥河阿布祖出现，而恩基则是冥河之主。这种深刻含义也出现在《伊南娜和恩基》的神话故事里。在这个故事里，伊南娜来到埃利都的阿布祖神殿拜访恩基，获取了他的神力后，回到了她在乌鲁克城的神庙。① 与此类似，阿布祖在 UET 6/1 2 中是冥海的象征。尼努尔塔随着阿布祖的鸟在战争中为恩基丢下的"生死簿"来到了埃利都的阿布祖神庙。② 在这部作品中，恩基预言尼努尔塔将会带着神力回到尼普尔，因此这里就出现了一个返回旅行。但在《埃努玛·埃利什》中，这个相似的情景是以不同的方式出现的。在他打败海神提亚玛特后，马尔杜克又完成了各种各样的行为，之后在巴比伦建立了自己的神庙和祭坛（泥版 VI. 47—80）。这里没有提到旅行，因为和尼努尔塔的神话相比，虽然史诗中有着不同的宇宙安排，不过时间的结果是相似的。

因此在这些神话里，大海也同样重要，它是英雄神外出旅行的终点。这些行动所蕴含的主题和阿波罗的最后系列旅途也相似。在和怪物或神力的提供者会面后，旅行的英雄还会继续在神庙里展示他们的神力。但是表现主题的具体模式不同，例如阿波罗和克里特水手在海上相遇，阿波罗以海豚的形式出现。这在任何一个美索不达米亚神话中都找不到。在颂歌里，他们可能要表达和阿波罗的德尔菲神庙的其他部分相关的主题，而不是颂歌里已经出现的主题。这

---

① 抵达阿布祖神庙，见 *Inanna and Enki*, Tablet I. i. 26 – 27。其他的，见 Bendt Alster, 'On the Interpretation of the Sumerian Myth "Inanna and Enki"', ZA 64（1975）20。

② *Ninurta and the Turtle*, or UET 6/1 2, lines 1 – 8.

在海豚模式中得到了验证,海豚和狄奥尼索斯(Dionysos)一起出现,而狄奥尼索斯又和阿波罗一起出现在德尔菲神庙中。海豚是德尔菲的双关语。

在阿波罗的最后一次旅行中,他去了德尔菲神庙而不是奥林波斯山众神的神殿。但在尼努尔塔的神话中,他最终抵达的是众神的神殿,在神殿里他拥有神力和神威。虽然在《安基姆》中,他也曾到过尼普尔神庙。但颂歌里的最后两次旅行和阿波罗在德尔菲建立神庙和祭坛有关。因此他最终到达的是自己的神庙,而不是众神在奥林波斯山的神殿。不管怎样,像阿波罗返回德尔菲的旅行一样,尼努尔塔在旅途中也关心他的神庙和祭坛的建立。

阿波罗旅行归来,光芒四射,是其展示神力的一个重要特征。这是颂歌中所描述的一个典型性的归程,在这其中,光芒的画面出现好多次(4、201—204行)。尼努尔塔归来后,光芒四射,也出现了这一特征。在阿波罗颂歌中,神在神殿上光芒四射,带着神力归来。标志他力量的——他的弓箭、竖琴和双足,以及他光辉灿烂而不朽的体现神威的长袍——都释放光芒。阿波罗和尼努尔塔一样光芒四射,以光芒来展示神力。在奥林波斯神庙议事时,阿波罗也曾展示过他的光辉形象。上一次旅行也有类似的情况,海中旅行,他如星光一样闪烁。旅行归来,当跳下船进入神庙时,他便散发出光芒,他的万道光芒充满了整个神庙和所有的克利萨(440—445行)。光芒的迸发展示了他的神力,赋予了他掌控德尔菲神庙和祭仪崇拜的权力。

返程途中的"光"或"光芒"母题同样可以在得洛斯部分中阿波罗的"神力的提升"情节中,或在暗指冉冉升起的太阳发出的金色光芒触及大山的概念的"山顶绽放黄金"意象中找到。这里是"光和神"母题的另一种不同展现,和其他母题的语境相吻合,而这些母题和达穆神话中的那些母题存在相似之处。在这里,这个母题和达穆/杜姆兹从太阳上升的大山的"回归"相关,它本质上和有关达穆/杜姆兹及尼努尔塔的母题相同,只不过表达方式不同。这两位神事实上在这趟"归程"中被联系起来,因为他们同样从太阳上升的东边山脉返回。在《卢迦勒》中,尼努尔塔在山上打败阿萨格之后像太阳一般荣耀返程(648行)。然而,尼努尔塔散发出的光芒似乎也是这一情节中其他特点的结果,这些特点在与达穆/杜姆兹相关的神话中并不可见,因为它很可能指的是神的"命运簿"(me-lám),即神的权力回归的象征和证明。这一点在《安基姆》中与尼努尔塔相关的部分中可见,在返程途中他和象征其权力的元素均闪烁着光芒;

而在安祖神话中，他似乎在从被击败的阿萨格那里带走了令人畏惧的文明礼仪之光，之后携神力而归（《卢迦勒》，289—293 行）。

在描写阿波罗最后的旅行时，噪音的场景和光芒的画面同时存在。同样，从得洛斯岛到神庙的旅行，从下界到出生地得洛斯岛的旅行，也出现了相同的情况。这些都是神归来获得了神力的证据。在颂歌结尾处，惊愕的女人喧闹嘈杂，得洛斯部分中也出现过相同的情况，这样便形成了主题上的衔接。阿波罗光芒的迸发使岛上的女人震惊不已，不由地惊慌大喊（145—147 行）。阿波罗出生时情况也一样，当他在大地上阔步前行时，众神呼声迭起，惊讶于这位神的卓越（119 行）。

这一颂歌还描写了阿波罗最后旅行的一些其他的特征，这些特征都类似于美索不达米亚神话。但是这里所说的相似之处，不是指具有美索不达米亚的神话特征，而是指两部作品所描写的神殿中用于膜拜的设施是相同的。在德尔菲，阿波罗进入他的神殿，经过两个三足鼎，当时三足鼎上的火焰就炽烈地燃烧了起来（443—444 行）。在这里，三足鼎成了叙述的话题。在这一颂歌中，三足鼎位于神殿入口的两边。亚述神殿门口的两侧也有这些设施。它们在新亚述时代很常见。但是它们在更早的时候就出现了。这一颂歌可能是根据编写时已存在的庙宇形象来描写阿波罗神殿的，没有必要从以往的神话中找素材。因此，这些设施不会出现在英雄式神话中。

皮提亚部分，三次旅行的描写中所表现的思想也类似于美索不达米亚的英雄式神话。在这一部分中，阿波罗是天神英勇的儿子。同样尼努尔塔是苏美尔神的儿子。撰写这一颂歌的诗人用各种各样的画面和思想来表达类似美索不达米亚英雄式神话中神的各种观念。在有关神殿的各种场景中，对阿波罗和尼努尔塔的描述更是相似。阿波罗和尼努尔塔一样进行了三次旅行。阿波罗的三次旅行——这一部分所描写的是首次回到神殿的旅行，与离开神殿两次外部世界旅行的遭遇，以及其他的旅行——与尼努尔塔的旅行惊人的相似，和深受尼努尔塔神话影响的《埃努玛·埃利什》史诗中的马尔杜克的旅行也很相似。

描写所有这些旅行，中心目的之一就是表达获得神力、展现神力的思想。第一次旅行时，阿波罗展示了他作为强大的奥林波斯神的神威，在神殿上，在众神面前展示了他的神力。第二次旅行，证明了他能战胜敌人的强大力量，开始建立他的神示台，展示作为神的权威。第三次旅行，建立德尔菲神示台，收复克里特水手来做他的神职人员。无论是旅行中还是神殿上，阿波罗都展示了强大的神力。在这些旅行中，诗人描绘了各种画面，表达了获得和展示神力的思想。这些画面也会出现在美索不达米亚神话中，并且是出于同样的目的，出现在相似的背景下。

总之，皮提亚部分和美索不达米亚英雄式神话主要有以下几个相似点：

1. 旅行归来，这些旅程均以最高神领导的众神集会神殿为目的地；

2. 年轻的神离开众神集会外出旅行，遭遇各种情况，是典型的英雄故事神话；

3. 从海洋到神殿的最后一次归程；

4. 最高神的英勇之子在众神集会出现的两类场景；

5. 最高神的英勇之子和怪兽之间的搏斗；

6. 同一次旅行中都有溪水从山中流出；

7. 获得神力是所有旅行的目的；

8. 两次归程中，用于展示神力的主题：食物、着衣、噪音、光芒和武器的主题；

9. 旅行结束，年轻的神修建神示台和神殿。

这些相似之处既复杂又具体。同时，就像美索不达米亚神话中尼努尔塔和马尔杜克的故事一样，这两部分也是颂歌的中心部分。和美索不达米亚神话中尼努尔塔的故事一样，这两部分也表达了他们是天神英勇的儿子这一观念。

相对于得洛斯部分来说，皮提亚部分和美索不达米亚神话具有更多的相似点。尽管如此，得洛斯部分也表现出一系列鲜明的相似之处。这两部分和美索不达米亚神话之间的相似点有力地说明：这一颂歌深受美索不达米亚神话的影响。这些相似点充分地说明了这一影响。这两个地域神话之间的相似点数目繁多，复杂而又详细，且发挥重要作用。这两个地域神话表达了相同的本质思想。得洛斯部分中描绘的各种画面也出现在一些美索不达米亚神话中相同的背景下，例如，在伊南娜和达穆/杜姆兹的神话中就出现了类似的画面。同样，皮提亚部分中的一些画面也以同样的方式出现在一些美索不达米亚神话故事中。

本书在很多方面强调了美索不达米亚神话的影响。但是这一影响只体现在诗人对各种概念及表现这些概念的画面的巧妙处理上。实际上，诗人将两个不同的故事素材分成强调不同场景的两个部分：得洛斯部分，阿波罗出生/上界的旅行；皮提亚部分，三次精心安排的旅行。这些像美索不达米亚神话一样，都相应地表达了年轻英勇的神的思想，清晰地展现了诗人的巧妙安排。另一个典型的例子更能说明这一点：诗人通过增加最后一次旅行来完成神追求神力的旅行。这些表明诗人很明白他自己在做什么，以及他对各种情况的掌控。实际上，诗人似乎想说明他通晓美索不达米亚神话中的各种概念和素材。他似乎不仅了解这些素材中的画面及思想，而且能辨认出它们表达了什么样的概念，因此他能以这种方式将它们整合到一起来讲述他自己的阿波罗故事。同时，他对出现在美索不达米亚神话中的素材及其中所蕴含的各种概念理解正确，对各种问题表达得也清楚明白。

这一颂歌简单明了地表达了来源于美索不达米亚素材的思想，文中旁征博引，大量引用典故。这一特征表明诗人撰写这一颂歌所针对的读者完全熟悉对比研究中所揭示的各种概念，完全理解用于表达那些概念的画面的重要性。这一特征还表明这些思想一定为崇敬阿波罗的人所知晓，很可能为众人所知。这是因为撰写颂歌的目的是公开地赞美神。同样，文中所用的素材也不像只有少数人才知道的秘密，相反，这些素材以明白易懂的词汇来解释神的思想。诗人在得洛斯部分使用象征手法，并在这部分结尾中表明：颂歌所有的意义就在于赞美得洛斯（174—175 行）。

只要我们继续在大地上漫游，在繁华的城市间穿梭，我们都会为您赢得美誉。

颂歌和美索不达米亚神话的相似点表明颂歌深受其影响。但是考虑到另外两个相关因素，这一论点似乎就不成立了：这两个地域间是否存在联系？当时是否能找到美索不达米亚素材？

与得洛斯部分相关的美索不达米亚女神及其配偶的素材似乎可追溯到 NA 时代，大约在东方化的时代。相关的作品有 ID、AV、达穆神话 edin-na ú-sag̃-g̃á，可能也包括 TRS 8（= TCL 15）。更准确地说，公元前第一个千年的亚述图书馆中，尚存的 AV 和达穆神话都是 NA 版本的，但是尚存的 ID 和 TRS 8 都是 OB 版本的。但是，如果想理解阿卡德版 AV 中的事件，了解苏美尔神话知识就很必要了。因此我们推断出 ID 中的思想仍为后代人所知。这一作品基本上总结了苏美尔版本中的思想及事件。但是仍有学者指出，这一作品不单单是对前期作品的总结，和以往作品也有不同，并有所突破。① 达穆/杜姆兹神话 edin-na ú-saĝ-ĝá 对这一颂歌得洛斯部分的撰写至关重要。达穆神话中的主要思想似乎都被吸收到这一颂歌中。尽管仅是 OB 版本的 TRS 8 为人们所知，但考虑到达穆神话 edin-na ú-saĝ-ĝá 的存在，我们可以假设其他达穆神话知识，例如 TRS 8 及其所蕴涵的思想在后期仍然存在。现存的美索不达米亚文学作品数量不多，尽管一些文学作品存在大量的文本，但是这些文本却没有很好地体现美索不达米亚文学作品的特征，如关于神圣婚礼的文本和杜姆兹情歌文本都是这种情况。一些其他的作品也不能解释荷马颂歌和美索不达米亚神话的相似之处。《吉尔伽美什史诗》首次出现在古巴比伦泥版上，是一部重要的作品，尤其是在公元前第二个千年的后半部分时的标准巴比伦版本中。这些文本一直保存到阿卡德时代，即公元前第一个千年时的新亚述时代和新巴比伦时代。

和皮提亚部分相关的作品是安祖神话、《卢迦勒》、《埃努玛·埃利什》等，这些作品一直保存到公元前一千纪前新亚述时代，甚至更晚一些。进行比较时，也引用了其他一些不太重要的资料，如《尼努尔塔前往埃利都之旅》和 UET6/1 2 都是苏美尔神话，这些故事现在的副本都是 OB 版的。考虑到公元前一千纪的其他神话，这些神话的重要地位，以及尼努尔塔在新亚述时代被崇拜的事实，似乎在公元前一千纪也为人所知。

如本研究导言所述，众所周知，在公元前 14 世纪—前 13 世纪，希腊与近东，赫梯人地区，叙利亚北部以及该地区之间存在着紧密的贸易联系，因此也存在文化联系。到了公元前 9 世纪后期，这些地区和腓尼基地区之间仍有大量的贸易往来。从公元前 12 世纪到公元前 9 世纪早期，在所谓的黑暗时代，尽管相对来说有所限制，这些地区仍与近东保持着联系。② 在这些时期，美索不达米亚神话的影响就可能已经产生，荷马颂歌中的相似点有力地证明了这一点。

如果影响确实存在，那么这一颂歌实际上代表了公元前 7 世纪希腊地区人们对美索不达米亚重要思想的普遍认识。通过措辞研究来鉴定作品年代似乎不可信。但这两部分的措辞研究表明这首诗是在公元前 7 世纪或稍晚一点问世。根据两部分统一的观点，这一作品可能最晚在东方化时期结束时完成，大约公

---

① Ph. Talon, 'Le mythe de la Descente d'Ištar aux Enfers', *Akkadica* 59(1988)15, 23 – 24.
② 第一章详细讨论了希腊和近东相互往来的时期和程度，相关材料参见 p.6 n.10 和 p.147 n.45。

元前 7 世纪末。有些部分在公元前 7 世纪前就完成了。我曾考虑过公元前 6 世纪末是完成作品的时期，但基于对措辞及诗中其他两部分的研究，这一时期似乎晚了点。① 大约在公元前 750 年至公元前 650 年，当时流行的希腊文学具有明显的东方化特征。这表明当时希腊深受近东影响，那么这首诗似乎是在这一期间或这一时期末完成的。在这一时期，对近东文化的全面开放是显而易见的，以上素材都证明了这一点，这为公元前 7 世纪全面接受美索不达米亚思想提供了一个整体的氛围。因为诗人确实对这两部分的主题及素材有深刻的理解，这一颂歌也体现了美索不达米亚思想。

有关美索不达米亚思想的知识可能早就出现了，即使不是普遍的，至少也存在于一批人身上。即将在后两章讨论的致达穆/杜姆兹和致阿波罗的颂歌显示了这些相似之处，而且尽管它们看似都写于公元前 7 世纪，其中所叙述的故事却都比这个时间古老，可以追溯至荷马和赫西俄德之前的时代。这两位诗人都用到了阿芙洛狄忒和安喀塞斯的故事，这是《荷马颂歌 V》的基础，它展现了和美索不达米亚神话、宗教思想观念中许多相似之处。这一故事涉及了荷马的《伊利亚特》（第 2 卷 819—821 行）和赫西俄德的《神谱》（1008—1010 行），而这些作品似乎都创作于公元前 750 到公元前 700 年间。同样，在《神谱》（912—914 行）中，赫西俄德提到了达穆/杜姆兹颂歌的故事，赫西俄德提到得墨忒耳颂歌里的故事，因为这首颂歌在和美索不达米亚神话的相似程度上与阿波罗颂歌匹配。阿芙洛狄忒和达穆/杜姆兹的故事在荷马和赫西俄德的这些作品中有所涉及，以一种暗示它们已是传统惯例的方式呈现，所以它们极有可能早于这两位值得敬仰的诗人的作品出现。当这首献给阿波罗的颂歌的出现并非早于公元前 7 世纪的情况被证实时，其中所包含的思想观念的呈现方式表明，这些思想的普遍接受情况可能出现在更为古老的年代。在对其他属于荷马史诗传统和属于赫西俄德的古希腊文学作品的相似之处探讨之后，我将对这一点做更加详细的讨论。

这一颂歌和希腊美索不达米亚思想观点中存在的相似之处的讨论结果为这

---

① 关于作品问世时间的一些观点：Janko, op. cit., pp. 132, 195 – 198；West, CQ 25 (1975) 161 ff.；Burkert, 'Kynaithos, Polycrates, and the Homeric Hymn to Apollo', pp. 53 – 62；Karl Förstel, op. cit., pp. 200 – 211。

首颂歌的意义统一提供了另一层面的支持，而这是有关颂歌的另一个存在争议的问题。自18世纪末的茹肯时代以来，已经有许多关于这首颂歌的争论，即是否是一部由两个部分组成的作品，是否是同一时期的两首颂歌结合起来组成的作品，或者一个部分是另一个的扩展。① 对于相似之处的讨论进一步证明了有关这首颂歌的文学和语言学构成的近期研究所得出的结论，它们强调了一位诗人负责我们目前看到的这首颂歌的两个部分的叙述形式。这首颂歌无疑是荷马史诗传统的产物，继承了其源出所具有的口述惯例传统中固有的材料和模式准则。因此，很可能存在一位以上的诗人参与了这首颂歌的创作过程，使这部作品以如今的面貌呈现在世人眼前。

不仅限于当前对于相似之处的讨论，许多特点都支持了这首颂歌结构意义统一的情况。然而，这样的讨论给颂歌的创作提供了新的信息，表明有一位诗人提供颂歌的统一结构似乎是唯一合理的结论。在这首颂歌的两个部分中，诗人显示了自己对存在于美索不达米亚相似部分的材料和概念的同样的完全性理解。他采用这则材料的目的相同，在于展现这位年轻神祇的神力觉醒，这也是这部作品的一个主题。在这两部分中，获得神力的旅行也完全是一致的。同时，作者将这一旅行和主题联系起来，用很多类似的画面来进行描述。例如，在两

---

① 讨论两部分统一性的近期文学作品：支持统一性观点的研究，Niles, op. cit., p. 36 n. 2; W. Appel, 'Ultrum hymnus Homericus ad Apollinem unus sit in duas partes dividendus', *Meander* 40 (1985) 21 – 25, and 'Das Problem der Zerteilung des homerischen Apollonhymnus', *WZ Rostock* 34 (1985) 6 – 8; Andrew M. Miller, 'The Address to the Delian Maidens in the Homeric Hymn to Apollo: Epilogue or Transition?', *TAPhA* 109 (1979) 173 – 186, 和 *From Delos to Delphi*: *A Literary Study of the Homeric Hymn to Apollo*, Mnemosyne Supplementum 93, E. J. Brill, Leiden, 1986, *passim*, especially pp. 111 – 117; Jenny Strauss Clay, *The Politics of Olympos*: *Form and Meaning in the Major Homeric Hymns*, Princeton University Press, Princeton, 1989, pp. 18-19; Cora Angier Sowa, *Traditional Themes and the Homeric Hymns*, Bolchazy-Carducci Publishers, Chicago, 1984, pp. 172 – 193; Matthias Baltes, 'Die Kataloge im homerischen Apollonhymnus', *Philologus* 125 (1989) 25 – 43; Wolfhart Unte, 'Studien zum homerischen Apollonhymnos', doctoral diss., Philosophische Fakultät der Freien Universität Berlin, A. Wasmund – Bothmann/Höpfner, Berlin, 1968, pp. 202 – 210; 一个精彩的主题回顾，Camillo Cessi, 'L'inno omerico ad Apollo', *Atti del Reale Istituto Veneto di Scienze, Lettere ed Arti* 87/2 (1927 – 1928) 865 – 883; Allen, Halliday, and Sikes, op. cit., pp. 183ff.; 认为两部分分离的研究，见 Förstel, op. cit., pp. 272 – 284 (这本书总结了回溯至茹肯时代 (1782) 以来关于这个问题的学术著作，当然，是从作者的角度出发); A. Hoekstra, *The Sub-Epic Stage of the Formulaic Tradition*: *Studies in the Homeric Hymns to Apollo, to Aphrodite and to Demeter*, Verhandelingen der Koninklijke Nederlandse Akademie van Wetenschappen, AFD. Letterkunde, North Holland Publishing Company, Amsterdam and London, 1969, pp. 20, 28; West, CQ 25 (1975) 161 – 170; Joachim Schröder, *Ilias und Apollonhymnos*, Verlag Anton Hain, Meisenheim am Glan, 1975, p. 10; Janko, op. cit., pp. 99ff.; 更早的有 Engelbert Drerup, 'Der homerische Apollonhymnos: eine methodologische Studie', *Mnemosyne* 5 (1937) 81 – 134.

次神殿场景中，阿波罗通过竖琴和弓来展示神力。从主题上来说，这些活动都是属于第二部分的。在这两部分中表现神力的手段是描绘关于衣着、噪音和光芒的画面。这些画面对获得神力的描写至关重要，而且全文都始终如一。

　　颂歌的这两部分和美索不达米亚神话有很多相同点，两部分在本质上也是一致的。皮提亚部分和得洛斯部分以同样的方式来表达和美索不达米亚神话一样的思想。这些思想大多以象征的手段来表达，作者似乎认为读者能理解这些画面及其重要性。除此以外，这两部分的素材是为了探究本原，得洛斯部分中的素材是为了解释阿波罗神示台的建立和得洛斯节日的确立。皮提亚部分中的素材是为了解释德尔菲神示台的建立。每一部分中不同的故事和美索不达米亚素材都有相似之处，这更能说明问题。两个部分需要展现神的整体形象。从美索不达米亚宗教神话中的两个情节来看，两部分共同表达了神的整体思想，因为这两个情节讲述了神确立神威、在宗教中确立地位的故事。整首颂歌所描绘的画面和第29行中的思想不谋而合。第29行讲述了神的崛起，提到了得洛斯，即神开始崛起的地方。为了表达这一思想，文中用了两部分，所有的材料和其中的各种概念都是为描写神崛起服务，以英雄故事的形式来描述神强大的威力，这在第一次神殿场景中就已表现出来，同时以女神及其配偶的神话故事形式，讲述了年轻的儿子四处流浪、母亲勒托四处寻找分娩之地的故事。

　　正如美索不达米亚神话中的两个片段一样，在这里表达神威的复杂思想也需要分成两个部分，或者在两个不同的环境下来描述两个不同的旅行，来解释其中的概念。得洛斯部分里阿波罗出生的神话，皮提亚部分里关于他的两次遭遇的神话，和这些地方联系起时，我们会问这一联系是诗人创造的，还是承继传统的？如果这些神话自古就有，诗人的工作就是重塑它们来适应诗人自己的目的；但是如果是诗人自己创造了这一联系，那么除了宣扬这两个神圣的地方的期望外，一个主要的原因就是：需要用两个不同的背景环境来描写这两次不同的旅行，来展示其中所表达的思想。

　　实际上，颂歌由两个不同情节构成，同样诗人也将颂歌素材分成两部分，这也说明诗人有意在一个颂歌中表达两个系列的概念。但是，在两个部分中这些概念的混合表明这两部分并不是作为一个完整创作的部分组合在一起的，因为在理论上，它们自己可单独作为一个赞美神的颂歌存在。同时，两部分中不谋而合的素材很明显是为了将这两个独立的部分连接起来。阿波罗出生时，宣布拥有的神力就是众多连接手段之一。阿波罗拥有的神力类似于英雄故事中神的力量，同时在女神及其配偶的主题背景下，其神力就更加凸显。这些象征符号将在出生地为获神力的旅行和皮提亚部分中的旅行联系了起来，而且在皮提亚部分中这些符号的重要性就更明显了。得洛斯部分中，神殿是另一个连接手段。很明显它和剩下的得洛斯部分中的旅行没有任何联系，但是它通过和这一场景及皮提亚部分中的英雄故事素材的相似点，将得洛斯部分和皮提亚部分联系在一起。

事实上，这个神殿的安置表明诗人在构建整篇颂歌的结构时，在概念上是非常清晰的。在得洛斯部分的开始设置这个场景，诗人就能在同一篇颂歌中，在描写新神首次到达神殿的情景时，简洁地描绘两类为年轻的英勇神而建造的神殿。这样，诗人便更加有力地提出了整篇颂歌的主题：展示阿波罗作为奥林波斯神殿里主要的神的同时，也展示他的强大和英勇。在这个场景下，阿波罗的权威同时是通过肯定宙斯的至高无上来界定的。在这个场景中，宙斯在神殿上平静地接受了强大的新神。尽管宗教作品的主题是展示英雄的力量，但是在神的世界里，肯定宙斯相对于其他神的至高无上的权威也同样重要。

通过对荷马颂歌和其他作品的仔细研究，科拉·安吉尔·索瓦（Cora Angier Sowa）指出这一颂歌的两部分在文学和语言层面都是相联系的。相似事件的框架，诗节的重复，以及这一颂歌中独特的形式将这两部分紧密联系在一起。① 一些关键的词及其他成分也连接了这两部分。得洛斯部分和皮提亚部分都使用了关于火、光、太阳、发光物的词汇。当然，这些特定词汇的使用是诗人通篇体现神力主题的需要。基于同样的目的，一些其他的词，像权力、荣耀，也是通篇随处可见。索瓦又提出几点关于颂歌主题和内容的论据来证明这两部分分离的观点。但是，鉴于包括这一比较研究所有的证据，这些论据都站不住脚。②

第 177—178 行一直作为得洛斯部分的结束语来引用，也标志着赞美得洛斯阿波罗颂歌的结束。但是，这几行确不能有力地证明这一部分已完全结束。首先，它们不是标准的颂歌结束方式。事实上，这一点很好理解，如果我们能考虑到诗人在这时候不想结束对阿波罗的赞美，而是准备去叙述关于阿波罗更伟

---

① Sowa, op. cit., p. 183.

② Sowa, op. cit., pp. 185 – 186.

大英雄事迹的皮提亚故事:①

但是我不会停止对阿波罗的赞美,

他背着银弓,射术精湛,美发的勒托之子。

在这几行之后,皮提亚故事开始。因此,这几行起着过渡作用,是个逗号,而不是句号。

在效果上,这几行似乎是一个明显的艺术手段,标志着一个话题的结束,但同时也是颂歌的继续。在这一颂歌中,这几行的出现确实说明什么事情已经结束,这和这一颂歌中的相似点在本质上是完全一致的。因为诗人将开始赞美阿波罗完全不同的方面,正如尼努尔塔神话一样,诗人开始颂扬上帝英勇的儿子。这个故事和女神及其配偶神话片段形成鲜明的对比,但是这些神话与得洛斯部分却有相似点。正如卡米洛·切西强调的,在皮提亚部分开始,以下的179—181行是向阿波罗的祈祷,而不是一个序言,因此,这部分不是标志着一个新作品的开始,而是标志着话题的转换。② 其中故事类型的巨大变化也说明了这一点。同样,在《伊利亚特》中荷马在清点海船数目前就向缪斯进行了新的祈祷。赫西俄德在《神谱》的前言中也向缪斯分别进行了三次祈祷。

两部分中不同的地理基础和不同的宗教兴趣也被提出来说明这两部分是两首诗,而不是一个整体。但是,考虑到诗人的目的和诗人在这一颂歌中采用的不同的类型素材,两部分中不同的地理基础和不同的宗教兴趣也是可以理解的。尽管这一对比研究没有证明这一点,但这些也不能说明颂歌的两部分实际上是两首诗,因为诗人仅仅是想赞美阿波罗两个方面的重要性,并不需要两首不同的诗。③ 考虑到那些相同点,不同点出现的原因也就很清楚了。支持将颂歌分割开来的另一个论据是:皮提亚部分支持推断性研究方法论。其实得洛斯部分也支持推断性研究方法论,因为这一部分解释了为什么阿波罗的神示台和神殿建

---

① 见 A. M. Miller, 'The Address to the Delian Maidens in the Homeric Hymn to Apollo: Epilogue or Transition', TAPhA 109 (1979) 173 – 186; 类似的观点,见 Cessi, op. cit., pp. 869, 891; Ann L. T. Bergren, 'Sacred Apostrophe: Re-Presentation and Imitation in the Homeric Hymns', Arethusa 15 (1982) 93 – 94; 也可参考 Sowa, op. cit., p. 173; Förstel, op. cit., p. 162; Alfred Heubeck, 'Gedanken zum homerischen Apollonhymnos', in Festschrift für Konstantinos J. Merentitis, Athens, 1972, pp. 138 – 140. 比较 F. Càssola, Inni omerici, Mondadori, Milan, 1975, p. 97; Janko, op. cit., p. 253。

② Cessi, op. cit., pp. 781 – 783.

③ 参见 Förstel, op. cit., p. 163; Miller, From Delos to Delphi, pp. 112 – 113。

在一个荒芜的、不起眼的小岛上。

在这一颂歌的语言成分方面,一直存在很多争议,也是讨论中最难解决的问题。因为这需要进行大量的语言研究来全面地解决颂歌相似点研究中出现的问题。然而,若考虑到这一作品中存在惯用语的传统本质,这首颂歌的语言结构问题其实和颂歌的统一问题相一致。如果将这一特征和诗人的创作才华考虑在内,这首颂歌中所有明显的不规则性都可以得到解释。但是诗人的艺术创作才华可能是主要原因。

一些人认为这首颂歌的措辞——惯用语、词汇、诗节以及其他语言手段的使用——在颂歌的两个部分中是不同的。然而,正如翁特所说,在语言使用方面,颂歌的每一部分之间并不存在巨大的文体区别。这两部分都将传统的史诗元素和新颖的祈祷文体结合起来。每一部分在长短套话和用词方面与荷马史诗存在相似之处。两部分之间及各部分的组成成分之间并无巨大差别。例如,在这一颂歌中,皮提亚部分中的克里特小节和荷马史诗中的语言相似点最多(388—544行)。但相对来说,与其存在相似点最少的小节也在这一部分,即描写阿波罗为神示台和神殿选址的小节(216行及以下)。与此同时,得洛斯部分中的勒托和得洛斯的对话场景也和荷马史诗存在很多相似之处,但是荷马史诗缺少阿波罗出生之后的场景(120—139行),另外也缺少对得洛斯节日的描述(140—176行)。再有,将这两部分联系起来的是荷马式长套修饰词,最长的词汇出现在阿波罗诞生的场景中(89—119行)及描写堤丰的故事当中(300行及以下)。而同样的,非荷马式语汇同样普遍运用于这一颂歌中。在得洛斯部分中,得洛斯和勒托的对话及皮提亚部分描写阿波罗流浪的小节,大量使用"形容词-名词"单位的语言方式。① 同样,正如索瓦所说,各类语言特征,如词根、词及动词形式的重复,将这两部分区分开来。除此以外,出现在这两部分中的一些词和惯用表达在尚存的荷马作品的语言材料的其他部分无法得到证实。②

有关颂歌的两部分在措辞上存在不同之处的讨论,其中一个论点是颂歌的两部分分属两首不同颂歌,认为得洛斯部分中的思想观点更接近荷马史诗,而

---

① Unte, op. cit., pp. 207–208.
② Sowa, op. cit., pp. 183, 186.

皮提亚部分则与赫西俄德作品所含纳的思想观点相关，如其中的原因论思想。尽管两部分都有自己有关原因论的不同关照，但皮提亚部分中只有某些特点和赫西俄德的观点具有相似之处。比如像索瓦指出的那样，这首颂歌中的皮提亚部分的"特别之处就在于它的民俗词源特征，玩一些文字游戏和一些语音技巧，如头韵及同源词并置等技巧的使用。这一部分和赫西俄德《神谱》的关注点一致"①。然而，这只是皮提亚部分的一个特点。同样，皮提亚部分的一些语段在惯用语及诗节方面和荷马史诗存在很多相似之处（388—544行）。得洛斯部分则恰恰相反，其中第一个描述的阿波罗在奥林波斯众神集会引弓射箭的场景（1—11行）同荷马史诗存在极少的相似之处，而得洛斯部分中描写得洛斯节日的场景及向得洛斯的姑娘们告别的场景（140—176行）亦然。

很多学者已经达成共识②，认为语段之间产生区别，其最大的原因就是每段提出了不同的话题。实际上，相同的惯用语、词汇及诗节出现的频率，在很大程度上是由每一部分每一段的话题所决定的。除此以外，每一节的主题、文体、语气都影响这节的措辞及所采用的语言手段。这里还有一个重要的问题就是：诗中的思想及素材在多大程度上是继承传统的，但是为了讲述这个故事和表达颂歌中的主题，在多大程度上需要诗人的创新和创造能力呢？不管答案是什么，所有的一切都表明整首诗是一个整体，是由一个诗人创作，并且在每一部分我们都能看到诗人创造性的笔触。正如翁特总结的那样："现有证据表明，赞颂阿波罗的颂歌，正是因为它摆在我们面前，没有被删去，因而才能聚合起来看到展现出个人才华的诗篇。"③

两部分的文体确实不同。有时，提及这一特征是为了证明这首诗是两个不同颂歌。④ 得洛斯部分具有抒情诗的特点，但是皮提亚部分在文体上更像史诗。实际上，这也更好地证明了诗人的艺术才能，他的才能在这一颂歌的各个方面都有体现。⑤ 使用不同的文体来更好地表达两部分中不同的话题，这再一次表明诗人意识到了素材的重要性。叙述故事时，文体的选择要适合内容的表达。抒

---

① Sowa, op. cit., p.189.
② Förstel, op. cit., p.47; Unte, op. cit., pp.206ff.; Cessi, op. cit., p.874.
③ Unte, op. cit., p.209.
④ 参见 Förstel, op. cit., pp.272-284。
⑤ Baltes, op. cit., pp.40-41.

情文体用于讲述流浪的母亲四处寻找孩子的出生地,这些漫长的寻找以快乐地描述得洛斯地区爱奥尼亚人的节日结束。史诗文体则非常适合用来描写英雄在神殿上的英勇行为和英雄与皮提亚怪物的军事对抗。这一文体也适用于描述德尔菲神谕的神示台的建立过程。①

有些人将这一作品分为两个颂歌,认为得洛斯部分和皮提亚部分是不同的。基于对文中措辞的评估,他们认为得洛斯部分是公元前7世纪前期完成的,皮提亚部分是在公元前7世纪后期完成的。但只是基于措辞的研究来确定颂歌的创作年代,这一做法明显是不科学的,在考虑颂歌创作时间问题时,我们需要更多的论证。另一种观点认为:皮提亚部分早于得洛斯部分完成,基于措辞研究来确定作品创作年代是不准确的,而且我们的研究结果应该有很多解释,但是这些解释或多或少具有主观特征。② 各个部分之间的区别——不仅是得洛斯部分、皮提亚部分之间,而且也涉及两大部分内各个小部分之间的区别——这个问题取决于很多因素,例如内容、文体、话题、继承的素材、宗教、诗人的艺术操作等等。但是这些因素都很难界定,通过措辞研究确定作品年代及发展惯用语传统的工作很明显是一门艺术,而不是一门科学。似乎在惯用语传统研究方面,我们还需要做大量的工作才能更好地理解现状。首先,对词汇的研究应该与对颂歌的仔细且敏锐的欣赏结合起来,因为艺术作品由那些向各种影响开放的天才诗人组成。③ 因此,对该作品的措辞研究应该和对该作品的赏析结合起来。同时,似乎要求语言研究的方法应该非常容易理解,当将诗人的因素考虑在内时,这些方法也能够解释单个词的使用。

在做总结之前,仍需要提到颂歌相似点研究的另一个方面。当然,这首颂歌继承了荷马史诗的传统,但是由于它是在表演的过程中创作的,因此它必然没有民间口传的特色。④ 事实上,诗人以精妙而复杂的方式表达了深刻的思想,而且精心设置了颂歌中的各个部分来表达这些思想。同时这一作品也有极高的

---

① Cessi, op. cit., pp. 874–875.
② 就相关作品及两部分创作时间的研究表达了两个观点:Janko, op. cit., pp. 99ff., 198; Marchinus van der Valk, 'A Few Observations on the Homeric *Hymn to Apollo*', AC 46 (1977) 441–452; Förstel, op. cit., pp. 282–284; West, CQ 25 (1975) 161-170; Schräder, op. cit., pp. 1, 10。
③ 参考 Miller, *From Delos to Delphi*, pp. 114–115。
④ 参见 Janko 关于口头惯用语文学作品的定义(前引书第18页),以及他关于荷马圣歌口头文本的讨论(前引书第18—41页)。

艺术性，例如，不同的部分采用不同的文体。这些都表明这一颂歌在表演之前是经过深思熟虑预先创作的。因此，不难明白作品创作的许多前期准备其实是对于"阿波罗在其诞生之后淹没得洛斯岛"母题的精妙呈现。这个画面最先在70—76行中提到，在133—135行及139行中被诗人即兴创作并介绍给读者。事实上，和美索不达米亚的神话一样，为了描述获得神力的旅行，阿波罗出生的场景被仔细地构建成一组有序的画面。在相应的不同场景下，诗人将所有的思想和画面进行了准确的定位。通过各种素材，诗人有序而具体地讲述了最高神英勇之子的复杂故事，这些都要求诗人创作时深思熟虑。诗人精心地设置了神殿上的第一个场景，来表达神获得神力的主题，同时这一个场景的设置为描述新神首次来到他父亲神殿的第二个场景提供了副本。再者，这个场景偏离叙述顺序，并被安置在颂歌开头处，这在整首诗创作后期将更有指示意义。

因此，根据美索不达米亚思想研究这一颂歌，在一定程度上，揭示了诗人的创作方法。这一创作方式有利于诗人通过这个故事表达他想要传递的思想。在另一个层面上，也展示了诗人成熟的写作技巧。通过阿波罗颂歌，诗人在很多方面展示了他的才华，他精妙而富有想象力地引用了美索不达米亚的素材，表达了其中的思想，为创作这一颂歌奠定了基础。不管诗人是谁，这部伟大的艺术作品一定给很多诗人以灵感启发，也加深了一些人对阿波罗故事的理解，其中表达的思想使这一颂歌源远流长且意义重大。

第六章　荷马颂歌致得墨忒耳

126　　在荷马的所有作品中,《荷马颂歌致得墨忒耳》以其对主人公深厚的感情占据着不可超越的位置。诗篇主要着墨于母亲得墨忒耳和她的女儿珀耳塞福涅之间的关系。珀耳塞福涅被冥王哈德斯偷偷劫走并强娶为妻。母亲对女儿的爱与奉献使这位女神最终找到了失踪的珀耳塞福涅,并使她每年至少能有一部分时间重返人间。

　　这首颂歌构成了厄琉西斯(Eleusis)神秘仪式的最早例证:并非由于他们那秘密的、不会像这部作品中所揭示出来为世人所流传的仪式;而是由于他们的存在及他们得到的最高奖赏,即那些经历了秘密入会仪式的人们所得到的礼物——神佑的永生。① 如果上古时代的先民相信自己会像荷马其他作品中所描述

127 的哈德斯那样,注定要接受这种永生,那么这种秘密仪式当然会给予他们无限的希望。《奥德赛》中伟大的英雄阿喀琉斯(Achilles)是这样描述哈德斯的,他在地狱中用一番豪言壮语来回应奥德修斯:即使是在人间为人奴役,也好过在阴间做死人的国王(第11卷487—491行)。在第11卷中,死人被看作生活在地狱边缘愁云惨雾中的软弱幽灵,在奥德修斯的祭品周围可怜地尖叫、攒动,并吸食死羊的血。在这些早期希腊作品中没有为后来的俄耳甫斯教提供关于凡人乐园的证明。②

　　这首颂歌与口头流传的史诗有渊源,长达495行,篇幅几乎与《荷马颂歌

---

　　① 本研究仅关注对神话尤其是体现在史诗中的神话的影响,并不注重对于厄琉西斯秘密仪式的论述,以及美索不达米亚可能对此仪式和崇拜所产生的影响。颂歌和秘密仪式礼拜的关系难以确定,此处不予涉及。关于这些问题的研究可参见以下资料:N. J. Richardson, *The Homeric Hymn to Demeter*, Clarendon Press, Oxford, 1974, pp. 12-30; André Cheyns, 'La structure du récit dans l'*Iliade* et l'*Hymn homérique à Déméter*', *Revue belge de philologie et d'histoire* 66 (1988) 33–35; Larry J. Alderink, 'Mythical and Cosmological Structure in the Homerci Hymn to Demeter', *Numen* 29 (1982) 1ff.; Fritz Wehrli, 'Die Mysterien von Eleusis', *Archiv für Religionswissenschaft* 31 (1934) 77ff.; Kevin Clinton, *The Sacred Officials of the Eleusinian Mysteries*, American Philosophical Society, Philadelphia, 1974, and 'The Author of the Homeric *Hymn to Demeter*', *Opuscula Atheniensia* 16 (1986) 43–49。

　　② 关于乐园的各种位置与俄耳甫斯教的信仰,参见 Bruno Zannini Quirini, 'L'aldilà nelle religioni del mondo classico', in Paolo Xella ed., '*Archeologia dell' Inferno*' Essedue Edizioni, Verona, 1987, pp. 282–290。

致阿波罗》一样，并且与现存最长的荷马颂歌《荷马颂歌致赫尔墨斯》相比，也毫不逊色。尽管一般认为这首颂歌完成于公元前7世纪或公元前6世纪，但这个时间仍然备受争议。① 然而，此颂歌涉及的神话显然更为久远，因为赫西俄德的《神谱》中保存有疑似最早的希腊史诗的故事，而人们通常认为《神谱》各诗行的信息是真实可信的。

这首颂歌以其惊人的篇幅及与美索不达米亚神话的相似性而著称。事实上，其众多的母题及潜在的思想不仅与美索不达米亚神话和希腊颂歌非常相似，而且这些母题和思想错综复杂的特征对二者尤为重要。这些母题和思想意义重大，在美索不达米亚一类特定的神话中也能够发现它们的痕迹，即关于女神及其配偶的谱系神话，如描绘了对伊南娜和她的配偶杜姆兹的崇拜，而杜姆兹等同于达穆。② 尤其是关于诸天神之旅的中心思想和与旅途相伴而生的神力的理念二者相似之处甚多，而在拥有类似的潜在理念的母题中也存在惊人的相似。所以事实上，无论是乍看之下还是深入探讨，我们都不可避免地要得出这样一个结论：这首颂歌受到了美索不达米亚神话的影响，而且这个结论是令人信服的。

有学者已经意识到《荷马颂歌致得墨忒耳》的元素与包括美索不达米亚神话材料在内的近东神话特征具有相似性。G. S. 柯克在《希腊神话的本质》(*The Nature of Greek Myths*) 一书中指出，得墨忒耳的消失或者远离奥林波斯山导致了土地干旱和贫瘠的母题，就像是在模仿引起干旱的神伊南娜、杜姆兹和忒勒匹努 (Telepinu)。③ 瓦尔特·伯克特最近也指出得墨忒耳的行为及其后果与近东神话特征之间的相似性。④ 柯克指出干旱母题在希腊的环境中似乎是不合逻辑的，出现在以希腊自然环境为背景的希腊神话中也是不合适的，然而干旱却是美索

---

① Richardson, *Demeter*, pp. 5ff., 11ff.; A. W. James 也做出注释, 'The Homeric Hymn to Demeter, Ed. by N. J. Richardson... [review article]', JHS 96 (1976) 165 – 168; Richard Janko, *Homer, Hesiod and the Hymns: Diachronic Development in Epic Diction*, Cambridge University Press, Cambridge, 1982, p. 183; Walter Burkert, 'The Homeric Hymn to Demeter, Ed. by N. J. Richardson [review article]', Gnomon 49 (1977) 442 – 443; Cheyns, *Revue belge*, 66 (1988) 82。

② 英雄谱系神话的世界已随风而逝。Karl Deichgräber 注意到英雄世界的史诗与荷马史诗战斗功绩中的思想相去甚远，虽然他自然地描述了造成这种状况的不同原因，见 'Eleusinische Frömmigkeit und homerische Vorstellungswelt im Homerischen Demeterhymnus', *Akademie der Wissenschaften und Literatur in Mainz, Geistes-und Sozial-wissenschaftlichen Klasse* 6 (1950) 513 – 514。

③ G. S. Kirk, *The Nature of Greek Myths*, Penguin Books, Harmondsworth, 1974, p. 254.

④ Burkert, *Gnomon* 49 (1977) 443 – 444. 亦可参见 Ioannis Loucas, 'La déesse de la prospérité dans les mythes mésopotamien et égéen de la Descente aux Enfers', RHR 205 (1988) 239 – 240。

不达米亚神话的一个典型母题,因为这一地区偶尔会遭受像洪水和干旱这样的自然灾害。他也谈到珀耳塞福涅一年一度降入阴间与阿多尼斯(Adonis)季节性离开人间前往地狱的相似性。然而就像他所指出的那样,这二者之间的相似性都不够完整或详细,不足以说明相互的影响,因此他把注意力放在其他神祇上,例如阿波罗、阿尔忒弥斯和阿芙洛狄忒。

然而,详细分析献给得墨忒耳的希腊颂歌和关于伊南娜和杜姆兹/达穆的神话,我们就会发现更多耐人寻味的相似性。这些相似性数量巨大、盘根错节、意义深远,不是简单的巧合。它们不单单存在于母题层面,而是寄予了复杂的潜在思想,这些思想暗含了一种相似的对于母题、诸神及其行为的宗教观念的理解。因此,在详细研究这些相似性之前有必要简要介绍一下故事梗概。

故事开始于得墨忒耳和宙斯之女珀耳塞福涅及其他女神在尼萨平原的草地上采花,这是毗邻大洋河位于世界边缘的一个神秘的地方。遵照宙斯的旨意,也为了取悦哈德斯,大地之神创造了美妙绝伦的发出奇异光芒的水仙花来诱惑这个女孩。这株花从根部生长出上百朵花萼,闻起来馥郁芳香,而大地、广阔的天空和海洋都发出欢声笑语。

少女惊奇不已,当她伸出双手要去摘那可爱的植物时,大地裂开了一条宽大的地缝,哈德斯驾着他的四驾战车风驰电掣地出现了。他一把抓住恸哭的悲伤少女,珀耳塞福涅惊声尖叫,只有洞穴里的赫卡忒(Hekate)、赫利俄斯(Helios)和得墨忒耳听到了哭喊。

得墨忒耳匆匆穿越海洋和大地,九天九夜不停地找女儿。第十天的黎明,女神赫卡忒陪伴着她来到洞悉一切的太阳神赫利俄斯跟前,拦住了他的马车。太阳神说出了发生的一切,同时他认为统治着三界之一的哈德斯是科尔(珀耳塞福涅)最适合的丈夫。

愤怒的得墨忒耳离开了奥林波斯山,伪装成一名老妇人,在大地上徘徊了许久。在厄琉西斯的处女泉边,国王克勒乌斯的女儿们遇到了正在休息的女神。得墨忒耳向她们编造了自己被海盗劫持的故事,于是女孩们请她为她们刚出生的弟弟德墨芬做保姆。得墨忒耳在宫中看护着德墨芬,他成长得就像永生之人。得墨忒耳用不死的神肴哺育他,深夜则悄悄地把他像一块烙铁般藏在壁炉的火焰中。然而德墨芬的母亲美塔尼拉渐渐生了疑心,她当场捉住得墨忒耳,号啕大哭。得墨忒耳非常生气，她从炉火中抓起那孩子，把他扔到地上，并预言德墨芬会成为一位国王，但不能永生。此刻女神才现出原形。

得墨忒耳坐在厄琉西斯人为她建造的神庙里，思念着女儿。那一年她给大地带来了严重的饥荒，要是宙斯还没有觉察到这一情况的话，她还将毁灭人类并夺去诸神的供奉。宙斯先派伊里丝到得墨忒耳那里，命令得墨忒耳返回奥林波斯山，然后将其他的永生之神召集起来一同乞求她。然而得墨忒耳坚决不改变她的计划，除非她再次见到自己的女儿。

宙斯派信使赫尔墨斯（Hermes）带着给哈德斯的指示下到黑暗的厄瑞波斯，命令他将珀耳塞福涅释放回光明的人间。哈德斯勉强同意，但他告诉珀耳塞福涅他才是适合她的丈夫，还承诺只要她和他在一起，她将统治所有的生灵并在永生之神中享有最高的荣誉。哈德斯偷偷地给珀耳塞福涅吃了一颗石榴子以确保她会回到他身边。

珀耳塞福涅从地狱回来了，由赫尔墨斯驾着哈德斯的战车穿越海洋和大地来到了厄琉西斯神庙。母女俩相拥在一起。得墨忒耳说如果珀耳塞福涅吃了任何阴间的食物，那么一年中三分之一的时间她必须回到哈德斯的住所，初春时才能返回人间。

宙斯派瑞亚将得墨忒耳带到众神集会，并在永生众神面前承诺，由于得墨忒耳的英明抉择而给她各种奖赏；同时确定了珀耳塞福涅降入地狱再返回人间的永恒命运。得墨忒耳使大地复苏，并将她的神力示教给厄琉西斯人。两位女神从此加入了奥林波斯山永生之神的行列。

这首颂歌与相关的伊南娜和杜姆兹/达穆神话之间的相似性也在各种母题中出现，但是主要的相似之处还在于诸神之旅。这些旅程构成了颂歌和美索不达米亚神话的中心结构，同时也是故事情节建立的基础特征。

到目前为止，被忽略的一个主要的相似之处便是女神之旅的复杂的叙述思维，失去孩子的母亲在大地上徘徊，寻找她被劫持到地狱的女儿。女神发现了孩子的下落，试图救出孩子。这也是苏美尔达穆神话主要部分的叙事基线，我们已经在伊南娜一章中讨论过 edin-na ú-saĝ-ĝá 系列部分。这部从 OB 和 NA 文本中拼接起来的断断续续的作品，是很多关于杜姆兹/达穆以及相关诸神神话文本的汇编，也包括了对所涉及的诸神的不同观念的独立篇章。建立在寻找孩子的悲伤母亲故事之上的是各种各样的特征，如伊南娜为了她失踪的丈夫杜姆兹/达穆而悲伤（1行及以下），降入阴间的神达穆在各地区有不同的化身，达穆在前往地狱的路上与其他死者幽灵会面（202行及以下），母亲为了拯救儿子而准备的食物和酒（233行及以下）。在许多地方都出现了失踪的孩子与其母亲和妹妹的谈话，他的妹妹在一段时期总是帮助母亲寻找他。然而edin-na ú-saǧ-gá故事的基线是母亲绝望地四处游荡，寻找失散的已经降入阴间的孩子，接着试图使他死而复生。达穆到了阴间，他母亲杜图尔到处找他并最终发现他在阴间。她决定随他而去，甚至宣称要到阴间去解救他。① 她采取了几次行动，显然是为了救回她的孩子。最后，妹妹格什提南娜和她的哥哥杜姆兹/达穆一起在地狱里，显然是为ID结尾处被确定的每年一度的轮回更替提供了一些参考（407—409行）。同样能在TRS 8中看到达穆重返人间，然而那仅仅是由于母亲的寻找而实现的，很明显没有其他人的帮助，并且在文中强调了他的回归使植物丰饶。②

粗看之下，希腊颂歌显示出得墨忒耳之旅与杜图尔之旅的相似。母亲绝望地在大地上徘徊，苦苦寻找丢失的孩子，不知道她已经被哈德斯劫走了。没有人能够告诉她孩子的命运。就像那位美索不达米亚女神一样，她无知无助。最终旅途中的一个契机使女神发现了孩子的命运。③ OB讲到杜图尔决定到阴间去，并且真的这样做了。④ 同样，得墨忒耳离开了奥林波斯山和众神集会而到大地上去，在城市间、人群中徘徊，决心解救她的孩子（91—94行）：⑤

> 从那以后，她对乌云密布的克洛诺斯（Kronos）之子心怀不满，
> 她抛弃了众神集会和高高在上的奥林波斯山，
> 前往城市和农耕富饶地区的人们中间，
> 长期伪装自己的外表。

奥林波斯是一个模糊的字眼，也能被用来表示天堂。例如，《荷马颂歌致阿

---

① SK 26. iv.1 – 9. 翻译参见 Thorkild Jacobsen, *The Harps that Once…*: *Sumerian Poetry in Translation*, Yale University Press, New Haven and London, 1987, p.71; OB version, 177 – 180。

② TRS 8 复制版本：CT XV pls 26 – 27,30。挽歌中的部分翻译以及对故事的论述，参见 Thorkild Jacobsen, *The Treasures of Darkness*: *A History of Mesopotamian Religion*, Yale University Press, New Haven and London, 1976, pp.68 – 72。

③ Homeric Hymn to Demeter, 64 – 74.

④ SK 26. iv.1 – 9. Jacobsen, *The Harps that Once…*, p.71; OB version, 177 – 180。

⑤ 得墨忒耳九天的寻找过程似乎被神之世界限制。然而，如果不被限制，她始终不断在大地上徘徊，这点就会涉及放弃思想。

波罗》中有例可证，天神阿波罗从地面前往奥林波斯山然后再下来，清晰地表明他离开了地面而后再返回（186、216行）。尤其在《伊利亚特》中能看出，宙斯被塑造成奥林波斯山或者天堂的神。马丁·尼尔森指出在《伊利亚特》中"奥林波斯山和天堂似乎等同"；与此相一致的是，希腊的天神被称作"奥林波斯人"和"天堂里的人"，或者"天堂之神"。① 《奥德赛》中奥林波斯山指的是 οὐρανός，意思是天空（第20卷103行）。如果此处奥林波斯山指的是天堂而与地面相分离——实际正是如此——那么就隐含了下降的意思，而这也构成了与OB中达穆母亲下降的相似点，神话正是在这一点宣称这位母亲打算前往阴间救回孩子。当然，不同之处就是得墨忒耳的下降是从天堂到人间，而达穆的母亲是从人间到阴间。② 然而，旅途中同一处的相似思维有一个显著的比照。确实，如同理查森指出，在其他有关希腊故事的文献中，"有一个版本中可以找到线索，证明得墨忒耳为了解救孩子自己下往阴间"。③ 此版本中得墨忒耳从厄琉西斯人欧部琉斯处得到了一个启示。类似于OB版本的edin-na ú-saĝ-ĝá中身为母亲的女神的下降。④ 然而，颂歌中得墨忒耳并没有到地狱去。事实上，就如现存的文本一样，身为母亲的美索不达米亚女神也从未到过阴间，而是另一个人物前往地狱救回了孩子。⑤ 同样，在希腊史诗中也是另外一位神下到冥界拯救孩子。⑥ 母亲曲折的寻找过程是复杂的相似性的第一部分。其他的相似性为女神发现孩子到了地狱及解救的过程。经过九天的寻找之后，史诗中第一个场景就是得墨忒耳从赫利俄斯那里知道她的孩子正在地狱（74—87行）。在厄琉西斯部分的结尾，母亲得知了这个消息后试图去救回她的孩子（301行及以下）。

关于丢失的孩子和寻找孩子的母亲的相似性的异议，首先就在于孩子的性

---

① Martin P. Nilsson, *The Mycenaean Origin of Greek Mythology*, Sather Classical Lectures 8, University of California Press, Berkeley, 1932, pp. 228 – 230.

② 在《伊南娜下冥府》1—5行中，地上世界指的是天堂和人间，女神离开伟大天界去往广阔的地界；她离开了天堂和苏美尔大地而去往地下世界。

③ Richardson, *Demeter*, p. 84.

④ Bendt Alster, 'Edin-na ú-saĝ-ĝá: Reconstruction, History, and Interpretation of a Sumerian Cultic Lament', in Karl Hecker and Walter Sommerfeld, eds, *Keilschriftliche Literaturen. Ausgewählte Vorträge der XXXII. Rencontre Assyriologique Internationale*, Münster, 8. – 12.7.1985, Dietrich Reimer Verlag, Berlin, 1986, p. 26.

⑤ 妹妹格什提南娜：SK 27. v. 7 – 16。翻译，参见 Jacobsen, *The Harps that Once...*, pp. 83-84；OB version, 366 – 374。

⑥ Hermes: lines 334 – 346, 377 – 385.

别，因为达穆是男性，而珀耳塞福涅是女性。然而，美索不达米亚神话的一部分也提及妹妹格什提南娜到了地狱，她也和达穆一样每年都在阴间和人间轮回。这种女性轮回的观念在珀耳塞福涅的传说中体现出来。此外，女神轮回的观念同样能在 ID 和 AV 中发现，其中存在大量的与珀耳塞福涅轮回旅程的其他特征的相似之处。另外，厄琉西斯人祭仪的特征似乎也证明了女神及对女神关注的重要性，相反男性天神似乎扮演着次要的角色。然而，在其他祭仪的佐证中也能看到将年轻男子包括在内的情况，例如以 κοῦρος 的形式，通常指普路托斯。一个无名的男孩，可能就是普路托斯，他似乎也是女神所生，是秘仪遗失的一部分。① 另外，母亲、姐妹和男孩的三人组合——与杜图尔、格什提南娜和达穆的组合相似——此情景在希腊的陶器上被体现出来，那是得墨忒耳、珀耳塞福涅和一个男孩子，他可能是因丰饶而复生的孩子普路托斯。② 史诗的结尾指出这个三人组合，提及普路托斯与两位女神有关：她们把普路托斯和财富送到她们喜欢的男子家里（488—489 行）。③

得墨忒耳遇到赫卡忒与赫利俄斯的同时也发现了珀耳塞福涅的下落，这是模仿美索不达米亚神话中寻求太阳神帮助的典型。需要帮助的神在太阳神从阴间出现时接近他。④ 此神话中，在第十天的黎明，当赫利俄斯从阴间上来时，两位女神拦住了他（51—61 行）。赫卡忒在这一场景中的出现或许反映了她在赫西俄德的《神谱》中所体现出的重要的调停作用⑤，也与 OB 版本中妹妹的角色有某种程度的相似，她帮助女神母亲寻找了丢失的孩子。⑥

应当考虑的一个重要的方面是希腊和美索不达米亚的信徒都把土地肥沃作为他们关注的基本点。得墨忒耳是掌管谷物的女神，她是保证人间食物充足、

---

① R. Seaford, ed., *Euripides Cyclops*, Clarendon Press, Oxford, 1984, pp. 42 – 43; Richardson, *Demeter*, pp. 26 – 27; Michael H. Jameson, 'The Homeric Hymn to Demeter', *Athenaeum* 54 (1976) 444; Martin P. Nilsson, 'Die eleusinischen Gottheiten', *Archiv für Religionswissenschaft* 32 (1935) 97 – 101.

② Richardson, *Demeter*, p. 317; 关于 κοῦρος Ploutos 和 Dionysos，见 ibid., pp. 26 – 28, 231, 316ff。参照 William D. Furley, *Studies in the Use of Fire in Ancient Greek Religion*, Ayer, New Hampshire, 1981, pp. 82ff.; Ugo Bianchi, *The Greek Mysteries*, E. J. Brill, Leiden, 1976, pp. 22 – 23 and plate 27; Nilsson, 'Die eleusinischen Gottheiten', p. 81.

③ 史诗中可能还存在另一组——瑞亚、赫卡忒和赫利俄斯（诗行 56—62, 74—75），参见 Cora Angier Sowa, *Traditional Themes and the Homeric Hymns*, Bolchazy-Carducci Publishers, Chicago, 1984, p. 314。

④ R. Caplice, 'É. NUN in Mesopotamian Literature', Or 42 (1973) 303 n. 20.

⑤ Jenny Strauss Clay, 'The Hecate of the Theogony', GRBS 25 (1984) 35ff.

⑥ Jenny Strauss Clay, *The Politics of Olympus*, Princeton University Press, Princeton, 1989, p. 218.

人口繁多的重要因素，其特性与普路托斯在史诗结尾处所表达的相同。① 珀耳塞福涅重返人间使得大地富饶（302 行及以下，331—333、450—456、470—473 行）。农业，尤其是谷物的生产，在各种故事版本中都非常重要。例如，在古典时期流行于雅典的版本中，特里普托勒摩斯就从得墨忒耳那里得到了作为礼物的谷物及农业知识。后期的史诗诗人帕尼亚西斯（Panyassis）也间接提到这种情况，厄琉西斯之子特里普托勒摩斯取代了国王克勒乌斯。② 与荷马颂歌中珀耳塞福涅在神意安排下每年初春回归人间相仿（401—403 行），TRS 8 中达穆从阴间重返人间使得蔬果丰产，并且他的回归也是城市繁荣的必要条件。③ 在第五首颂歌中公共礼拜仪式以对达穆的哀悼开始，表达了害怕他不再回来的恐惧，其可怕的后果是再无丰富的水源，农业不再丰收及随之而来的贫瘠。最终经过母亲的苦苦寻觅，达穆回来了，并带来了赠予这片土地和城邦的食物和繁荣。他回来时也带来了汩汩的水流，从而确保了城邦农业的丰产。在 TRS8 的第九首颂歌中，乌尔城第三王朝的第一位国王乌尔纳姆以及随后的统治者，在祭祀仪式中扮演了达穆的角色，沿着河面向城邦航行。④ 达穆出现的另一种形式是"从河水中现身"。⑤ 当然，在广泛的祭祀杜姆兹和伊南娜/伊什塔尔的仪式中，也关注人类和动物的繁衍，这在 AV87—90 中体现得尤其明显，但达穆的作用似乎仅仅局限于植物的丰饶，至少在这些神话中如此。在希腊众神中阿芙洛狄忒掌管着人类和动物的富饶，这在《荷马颂歌 V》（1—6 行）中有例为证。长久以来人们普遍持有这样的观点，阿芙洛狄忒与同样伟大的美索不达米亚女神们出身相同，此处将她与得墨忒耳和珀耳塞福涅放在一起讨论。⑥ 然而，重点是厄琉西斯

---

① Nilsson, 'Die eleusinischen Gottheiten', pp. 101 – 108.

② Richardson, *Demeter*, pp. 75 – 76.

③ TCL XV 8 的最后一个残篇的诗行。参见 Jacobsen, *Treasures of Darkness*, p. 72。年轻的神可能于春天或是新年重返人间，使得生命复苏、土地肥沃、城市繁荣：Hartmut Schmökel, *Sumer et la civilisation sumérienne*, Payot, Paris, 1964, pp. 130ff.

④ 伊南娜和苏美尔的国王，在神圣婚礼中扮演了杜姆兹的角色：S. N. Kramer, *The Sumerians*, University of Chicago Press, Chicago, 1963, pp. 45, 140 – 141; W. Heimpel, 'The Nanshe Hymn', JCS 33 (1981) 104; Henri Frankfort, *Kingship and the Gods*, University of Chicago Press, Chicago, 1948, pp. 224, 295 – 299。

⑤ 参见 Jacobsen, *The Treasures of Darkness*, pp. 69ff.；另可见 Helmer Ringgren, *Religions of the Ancient Near East*, SPCK, London, 1973, p. 13.

⑥ 例如，Walter Burkert, *Greek Religion*, Harvard University Press, Cambridge (Mass.), 1985, pp. 152 – 153; Kirk, *The Nature of Greek Myths*, pp. 113, 258。关于深入论述，见以下第七章，阿芙洛狄忒。

仪式和达穆仪式关注的都是丰产。

珀耳塞福涅的地狱之旅和她返回人间的故事兼有 ID 和 AV 及达穆礼拜仪式的主要特征。然而，结合得墨忒耳的作用及珀耳塞福涅不愿下界掌管阴间等其他因素，珀耳塞福涅的角色与遗失的孩子达穆相仿；而她下降的许多特征又与 ID 和 AV 中伊南娜/伊什塔尔的下降相似，却与达穆不同。这些特征如：对旅途的关注伴随着女神获得地狱和人间权力，包括统治阴间的母题（ID165—166 行）；得到从众神集会来到阴间的人物的帮助，重返人间（ID245 行及以下，AV92 行及以下）；在从地狱回来之前吃了食物的母题（ID280 行）；旅途的结果是开始了永久的周而复始的下降和回归的母题（ID407—410 行，AV126—138 行）。

对于女神在旅途中获得神权的关注在这篇颂歌里很重要，而且这种在旅途过程或作为旅途的结果而获得权力的思想，形成了与美索不达米亚神话思想的一个主要相似点，尤其是像在 ID 和 AV 中描绘的那样。颂歌的一个主要目的当然是赞扬众女神，并且在颂歌中也可能提到女神的权力；但是对相似性和影响力的调查来说有一点很重要，就是那种权力是直接作为旅途的结果并通过涉及其中的行为而获得的。另外，有一点尤其重要，就珀耳塞福涅来说，她的权力的本质和范围与 ID 中伊南娜的权力完全相同，并且恰恰是在旅途的同一地点以同样的方式获得的。事实上，得墨忒耳和珀耳塞福涅都是在其旅途中得到权力的。作为其旅途中各种行为的结果，得墨忒耳被授予在奥林波斯山众神之中生活的权力和特权（460—462 行），她又返回到了奥林波斯山。① 在珀耳塞福涅的故事里，她得到了作为阴间王后而统治阴间及统治人间生灵的权力（360—369 行）。同样的，伊南娜下界到地狱的目的就是获取那里的权力，同时，她似乎也想获得管辖人间的权力，如同至上神恩利尔对伊南娜的侍从所说的那样（190—192 行）：

狂怒的父亲恩利尔回答宁舒布尔道：
"我的女儿渴望伟大的天堂以及天堂下广阔的一切。"

然而获取权力并非珀耳塞福涅的目的，她是被迫下界的，这是颂歌作者的

---

① Jean Rudhardt 也在他的文章中指出在 τιμαί 中他们获得的，'A propos de l'hymne homérique à Déméter', MH 35 (1978) 7ff. 众女神提升她们的神力，亦可见 Alderink, *Numen* 29 (1982) 6–9。珀耳塞福涅的神力，见 Cheyns, *Revue belge* 66 (1988) 65。

明确目的。两位统治者地位的确立也属于旅途的影响。然而,阴间的统治权是美索不达米亚神话《涅伽尔和埃列什吉伽尔》(Nergal and Ereshkigal)的争论点,也是 ID 中伊南娜之旅的一个特征。ID 中伊南娜坐在埃列什吉伽尔的王座上,这个行为显露了她篡夺王位的企图(165—166 行)。① 她的企图是"最初失败"结构的一部分,这是许多美索不达米亚旅途神话的一个重要特征(并且无论如何,王座已经属于身为众神中阴间女王埃列什吉伽尔)。尽管她没能获得统治权,但她的确得到了掌管阴间的权力,这权力是她通过下界再重生的方式获得的,正如此处珀耳塞福涅得到的权力一样。伊南娜通过重返人间的方式掌管了一定的阴间权力,甚至可能掌管人间。因此,她战胜了阴间的主要力量,这力量控制了所有下界到阴间去的人。当帮助她的人来到她身边,带来了地上世界诸神的援助,从而扭转了她的败局之后,她胜利了(ID 254 行及以下)。类似的特征在希腊神话中反复出现,如哈德斯给予珀耳塞福涅掌管阴间的权力,以及只有在她得到了这种权力重回人间之后才能掌管人间的权力——这一切发生在援助者赫尔墨斯从地上世界的众神集会来帮助她之后,扭转了她最初受制于哈德斯及被诱捕到阴间的局面(360—369 行)。鉴于此,哈德斯赋予她权力。作为获得重回人间权力的结果,女神也像伊南娜那样得到了她的神力。

珀耳塞福涅拥有掌管生死的权力。有例为证:她把阿尔克斯提斯(Alkestis)送回人间,以及在品达的残篇 133 中她让死者重获生命。② 在 AV 的结尾处,可以看到这种与伊什塔尔和杜姆兹有关的从阴间死而复生的例子,亡灵随着杜姆

---

① 参见 O. R. Gurney, 'The Sultantepe Tablets: The Myth of Nergal and Ereshkigal', AnSt 10 (1960) 105 – 131;以及较近期:Manfred Hutter, *Altorientalische Vorstellungen von der Unterwelt. Literar-und religionsgeschichtliche Überlegungen zu*《*Nergal und Ereškigal*》, Orbis Biblicus et Orientalis 63, Universitätsverlag, Freiburg, 1985, pp. 1ff。关于女王地位, S. N. Kramer 建议,考虑到恩利尔的话(190 行及以下),伊南娜可能正准备使自己成为地下世界的女王:'Revised Edition of "Inanna's Descent to the Netherworld"', JCS 5 (1951) 16;比照 William R. Sladek, 'Inanna's Descent to the Netherworld', Ph. D. diss, University Microfilms, Ann Arbor, 1974, p. 21。

② B. Snell and H. Maehler, eds, *Pindari Carmina cum Fragmentis*, Part 1, B. G. Teubner, Leipzig, 1975, p. 111. 关于阿尔克斯提斯(Alkestis), 参见 Euripides' *Alkestis*, 以及 ApollodorusI. 105 – 106, II. 129。另见, C. Sourvinou-Inwood, 'The Boston Relief of Locri Epizephyrii', JHS 98 (1978) 136, 她也涉及了珀耳塞福涅将众魂灵释放到地上光明世界。

兹一起演绎着某种死而复生的本质（136—138 行）：①

> 当杜姆兹重生时，
>
> 当天青石长笛和玛瑙戒指随他一起复活时，
>
> 当男男女女的送葬者与他一起返生时，
>
> 那时，让亡灵走上来闻一闻馨香。

颂歌与 ID 的另外一个相似之处就是珀耳塞福涅的旅程是以从此永久的一年一度死而复生的丰产轮回为结果（398—400、463—465 行），这与 ID 中（407—409 行）格什提南娜和杜姆兹的情况类似。尽管在 edin-na ú-saḡ-ḡá 的结尾处似乎也提到了这种交替的思想，但文中却没有涉及轮回的缘由。② 这首颂歌也体现了与 ID 中清晰表述的相似母题，即一年的分割——尽管在这里是三分法，而不是像在杜姆兹和格什提南娜例子中的一年两分。然而较早的希腊分割法似乎也曾是两分法，因此珀耳塞福涅一年中在阴间住四个月就可能体现了从一年两分到一年三分的变化。三分法也可能是三界宇宙观的反映，即哈德斯分管三分之一世界所涉及的母题。③ 与杜姆兹和格什提南娜轮流在地狱待半年的交替结构不同，珀耳塞福涅独自完成下界和回归。她每年的旅途都以大地的丰产为结果，这与达穆之旅类似。珀耳塞福涅滞留在阴间使得地上土地贫瘠、万物衰败；同样，在 TRS 8 开篇，达穆的母亲害怕儿子回不来，从而导致人间不再富饶和繁荣。这当然是达穆神话中神力之旅的应用，通过一年一度的下界和回归，他拥有了力量，充分发挥了他为地面上的居民带来丰产和繁荣的作用。尽管珀耳塞福涅每年的返回与春天万物复苏相一致，但颂歌中却没有强调她由于永久的轮回而获得每年带来丰产和繁荣的力量这一方面。正如在 ID 和 AV 中所显示的，颂歌重点是确立了珀耳塞福涅在阴间和人间的权力。在达穆神话中可以看到，女神们把带来富裕的普路托斯送到人类那里（488—489 行），带来繁荣似乎是年

---

① 诗行 480—482 隐含了在入会时即信仰着死后生命依然受祝佑，这种观点也在品达 Ol. 2. 53ff. 中有所表现，与厄琉西斯联系起来，即他提到的普路托斯和永生。比照，T. W. Allen, W. R. Halliday and E. E. Sikes, *The Homeric Hymns*, 2nd edition, Oxford University Press, Amsterdam, 1963, p. 180。Richardson, *Demeter*, p. 318. 在 AV 中关于死而复生的一个解释，另见 Ph. Talon, 'Le mythe de la Descente d'Ištar aux Enfers', *Akkadica* 59（1988）23 - 24, 他指出这也许与 *kispum* 礼拜仪式有关。

② SK 27. v. 7 - 16. 翻译参见 Jacobsen, *The Harps that Once...*, pp. 83 - 84：OB version, 366 - 374。

③ Richardson, *Demeter*, p. 284. 比照 Allen, Halliday and Sikes, *Homeric Hymns*, p. 375。另见 Sowa, *Traditional Themes*, pp. 312 - 313。

轻男子普路托斯的作用而非珀耳塞福涅的职权，这在颂歌结尾处表现出来。

在众女神的神话中，诸神伟大的阴间咒语似乎起着一定的有关夺取生命的作用。在德墨芬的插叙里，得墨忒耳发出了阴间咒语——冥河之咒，这是诸神中最高的咒语，当她愤怒地宣称将使德墨芬获得永生时发出了这样的诅咒（259—261 行）：

> 我以诸神的诅咒与无情的冥河水发誓，
> 我将使你亲爱的儿子永生不老
> 并赋予他不朽的荣耀。

在《荷马颂歌致阿波罗》中，勒托在得洛斯岛女神的吩咐下，在类似的情况下——她的孩子阿波罗出生之前——也发出了伟大的誓言（83—86 行）：

> 然后勒托发出了众神的伟大誓言：
> "我以大地和大地之上广阔的天空，
> 以及流淌的冥河水发誓，这是
> 被庇佑的诸神最伟大也最可怕的诅咒，
> 这里无疑将一直存在芬芳的福玻斯祭坛
> 和一片祭祀区，并且他回报于你的将高于其他诸神。"

在美索不达米亚神话中相似的情况下也出现了阴间咒语：阴间女王埃列什吉伽尔在伊南娜复活——死而复生、重返人间——之前发誓道（ID271 行）：

> 他们让她发誓（以天堂和地狱的名义）

厄琉西斯章节中出现的另一个母题就是女神蓄意的谎言。得墨忒耳称女孩们应该知道她的身份和旅程的真相，然后她面不改色地撒谎说她出身于克里特岛（120 行及以下）。① 在 ID 中也同样出现欺骗，伊南娜也为自己出现在地狱之门提供了一个假理由（78—89 行）。另一个女神撒谎的希腊例子是《荷马颂歌致阿芙洛狄忒》中阿芙洛狄忒对安喀塞斯的谎言（107—142 行）。

珀耳塞福涅被哈德斯劫持时的响亮尖叫与格什提南娜的大声尖叫相似。在相同的情境下，当年轻人被地狱来的一个或几个人带走时，他们也发出尖叫。珀耳塞福涅异常响亮的尖叫在颂歌中是一个独有的特征：只要她还在地面上，

---

① 另一个克里特传说见于 *Odyssey* 132.53ff.，这里提到奥德修斯正企图欺骗雅典娜。克里特兴许是编造虚假故事的一个惯用的地点：Richardson, *Demeter*, p.188。

群山和大海深处就回荡着她不朽的哭喊（38—39 行）。这与《杜姆兹的梦》（*Dumuzi's Dream*）中格什提南娜回响在大地上异常响亮的尖叫相似，文中讲到当伊南娜下界到阴间并重返人间、完成了作为"伊南娜下冥府"主题的旅程时，杜姆兹降入地狱代替这位女神。在《杜姆兹的梦》中，哭喊与这位年轻男子降入地狱有关：杜姆兹在格什提南娜的"神盖"下面避难却被从地狱追赶而来的伽鲁恶魔抓住时，格什提南娜大叫起来，认为他死了，并且很可能被带到地狱去了：

> 格什提南娜的哭声直冲云霄，
>
> 直逼地下世界；
>
> 凄惨的尖叫像一块布覆盖在苍穹之下，
>
> 如同一块亚麻布蒙在上面。①

于是就有了由孩子的死亡或消失到了地狱而生的响彻宇宙的叫声，并且这似乎是此文本中的一个特征。应当注意珀耳塞福涅与格什提南娜都是作为女孩下界到地狱，因此以同一种方式发出尖叫与人物性别是相应的。在荷马颂歌的例子中，珀耳塞福涅发出尖叫，这符合她作为母亲女神的孩子独自降入阴间的特征。因此同样的思想构成这种错综复杂的相似性的基础，并被严格用于相同的情境中。

美索不达米亚神话中旅行的一个重要元素就是开始的挫折。在这一惯例中，神在开始时总是难以顺利实现自己的目标或者须经历一番磨难方能实现。此处将探讨美索不达米亚神话中两种普遍的受挫模式。在 ID 和 AV 神话中，女神失败并遭到杀害。救助者从众神集会降入阴间，给女神带来了生命之水和食物，使她复活并回到地上世界（ID254 行及以下，AV91 行及以下）。这一形式在尼努尔塔神话中也曾出现。战神尼努尔塔在第一次试图摧毁山脉中的怪物安祖时失败了，他必须接受来自众神集会的建议和鼓励式的帮助，才能在第二次战斗

---

① *Dumuzi's Dream*, 240 – 241; Jacobsen, *The Harps that Once…*, p. 44. 此情节之后，随即发生了为那些死者咏唱哀歌的行为（242—245 行）。比照，同上，p. 44 n. 20。

中战胜对手。① 同样的模式随之在《卢迦勒》中他与怪物阿萨格的搏斗中应验（151—297行）②。另外一种模式在达穆神话中出现，他在开始被送往阴间的路上就遭遇挫折，不得返阳。③ 随后他得到了女神的帮助，女神将他从阴间放出。

荷马颂歌展示了达穆神话初始阶段的挫折，但两种形式的救助者角色都融入了成功解救女神的过程中。与达穆相似的是，珀耳塞福涅开始时被哈德斯带去阴间，她失败了并被困在阴间不能返回地面。而她母亲扮演了达穆神话中救助者的角色。达穆神话中，女神找遍了整个世界，最终发现了自己的孩子，并动身去营救他。美索不达米亚神话中并没有说明达穆获得释放的方法，但是可能涉及了在下界找替身的方式。④ 不管怎样，希腊颂歌把母亲女神作为救助者的角色，并和ID、AV神话中出现的救助者角色融合在一起。救助者从天上的众神集会降临阴间，女神即刻获得释放（ID254—281行，AV93行及以下）。本颂歌中赫尔墨斯扮演了救助者的角色，他从奥林波斯山上的众神集会下降到阴间向哈德斯传达宙斯的命令，要求他放了珀耳塞福涅，结果女神获得力量并返回了阳间（334—369行）。她从厄瑞波斯处飞升，在厄琉西斯和母亲相会，并一起前往奥林波斯山（375行及以下）。在这一方面，荷马颂歌比其他后来发现的版本，如《俄耳甫斯颂歌》第43首第7行，更接近美索不达米亚神话元素。那些版本中，珀耳塞福涅和她的舞伴荷赖（Horae）一样，是被命运女神摩伊拉和美惠三女神卡里忒斯（Charites）带回阳间的，与赫尔墨斯无关。然而，这些神也同样扮演着救助者的角色。

在神话里，科尔（Kore，珀耳塞福涅）吃的食物与伊南娜神话中的生命之食有着同样重要的地位。ID神话中，女神在得到生命之食后复活（280—281行），正如科尔吃了石榴籽马上就复活一样（371—380行）。达穆神话中一个非常有趣的特征就是酒，因为它似乎有使孩子还阳复活的功能。颂歌中，这种东

---

① 安祖神话：泥版Ⅱ.1—149行和泥版Ⅲ.obv.i, 2—12行。安祖神话，参见 W. W. Hallo and W. L. Moran, 'The First Tablet of the SB Recension of the Anzu-Myth', JCS 31 (1979) 65 – 105; E. A. Speiser and A. K. Grayson, in James B. Pritchard, ed. , *Ancient Near Eastern Texts Relating to the Old Testament*, 3rd edition, Princeton University Press, Princeton, 1969, pp. 111ff. ,514ff. 对泥版Ⅲ的补充，参见 H. W. F. Saggs, 'Additions to Anzu', AfO 33 (1986) 1 – 29; 另见 M. E. Vogelzang, *Bin šar dadmē: Edition and Analysis of the Akkadian Anzu Poem*, Styx Publications, Groningen, 1988, 包含除了 Saggs 对泥版Ⅲ的补充之外的所有文本。
② 关于《卢迦勒》，参见 J. J. van Dijk, *Lugal ud me-lám-bi nir-ğál*, E. J. Brill, Leiden, 1983。
③ OB版本。参见 Jacobsen, *The Harps that Once…*, p.76: OB version, 252 – 259。
④ SK 27. v. 15 – 16. 译文参见 Jacobsen, *The Harps that Once…*, pp. 83 – 83: OB version, 373 – 374。

西被称作 κυκεών，是一种在神秘仪式中具有某种作用的饮料。或许，涉及复活的信念或生命的起始都与这种饮料有关。如果是这样的话，那么这一特征的使用也就可以追溯到美索不达米亚的宗教崇拜背景。

在科尔的神话中，食物也是强迫女神回到哈德斯身边的原因，同时也是丰产女神死亡和复活这一永恒循环的原因。在 ID 神话中，阴间神阿努那众神发起永恒的循环，他们反对让女神回到人间并要求她寻找替身（285—289 行）。当然，这一片段不是出自希腊神话，无论如何，希腊神话中阴间没有另一个可以与哈德斯比肩而立的组织。但是，相同的是对女神复活的阻挠①，以及运用石榴籽这一母题来实现神的死亡和复活这一永恒循环。② 替代者降临阴间代替复活神这一母题并未使用，但在 ID 和 AV 的此类背景中都曾出现。此处达穆神话中寻找孩子的母亲女神作为救助者的角色在一定程度上与 ID 和 AV 神话中降入阴间的救助者一样。

献给得墨忒耳的颂歌显示了与伊南娜和杜姆兹/达穆这组神话一致的观点，但有部分主要特征却毫不相同。如宙斯、大地神、哈德斯密谋促成哈德斯和珀耳塞福涅的婚姻，这是整首颂歌开始的原因；大地神创造了水仙花，随后哈德斯驾着他的四驾战车风驰电掣般出现，夺走了女孩；得墨忒耳蓄意制造饥荒，迫使归还她的孩子；得墨忒耳九天九夜在寻找孩子。在厄琉西斯章节中，得墨忒耳和克勒乌斯一家在一起的那段经历、修建庙宇、对德墨芬施法力的行为，在美索不达米亚神话中都找不到对应的素材。

类似的，美索不达米亚的文学作品和故事线索看来与希腊颂歌很不一样，而且还有许多希腊颂歌所没有的特征。诸如在 edin-na ú-sag̃-g̃á 中，达穆去阴间路上遇到鬼怪的一段经历，此情节中母亲准备好的复活之酒及妹妹的下降都是美索不达米亚神话替代结构常用的，但希腊神话却从来不用。另外一些不太重要的特征与希腊颂歌也不一致。除此之外，还有相当多 ID 和 AV 神话中的特征在颂歌中也没有。例如，女神伊南娜/伊什塔尔蓄意去阴间夺取神力，施展计谋达到这一目的；关于阴间的阿努那众神，希腊宗教中也没有与之对应的群体；女神穿衣和脱衣的程序在希腊神话中也没有出现；美索不达米亚的诸神系统及

---

① Rudhardt, MH 35 (1978) 8.
② 石榴籽被分别解释为鲜血和死亡，或者是婚姻和生育的象征符号，参阅 Richardson, *Demeter*, p. 276；比照 Allen, Halliday and Sikes, *Homeric Hymns*, p. 170。

其他特征在希腊神话中也找不到对应。

尽管如此，美索不达米亚神话涉及的关于旅程的基本观点、中心观点及重要的结构性观点都非常巧合。总的来说，这些观点有：

1. ID 和 AV 神话中，女神降入阴间和回归人间伴随着谋取地下世界及人间权力的观点；

2. ID 和 AV 神话中，为解救受难女神并让她还阳所进行的拯救行动；

3. ID 和 AV 神话中降入阴间的结果导致永恒的季节性旅行，此观点似乎在 edin-na ú-saĝ-ǵá 的结尾也有所表述；

4. 失落的母亲寻找降入阴间的孩子，随后试图拯救孩子并最终将其救回的复杂观点；

5. 特别是在解救伊南娜/伊什塔尔的结构性特征中，女神经历初始阶段的失败后，来自众神集会的神作为"救助者"降入阴间，相似的是母亲女神扮演了四处游荡的救助者角色。

以上便是美索不达米亚神话中旅行故事的所有中心结构性特征，它们在希腊颂歌里反复出现，构成故事的基础。另外也有一些其他相似的特征：关注季节性丰产的礼拜仪式，关注死者的命运及人类生活的繁荣。此外还有一些母题不如以上母题影响深远，但是仍然非常重要，例如女神的重大誓言、旅途中女神的蓄意谎言、女神复活前在地下世界及时吃到的食物、尖叫，以及其他观点。

总的来说，希腊神话看起来确实受到了美索不达米亚的影响。希腊和美索不达米亚材料之间的一致性体现了以上所提及的谨慎及精确的标准，而这个标准正表明了讨论中相似点的影响。此处相似性很多，通常既复杂特殊又过于细致；许多都是中心特征用于同一个概念。这些特征也在美索不达米亚一系列相关神话中出现，某些神话属于对伊南娜和杜姆兹/达穆的仪式崇拜，就如希腊仪式把农业丰产当成一个基本的关注点一样。

在此种情况下，必然得出美索不达米亚神话影响了希腊神话的结论，不过我们得出的结论即影响并非来自文本，似乎也是有道理的，毕竟美索不达米亚的文学作品与希腊颂歌及其版本大不相同，因为文学作品与希腊颂歌及其变体是完全不同的。最有可能的是这些故事通过口头传播，而不是通过直接的文字资料传播。除此之外，不是希腊神话重述了那些复杂的文学故事，而是故事中关键的旅行思想展示了仪式崇拜的基本观点。这些希腊颂歌中的旅程思想具备的其他特征与文学作品中的观点和母题保持了一致性，这些观点似乎同时流传。

同样明确的是，即使影响产生，希腊颂歌也不是盲目复制美索不达米亚的神话材料和观点，而是创造性地融合了希腊本土材料与美索不达米亚旅行思想，以此作为叙事基础，同时转译了美索不达米亚的素材使之符合希腊的崇拜体系并且更趋于希腊本土化。① 毫无疑问，在影响过程中也必然涉及大量相关材料的舍弃。

确定影响的确切时期是很困难的，几乎只能凭推测来断定。这还取决于可能受到美索不达米亚影响的时期，此时两个地区有明显的联系，并且那个时期美索不达米亚素材已然存在，假如仪式崇拜的内容不是影响源，那么美索不达米亚素材很有可能成为影响源。

有关美索不达米亚的资料，至今尚存的至少可以追溯到新亚述时期，约为东方化时代，有关作品就是《伊南娜下冥府》、《伊什塔尔下冥府》、达穆神话、edin-na ú-saĝ -ĝá，也许还有 TRS 8（＝TCL 15）。同样相关的作品还有《荷马颂歌致阿波罗》中的得洛斯部分，至少存在于公元前一千纪，这在上一章的结尾部分已经讨论过。在讨论献给得墨忒耳的颂歌时出现的另一部作品为《杜姆兹的梦》。从 edin-na ú-saĝ -ĝá 和其他杜姆兹/达穆神话存在的观点来看，可以假设类似《杜姆兹的梦》的故事及与此相关的思想存在于稍晚的时期。

从迈锡尼时代晚期开始到被称为黑暗时代的一段时期，希腊与赫梯和北叙利亚之间产生了联系。从迈锡尼时代后期开始，通过这些地区与美索不达米亚的影响程度不同，在所谓的"黑暗时代"中虽然影响有限，但仍然可以观察到，

---

① 参阅 Christoph Auffarth, *Der drohende Untergang*: '*Schöpfung*' *in Mythos und Ritual im Alten Orient und in Griechenland am Beispiel der Odyssee und des Ezechiebuches*, Walter de Gruyter, Berlin and New York, 1991, pp. 127, 131。

可以说其中所包含的故事和宗教观念可能从迈锡尼时代开始就影响了希腊。① 通过研究文学作品的相似性所得出的主要结论表明，影响可能产生于清楚明晰的旅行结构和思想形成的时期，它们在颂歌中被反复提及，并与复杂的母题相结合，在它们背后潜在的深奥思想也被有力表述。产生于更早时期即公元前二千纪的观点遭到反对，因为希腊口头传诵的传统很可能发生了变化，从而导致在很长时间之后材料变得模糊。因此，将时间确立为公元前一千纪似乎更有可能，果真如此的话，那时期就相当早了。赫西俄德的《神谱》保留了关于希腊颂歌最早期的证据（912—914 行）。荷马颂歌的产生时代是一个长久争论不休的话题，尽管目前公认产生于公元前 7 世纪或公元前 6 世纪②，但《神谱》却像是写于更早的公元前 8 世纪晚期。③ 因此，如果这一颂歌是受美索不达米亚影响的一个例子，那它就必然是这一时代与近东紧密交流的相当早的传播结果，甚至时间更早，在那个时期二者之间的交流比较少。

颂歌中的各类特征之间缺少逻辑联系，而且事件的发生没有明显动机。鉴于很有可能存在着影响，将颂歌与美索不达米亚神话中关于伊南娜和杜姆兹崇拜的材料对比，就十分有利于解决颂歌中的一些问题。而鉴于相似观点及其出

---

① 希腊和近东地区在时代和范围，以及被提及的主要地方的关系，在该书的绪论中被详细讨论了。Günter Kopcke, *Handel*, Archaeologia Homerica, Kapitel M, Vandenhoeck&Ruprecht, Göttingen, 1990, pp. 90 – 100; M. L. West, ed., *Hesiod Theogony*, Clarendon Press, Oxford, 1966, p.28; P. J. Riis, *Sukas I*, Copenhagen, 1970, pp.127, 161 – 162; Dolores Hegyi, 'Die Griechen und der Alte Orient in 9. bis 6. Jahrhundert v. Chr.', in Hans-Jörg Nissen und Johannes Renger, eds, *Mesopotamien und seine Nachbarn. Politische und Kulturelle Wechselbeziehungen im Alten Vorderasien vom 4. bis 1. Jahrtausend v. Chr.*, 25e Rencontre Assyriologique Internationale (1978 Berlin), Berliner Beiträge zum Vorderen Orient 1, Dietrich Reimer Verlag, Berlin, 1982, pp. 531 – 538; Peter Walcot, *Hesiod and the Near East*, University of Wales Press, Cardiff, 1966, pp. 53 – 54, William Culican, *The First Merchant Venturers*, Thames&Hudson, London, 1966, pp. 90 – 94; John Boardman, *The Greeks Overseas*, Penguin Books, Harmondsworth, 1964, pp. 61 – 69; E. Gjerstad, 'The Stratification at Al-Mina (Syria) and its Chronological Evidence', Acta Archaeologcia 45 (1974) 107 – 123; J. M. Cook, *The Greeks in Ionia and the East*, Thames&Hudson, London, 1965, pp. 64 – 65; Walter Burkert, 'Oriental and Greek Mythology: The Meeting of Parallels', in Jan Bremmer, ed., *Interpretations of Greek Mythology*, Croom Helm, London, 1987, p.13; Jeffery H. Hurwit, *The Art and Culture of Ealy Greece*, 1100 – 480 BC, Cornell University Press, Ithaca and London, 1985, pp.125ff.; Burkert, *Greek Religion*, pp.125ff.; Peter Blome, 'Die dunklen Jahrhunderte – aufgehellt', in Joachim Latacz, ed., *Zweihundert Jahre Homer-Forschung. Rückblick und Ausblick*, B. G. Teubner, Stuttgart and Leipzig, 1991, pp. 45 – 47, 58 – 60.

② Richardson, *Demeter*, pp.5, 11; 参阅 James 的评论, JHS96 (1976) 165 – 168; Richard Janko, *Homer, Hesiod and the Hymns*, Cambridge University Press, 1982, p.183; Burkert, *Gnomon* 49 (1977) 442 – 443。

③ West, op. cit., pp.45 – 46.

现于原文本中的类似表达和用法，对颂歌与美索不达米亚素材的比较，也能帮助辨析关于颂歌阐释的许多方面。

由于诗人不愿意提供众神活动的背景，导致宙斯、大地神和哈德斯密谋绑架珀耳塞福涅（4行及以下）成为这首颂歌中很难理解的一个特征。考虑到受美索不达米亚的影响，那么就容易理解作者为何省略这一背景了。对于读者来说，理解颂歌的主要难题是颂歌中缺少神执行秘密计划的动机，没有解释宙斯采取这一行动的原因。可以说，如果接受引言作为证据，那么宙斯只是答应哈德斯与珀耳塞福涅结婚而已，但是根据后来赫利俄斯的话（77—88行）则暗示出宙斯默许了哈德斯实际上对珀耳塞福涅的绑架。在其他版本中，宙斯带着雷电出面带回雅典娜和众女神，她们正想阻止哈德斯带走那个女孩（珀耳塞福涅）。① 这样看来好像宙斯也难辞其咎。当然，作为父亲和最高天神，宙斯有权放弃他的女儿。然而如果绑架的原因是得墨忒耳反对这桩婚姻，那么只能使得问题复杂化。但颂歌暗含的意思是宙斯没有询问得墨忒耳的意见，也没有征得她的同意。没有给出省略的理由，也没有明确的证据证明她反对这桩婚姻。② 另外，也缺少大地神参与密谋的动机，不清楚它创造水仙花的理由和在这种形式下的准确角色，以及与哈德斯突然出现的联系。这个故事的其他版本对此没有多做解释。

当然，这一密谋实现了其目的，导致了颂歌中随后出现的一系列事件。尽管如此，就像颂歌中展示的那样，留下了更多未解释的问题。然而，也许颂歌展示的只是一个复杂神话的总结，此处只是简单地为了开始叙述。确实，这一部分希腊颂歌与美索不达米亚的材料没有一致之处，正好可以暗示之前存在的希腊神话，是用以介绍随后的基于美索不达米亚旅行观点的故事。如果这个阴谋的突现总结了珀耳塞福涅成为阴间女神的话，那么其实际上暗示了得墨忒耳和珀耳塞福涅的旅行神话是颂歌真正的重要特征，因为阴谋只在颂歌的开始部分出现。这样一个关于阴谋故事的结论和哈德斯绑架一个女孩及其在颂歌中的地位意味着珀耳塞福涅与死亡和复活女神有关。实际上，如果她已经有了这个

---

① Richardson, *Demeter*, pp. 79 – 80；参阅 Fritz Graf, *Eleusis und die orphische Dichtung Athens in vorhellenistischer Zeit*, Walter de Gruyter, Berlin, 1974, pp. 151 – 158。

② Bruce Lincoln,'The Rape of Persephone：A Greek Scenario of Women's Initiation', HThR 72 (1979) 226 – 227，被允许的婚姻中的男性角色。

能力，就可以证明这首颂歌是对美索不达米亚神话的改编。

美索不达米亚神话的一个特征有助于解释这个问题：当得墨忒耳发现女儿的去处之后，她并没有立即采取救援行动（74行及以下、305行及以下）。① 赫利俄斯向得墨忒耳揭发事件真相的那一幕之后紧随的是厄琉西斯章节。得墨忒耳发现女儿被绑架后并没有立刻使土地干旱，以促使孩子复活，颂歌中没有解释为何她在此行动上出现了延迟。一种解释是，厄琉西斯章节可能被移植到一个孩子失踪、母亲追寻并最终找到孩子的基本故事中。② 这种解释得到了美索不达米亚材料的佐证。在美索不达米亚材料中没有任何可以与厄琉西斯部分相提并论的内容，在厄琉西斯章节里，母亲在得知实情后就立即开始了对孩子的救援行动。③ 这使得孩子复活的实际意义与 edin-na ú-saǧ-ǧá 神话是不同的，但是孩子的复活确保了生活在这块土地上的居民的生存，在这一点上，厄琉西斯章节与这则美索不达米亚神话以及 AV 神话都是相同的。尽管在达穆神话中没有"袭击"，但如果孩子不能复活，那么饥荒的威胁也会是一个强烈的主题。

在母题与思想方面，厄琉西斯章节与美索不达米亚材料没有一致之处，仪式崇拜中小男孩的人物形象也不可能是涉及德墨芬的原因。在颂歌后部分出现（488—489行）的关于被崇拜的小男孩与他的母亲和姐姐三位一体的观点，与达穆神话中三位一体的观点，以及其他美索不达米亚神话中关于崇拜返回的孩子的观点一致——也可能与德墨芬神话有一些关联，但即便是有关联，也不会在厄琉西斯章节中出现。颂歌中这段经历的描写很明显是吸收了丑陋老太婆的故事，或者伴随着得墨忒耳一起出场的老女巫的故事。但随之而来的问题是，这段材料从何而来。因为这个事件和伊南娜和杜姆兹/达穆神话不一致，和其他任何神话也不一致。普鲁塔克的作品《伊西斯和奥西里斯》中提及在比布鲁斯，埃及生育女神伊西斯寻找死去的奥西里斯的故事。考虑到这个故事与颂歌中的

---

① Richardson, *Demeter*, p. 260. 对照 Clay 的观点：*The Politics of Olympus*, pp. 225ff。

② Lincoln, HThR 72 (1979), 231; Clay, *The Politics of Olympus*, p. 223, 尽管 Clay 在 226 页否定了这一点；参阅 Nancy Felson Rubin and Harriet M. Deal, 'Some Functions of the Demophoon Episode in the Homeric Hymn to Demeter', QUCC 34 (1980) 7-8。在史诗中，关于德墨芬的角色以及与珀耳塞福涅的联系，参阅 Robert Parker, 'The *Hymn to Demeter* and the Homeric Hymns', G&R 38 (1991) 11。

③ Clay, The *Politics of Olympus*, pp. 225-226. Clay 在此处采用了德墨芬情节中的事件是针对孩子痊愈的观点。如果这种观点成立的话，它可被视为是对诗歌的整体恢复的一种尝试。然而，这本书仍然看起来像基本故事情节的一个附加部分。

许多一致之处，有学者曾经把这个故事作为厄琉西斯事件的渊源。然而，反面的例证也很明显：《伊西斯和奥西里斯》故事中的相似之处，在很久之后的希腊作品中也有表现，这个埃及/腓尼基的故事是受《荷马颂歌致得墨忒耳》影响而产生的。关于这段材料与颂歌一致的最早证据晚于普鲁塔克生活的年代，即公元2世纪。尽管普鲁塔克在自己的作品中尤其关注伊西斯和得墨忒耳，认为二者之间是相同的，但是关于伊西斯寻找奥西里斯的故事并不是他自己的创作，他并不是最早使用此故事的作者。他只是从一本希腊文化来源的书中发现了这个故事，从这本书中，他还发现了许多关于伊西斯崇拜和神话的材料。①

我们可以清楚地看到，埃及神话的比布鲁斯情节，其灵感来自荷马颂歌中得墨忒耳对爱女的追寻及其在厄琉西斯的行动。埃及神话是由普鲁塔克讲述的356A—357B。奥西里斯被堤丰及其同谋欺骗而死去，随后，女神伊西斯动身去寻找她死去的丈夫。她听说奥西里斯的棺木被深埋在比布鲁斯的海底——那里似乎早在公元前7世纪到公元前6世纪就已经有对伊西斯的崇拜，尽管有证据表明对奥西里斯的崇拜更早。棺木被停靠在一棵树旁，这棵树迅速生长，树桩把棺木紧紧围了起来。比布鲁斯的国王喜欢这棵树，将它砍掉并运回宫中做柱子。伊西斯听到这些，就来到了比布鲁斯。她坐在一口泉水附近，垂头丧气，泪流满面，就像得墨忒耳刚到厄琉西斯时坐在处女泉旁为女儿伤心一样（98—99行）。比布鲁斯王后的女仆和她谈话后，王后就让她去做年幼王子的乳母。当然，此处与得墨忒耳在国王克勒乌斯的宫殿遇见年轻的公主们很相似，她们随即把她带到王后那里，让她当小王子德墨芬的乳母（105—110、141—142、164—165行）。关于女神的芳香也有所表现：得墨忒耳把她芳香的气息喷向德墨芬（第238行），而伊西斯把芳香的气息喷向王后年轻的女仆。和得墨忒耳一样（第236行），伊西斯没有为孩子哺乳，两个人都用火烧孩子（239行）。在关于希腊海神忒提斯的神话中，类似的形势下也出现了火，忒提斯试图用火焰使阿喀琉斯永生（阿波罗尼奥斯·罗迪乌斯 4.865—879）。当王后看见伊西斯用火烧孩子后，她尖叫一声，剥夺了孩子的永生之身。颂歌中的一系列事件有明确的原型（242—262行）。就像得墨忒耳自曝真相那样（275—276行），伊西斯也揭

---

① J. Gwyn Griffiths, *Plutarch's De Iside et Osiride*, University of Wales Press, Cardiff, 1970, pp. 54, 320 – 321 and *passim*; Jean Hani, *La religion égyptienne dans la pensée de Plutarque*, Société d'édition «Les belles lettres», Paris, 1976, pp. 74 – 75.

露了自己的身份。然后她要求国王归还棺木,当她悲伤地俯在棺木上痛哭之时,也导致了小王子的死亡。正如德墨芬在阿波罗多罗斯的叙述中（I.31）是死于他母亲悲伤的大叫一样,随后稍大的孩子也因为伊西斯的愤怒而死。埃及神话在这个片段之后有延续的情节,但希腊颂歌中却找不到与之对应的地方了。

颂歌中此段插曲尽管已经有了细微变化,但其影响是显而易见的。此时颂歌中的故事或许已经与奥西里斯神话有联系,因为奥西里斯的死亡与复活和珀耳塞福涅的下降与返回之间存在着普遍的一致性,尽管这些一致性并不十分接近。伊西斯和奥西里斯神话中对颂歌情节的使用或许也是希腊人在某段时间将得墨忒耳和伊西斯等同的结果,在同样的基础上她们或许都有土地女神及母亲女神的功能。最早对伊西斯做出鉴定的人可能是希罗多德（2.144,156）。在他的著作中曾谈及埃及宗教,他鉴别了许多希腊和埃及的神,尽管由于某种原因,他没能做出清晰的区分。① 类似的,在后来亚历山大大帝东征之后,埃及人对得墨忒耳的崇拜曾经风靡一时,而对伊西斯和奥西里斯的崇拜明显受那时的影响,尤其是在埃及崇拜仪式的形成时期,完全成为希腊意义上的神秘仪式了。② 然而,所有这些都比荷马颂歌晚许多,因此,对于美索不达米亚神话可能对希腊颂歌产生的潜在影响就没有必要投入太多的关注了。

美索不达米亚的材料也能帮助澄清颂歌中引起永恒性循环的动机这一问题。引起珀耳塞福涅永恒的一年一度季节性下降和返回的原因尚未得到正确的解释,并且似乎是随意的,至少颂歌提供的信息如此显示。但是在ID神话中,杜姆兹和格什提南娜一年一度的下降及返回的原因却已经弄清楚了:伊南娜必须找一个替身,当格什提南娜主动提出和兄长一起分担在阴间的幽闭时期时,这种循环过程便发生了,他们在阴间待的时间长短也确定了。在颂歌中,这一事件仅仅被安排在紧随美索不达米亚崇拜故事的后面:尽管季节性的停留调整为一年的三分之一时间,不过孩子的下降-回返伴随着季节的影响始终循环着。

得墨忒耳在地上到处游荡,强迫宙斯命令哈德斯释放那个女孩,她并不亲自去下界找哈德斯问罪,这暗示了阴阳两界之间的障碍。看起来这好像是一个从美索不达米亚借来的观点,而不是希腊本土的概念。因为在希腊,其他神或

---

① 例如,希罗多德2.43,46,48,50,60,62-63。他也认为大部分的希腊神都来自埃及（2.5）,参阅 J. G. Griffiths, *Plutarch's De Iside*, p.309。

② J. G. Griffiths, *Plutarch's De Iside*, pp.67-68, 322; Hani, *La religion égyptienne*, pp.74-75.

半神进入下界都是没有障碍的。① 而在美索不达米亚故事中,如果没有替身,这个旅程就有去无回(ID 286—289 行):

> 阿努那抓住了她(说):
> "谁人曾从下界逃逸?
> 又有谁曾活着离开阴间?
> 如果伊南娜想从下界飞升,
> 就让她为自己找个代替品。"

在其他希腊神话中,冥府可以自由进入而且不受任何惩罚。例如,酒神狄奥尼索斯下到冥界,想带走他的母亲;俄耳甫斯下去寻找自己的妻子;赫拉克勒斯下到冥界想夺取克贝洛斯和其他战利品。他们都安全返回地面了。② 同样,在赫西俄德的《神谱》中,那些违背誓言的神被打入地狱塔尔塔罗斯(Tartarus)底下黑暗的深渊,九年后安全返回(793—804 行)。在美索不达米亚神话中,伊南娜从阴间返回成就了一件伟大的英勇事迹,因为那里作为埃列什吉伽尔的领地,一直就被称为"不归之地"。除了信使和可能会出现的太阳神以外,任何人不得随便进出。关于信使,令人感兴趣的是,在颂歌中,神使赫尔墨斯能够随便进出而不受任何惩罚,这倒是与美索不达米亚神话中的信使很像。③

颂歌中另外一个没有解释的特征就是得墨忒耳拒绝了赫利俄斯的建议。太阳神争辩说哈德斯作为统领宇宙三分之一的大神,是一个好丈夫(83—87 行)。得墨忒耳却声明不接受太阳神的这一观点,文本中没有给出她这一反应的原因。然而,明显的是,考虑到美索不达米亚的传说,除非孩子最终复活,否则故事就难以继续下去。

另外一个经常被讨论到的特征就是珀耳塞福涅的性格问题。在颂歌中珀耳塞福涅是一个年轻的女孩,而不是像荷马在《伊利亚特》和《奥德赛》中所描

---

① 关于阻碍主题,参阅 Rudhardt, MH35 (1978) 8 – 9; Clay, *The Politics of Olympus*, p. 212.

② 在这些事情发生之前,史诗中没有任何能够表明阴间是不可接近的地方的观念。阻碍的观念以及神的旅程中不可改变的自然仅仅局限于这部史诗中。当然,凡人是无法回归的,除了特殊的事件或者转世:见上文。

③ Hutter, *Altorientalishche Vorstellungen*, pp. 79 – 81;参见 Clay, *The Politics of Olympus*, p. 212,他也注意到了史诗中使者的特权问题。

述的那样是一个可怕的阴间王后。① 对她年幼无知性格的描写在她回到母亲身边后得到了发展（450 行及以下），即使那时她无疑已是哈德斯的妻子（342—343 行）。就本故事的叙事基础来自美索不达米亚神话而言，很容易解释她为什么拥有这样的待遇。在颂歌中，珀耳塞福涅的性格是通过她的角色自然地表现出来的，而她正是作为一个寻找母亲的孩子的角色出现的，正如在美索不达米亚 edin-na ú-saĝ-ĝá 神话中描绘的那样。故事没有把她描绘成一个可怕的冥后形象，很可能是因为美索不达米亚神话中的阴间王后埃列什吉伽尔是一个与格什提南娜或者古努拉完全不同的形象，她在不同的作品中被描写成一个可怕的地狱王后。例如，在《涅伽尔和埃列什吉伽尔》中②，即使在 ID 和 AV 神话中，她表现得好像是复活女神的敌人。她的角色和性格与那些复活女神（伊南娜/伊什塔尔）和母亲女神的孩子（格什提南娜或者古努拉）是不一致的。

近期的一篇论文将颂歌及其他主要的荷马赞美诗放置到包括荷马史诗和赫西俄德《神谱》在内的结构框架中。鉴于这篇论文提出了颂歌中蕴含着潜在的美索不达米亚思想，应当讨论另一个问题。这篇论文的结论是，荷马赞美诗的核心观点与荷马史诗和《神谱》一样，展示了"泛希腊"的宗教信仰，在这种信仰中有一个在奥林波斯至上神宙斯主导下的神性世界，其目的就是替代早期的、零散的、也许是本土的宗教体系。③

也许还有其他材料可以论证这篇论文，但《荷马颂歌致得墨忒耳》不支持这篇论文的论点。没有任何证据可以表明先前宗教体系中的概念或者结构是由更早的宗教演化而来的。"泛希腊"的宗教信仰在这首颂歌中也已经存在；也就是说，这是一种假设，并且宙斯的主导地位和赦免一切的权力不是颂歌的根本

---

① 关于珀耳塞福涅的可怕力量的叙述，Richardson 在 360—368 行将之归结为哈德斯对于她在大地以及宇宙的小范围内力量的叙述：Demeter, pp. 270ff。
② 资料来源：Hutter, Altorientalishche Vorstellungen。
③ Clay, The Politics of Olympus, pp. 8 – 15, 256 – 265, 268.

特征。① 实际上，可以说另一个相反说法的出现使宙斯陷入了尴尬的境地。这则神话的目的是证实得墨忒耳的力量和权威及珀耳塞福涅地位的确立，而不是有一位主导的神及其至高无上的命令。宙斯是难辞其咎的，面对得墨忒耳显得毫无力量，得墨忒耳的愿望是让宙斯永远都被迫低头弯腰（334 行及以下）。事实上，颂歌结尾的形势是，由于得墨忒耳展开了一系列的行动，珀耳塞福涅最终返回地面，并确定了永恒的循环②，这比宙斯在颂歌中的任何计划都有效得多。③

对颂歌的一种理解认为故事暗示的影响和人物性格的起源都不同于颂歌中的观念。颂歌中认为女孩步入成年的第一阶段是通过强奸实现，存在暴力性行为的意识。但其材料和美索不达米亚故事都不支持这一理解，它丧失了希腊宗教中为了庆祝厄琉西斯和阿提卡的厄琉西斯秘仪的崇拜。④ 这部作品讨论的是神性世界及女神在其中的地位，而不是人类社会的问题，或者想象中在这则神话诞生之时人类社会处于什么状态的问题。除此之外，聚会那一幕中，珀耳塞福涅以被绑架前的同一形象出场。很明显，她是母亲女神得墨忒耳的女儿，而且仍然是一个年轻女孩，甚至可以说只是个孩子。她没有显示出任何成熟女性的迹象。⑤ 事实上，与此相反的是，她欢快而无辜地向母亲讲述了被绑架的事（405—433 行）。确实，把她仍旧描述成一个年幼的女孩，作者是经过痛苦思索的。再次和母亲待在一起，她欣喜若狂。母亲告诉她被绑架并不是她的错，她

---

① Clay, *The Politics of Olympus*, p. 207. 然而无论是史诗还是在它之前的文本中，没有任何明确的文本证据能够表明，任何必需的自然上的变化。当然，希罗多德（2.53）也许过于天真地认为荷马和赫西俄德应当为他们在作品中建立了一个神圣的世界负责，他们构建了诸神的性格和功能，希腊人广泛信奉的宗教神话学观念紧密跟随其后，但是他并没有说他们创造了一个"泛希腊"的宗教。MB 关于宇宙的著作 *Enuma Elish* 指出，必要的是去证明这样一篇提到的论文的方法论问题：在美索不达米亚的作品中看到出现或者促进了一次主要的宗教改革是可能的，因为：（1）在此之前出现的作品展示了一个以前的系统（NS 和 OB）；（2）作品中的变革是明确的；（3）新体系中主神的权利和秩序的建立是核心的主题。然而，这些作品中，是不可能确定是否制定了这次变革，或者是使这个创立已久的宗教具有权威性，因为距早期的作品至少已有 600 年的历史了。

② 参阅得墨忒耳对珀尔塞福涅命运的支配（393 行），这在 463—466 行中得到了宙斯的同意：νεῦσε δέ οι..., （463 行）。

③ 对照 Clay, *The Politics of Olympus*, pp. 8 – 15, 256 – 265, 268。

④ 例子，参见 Lincoln, HThR 72 （1979），223 – 235，尤其是 228 – 229，233。诱拐的观念经常代替暴力性行为的观念，它在史诗标题中如《强暴珀耳塞福涅》的意思是"强暴"，参阅 Lincoln, HThR 72 （1979），228 – 229，233；Marylin Arthur, 'Politics and Pomegrantes: An Interpretation of the Homeric Hymn to Demeter', *Arethusa*, 10.1 （1977） 7 – 47；更加不明确的是 C. Kerényi, *Eleusis*, Routledge&Kegan Paul, London, 1967 （1960 年第一次印刷），pp. 34 – 35。

⑤ 参照 Lincoln, HThR 72 （1979） 233。

没有做错任何事情。同时，我们可以很明显看出，此处没有涉及任何暴力性行为。第一，在这些诗行中，珀耳塞福涅没有做出任何暗示来表达对哈德斯的敌对态度；第二，作者也没有做出此类暗示。实际上完全相反，当信使赫尔墨斯出现时，正好看到哈德斯和他的妻子一起坐在床上（342—344 行）。这一幕正好可以解释为轻松自在的：

  他发现主人正在房间，

  和他所尊崇的妻子坐在床上，

  她显得那样勉强，因为她思念她的母亲。

  他们俩坐在床上似乎开始暗示他们已经是夫妻，但这个事例好像又不能作为这一事实的必要证据。考虑到上面所引的最后一行，对这一幕的可能解释就是他们虽然结婚但并未圆房：令哈德斯烦恼的是，那个十分不情愿的年幼女孩仍然很固执，她一直大声喊叫她母亲而不肯就范，她甚至想方设法地施压就为了得到释放，这样她就能够再与母亲见面。这也暗示了哈德斯的宽容。但是，如果另外一种理解是正确的，即两人坐在床上的场景意味着他们已完全结合。这一幕中，仍然没有关于哈德斯是一个性虐待者或强奸犯的任何暗示，而这正是某些对此做研究的人所猜测的。确实，所有的证据都只能为暴力做出反证。尽管哈德斯的确是一个专横的人，但是颂歌尤其是357—369 诗行着重强调了他沉着冷静甚至极富同情心的品性和风度。另外，此处珀耳塞福涅当然没有受到虐待或者做了敌视者的牺牲品。颂歌中展示的画面只是一个透露出几分不情愿的、想家的小女孩。正如文中所阐明的，她想念母亲的原因非常简单，就是因为事先没有任何预示突然与母亲分开了（344 行）。这与珀耳塞福涅在颂歌中所扮演角色的主题性基础相一致，同时也与以美索不达米亚为渊源的崇拜故事相一致。这类故事讲述母亲女神的孩子丢失到地下世界，这似乎构成了整部作品的主要基石，而且每章节都与珀耳塞福涅相关。

  石榴籽这一母题，在一些解读中经常会被予以重视，因为在这则宗教故事中这一母题是导致下阴间——复活归来的永恒丰产性循环的必要因素。珀耳塞福涅必须在每年的固定时间回到阴间，因为她吃了下界的食物，这一点在文本中说得很清楚（393—403 行）。然而，这一主题似乎另有重要意义，超越了强制回归的范围，微妙地表达了为珀耳塞福涅选择的食物种类的特征。哈德斯给珀耳塞福涅的食物不是阴间的其他食物，而是石榴籽。这似乎是故事互补性的隐含意义，故事的一部分讲述年轻的姑娘珀耳塞福涅下阴间并返回的旅程，而哈德斯想娶她为妻。因为她是一位备受尊敬且神秘的女神，由此推测作者原本是想将故事写成一个爱情故事，这也是合乎逻辑的。正如法劳内在研究中所暗示的那样，石榴籽具有爱的魔力①：其目的是诱使被爱的人做出爱的回应。正如文中说的那样，珀耳塞福涅非常不情愿，很明显她不会做出任何回应。哈德斯就给她吃了石榴籽想诱使她爱上自己，并对他的爱做出回应，继而得到她。这种魔力是爱情的象征，而不仅仅是性欲的象征，它与哈德斯的场景以及珀耳塞福涅在赞美诗中表现出的少女般的天真相符，特别是在她与母亲团聚的下一幕中（385—433 行）。有了如此重要的意义，这一母题高度符合了文本中母亲女神与年幼孩子的有关故事，并且推动了颂歌的情节发展。同时，这一母题还符合另一用法，作为爱的魔力，石榴籽的魔力与 NA 文本中其他类似的魔力具有非常相近的一致性。②

小小的红色石榴籽在过去一直被阐释者认为与生俱来具有大量的象征意义③，特别是近来还有了纯洁的性的含义，它的象征意义通常相当复杂且过于微妙。然而，这些意义并不是随着其他的文学作品或者美索不达米亚宗教材料的天性而诞生的。重要的是，我们要记住，它对于发动永恒循环显然具有重要意义，并将对这个母题的阐释，保留在这部具有深刻宗教意义的作品中珀耳塞福涅这个角色可探讨的界限内。

---

① C. A. Faraone,'Aphrodite's ΚΕΣΤΟΣ and Apple for Atalanta: Aphrodisiacs in Early Greek Myth and Ritual', *Phoenix* 44 (1990) 219ff.

② C. A. Faraone,'Aphrodite's ΚΕΣΤΟΣ and Apple for Atalanta: Aphrodisiacs in Early Greek Myth and Ritual', *Phoenix* 44 (1990) 239ff.

③ Richardson, *Demeter*, p. 276; Clay, *The Politics of Olympus*, p. 253; Lincoln, HThR 72 (1979) 234; Arthur, *Arethusa* 10.1(1977)29.

第七章 阿芙洛狄忒神话和她的起源

赏心悦目,极富魅惑,充满幻想,这几个词大概是对很大一部分阿芙洛狄忒神话的最好注解。这些神话吸引人眼球的一个地方在于她与战神阿瑞斯的风流韵事。在故事中,女神赤身裸体地被黄金网捕获,那网出自她精明的丈夫赫淮斯托斯(Hephaistos)之手,从而成为诸神的笑柄。另一个故事讲述了她被英雄狄俄墨得斯所伤,狄俄墨得斯很不屑地奉劝她远离战争并安于她的份内之事。在戏剧情境中,多是表现阿芙洛狄忒对赫拉的帮助,她帮助这位天后引诱丈夫宙斯与之同寝。同时令人想到的是这位来到奥林波斯山后引诱众神的强大爱神的出生神话。通常认为,她的出生神话整体展现了很多女神及希腊神话不安的思想。然而,与这位女神的习性特别相近的是她与特洛伊牧羊人安喀塞斯的爱情故事,这是宙斯用她最喜爱的游戏来对她进行的报复,因为她总是引诱宙斯与诸神爱上凡人。宙斯由此转败为胜:她对诸神的狼狈不再幸灾乐祸,对诸神回敬的吼叫也不再毫无惧色了。①

这则神话和阿芙洛狄忒的出生神话都特别关注以下观点。它们都涉及了旅程,并且与以上讨论过的美索不达米亚神话各方面具有相似的特征。然而这两则神话的一致之处,却不像献给阿波罗和得墨忒耳的颂歌中那么密集。当然,首先应对女神的出生神话做简短说明。然而,尤其是神话中这位女神与安喀塞斯的爱情故事与美索不达米亚神话有很多相似之处,大都是关于其特有的天性。除此之外,神话中阿芙洛狄忒之旅致使她的神力得到增强并得以展现。作为性爱女神,阿芙洛狄忒的力量主要体现在点燃神与凡人之间的情欲之火。尽管这位女神有其独特性,在她的旅程与其神权得以增加和展现的思想之间仍存在联系,其中的某个故事融合了确立女神在神界和人间的神圣权威的目的。

尽管自最早的文学以来,阿芙洛狄忒完全是作为希腊女神出现的,但是她

---

① 这些故事的来源:荷马的《奥德赛》,8.266—369,《伊利亚特》5.311—351,14.198 及以下;赫西俄德的《神谱》,188—206;《荷马颂歌Ⅵ》;《荷马颂歌致阿芙洛狄忒》。

通常被认为具有近东的出身，并且有很多迹象表明了这一观点的合理性。然而，这一观点遭到包括最近几年的许多学术研究的质疑，尤其是那些致力于探索古希腊神话的印欧语系起源的学者。女神的近东起源并不能对已讨论的文学作品中的相似提供支持。因为这里关注的神话，来自近东神话的材料的影响并不能说明女神具有相似的起源；不过这确实使女神神话中存在相似之处变得更加合乎逻辑。如果说近东地区是这位特殊女神的起源地，那么这就自然而然地与她联系起来了。总之，各种关于阿芙洛狄忒起源的观点需要进一步讨论，因为这些观点在这一研究领域中颇有争议。

大多数人认为阿芙洛狄忒来源于近东。关于这位女神的古代资料——尤其以希罗多德和后来的鲍桑尼亚斯的研究为代表，包括许多现代的独立研究——都赞成近东是阿芙洛狄忒某些方面的起源之地。①

阿芙洛狄忒的近东起源在古代材料中最清晰的代表性观点来自鲍桑尼亚斯，他具体指出阿芙洛狄忒是乌剌尼亚（Ourania）（1.14.7）："人类最先崇拜乌剌尼亚的是亚述人，随后为塞浦路斯（Cyprus）的帕福斯城人和阿斯卡隆的腓尼基人。"同样，在更早期，希罗多德提到在阿斯卡隆的叙利亚人（也就是腓尼基人）当中有最古老的阿芙洛狄忒·乌剌尼亚庙宇，而塞浦路斯的庙宇是来自叙利亚（也就是阿斯卡隆）的腓尼基人建立的。他还指出波斯人崇拜乌剌尼亚，他们是从亚述人和阿拉伯人那里学来的。他给这位女神起了一个亚述人的名字叫阿芙洛狄忒·米莉塔（1.105，1.131）。

希罗多德断言在帕福斯的阿芙洛狄忒神殿是阿斯卡隆的腓尼基人建立的，这与现代考古学证据形成了鲜明的对比，后者指出帕福斯城人的庙宇是在迈锡尼时代晚期由迈锡尼人建立的。腓尼基人的存在只是考古学遗址中公元前一千纪初的证据。然而，对外来女神的接纳并不机械地需要外来者在所在地安置下

---

① G. S. Kirk, *The Nature of Greek Myths*, Penguin Books, Harmondsworth, England, 1974, p. 258; Walter Burkert, *Greek Religion*, Harvard University Press, Cambridge (Mass.), and London, 1985, pp. 152ff. and *The Orientalizing Revolution*: *Near Eastern Influence on Greek Culture in the Early Archaic Age*, Harvard University Press, Cambridge (Mass.), and London, 1992, pp. 97–99 （这本书是 *Die orientalisierende Epoche in der griechischen Religion und Literatur* 一书的增补翻译，Carl Winter Universitätsverlag, Heidelberg, 1984）; Lewis Farnell, *The Cults of the Greek States*, vol. II, Clarendon Press, Oxford, 1896, pp. 618ff.; Hans Herter, 'Die Ursprünge des Aphroditecultes', in *Éléments orientaux dans la religion grecque ancienne*, Travaux du Centre d'Études Supérieures spécialisé d'historire des religions de Strasbourg, Colloque de Strasbourg, 22–24 mai 1958, Presses Universitaires de la France, Paris, 1960, pp. 61–67。

来，所以这并不违背帕福斯的迈锡尼人比公元前一千纪初全体安置下来的腓尼基人更早地接纳了这位女神的事实。没有安置便接纳女神的情况在历史上是有大量证据的，雅典和忒拜的狄奥尼索斯崇拜接纳库伯勒（Cybele）与历史上弗里吉尼亚人全体移民到这些城市的时间并不一致。诸如这样的事实在考古记录和文本报告中不见踪迹。希罗多德发现，帕福斯的神庙源自阿斯卡隆，这种表述也许归因于历史上腓尼基人移民到岛上之后的状况，但是并不意味着受到了阿斯卡隆的影响，这个观点是包括希罗多德在内的另外一些希腊学者的假设，是不正确的。

人们势必总是认为希腊人试图将希腊诸神与其他外国诸神平等看待，尤其是希罗多德，因为他有把不同地区的神灵与希腊诸神等同的习惯，而他这样做是出于没有十分把握的原因，他还会简单地以同一个名字来称呼他们。① 然而，鲍桑尼亚斯的观点更可靠一点，他并没有将阿芙洛狄忒与外来女神等同，而是谈及了女神神话起源的具体方面。这是他的观点的极大不同点，但却更为可信。

尽管这个关于阿芙洛狄忒特别是阿芙洛狄忒·乌剌尼亚的唯一证明，通过这些历史资料与近东产生了直接的关联，近东的阿芙洛狄忒形象似乎成为早期希腊来源里女神的中心，因为库普里斯（Kypris）是《伊利亚特》中对她最常见的称呼。另外，她与塞浦路斯的关系在《荷马颂歌V》和《荷马颂歌VI》中有特别的描述。

关于阿芙洛狄忒的古老资料与现代的普遍观点相一致，认为她渊源于她的近东祖先们，尤其是巴比伦人和亚述人的伊什塔尔。无独有偶，在腓基尼亚人的信仰中，她的变体为阿斯塔特（Astarte）/阿什陶劳斯（Ashtoroth）。② 重要的一致性体现在她的特征、宗教和肖像上，且被一位德高望重的现代学者一一列出③：

1. 阿芙洛狄忒最重要的一个特征是，作为主司爱情，尤其是性欲及其肉体表达的女神，她完全与爱神伊什塔尔/阿斯塔特相对应。

---

① 例如，在第二卷第43、46、48、50、60、62、63章；狄奥尼索斯是奥西瑞斯，潘神是孟迪斯，等等。事实上，通过这本书中他的观点可以看出，许多希腊神祇都来自埃及：波塞冬、狄奥斯克罗（Dioskoroi）、赫拉、忒弥斯、卡里忒斯等，见第二卷第50章。

② 参看 Burkert, *Greek Religion*, pp.152ff.，以及 *The Orientalizing Revolution*, p.98；Kirk, *The Nature of Greek Myths*, p.258；Farnell, *The Cults of the Greek States*, II, 618ff。

③ 参看 Burkert, *Greek Religion*, pp.152ff。

2. 更引人注目的是，和伊什塔尔和阿斯塔特一样，阿芙洛狄忒也是雌雄同体的。①

3. 阿芙洛狄忒被称为乌剌尼亚，就像阿斯塔特被称为天国的女王一样，同样伊什塔尔也是美索不达米亚的女王。②

4. 用鸽子和熏香来献祭，使得阿芙洛狄忒在希腊显得独一无二，阿斯塔特也是如此的待遇。

5. 阿芙洛狄忒有可能是全副武装的，并赐予人们胜利，同样美索不达米亚的伊什塔尔被称为"战争女神"。

6. 卖淫业似乎也与阿芙洛狄忒有很大的关系，值得一提的是在科林斯湾（斯特拉博378）③，当然在腓尼基和美索不达米亚，这位女神的形象是声名狼藉的。

总的来说，相似性既复杂又有许多具体的特征。这似乎是要证实古代作家们对这位女神近东起源的说法。当然，外围方面和相关连接也可能从其他地方得到了添加，诸如"动物的女主人"观点与伊达山有关，此观点可能来自弗里吉尼亚的库伯勒。④ 同样的，某些特征则从希腊产生。这整个过程可以被看作一个很自然的、生动的宗教角色的发展。

然而，并不是全部观点都同意阿芙洛狄忒起源于近东。另外一个很重要的观点是，女神起源于印欧语系的国家。保戴克尔（Boedeker）是近期持有这种观点的一位最重要专家，她强烈反对传统观点，长期致力于研究并支持阿芙洛狄忒起源于印欧语系的国家。在激烈的争论后，她感觉到更有信心去确定印欧语系国家是阿芙洛狄忒的起源地，尽管她勉强承认在早期书上的一些观点："在仪式崇拜和肖像的某些方面，阿芙洛狄忒与大女神，尤其是阿斯塔特之间的相似

---

① 请参考实例，Hans Herter, *Die Ursprünge*, 其中第71—76页是在讨论雌雄同体的特性和阿芙洛狄忒天生的雌雄同体观点。同样可以参阅 Brigitte Groneberg, 'Die sumerisch – akkadische Inanna/Ištar: Hermaphroditos？', WO 17 (1986) 25 – 46。

② 伊南娜/伊什塔尔是天地间女神，但她更为明确的身份是"天界女神"。比较从 S. N. Kramer 诗中所引述的，*From the Poetry of Sumer*, University of California Press, Berkeley, 1979, p. 96："恩利尔给了我天空，他也给了我大地/我，是这个天界的女神！"同样在赞美诗 nin-me-šár-ra 的字里行间可以寻找到，尤其是在12行：出处同上，87页。

③ 同样比较品达诗歌残篇87和雅典娜573C。在塞浦路斯有一座象征淫荡的庙宇，希罗多德1.199。

④ 参看《荷马颂歌Ⅴ》，69—74行。

性,是不容争辩的。"①

然而,在她看来,这些相似性被过高地估计和误解了,尽管在哪些方面以及以何种方式被过高估计和误解还不明晰。但是,由于希腊的考古资料无法提供证明,关于阿芙洛狄忒起源于印欧语系国家的证据只能从相应的语言资料中获得。

该观点中包括一些要点,如果这些要点都得到有效印证,那么它们至少能说明阿芙洛狄忒的部分起源来自印欧语系国家。但它们绝不能完全证明女神起源于印欧语系国家,因为阿芙洛狄忒的某些方面确实只有从闪米特的来历才能解释。不幸的是,这些争论是极为不严谨的,似乎建立在一些并无实际意义的关联上,导致产生许多相互矛盾的表述。尽管如此,保戴克尔的这本书中的主要问题是,假设印欧语系的黎明女神为女神原型导致了循环理论:与阿芙洛狄忒具有相似性的原型的存在,很大程度上来自其属性和语言学上的特征,这一存在被用来证明阿芙洛狄忒的印欧起源;而如必须证明阿芙洛狄忒和希腊的黎明女神厄俄斯(Eos)都是印欧语系的黎明女神,则假设了印欧语系的原型。此主张的主要难点在于历史时间上,现存的资料表明,阿芙洛狄忒的属性不管是与厄俄斯还是乌莎斯(Ushas)相比都几乎完全不同,乌莎斯是梵语中的女神,常常被用来与厄俄斯和阿芙洛狄忒进行对比。②我们试图通过"重塑"来克服话语和修饰语研究中对原始意义的推测,以期找到联系。依赖于假设的起源是研究中最大的问题所在。

最近,保罗·弗里德里希(Paul Friedrich)完成了对阿芙洛狄忒研究的一本综合性著作《阿芙洛狄忒的含义》,这本书的一部分章节探讨了这位女神的起源。③在这本书中,他指出阿芙洛狄忒的复合性形象得益于她起源于大量不同地区的宗教文化。他假设各个不同地区——史前古欧洲、苏美尔和闪米特、原始印欧语系国家和古希腊、米诺斯和迈尼锡、埃及——都是阿芙洛狄忒复合性形象的起源处。然而,这个论点大部分都是推测,还没有被完全证实,没有确凿可信的证据。所以非常遗憾,这些结论还是一种假想,甚至这种联系在阿芙洛

---

① Deborah Boedeker, *Aphrodite's Entry into Greek Epic*, E. J. Brill, Leiden, p. 6.
② Deborah Boedeker, *Aphrodite's Entry into Greek Epic*, E. J. Brill, Leiden, pp. 15 – 16.
③ Paul Friedrich, *The Meaning of Aphrodite*, University of Chicago Press, Chicago and London, 1978, pp. 9 – 54.

狄忒和她所谓的来源之间显得毫无意义。

关于女神阿芙洛狄忒起源近东有许多有利的证据，支持这个观点的有文学来源和大量能表明相似性的特征、宗教信仰和肖像，其中许多相似之处具有明晰而关键的天性。女神起源于印欧语系国家和一些其他地区的探讨应该依赖于重塑假设的史前形象、女神形象的发展及原型在理论上的建设，而不应依赖历史上已经证实的女神天性。除此以外，用来讨论和继续支持那些争论的方法是令人怀疑的。

在阿芙洛狄忒诞生神话和她与安喀塞斯爱情故事的神话中，有许多与伊南娜/伊什塔尔神话的母题相一致之处。这点可能会被当作女神的近东起源的明显证据。然而，有必要说明，这类母题的确与美索不达米亚女神神话直接对应，却与现存的阿斯塔特神话中的母题不同。因此那些希腊文学中的神话，极有可能都属于古风时期，它们是直接受美索不达米亚神话影响，而不是通过媒介受了间接影响。事实上，鉴于任何母题的缺失都会被看成与腓尼基神话的一致，安喀塞斯神话尤其可能直接来源于美索不达米亚，只要其受到了近东的影响。

阿芙洛狄忒诞生神话与伊什塔尔神话中的女神具有某些相同的特点。《荷马颂歌Ⅴ》表现了女神与安喀塞斯的爱情故事，其中有更多的相同特点。最为显著的母题是伊南娜/伊什塔尔与她年轻的爱人、英俊的牧者之王杜姆兹之间关系的对应。这两则神话都涉及了旅程中的力量母题，不管是在情节上，还是强调与美索不达米亚神话理念的一致性上，都构成了女神行动的一个重要部分。有可能这是神话的一个明显标志——安喀塞斯扮演了一个至关重要的角色，即形成了与女神之间的配偶关系，表现出了与伊南娜和杜姆兹神话的一致性。此处没有出现尼努尔塔和马尔杜克神话中裁决——战斗场景及有关观点，当然此神话的构成与美索不达米亚神话理论和宗教背景完全不同。同样应该指出，希腊神话和美索不达米亚神话中的一致性是母题和思想的一致。阿芙洛狄忒神话并未追随伊南娜/伊什塔尔神话或杜姆兹神话的希腊版本。事实上，后二者的希腊故事中的叙述线索与任何美索不达米亚伟大的女神及其配偶的神话都不相同。

在阿芙洛狄忒的诞生神话中，她漂洋过海通过库塞拉岛和塞浦路斯到了奥林波斯。赫西俄德的《神谱》描述，在克洛诺斯用暴力分开天空与大地后，割下乌拉诺斯（Ouranos）的生殖器，阿芙洛狄忒由此出生（188—206行）。她出生在海里，从库塞拉岛漂流到塞浦路斯，当她登上岸时，脚下的水草托住她纤细的小脚使她慢慢露出了水面（188行及以下）。女神脚下生长的水草这一母题也许暗示了她的繁殖能力。

《荷马颂歌Ⅵ》（1—21行）中关于阿芙洛狄忒诞生神话的叙述展现了她从塞浦路斯到奥林波斯的历程。在塞浦路斯，季节女神荷赖高兴地迎接了她并给她穿上了神衣。众神在她的头上戴上由金子铸造的精美绝伦的王冠，在衣服上挂满了铜线的装饰物，在她穿洞的耳朵上嵌上了珍贵的黄金。还在她的颈项和发出银光的胸前戴上金色的项链。装束完毕后，众神将其变成永生之神，惊诧于其美丽的同时，纷纷祈求阿芙洛狄忒能成为他们的妻子。

尽管这则神话在叙述上与留存下来的美索不达米亚女神神话并不一致，不过应适当地考虑到阿芙洛狄忒出生的情形，其中有大量的母题、叙述的中心及女神的天性都与伊南娜/伊什塔尔神话相呼应。

例如，穿衣母题是女神诞生神话的一个特征，她的衣着和饰物是她力量的象征——它们使女神更风情万种。穿衣母题在阿芙洛狄忒神话中比比皆是，似乎是关于女神的一个重要母题，正是其在神话中的作用使女神引人注目，所以在此处和其他各处都显得尤为重要。[①] 在伊南娜/伊什塔尔神话中也有大量穿衣母题。其中一个例子是在献给伊南娜的颂歌中，女神准备占领迪尔姆恩岛，这与此处在塞浦路斯的穿衣母题相一致。[②] 这个母题在美索不达米亚颂歌中有可能涉及女神的力量。在圣婚中，女神穿衣的场景即宣称了她穿上"力量的衣装"。[③] 另外一个与女神权力有关的穿衣主题来源于ID和AV。在AV中，伊什塔尔回到地上世界的旅程时，她通过穿戴衣物逐渐重获神力（114—125行）。[④] 同时，正如伊什塔尔（125行）一样，阿芙洛狄忒被打扮成美丽的女王（7—8行）。阿芙

[①] 其他例子：《荷马颂歌Ⅴ》61—65、161—163行；同样在《伊利亚特》14.169行开始的一个场景，是关于阿芙洛狄忒所扮演的角色。

[②] Réné Labat, André Caquot, Maurice Sznycer and Maurice Vieyra, *Les Religions du Proche-Orient asiatique*, Fayard/Denoël, Paris, 1970, pp.247ff., 为颂歌而作。

[③] 为神圣的婚礼沐浴和装扮所蕴含的巨大意义，例如SRT 5, 1—7行，尤其是第7行，其中服饰所蕴含的重要性是指："装扮上女王的服饰，这服饰就是天神女王地位的象征"。见Thorkild Jacobsen, *The Harps that Once…: Sumerian Poetry in Translation*, Yale University Press, New Haven and London, 1987, p.16。也可参见Bendt Alster, 'Sumerian Love Songs', RA 79（1985）150。

[④] 参阅关于讨论伊南娜的服饰标志着权力的章节。这种特征在美索不达米亚神话中显而易见，尤其是在《伊南娜下冥府》的神话中可以看见，伊南娜着装代表得到神力、神权。当她在阴间失去衣物时，也意味着她同时失去了力量，也就是"屈服"。

洛狄忒穿衣的主题与美索不达米亚神话中女神特征具有明显的相同性，都与女神神力联系起来。然而，在 ID 和 AV 中，主题在具体的环境中、在一定程度上是不同的，尽管两个神话都涉及了旅程，但希腊颂歌中并未有从地下世界回归的情节。

漂亮的衣服和装饰展示了阿芙洛狄忒引人注目的魅力，由 OB 颂歌中可以窥见爱情对伊什塔尔也是不可或缺的。在 OB 颂歌中，爱情女神通过她的服饰展现了她无可比拟的爱，惊艳的外貌和无可抵挡的魅力表现了她的力量和伟大（3—6 行）：

歌颂伊什塔尔，她是最威严的，
她是最荣耀的女性，诸神中最伟大的。
她拥有喜悦和爱情①，
她神力无边。②

阿芙洛狄忒的权力是这个旅行神话的一个中心特征，她从海上经过库塞拉岛，尤其是塞浦路斯，到达了奥林波斯，以恰当的方式证明了她的力量。颂歌最初注重女神的力量和她的价值（τιμή），这很自然地体现在关于她出生的神话中，这类神话的一个附加的目的就是表示对女神的颂扬。最明显的标识就是在神话中再一次表现了她通过旅程使力量不断增长，尤其表现在女神在塞浦路斯做准备的神话场景中。在神话的最后，女神的神力表现为吸引诸神的魅力（16—18 行）。作为爱神，这是她价值的一部分。显现她的力量不断增长的母题为"穿戴顺序"，她的衣物珠宝都是权力的象征，增加她的吸引力，当她到达奥林波斯山的众神集会时，彰显了她的神力。这种旅行与神的力量紧密相连的思想在美索不达米亚神话中首次发现，也在此处阿芙洛狄忒的神话中显示出来，这似乎构成了另一种相似。此处的相似实际上是一种结构性的观点。

但不是所有阿芙洛狄忒诞生神话中的母题在美索不达米亚神话中都可以找到对应。例如，其中一个不同之处就是阿芙洛狄忒在海里出生的重要母题，她生于乌拉诺斯被割掉的生殖器。当然，有意思的是在胡利安人/赫梯人的神话中能找到阿芙洛狄忒出生之前的故事——天和地被分离及乌拉诺斯被阉割（《神

---

① In-bi，意思是"性的吸引和力量"。
② 来源：Marie-Joseph Seux, *Hymnes et prières aux dieux de Babylonie et d'Assyrie*, Les Éditions du Cerf, Paris, 1976, p.39。

谱》，178—182 行）。神话中库马比割开了天，将其放在遥远的上方使它远离大地。在美索不达米亚神话中可以发现恩利尔（安之子，即天之子）使天和地分离的简单母题，他的地位正如同库马比在胡利安人/赫梯人万神殿的地位。库马比在胡利安人/赫梯人的创世神话中拥有至高王权，如同恩利尔在美索不达米亚诸神中的地位，以及克洛诺斯在希腊神谱中的领导者地位。这三种天地分离的神话都遵循其各自的传统。同时，这也说明了美索不达米亚神话输入这些神话的重要意义，因为胡利安人/赫梯人的天神是阿努，他事实上是美索不达米亚的天神和"天"的阿卡德语（来自苏美尔的安）。这里可能暗示了胡利安人/赫梯人创世神话和美索不达米亚信仰的紧密联系。

另外一个不同的例子在于，希腊和美索不达米亚神话装扮场景中出现的一队随从。尽管女神在塞浦路斯岛的准备过程和迪尔姆恩岛上的伊什塔尔是相似的，但希腊神话中由季节女神担任随从帮助女神装扮的场景，在美索不达米亚神话中并没有出现（5—15 行）。

尽管有这些不同，但这则神话的许多特征还是可以在美索不达米亚神话中找到。另外，它们似乎还是有许多相同的关于力量的潜在思想，而且这些潜在的思想都被运用于女神旅程的一个相似背景，最终形成并展示了女神的力量。基于这些方面的考虑，它可能产生于一个过分匆忙的评论者，他拒绝接受这则阿芙洛狄忒神话受到美索不达米亚思想和主题影响的可能性。然而正是这位女神自身构成了受美索不达米亚影响的确凿证据。

在《荷马颂歌V》中，阿芙洛狄忒展现了另一旅程，却表现了相似的主题和目的。她在旅程的活动中获得力量，使用同样的装扮母题以使自己获得不可抗拒的吸引力。这首颂歌的核心是阿芙洛狄忒和安喀塞斯的爱情故事，其中的许多母题和思想直接等同于伊南娜/伊什塔尔和年轻牧羊人杜姆兹的主题和思想。所有相关的主题同时使用，不断地重复美索不达米亚女神和她的凡人配偶之间的关系。大量的、特殊的相似特性及其在美索不达米亚和希腊的神话中占据中心的事实，证实了此神话的主要特征——爱情女神和她的爱人安喀塞斯的关系来源于美索不达米亚。颂歌似乎是最早出现的作品之一，如果不是，那就是最早出现的荷马颂歌之一，并且此神话作为史诗的核心似乎年代十分久远，因为荷马的《伊利亚特》(第 2 卷 819—821 行) 和赫西俄德的《神谱》（1008—

1010行）都曾提及它。①

接下来的故事讲到宙斯对阿芙洛狄忒很恼火，因为她使自己和众神对凡人产生欲望从而压制诸神。宙斯让阿芙洛狄忒与英俊的特洛伊牧羊人安喀塞斯陷入爱河作为报复。阿芙洛狄忒看到年轻的牧羊人，一见钟情，为了爱动身前往塞浦路斯做准备。这里使用了沐浴和用美丽的衣裳装扮的母题。季节女神帮她沐浴，在她的身上涂上不死的神油。她穿着美丽的衣裳，用黄金的珠宝和项链装饰自己（61—65、161—163行），之后迅速奔回特洛伊。

当她见到安喀塞斯，她的衣服闪烁着耀眼的光芒，她身着的绣品如月光般轻柔，项链在脖子上闪闪发光（86行及以下）。安喀塞斯被情欲淹没，就这样她完成了准备。安喀塞斯认出她是女神，阿芙洛狄忒只好撒了谎为自己的情欲扫清障碍。在其他的牧人赶着牛群返回之前，她唤醒了年轻的英雄，向他展示她的神性，他非常害怕，害怕与女神同寝所要承担的后果。她安慰他，告诉他，他们将有一个孩子，叫埃涅阿斯，是他们的私生子。最后阿芙洛狄忒警告他不能泄露他们之间私通的事情，否则宙斯会用冒烟的雷来劈他。②

这个神话中的某些特征对应了杜姆兹和伊南娜的关系。阿芙洛狄忒的目的是与普通的伊达山上的牧羊人安喀塞斯结合，这可能也对应了女神伊南娜与作

---

① 在早期的史诗中，E. J. Bickerman, 'Love Story in the Homeric Hymn to Aphrodite', *Athenaeum* 54 (1976) 229; 比较 T. W. Allen, W. R. Halliday and E. E. Sikes, eds, *The Homeric Hymns*, 2nd edition, Oxford University Press, Adolf M. Hakert, Amsterdam, 1963, pp. 350 – 351。

② 在阿芙洛狄忒的讲述中还包括伽尼莫德斯的故事和提托诺斯的故事，这是关于其他神的爱情故事，而并没有说明阿芙洛狄忒与安喀塞斯关系的完整故事。故事体现在诗人对阿芙洛狄忒羞愧于自己与凡人睡觉的讨论中，并提出她是否应该答应将安喀塞斯变为永生的请求。这些都侧重关注文学作品中的主题。于此论述，参见 Peter Walcot, 'The Homeric *Hymn to Aphrodite*: A Literary Appraisal', *Greece and Rome* 38 (1991) 148ff.; 另见 Peter M. Smith, 'Aeneiadai as Patrons of *Iliad* XX and the Homeric *Hymn to Aphrodite*', *Harvard Studies in Classical Philology* 85 (1981) 51 – 52。类似的，在雅典娜、阿尔忒弥斯和赫斯提亚的引言中，也并不涉及阿芙洛狄忒 - 安喀塞斯的情节，而是着重介绍阿芙洛狄忒的神力。关于引言的这部分，见 Friedrich Solmsen, 'Zur Theologie im großen Aphrodite-Hymnus', in Friedrich Solmsen, *Kleine Schriften*, vol. 1, Georg Olms Verlagsbuchhandlung, Hildesheim, 1968, pp. 55 – 67。比较荷马颂歌关于这个故事的某些方面: Tilman Krischer, 'Der homerische Aphroditehymnus als poetische Konstruktion', *Hermes* 119 (1991) 254 – 256。

为凡人的杜姆兹的神圣结合。沐浴和装扮的母题是为神圣婚礼作准备的一个特征。① 就如同阿芙洛狄忒在荷马颂歌中一样，伊南娜沐浴后，用油涂抹自己，为她与"野牛"杜姆兹的神圣婚姻穿戴整齐并戴上珠宝。② 这些沐浴和装扮的母题对于阿芙洛狄忒很重要，在关于女神的任何地方都能发现。如同其他例子中使用沐浴和装扮一样③，它们的功能都在于增加女神的吸引力和力量，这是尤为重要的。这里体现出沐浴和穿衣同时出现的唯一场景，它特别让人联想到美索不达米亚的用法。

作为爱上女神的后果，男性受罪的母题是另一个相似之处。在主显节（又叫三圣节）阿芙洛狄忒出现在安喀塞斯面前，他祈求女神不要离开虚弱的他，就好像他很清楚地知道灾难必定会降落到已经深爱着永生女神的自己身上（185—190行），他"正冒着被杀的高度风险"。④ 灾难的威胁出现在诗歌的结尾，它以宙斯的雷电的形式出现：如果他说出自己和女神的感情，他将自食恶果，被雷电击中。其他的资料显示，灾难最终降临到他身上，宙斯的雷电使他变成跛子和聋子。⑤ 颂歌中雷电对安喀塞斯形成威胁，联系后来在其他资料中的结果，很明显安喀塞斯害怕在"虚弱"中被留下会遭受某些具体的灾难，不仅

---

① S. N. Kramer, *The Sacred Marriage Rite*, Indiana University Press, Bloomington, 1969, pp. 59, 63 – 65, 73 – 77. 关于沐浴和穿戴的文本：《伊丁达干的神圣婚礼颂歌》，180—184，出自 Daniel Reisman, 'Id-din-Dagan's Sacred Marriage Hymn', JCS 25 (1973) 191; SRT 5, 3—7 行，尤其是第 7 行关于衣物的重要意义。这首诗参见 Jacobsen, *The Harps that Once...*, p. 16：line 7, "穿上女王的长袍，代表天之女王权力的长袍"。

② 此处的穿戴或沐浴母题能在任何关于阿芙洛狄忒的故事中找到：《伊利亚特》，14.169ff.，《奥德赛》8.362ff.。

③《荷马颂歌 VI》，5—13，参见以上关于这首颂歌中穿戴母题的讨论；另见《奥德赛》，8.362ff.。

④ N. van der Ben, 'Hymn to Aphrodite 36 – 291: Notes on the Pars Epica of the Homeric Hymn to Aphrodite', *Mnemosyne* 39 (1986) 20.

⑤ Allen, Halliday and Sikes, *Homeric Hymns*, p. 372；比较 P. Smith, *Nursling of Mortality: A Study of the Homeric Hymn to Aphrodite*, Studien zur klassischen Philologie 3, Verlag Peter D. Lang, Bern, 1981, p. 98, 关于这些较晚叙述的早期资料，见 Soph. frag. 373; Hyginus, *Fabulae*, 94. 在颂歌中，阿芙洛狄忒没有给他带来任何伤害，这种情况下他没有受到责备；如果他说出事实，他将会自食恶果。无论如何，这个爱情故事的结局总是悲哀的。

仅是丧失生命。① 在美索不达米亚神话中,不同的灾难均来自享受伊什塔尔恩惠的结果。在《吉尔伽美什史诗》中(泥版 VI. ii. 46—79),吉尔伽美什轻侮并激怒了女神,因为他列举了一大堆女神的情人,他们由于女神的爱而遭受了可悲的后果,而且他拒绝把自己算作其中之一。特别是,杜姆兹因为对伊南娜/伊什塔尔的爱而死去。② 阿芙洛狄忒爱人的同样命运可能成为安喀塞斯的叙述基础,他宣称将坚守与阿芙洛狄忒的爱情,即使这意味着他将被打入冥界(153—154行)。这样的叙述必定会在以后的颂歌中见到,在这一情境中他害怕与女神相爱会导致灾难或者死亡(187—190行)。③ 这种爱与死亡或灾难的母题十分特殊,并使人想起杜姆兹和伊什塔尔,这一母题是他们故事的一个显著特征。

这个神话中某些其他特征与美索不达米亚女神的特征相似。阿芙洛狄忒在塞浦路斯沐浴装扮的主题与颂歌中的伊南娜相似,这在阿芙洛狄忒出生神话的探讨中已有所涉及。④ P. 史密斯(P. Smith)在对《荷马颂歌 V》的文学结构分析中,认为沐浴装扮场景的目的更接近现实主义的叙述方式。⑤ 这可能也是诗人希望传达的效果,但是他利用宗教神话的因素和这些因素的影响去推动故事发展。颂歌是一部文学作品,因此作品的文学特质对于理解诗歌和作者写作故事的目的是重要的,而这些方面与女神的行为相关,女神并不是一个为某次幽会做准备的一般女性。所以,像这样的因素和思想不仅仅是为作品而创造的文学

---

① 对于只是失去生命,参见 Anne Giacomelli,'Aphrodite and After', *Phoenix* 34 (1980) 1-19。段落中(188—190行)安喀塞斯的虚弱要在整个神话的内容中出现。关于安喀塞斯灾难的发生源于凡人和神之间"不相称"的行为的观点,出自"奥林波斯宗教的根本信仰"(basic tenet of the Olympian religion),18页;宙斯与其他诸神的爱情故事,如同此处阿芙洛狄忒的爱情故事一样,似乎与这个观点形成对立。关于灾难的性质,并未提及阉割或是阳痿,而这是阿提斯(Attis)的命运。思想比这点更为复杂。比较 R. Mondi 的观点,他将安喀塞斯的命运与阿提斯相比较:'Greek Mythic Thought in the Light of the Near East', in Lowell Edmunds, ed. ,*Approaches to Greek Myth*, Johns Hopkins University Press, Baltimore and London, 1990, p. 147。

② 参见 Kramer, *The Sacred Marriage Rite*, pp. 104-106; Alster, RA 79 (1985) 142-146:爱情诗 SRT 31, 18—26、30 行。

③《伊利亚特》和《奥德赛》中有这样的场景,人们渴求某物以致愿意为其而死,爱情-死亡母题仅在本首颂歌中出现。以荷马提及的某些场景为例,参见 Van der Ben,前引书 19 页。也可比较,J. C. Kamerbeek,'Remarques sur l'*Hymne à Aphrodite*', *Mnemosyne* 20 (1967) 392:此处爱情-死亡主题。关于文学作品中此种情况的分析,另见 Walcot, GR 38 (1991) 144ff。

④ 关于颂歌,见 Labat, et al. ,*Les Réligions*, pp. 247ff。

⑤ Smith, *Nursling of Mortality*, p. 41. 类似的另一研究将阿芙洛狄忒神话作为超越于文学作品和民间故事来看待,并且很大范围是通过一种世俗的观点:E. J. Bicherman,'Love Story in the Homeric Hymn to Aphrodite', *Athenaeum* 54 (1976) 234ff。

虚构，而是女神宗教神话的一部分，同时也被用来展现神话情节中关于女神的更深广的思想。

另一个与美索不达米亚女神相似的例子是侍奉在阿芙洛狄忒周围的动物。阿芙洛狄忒作为人类的生殖女神（1—6 行），身处特洛伊附近的伊达山上（68—74 行）。她重现伊什塔尔有性生育的能力，这在 AV 的例子中可以看到（76—90 行）。① 然而，在这则具体的神话中，即伊达山上的野兽侍奉在女神周围的神话，显然也包含了从某个或某些其他材料中借鉴而来的混合观念。这样的观念是女神到达伊达山后所展现的她作为"动物女主人"的一面。在这首颂歌中，阿芙洛狄忒是"动物的女主人"，可能还涉及了她是"山岳母亲"的观念。② 她的这些特质很像弗里吉尼亚的女神库伯勒——一位安纳托利亚大女神，而阿芙洛狄忒在神话中通过与库伯勒的联系可能已经接受这些特质。③ 由于相似的特质联系，后来的女神似乎在雅典与忒拜的狄奥尼索斯崇拜中也出现了相似的品质，这个我们可以在稍晚的欧里庇得斯的悲剧《酒神的伴侣》（Bacchae）中看到。④ 然而，在神话中，阿芙洛狄忒与动物相联系的这种特殊形式，生育和动物的性的相互作用，这一切对于阿芙狄特忒的形象而言是真实的⑤，但这也特别令人想起她的先祖伊什塔尔，她似乎也是作为掌管动物有性生殖的女神形象出现。

另一个与美索不达米亚神话的相似之处是女神在旅行中不断增强的力量及其力量的展现。力量母题是旅行神话的一个重要特征，它的不断增加和展示似乎构成了女神之旅的必要组成部分。阿芙洛狄忒在这个旅行中的活动使她变得

---

① 颂歌中女神生殖能力的重要性，参见 Thérèse Ory, 'L'animal et le végétal dans l'*Hymne Homérique à Aphrodite*', LEC 52 (1984) 251。

② 当然，颂歌 68 行的 μήτερα θηρῶν 是关于伊达山，而与阿芙洛狄忒无关。比较 Van der Ben, *Mnemosyne* 39 (1986) 8。

③ Burkert, *Greek Religion*, p. 154. 20 世纪早期的一个不完整的观点认为阿芙洛狄忒和安喀塞斯的故事全部来源于库柏勒与阿提斯的故事，参考 H. J. Rose, 'Anchises and Aphrodite', CQ 18 (1924) 11–16。另见，近期的关于伊什塔尔与库柏勒的观点; Silvio Ferri, 'L'inno omerici a Afrodite e la tribu anatolica degli Otrusi', in *Studi in onore di Luigi Castiglioni*, vol. I, G. C. Sansoni Editore, Florence, 1960, pp. 294ff。

④ 特别是 78—82 行。参考 G. S. Kirk, ed., *The Bacchae of Euripides*, Cambridge University Press, Cambridge, 1979, p. 53. 喜剧中的英雄彭修斯（Pentheus），躲在一棵树上窥探酒神的女祭司们的仪式，后来被这些疯狂的妇女从树上揪出来并被杀死（1066—1127 行）; 比较一份记录，尽管更晚一些, Firmicus Maternus, Halm, p. 120: 'in sacris Phrygiis quae matris deum dicunt, per annos singulos arbor pinea caeditur et in media arbore simulacrum iuvenis subligatur'。

⑤ 同样出现在《荷马颂歌 V》，3—5 行关注动物交配。

更加强大，力量的展示在她到达伊达山、结束旅行时达到了高潮。女神的力量是一种压倒和迷乱思想的性欲，它是颂歌的一个中心特征，强调了她的力量具有普遍性质（1—6行）。女神倾倒众生的美丽证明了她的力量，她在塞浦路斯的准备也提升了这个力量的影响。阿芙洛狄忒在身上佩戴了首饰，并将永生之油涂在自己身上，从而增加了她的美丽和性吸引力，以至于她到达伊达山后拥有无以伦比的美丽。相似的是，当阿波罗沐浴和装扮自己，吃不朽之食，饮不老之水，他的力量也不断增强。① 当女神遇到英雄时，她的美丽和不可抗拒的力量就显示出来，她的这一特质也典型地展示在旅行的归途中：美丽的衣裳，迷人的首饰，洋溢着光彩的脸庞，闪耀着夺目光芒的金色宽松外袍（86行及以下）。女神在充满光亮的主题中通过服饰展示自己的力量，与阿波罗出生后在奥林波斯山上表现自己的方式是一样的，那时他的衣服、竖琴、长袍和双脚都闪耀着光芒，在神话中这些都是力量的象征。② 光亮主题也可以通过宙斯出生后在克里特岛的活动看出来，天神在那里沐浴和装扮，象征着年轻的神增强力量和权力。③ 在颂歌里描述阿芙洛狄忒的容光焕发的方式与苏美尔颂歌中描述伊南娜沐浴和装扮自己后的光彩照人的方式极其相似："杜姆兹推（打）开门，她如月光一般从屋外来到他跟前"（ii. 20）。当阿芙洛狄忒见到安喀塞斯时，她胸前的装饰如同月光一般皎洁明亮（89行以下）。④

　　光芒四射也被作为神圣显现的一个特征，例如《荷马颂歌Ⅱ》中得墨忒耳进入美塔尼拉的家时就是以这样的方式显现的（488—491行）。这种形式会在目击者中创造出一种敬畏感，但在献给阿芙洛狄忒的颂歌中情况则不同：这里女神的光芒四射表现在她重新装扮的衣服和首饰上。在颂歌中，她的旅行和其他行为是她力量的表现方式。值得注意的是，与她迷倒安喀塞斯的场景相反，当她随后与安喀塞斯躺在一起，向他泄露自己女神的身份后，她并未显出光彩照人之貌。作为仅提及的特征——她的身高（头部已接近树的顶端）和美丽的眼睛与脖子——这一切表现了她的神圣性（172—175、181行）。海伦认出了阿芙洛狄忒也是通过同样的方式——瞥见女神美丽的双眸、脖颈和胸脯——当阿芙

---

① 《荷马颂歌致阿波罗》，124—129行。
② 《荷马颂歌致阿波罗》，201—203行。
③ 赫西俄德《神谱》，492—493行。
④ Jacobsen, *The Harps that Once...*, p. 21.

洛狄忒把差点丧命于墨涅拉俄斯手下的帕里斯从战场上救出并送到海伦的卧榻之时。① 在荷马颂歌中阿芙洛狄忒的光芒暗示了女神的力量。

总之，在此处讨论的两则神话中阿芙洛狄忒在旅行中都获得了神力，这表现在她的服饰、首饰和个人魅力中。在这些神话中，她的力量主要体现在点燃诸神、人类和动物的性欲。由于这些母题被谨慎而明确地用来表现力量的主旨，看来似乎作者早已知悉为力量而行的思想并将之巧妙运用。实际上，在女神与安喀塞斯恋爱的神话中，阿芙洛狄忒提升力量的沐浴和装扮的过程看起来是她到塞浦路斯的唯一原因。她重返并到达伊达山时便显现了旅程的结果，就像作品中表现力量主题的那些例子，她的力量以象征的方式被表述出来，她主要的特质——唤起诸神、人类和动物性欲的特质，被充分展示出来。

此神话中不同的母题指向了伟大的美索不达米亚女神，与阿芙洛狄忒的出生神话的母题一样。特别是她与牧羊人安喀塞斯的关系对应了伊什塔尔和她的情人们的关系，尤其是和她的配偶——牧羊人和牧者之王杜姆兹，和她完成"神圣婚姻"的人——之间的关系。尽管这样的叙述再次在希腊出现，而有观点认为颂歌的特定目的也许是解释神为什么不再和凡人结合②，许多观念和母题的使用表明作者毫不犹豫地依赖阿芙洛狄忒神话集的传统特征，而其中许多神话可能有各自确切的根源，例如这位女神本身就源自美索不达米亚。当然，颂歌中女神为了获得神力而展开旅行，这个特征也显示出其与美索不达米亚神话有某种联系。由于这些相似性的性质是复杂而特殊的，尤其在阿芙洛狄忒与安喀塞斯爱情的神话中，许多母题与美索不达米亚母题直接对应，并成为两个地区神话的中心母题，希腊受到美索不达米亚的一些直接影响就是答案。当然，美索不达米亚以外国文字写作的文学作品可能没有对希腊产生影响，但是其神话观念以口头的方式传到希腊却是非常有可能的，其中许多方面似乎已被吸收进来，并成为阿芙洛狄忒（伊什塔尔的希腊对应者）神话传统的一部分。尽管神话中的混合特征与弗里吉尼亚女神库伯勒看起来有一些联系，来自美索不达米

---

① 《伊利亚特》，3.396—397。通过相似的方式，愤怒的阿喀琉斯从雅典娜凶光毕露的眼中意识到她的女神身份，《伊利亚特》，1.199—200。

② 尽管 William G. Thalmann 反对这种解释，见 CPh 86（1991）146。也许神与凡人的结合仍将出现，但阿芙洛狄忒不会再以此自夸：Ann L. T. Bergren, 'The *Homeric Hymn to Aphrodite*: Traditon and Rhetoric, Praise and Blame', *Classical Antiquity* 8（1989）2。参见 Robert Parker, 'The Homeric *Hymn to Demeter* and the *Homeric Hymns*', G&R 38（1991）4。

亚的这种影响确是事实。然而，对于希腊人而言，必须将想象归因于创造新的、使人愉快的且相当富于技巧的神话，将古老的外来思想和不同来源的材料——主要是阿芙洛狄忒和安喀塞斯神话中的美索不达米亚元素——融入希腊的宗教、社会和环境背景的框架。

如果这些颂歌受到美索不达米亚的影响是事实，似乎存在着受影响的大致时间问题。在希腊和迈锡尼地区有关阿芙洛狄忒最早的证据是在帕福斯的神殿。这座神殿似乎在公元前12世纪就已经建立，很明显在那个时代当地居住着迈锡尼的阿卡亚人，已是迈锡尼时代的尾声。① 由于迈锡尼人在早前的两个世纪已经与近东地区有了联系，所以女神要么可能已经存在于迈锡尼时代的希腊；要么是在迈锡尼时代结束后的时期，尤其在这一时期的开端，希腊人接纳了女神。在这一时期二者之间的联系减少，但是依然存在。无论在哪个时期，如果说希腊接受女神是腓尼基人影响的结果，以及在迈锡尼时代结束的最初阶段，那么鉴于迈锡尼与北部叙利亚和赫梯南部地区的接触，这仍然需要商榷——这些神话显然不是它的一部分，因为在这些颂歌中可以看到与伊什塔尔神话的相似性，尤其在比较长的关于阿芙洛狄忒的颂歌中，可以找到直接与伊什塔尔相似的特征，但不与任何可分辨的腓尼基元素相融合。但是，这就遗留下何时产生影响的问题。有很多的可能性，但没有绝对的答案。阿芙洛狄忒与安喀塞斯的爱情故事和美索不达米亚神话的相似性具有特殊而重要的特质，并且在一定程度上也是复杂的，这可能有待后来的资料予以证明。当然，产生影响的时间明显要早于荷马创作《伊利亚特》的时代，该作品大约成书于公元前750—公元前700年，其中就提及了这个故事（2.819—821）。其被提及的方式显示故事已经广泛流传，在时间上要比作品早一段时期。《神谱》中的出生神话与荷马史诗大约形成于相同的时代，也是一个广泛流传的故事。在故事中涉及的装扮母题是明确具体的，说明它与这些作品产生的时代也相差不远。阿芙洛狄忒出生母题与赫梯的观念也有相似之处，但这种联系可能产生于任何时代。

早期时代很大程度上赖于口头传统将各种观念之间的联系保存下来。权力之旅的各种思想与阿芙洛狄忒的表现密切相关，并追随着美索不达米亚模式。

---

① Vassos Karageorgis, *The Ancient Civilization of Cyprus*, Nagel, Geneva, 1969, pp. 62 – 67, 另见 pp. 135 – 150; Burkert, *Greek Religion*, p. 153。

相似的，为力量而行的不同观念是与阿芙洛狄忒和安喀塞斯的关系相统一的，这也重复了美索不达米亚的伊什塔尔和她配偶的场景。伊什塔尔和杜姆兹的整套神话系统是否在早期就传到了希腊，还是只有他们神话的一些方面被采用，或者仅是一些观念被传输进来，这些问题难以解决。外来观念对希腊神话施加影响后，这些材料在一段时期内不可避免地会被同化，只有当它们被同化到一定程度，成为阿芙洛狄忒神话传统的组成部分时，它们对本土的影响才会终止。然而，在阿芙洛狄忒与安喀塞斯的爱情神话中，由于相似点的具体性和复杂性，最可能产生影响的时间似乎是公元前一千纪，在荷马史诗前不久。

178

任何关于阿芙洛狄忒的研究离开了阿多尼斯，即女神另一位遭受灾难的情人，都是不可能完成的。他可能是另一个证实美索不达米亚影响的例子，他看起来是杜姆兹在西闪米特的派生，通过腓尼基宗教传到希腊，阿多尼斯在希腊的姓名和崇拜仪式指出了他的源头。① 尽管关于他的神话的证据比较晚近，而他作为神灵似乎在很早的时候就被希腊人提及：他极其不幸的命运在公元前6世纪莱斯博斯岛的萨福的诗行中就已有涉及（残篇140），而根据阿波罗多罗斯的说法，赫西俄德在《名媛录》（赫西俄德残篇139）中也曾提及他。

在阿波罗多罗斯（III.183—185）中，阿多尼斯的出生神话与美索不米亚的杜姆兹/达穆神话有许多相似之处，杜姆兹/达穆是阿芙洛狄忒在美索不达米亚神话中对应女神的配偶。赫西俄德认为，阿多尼斯是非尼克斯和艾菲西波亚的儿子；但根据帕尼亚西斯的说法，他是亚述王忒伊亚斯和女儿斯玛瑞纳所生。因为斯玛瑞纳拒绝崇拜阿芙洛狄忒，于是女神让这个姑娘与自己的父亲相爱，让她秘密地与父亲同床共枕十二夜。当她的父亲觉察到这是他的女儿，便拔出剑追赶她。就在她将要被抓住时，她向神祈祷使自己隐身，但是神却将她变成一棵没药树。在第十个月，树裂开，阿多尼斯从中降生。尽管还是个孩子，阿多尼斯却是如此的美貌绝伦，使得阿芙洛狄忒深深爱上了他，将他藏在陶棺里并交给珀耳塞福涅看管。当珀耳塞福涅女神看到他后，她不愿再将他还给阿芙洛狄忒。她们向宙斯请求解决纷争，得到这样的裁决：阿多尼斯一年中有三分之一的时间和珀耳塞福涅在一起，三分之一与阿芙洛狄忒在一起，剩下的三分

---

① Walter Burkert, *Structure and History in Greek Mythology and Ritual*, Sather Classical Lectures 47, University of California Press, Berkeley and London, 1979, pp.105 - 111; Ernest Will, 'Le rituel des Adonies', *Syria* 52 (1975) 93 - 105; Oswyn Murray, *Early Greece*, The Harvester Press, Brighton, 1980, pp.85 - 86.

之一属于他自己。而阿多尼斯决定将属于自己的时间与阿芙洛狄忒一起度过。后来阿多尼斯在狩猎时，由于狩猎女神阿尔忒弥斯的愤怒，被野猪杀死。

179　　此处有一些主题与美索不达米亚的杜姆兹/达穆神话相类似，他可以说是阿多尼斯的先驱。这个故事来源于近东的首要证据是神的命名：阿多尼斯似乎来自于西闪米特语的词"上帝"（lord）。同时，赫西俄德称阿多尼斯的父亲为非尼克斯，也暗示了其腓尼基起源。而帕尼亚西斯认为，阿多尼斯的父亲是亚述人，并且明确为美索不达米亚人。

在阿波罗多罗斯这个简短的概论中，其与美索不达米亚最明显的相似母题是阿多尼斯每年有一段时间要待在冥府与珀耳塞福涅相伴，也就是他与珀耳塞福涅分享的这一母题。当然他与每年中有一段时间在阴间度过的杜姆兹/达穆也是相似的，这在 ID、AV、edin-na ú-saĝ-ĝá 和 TRS 8 中有所表现。正如珀耳塞福涅一样，他每年三分之一的时间居住在阴间，而不是像美索不达米亚神那样有半年时间待在地府。这可能是因为珀耳塞福涅的影响，或者是简单的由于希腊一年三分的季节观念所引起的。

一个不明显但却重要的相似点为，他与杜姆兹/达穆一样，从一棵树中出生。在 TRS 8，美索不达米亚的植物神被母亲女神留下来，由一棵树照顾并在树皮里睡觉。当母亲回来要带回儿子时，她发现他已经降入了阴间。但是，被从地狱释放出来后，他每年在植物中象征性地出生，如同阿多尼斯出生于树中一样。母题不总是一致的，但相似的观念似乎隐藏在故事之中。母题的混合性也许是通过叙利亚或者腓尼基的转述将神移入的结果，这比直接自美索不达米亚的传输更有可能。

但是，必须注意，来自阿波罗多罗斯叙述的神话是相当晚的。① 它可能涉及本研究范围之外的近东影响问题，这是限定在讨论对阿芙洛狄忒的早期希腊神话的影响问题的研究。此处，没有任何关于女神阿芙洛狄忒及其古老神话的事实可以加入证明其受美索不达米亚影响，除非接受阿多尼斯本身即为杜姆兹明确的派生者；而且，这似乎最多不过是腓尼基宗教的间接影响而已。

---

① 各版本的故事出现于较晚期的作为基督信徒的作者，由亚里斯提德斯（Aristides）开始，这些版本都表现了相似的母题：Walter Burkert, *Structure and History*, pp. 109 – 110。

第八章　赫尔墨斯和宙斯之旅

希腊神话有谱系化的诗歌传统，其流传下来的诗集中保存了许多宙斯和赫尔墨斯的旅行神话。《荷马颂歌致赫尔墨斯》是流传下来的荷马的四首长诗中最长的一首，描写了赫尔墨斯和阿波罗进行的一系列旅行。《神谱》中宙斯的诞生神话（477—500行）、宙斯和母亲瑞亚的旅行神话能在献给阿波罗、得墨忒耳和阿芙洛狄忒的荷马颂歌中找到相关记载。

《神谱》中，集会首领宙斯打败了怪物堤福俄斯（Typhoeus）（820—870行）。此怪物对应《荷马颂歌致阿波罗》中阿波罗的对手——巨蟒皮提亚，阿波罗征服了怪物得以巩固其神权。[1] 事实上，堤福俄斯之战的大体情形及其中宙斯的作用等同于美索不达米亚的英雄受困神话中尼努尔塔和马尔杜克战胜怪物的情节，以及阿波罗神话中的情节。

《神谱》的某些素材被普遍认为源于近东，支撑此观点的是宙斯诞生神话和堤福俄斯情节，二者都与美索不达米亚神话存在明显相似。旅行观念和某些母题中的宙斯诞生神话有相似，而赫西俄德的堤福俄斯神话则对应近东神话（包括美索不达米亚神话在内），神话被局限在狭小的母题范围内。较晚出现的阿波罗多罗斯对争斗的叙述中，包含了与赫西俄德版本进行比较的创作意图，其中表现出许多近东观念和母题。

献给赫尔墨斯的颂歌涉及一系列旅行，将其与献给阿波罗、得墨忒耳和阿芙洛狄忒的荷马颂歌中的旅行母题对照是相当重要的。由于此颂歌未呈现出任何与美索不达米亚神话相似的迹象，甚至仅在素材上也无明显的相似，因此它与荷马其他三首长诗形成了鲜明对照。

---

[1]《荷马颂歌致阿波罗》的作者认为堤丰和堤福俄斯是同一个怪物（339、367—368行）。同样的观点可见于《神谱》第306—307、821行。关于堤福俄斯和堤丰是不同血统的论述，参见 Alain Ballabriga, 'Le dernier adversaire de Zeus: le mythe de Typhon dans l'épopée grecque archaïque', RHR207 (1990) 3-30。

荷马颂歌致赫尔墨斯

这首颂歌的产生时间比其他几首晚得多,或许这就是其与其他颂歌不同的原因。由于文本处处被改动,而且几乎没有任何外在或内在的证据,所以作品产生的准确时间也难以界定。关于这首诗的产生时间有几种推测,认为其至公元前5世纪甚至更晚的时候才出现。作品形成于公元前6世纪的说法,可能是最容易被接受的。①

由于故事的叙事风格显得杂乱无章,因此其特征不同于其他颂歌。除此之外,也许是因为故事中年轻的神的性格和他们的作用使然,比起其他颂歌中的诸神形象,作者在处理赫尔墨斯的性格时少了几分敬畏。

赫尔墨斯是宙斯和女神迈亚早熟的儿子,他在黎明时分出生,中午弹着竖琴,夜晚则偷走了阿波罗的牛群。当他刚脱离迈亚的子宫,他就从母亲的山洞中溜出来,并找到了一只大乌龟。他用乌龟的壳做了一个竖琴,然后娴熟地拨弄着琴弦,歌唱着关于宙斯和迈亚的美妙爱情。

当太阳奔向俄开阿诺斯落下地平线时,赫尔墨斯迅速赶到皮埃利亚,偷了阿波罗的五十头牛,诡计多端的赫尔墨斯在返回位于沙地皮洛斯附近的阿尔甫斯(Alpheios)河的路上企图掩盖自己和牛群的踪迹。途中,赫尔墨斯遇到了一位在葡萄园干活的老人,老人发现他正带着牛群赶路,为了保守秘密,他试图贿赂老人。

赫尔墨斯在阿尔甫斯河边点起了篝火,杀了两头牛以显示自己力大无比,他享受着烤肉散发出来的香气,把牛献祭给天神。之后,他回到了母亲位于基里尼的山洞,爬回摇篮中,用襁褓把自己包裹起来,扮成一个无辜单纯的婴孩。迈亚觉察到他曾经出去过,并责备了他那丢人的偷窃行为。赫尔墨斯却声称日后他会给母亲和自己带来荣耀,还声明如果阿波罗前来兴师问罪,他会让那位天神感到后悔。

---

① Richard Janko, *Homer, Hesiod and the Hymns: Diachronic Development in Epic Diction*, Cambridge University Press, Cambridge, 1982, pp.133, 134.

与此同时，阿波罗四处寻找他的牛群，当从葡萄园的老人那里得知真相后，他顺着赫尔墨斯和牛群的踪迹很快找到了迈亚的山洞。阿波罗在洞里上探下看寻找他的牛群，他恐吓襁褓里假装成无辜婴孩的赫尔墨斯，如果不招认并归还牛群，就要把他丢到塔尔塔罗斯地狱去。但赫尔墨斯发誓他对牛群的事毫不知情，说他太年幼了甚至还不知道牛的模样。

阿波罗把赫尔墨斯带到奥林波斯山的众神集会上让宙斯来主持公道。阿波罗解释了事情的缘由，但是赫尔墨斯再次发誓他是无辜的，并歪曲地讲述了自己的观点。宙斯因他孩子般的厚颜而开怀大笑，为解决纠纷，宙斯命令他把牛群交还给阿波罗。

当他们来到皮洛斯，赫尔墨斯把牛群从藏身之地赶了出来。他孔武有力，挣脱了阿波罗用来捆绑他的柳条，柳条落地后迅速生长，很快蔓延并覆盖了整个牛群。赫尔墨斯弹奏着竖琴，阿波罗惊呆了，沉醉在美妙的琴声中，于是要用他的牛来交换竖琴和弹奏技巧。

后来，他们回到奥林波斯山，宙斯让他们结为好朋友。[1] 在阿波罗的告诫下，盗者之王赫尔墨斯发誓再也不会从他那窃取任何东西，而阿波罗传授给他通过鸟类进行预言的能力。赫尔墨斯成为鸟类、野兽、群居动物等各种能显征兆的生物的预言之王。此外，他还被任命为冥府的使者。

关于诸神之旅及在旅程中发挥重要作用的神力的获得和显现这些母题，献给赫尔墨斯的颂歌与荷马的另外三首长诗相比显得与众不同。尽管故事中赫尔墨斯和阿波罗多次旅行，但不管是在结构上还是在目的指向上，他们的旅行都与其他三首颂歌不同，并未呈现出那三首颂歌中神力之旅的思想。颂歌中赫尔墨斯确实展现了神力和神性，这仅仅是因为荷马颂歌的主题总是赞美天神，并不代表其构成了旅程的全部意义。[2] 虽然常见的观点认为，诸神神力的证明由旅程表现出来，如其他颂歌和美索不达米亚作品，然而本颂歌不同，无论是旅程

---

[1] 从510行或512行开始到最后的这些诗行，被认为是后来补充入颂歌中的。然而，与此说法相反的是，这些诗行的确延续了颂歌剩余部分的母题，并且增加了一些有助于阐述赫尔墨斯神性的重要细节。多样的用词形式和复述仍被续写到其余的诗行中，加强了颂歌的整体性：Cora Angier Sowa, *Traditional Themes and the Homeric Hymns*, Bolchazy – Carducci Publishers, 1984, pp. 194 – 197; Janko, *Homer, Hesiod*, p. 133。

[2] 对此论述一个很好的例证为第28首，献给雅典娜的颂歌。

结构还是作品内容，它都未以任何方式把神力的呈现和旅程进行比较。①

此处的旅程与出现在美索不达米亚神话和其他三首颂歌中的并不相同。显而易见，此颂歌中的旅程与女神及其配偶神话中的旅程没有相似之处，也与英雄征服神话的旅程无关。事实上，其他神话中的这些旅程确实是很偶然、不自觉地呈现某些潜在的意义。同时，本颂歌并不像其他神话里神力和天赋是按地位的高低获得的，此处神力的显现与旅程并无关联。举例来说，此处没有女神曲折的旅行经历，地位的上升和神力的显现没有紧密联系，众神之父也没有通过旅行到集会上来显示自己的神力和神权；只有赫尔墨斯在溜出洞穴后制造竖琴来显示智慧的情节，随后在阿尔甫斯河附近杀死两头牛祭神，显示他的力气。同样，赫尔墨斯始终表现出谎言和狡猾，再一次说明神力与旅行本身没有关系。由于本颂歌中并没有与美索不达米亚神话素材相似的母题，则证实其缺失美索不达米亚的神话思维。

这首颂歌与《荷马颂歌致阿波罗》有一处相似，但由于在处理素材时采用不同的方式或出于不同的目的，另一特征则表明相关理念在两首颂歌中的差异。赫尔墨斯出生神话的元素似乎影射了《荷马颂歌致阿波罗》中阿波罗的诞生（119—132 行）。黎明时分，赫尔墨斯从母亲的襁褓中挣脱出来，很快离开了山洞（20—24 行）。他发明了竖琴，并唱着美妙的歌曲歌颂宙斯和母亲迈亚的爱情（25—61 行）。黎明时分从襁褓中挣脱出来，暗示他从土地诞生；然后制造竖琴，或许暗合了阿波罗诞生故事中的母题，很大程度影射了颂歌中阿波罗在赫尔墨斯旁弹奏竖琴。《荷马颂歌致阿波罗》遐迩闻名，尽管《荷马颂歌致赫尔墨斯》的产生时间较之稍晚，但作者肯定知道，以至于这首颂歌与献给阿波罗的颂歌一样，同样遵循了荷马式的传统创作。然而，虽然这些母题或许暗合了阿波罗的出生，但它似乎仅仅是文学层面上的影射。由于在表现神力母题或其他标志地位上升的母题时，并没有衍生出其他母题，因此在处理两首颂歌的母题时有了不同目的。如果本颂歌暗合了阿波罗出生的场景，可以确证阿波罗颂歌中呈现的观念及阿波罗一章中论述过的宙斯诞生在克里特大地的观念的重

---

① 关于赫尔墨斯的出身和天性方面，可参见 Hans Herter, 'Hermes: Ursprung und Wesen eines griechischen Gottes', *Rheinisches Museum für Philologie* 118 (1975) 193–241; A. J. van Windekens, 'Réflexions sur la nature et l'origine du dieu Hermès', *Rheinisches Museum für Philologie* 104 (1961) 289–301; Walter Burkert, *Greek Religion*, Harvard University Press, Cambridge (Mass.), 1985, pp. 156–159。

要性。

献给赫尔墨斯的颂歌中的旅程及由此衍生的母题都与美索不达米亚神话不同,这点对于研究美索不达米亚与希腊的旅行神话是十分重要的。颂歌中的这些差异强调了一个事实,即在其他颂歌中出现的关于旅行和由之衍生的母题的各种观念绝非偶然。献给赫尔墨斯的颂歌中多次提到旅行,但它们既没有潜在的意义,也缺乏与美索不达米亚神话中相似的母题。与之相反,其他几首涉及旅行的颂歌与美索不达米亚神话的旅行有相似的结构理念,并且与同样的神话中的大量母题有直接对应。这个事实强调了其他颂歌似乎是在依赖美索不达米亚神话观念和素材的基础上自觉创造的,这一点在其他方面也得到了明确的证实。这些旅行在表达特定主题时,都有着明确的目的或思想。献给赫尔墨斯的颂歌也证明了美索不达米亚神话素材表现的是特定的结构和理念,并未普遍吸收任何其他旅程类型。何况,美索不达米亚神话及其他三首颂歌中的旅行都是经过严谨的构思创造出来的,目的在于描述关于这个神的世界和神性的某种明晰而广泛的宗教思想。

宙斯之旅

自从发现了赫梯语的文本《诸神在天堂》(Kingship in Heaven)和《乌力库米神话》(The Myth of Ullikummi)后,人们认为赫西俄德的《神谱》主要部分源自近东。承继性的神话组成了《神谱》的主干,此观点通常被认为源于近东。尽管这类神话与赫梯、乌加里特、腓尼基及美索不达米亚的神话观念非常相似,但其神话母题却更像赫梯的史诗。关于此相似性的议题在近十年已经有了非常详细的讨论,此处无须赘述。①

186　然而,在尚未说明的关于宙斯神力提升的某些部分中也有相似之处。多数相似能在宙斯的诞生神话中找到。其中的神话观念与美索不达米亚神话中的许多特征是相吻合的,其形式与《荷马颂歌致阿波罗》中对阿波罗出生的描述也很相似。在描述宙斯与怪物堤福俄斯(又名堤丰或提丰)的战斗中,也有一些与美索不达米亚神话相似的地方,尽管赫西俄德的《神谱》表明这些战斗行为的相似只是天性使然。

　　同美索不达米亚神话一样,宙斯神话和阿波罗神话也有英雄征服情节。一方面来看,就像《埃努玛·埃利什》中马尔杜克一样,宙斯打败了怪物以彰显他在诸神中英勇无比的首领风范。从另一方面来看,宙斯似乎涉及和达穆有关的女神及其配偶的地位上升神话。后者则与阿波罗的出生神话相似。

　　蒙蒂指出,《神谱》中的诞生章节与荷马颂歌有几分相似。② 遵循与阿波罗出生神话同样的原则,许多特征也与女神及其配偶神话、阿波罗在得洛斯岛诞生的神话有很多相似之处。赫西俄德的描述典型而简洁,并且看上去与多数神

---

① Hans Gustav Güterbock, 'The Hittite Version of the Hurrian Kumarbi Myths: Oriental Forerunners of Hesiod', AJA 52 (1948) 123–134; W. G. Lambert and P. Walcot, 'A New Babylonian Theogony and Hesiod', *Kadmos* 4 (1965) 64–72; P. Walcot, *Hesiod and the Near East*, University of Wales Press, Cardiff, 1966, *passim*; M. L. West, ed., *Hesiod Theogony*, Clarendon Press, Oxford, 1966, pp. 19ff.; G. Komoróczy, 'The Separation of Sky and Earth', AAntHung 21 (1973) 21ff.; G. S. Kirk, *The Nature of Greek Myths*, Penguin Books, Harmondsworth, 1974, pp. 26–27, 116ff.; Jacqueline Duchemin, *Prométhée: Histoire du mythe, de ses origines orientales à ses incarnations modernes*, Société d'édition «Les belles lettres», Paris, 1974, pp. 33ff.; Jacqueline Duchemin, 'Les mythes de la Théogonie hésiodique. Origines orientales: Essai d'interprétation', in Jean Hani, ed., *Problèmes du mythe et de son interprétation*, Actes du Colloque de Chantilly (24–25 avril 1976), Société d'édition «Les belles lettres», Paris, 1979, pp. 51–67; Albert I. Baumgarten, *The Phoenician History of Philo of Byblos: A Commentary*, E. J. Brill, Leiden, 1981, pp. 94–139; Henry Podbielski, 'Le mythe cosmogonique dans la *Théogonie* d'Hésiode et les rites orientaux', LEC 52 (1984) 207–216; Robert Mondi, 'The Ascension of Zeus and the Composition of Hesiod's *Theogony*', GRBS 25 (1984) 342ff.; M. L. West, 'Hesios's Titansd', JHS 105 (1985) 174–175; Gérard Naddaf, 'Hésiode, précurseur des cosmogonies grecques de type "évolutioniste"', RHR 203 (1986) 339–364; Friedrich Solmsen,'The Two Near Eastern Sources of Hesiod', *Hermes* 117 (1989) 413–422; Robert Mondi, 'Greek Mythic Thought in the Light of the Near East', in Lowell Edmunds, ed., *Approaches to Greek Myth*, Johns Hopkins University Press, Baltimore and London, 1990, pp. 151ff. and *passim*; Christoph Auffarth, *Der drohende Untergang: 'Schöpfung' in Mythos und Ritual im Alten Orient und in Griechenland am Beispiel der Odyssee und des Ezechielbuches*, Walter de Gruyter, Berlin and New York, 1991, pp. 129–130.

② Mondi, GRBS 25 (1984) 336ff.

话中提到的事件和观念一致。

瑞亚横渡大海来到克里特岛，生下孩子。仁慈的大地女神从瑞亚手里接过刚出生的宙斯，并抚养、照顾他。大地女神带着他穿过夜色，先来到了莱克托斯，然后到了密林成荫的埃该俄斯山区，把他藏在地下一个深深的洞穴里。女神用襁褓包裹着一块石头作为宙斯的替身交给了克洛诺斯。克洛诺斯预见自己注定会被儿子打败，接过襁褓吞入腹中。

宙斯的身体很快茁壮成长，他的力量也在迅速增强（492 行）。时间不断推移，克洛诺斯仍然为智慧的大地女神所蒙骗。在儿子的智慧和力量的胁迫下，克洛诺斯吐出了他先前为了阻止预言实现而吞咽的儿女们。首先吐出来的就是他最后吞下去的石头。宙斯把这块石头放在了位于帕纳索斯幽谷的德尔菲宽阔的土地上。

女神及其配偶神话，尤其是达穆神话 edin-na ú-saĝ-ĝá 和 TRS 8 似乎影响了通过旅行而使地位提升的一般神话形式：女神完成了旅行，其结果是从大地中生下婴儿。① 此处地位提升的形式遵循了阿波罗颂歌中得洛斯岛这一部分。大地女神生产或是大地生产的观念在颂歌中也有涉及。瑞亚自身就是一位大地女神，她把孩子交给大地，当宙斯从埃该俄斯山区深深的地下洞穴里挣脱出来，相当于以另一种更明晰的方式表达大地诞生的观点（482—484 行）。就像献给阿波罗的颂歌一样，出生与山的象征意义有关。在阿波罗的神话中，从大地深处出生似乎具有象征意义，而此象征在宙斯诞生神话中表现得尤为明显。无论如何，阿波罗既是从大地女神勒托的子宫中出生，也是在得洛斯岛或山上出生（金托斯山脉）。相对来说，瑞亚生下宙斯，象征着他是从克里特岛埃该俄斯山的大地女神的子宫中出生。古希腊帕莱卡斯特罗颂歌中关于这位归来的年轻天神的传说与这些神话有着相同观点：宙斯同样是从大地中出生。② 这些在阿波罗一章中已有论述。

---

① 参见 Thorkild Jacobsen, *The Harps that Once...: Sumerian Poetry in Translation*, Yale University Press, New Haven and London, 1987, pp. 56 – 84；TRS 8, 复制译本 CT XV pls 26 – 27, 30。对部分挽歌的翻译和故事的论述，参见 Thorkild Jacobsen, *The Treasures of Darkness: A History of Mesopotamian Religion*, Yale University Press, New Haven and London, 1976, pp. 68 – 72。

② 关于此颂歌，参见 M. L. West, 'The Dictaean Hymn to the Kouros', JHS 85 (1965) 149 – 159。

关于阿波罗出生及地位提升的另外两个母题在此处被反复提及：他出生时吵闹异常，身躯光彩照人，这些被视为神力的象征。此时克瑞忒斯人敲击盾牌，发出了令人惊恐的喧闹声。荷马颂歌描写了阿波罗出生时的异象引起了看护的惊叫（119行）。宙斯的身躯随着他力量的增长光芒四射（《神谱》，492—493行），与此母题相似的是阿波罗出生后赶往奥林波斯山的旅程中，他的双脚、兵器、竖琴和长袍开始展现他具有的神力（4、202—203行）。如同他出生时光彩照人一样，他在德尔菲地区升天时也发出了耀眼的光芒；同样，宙斯在山洞里降生之时也出现了一个耀眼的大火球。①

同阿波罗颂歌中的情形一样，宙斯出生后随即去往奥林波斯山。正如强壮的阿波罗出生后赶往奥林波斯山一样，宙斯在去往奥林波斯山的过程中通过打败父亲克洛诺斯展示了自己的力量，他的神位也由此提升。《神谱》中只是简短地提及这一过程（490—497行）。然而，在这一过程中，他战胜了父亲从而神力增长，并成功地得到了王权。② 从第490行开始，提到了宙斯回到希腊并推翻父亲的统治。在第499行诗中，宙斯出现在希腊的德尔菲。他以智慧和力量战胜了父亲克洛诺斯。③ 在《奥林波斯颂》5.17中，品达暗示宙斯把克洛诺斯逐出奥林波斯山："天神宙斯傲然站立在云端，居住在克洛诺斯的山上。"《神谱》中很多诗行指出宙斯对克洛诺斯的颠覆只是发生在他们二者之间的惨烈斗争，并未涉及提坦众神和宙斯的兄弟姐妹（71—74、490—491行）。《伊利亚特》（第14卷202—204行，第8卷10—16行）及其他材料中对此事件的说法均证明了宙斯是孤身一人打败了克洛诺斯。④ 无论如何，在他赶往奥林波斯山的行程中，宙斯展示了自己的神力，并愈发强大。

蒙蒂认为，赫西俄德在叙述中似乎有意压制了神话最后宙斯驱逐克洛诺斯并获得他父亲王权的情节，他只提及由于大地女神的诡计，克洛诺斯吐出了孩

---

① 参见阿波罗一章中对这些有关阿波罗观点的论述，厄琉西斯神般的孩子，the κοῦρος，出生时也伴随着一团明亮的火焰：Nicholas Richardson, *The Homeric Hymn to Demeter*, Clarendon Press, Oxford, 1974, p. 318。

② Mondi, GRBS 25 (1984) 339；比较 Jean Rudhardt, 'A propos de l'hymne homérique à Déméter', MH 35 (1978) 4ff.，关于宙斯的神力。

③ 第146行诗应该属于这部分，由此才能构成整个故事情节的完整性。参看 Mondi, GRBS 25 (1984) 340。

④ Mondi, GRBS 25 (1984) 340ff.；另参见 M. L. West, *Hesiod Theogony*, p. 302，关于个人武力与胆略的结合；又可见 podbielski, LEC 52 (1984) 207。

子们，从而影射宙斯战胜了他的父亲（493—496 行）。在蒙蒂看来，赫西俄德有意将提坦之战（另一篇有关宙斯获得王权的故事）收录到宙斯获得至高无上地位的后续故事中来，所以刻意压制了这部分神话内容。叙述了宙斯与克洛诺斯的会战及王权最终的更迭，接下来应继续叙述宙斯神力提升的情节，由此使提坦神话无立足之地。①所以赫西俄德对神话中这一部分的压制是必要的。这或许是事实，但是从另一方面来看，诗中简单提及宙斯打败克洛诺斯并使他吐出孩子的情节，与这个故事中剩余部分的简短叙述是相符的。

在和怪物堤福俄斯的战斗中（《神谱》，820—868 行），宙斯表现得与英雄征服神话中尼努尔塔和马尔杜克很相似，他们三个都是集会的首领。宙斯与马尔杜克尤其相似——都获得了至高无上的统治天宇的神力。他们俩都在与怪物作战之前就已成了集会上的首领。《卢迦勒》（1 行及以下）诗中尼努尔塔同样在打败怪物阿萨格之前就有一定的神力地位，但是，他并不是集会的最高首领。

宙斯与怪物堤福俄斯之战，与马尔杜克战胜提亚玛特、特舒卜（Teshub）、乌力库米一样，马尔杜克的这三场战斗都发生在他成为集会的首领后，并且他要在战斗中提升神力以统治天宇。但是在赫西俄德的叙述中，堤福俄斯之战与《埃努玛·埃利什》诗中马尔杜克神话及其他美索不达米亚神话没有明确的相似之处。这或许是由于赫西俄德叙述神话时极其简洁，仅仅简单提及故事情节。②他强调以大量篇幅描写神祇和对手，却不注重战斗的细节。

盖亚不满于宙斯及其追随者毁灭了提坦神系而与塔尔塔罗斯生下百头巨怪堤福俄斯。堤福俄斯肩膀上长了一百个蛇头，相貌极为可怖。他能发出各种各样的怪声，时而像一头咆哮的狮子，时而像一只怒吼的公牛，或者像蛇般发出"咝咝"叫声，又像狗"汪汪"狂吠。

宙斯从奥林波斯山下来与堤福俄斯作战，他分别用惊雷、闪电和霹雳来攻击、鞭打怪物，烧掉了所有"无敌"的头，最终制服了强大的敌人。宙斯用力

---

① Mondi, GRBS 25 (1984) 344. 另参见 Solmsen 对《神谱》中关于这部分的论述：前引书，第 413—422 页。关于与美索不达米亚神话中提坦神的相似，可参见 Walter Burkert, *The Orientalizing Revolution: Near Eastern Influence on Greek Culture in the Early Archaic Age*, Harvard University Press, Cambridge (Mass.), 1992, pp. 94 – 95。

② 关于《神谱》中这一段插话的真实性及其目的：Suzanne Said, 'Les combats de Zeus et le problème des interpolations dans la *Théogonie* d'Hésiode', REG 90 (1977) 183 – 210; Fabienne Blaise, 'L'épisode de Typhée dans la *Théogonie* d'Hésiode (v. 820 – 885): La stabilisation du monde', REG 105 (1992) 349 – 370。

把他摔到大地的山顶上（860 行），随即把他扔进塔尔塔罗斯。堤福俄斯在地狱发出强劲的暴风，席卷了海洋和陆地。

不管是描述宙斯之战还是马尔杜克之战，都没有提到英雄们最初的败北情节（泥版 IV.35—104）。与马尔杜克一样，宙斯是无敌的神，他在与怪物战斗时没有遭受最初的失败。这与赫西俄德创作《神谱》的意图是一致的——为了体现英雄们在获得统治权时的庄严感、崇高感。出于相同的目的，《埃努玛·埃利什》也以同样的方式表述了战无不胜的马尔杜克获得至高无上的神力。与无敌的马尔杜克和宙斯相反，赫梯神话的首领特舒卜开始时经历了战斗失利。在最初败北的故事结构中，由于埃阿的介入和帮助，特舒卜才重新打败了乌力库米。①

堤福俄斯之战中，宙斯使用了雷电之神所特有的武器——惊雷、闪电和他与生俱来的霹雳（853—854 行）。在安祖神话中，闪电是雷电之神阿达德的武器，阿达德用它打败了怪物安祖并拯救了集会（泥版 I.96—97）。② 亚述族的神阿舒尔即为亚述语版《埃努玛·埃利什》中的马尔杜克，他也使用闪电作为武器。公元前 9 世纪由国王亚述那西尔帕二世在卡尔胡神庙中竖立的尼努尔塔石雕像，刻画了尼努尔塔使用闪电作为武器攻击安祖或是阿萨格。③ 宙斯的武器是闪电而非弓箭，而在安祖神话中尼努尔塔打败安祖（泥版 II.59—60），马尔杜克战胜提亚玛特（《埃努玛·埃利什》，泥版 IV.101—103），都是使用了弓箭作为武器。在英雄征服神话之阿波罗版本中，阿波罗用弓箭射死了皮提亚巨蟒。④

---

① James B. Pritchard, ed., *Ancient Near Eastern Texts Relating to the Old Testament*, 3rd edition, Princeton University Press, Princeton, 1969, p.125；整篇神话可参见 121—125 页。关于结构性各要素，赫梯族神话常认为是《神谱》中堤福俄斯之战的素材：例如，Said, REG 90 (1977) 204；Duchemin, *Prométhée*, p.33。然而，Walcot 指出马尔杜克和《埃努玛·埃利什》才是《神谱》素材的来源，他的观点基于可比较的结构性要素以及《神谱》中宙斯的地位与天性：Walcot, *Hesiod and the Near East*, pp.25ff。萨义德则指出特舒卜神话和宙斯神话结构上的相似性：他们都是在获得至高无上的神权后才去与怪物战斗，REG 90 (1977) 207。然而，在《埃努玛·埃利什》中也有同样的情节。

② 关于对阿达德（伊什库尔）和他的闪电描述，参见 Jeremy Black and Anthony Green, *Gods, Demons and Symbols of Ancient Mesopotamia: An Illustrated Dictionary*, British Museum Press, London, 1992：伊什库尔条目（110—111 页）。

③ 对石像的描绘，见 Stephanie Dalley, *Myths from Mesopotamia*, Oxford University Press, Oxford, 1989, 附带说明的卷首插图。她认为怪物是安祖。关于安祖或阿萨格，参见 Black and Green, *Gods, Demons and Symbols*：阿萨格条目（35—36 页），尼努尔塔条目（142—143 页）的说明。

④ *Homeric Hymn to Apollo*, pp.356–358.

宙斯战胜怪物的情节在阿波罗多罗斯的梗概中有更详细的记载，其中怪物的名字叫提丰（Typhon）。显然这个版本产生的时间较晚。阿波罗多罗斯叙述的来源看上去像是希腊化的，但有意思的是能发现其后期风格属赫西俄德首创。

阿波罗多罗斯版本与近东神话（赫梯语神话、美索不达米亚神话）有很多相似之处。研究此神话与美索不达米亚神话素材之间的差异可能会有价值，但素材的来源是如此久远，以致研究建立在此基础上的二者之间的相似性及其对早期古风时代的影响，不能得出任何结论。

尽管阿波罗多罗斯版本比赫西俄德的更全面、更广泛，但始终只是一个较长的故事梗概，最有可能只包含了那些能打动编者的特写，即神话本身的情节，而不包括在原始资料中被提及的作品创作目的和更多抽象的母题。

在阿波罗多罗斯的叙述中，宙斯和提丰完成了一次旅行，他们一路战斗，从埃及来到叙利亚，穿过色雷斯到达西西里岛的埃特纳山。尽管旅行情节如同概要，但其意义丰富，构成了一系列发生在不同地域的神话情节。宙斯的神力自然属于神话的一个方面，因为它构成了宙斯权力上升过程中的一部分，至少在《神谱》的描述中是这样的。当神面对严峻威胁时神力似乎是均衡的，未得到任何增强。旅程中也并未涉及神力之旅的观念。相对的，似乎这只是一个简要记载了神打败强大而可怕怪物的英勇行为故事。然而有趣的是，关于神力一些特征的描述与各类近东怪物之战神话中的特征很相似。

阿波罗多罗斯第一章第六节第三段提到，提坦巨人的失败触怒了大地女神盖亚，于是她与塔尔塔罗斯结合生下了提丰①——他是所有孩子中最强壮、最可怕的。这个怪物是人与动物的结合体，他长得比山还要高，头部甚至能碰到天上的星辰。他头部到大腿部分是人形，双臂展开能从极东伸到极西。他每只手上各有一百只毒蛇头。② 提丰大腿以下部位生长大量毒蛇，它们向上扭动缠绕着他的身体到达头部，还发出强烈的嗞嗞声。此外，他还长着翅膀，缠结的头发随风飘动，遮住了他的头部和面颊，而他的眼睛能喷出燃烧的火焰。

---

① 赫希俄德《神谱》820—822行，同样如此。
② 在品达叙述中，P. i. 16，指出提丰肩上的百蛇头不是从人头上长着，而是从肩上长出。另外，与品达一样，埃斯库罗斯在《被缚的普罗米修斯》中描述了提丰的一百个蛇头，第351—372行；相同的是阿波罗多罗斯提及蛇头在提丰的头部四周长出。

提丰嘴里喷出一团团燃烧的火焰,向空中掷去火红炽热的岩石,岩石发出"咝咝"的声音直击天空。众神看到他的到来都逃往埃及避难。提丰穷追不舍,众神只好变身成动物隐藏起来。①

宙斯从远处掷下雷电,当他靠近提丰身边时,便举起锋利的雷神之镰要杀死提丰。提丰飞奔逃往位于叙利亚境内的卡西欧斯山,而宙斯则紧追其后。在看到怪物提丰受了重伤后,宙斯失策地答应与他徒手战斗。提丰缠住宙斯,很快控制了他,夺走雷神之镰并抽走了他的手脚筋腱。接着,怪物把天神扛在肩膀上,带着他穿过海洋到达西里西亚,并把他关在科律寄昂山洞里。提丰把宙斯的筋腱藏在一张熊皮里,让半人半蛇的女怪德尔菲妮在洞口守卫。

赫尔墨斯和艾吉潘（Aigipan）偷回了筋腱并偷偷地植入宙斯身上,天神重新获得了力量。他驾驶着由飞马拉着的双轮战车突然在天上现身。他朝提丰猛掷雷电,把怪物提丰赶到尼萨山,居住在那里的命运女神摩伊拉欺骗提丰吃下尼萨山上使人短命的水果,告诉他那能增强力量。宙斯紧追不舍,提丰从尼萨山逃往色雷斯,二者在海摩斯山周围作战,提丰把整座山掷向宙斯。当宙斯用雷电把山推回到他身上时,怪物提丰的血流到山上（据说,这就是海摩斯山得名的原因）。提丰又逃脱了,当他穿越西西里海时,宙斯将埃特纳山压在他身上,最终制服了他。据说埃特纳山上仍然喷发着宙斯扔出雷电时留下的火焰。

战胜提丰,意味着宙斯战胜了对他王权和神力的最后威胁。这则神话的神力母题有趣的一点是对宙斯筋腱的描写,提丰抽走他的筋腱使他变得软弱无力。这个母题看上去似乎是由于"筋腱"(ἴς)同音词引起的双关意味的结果,其希腊语的本义是"力量""能量"。就神力主题而言,这一母题是尤为重要的,如同美索不达米亚英雄征服神话中的诸神——他们命中注定先失败,尔后才能重新获得神权、地位和神力本身。

提丰神话中的一些母题与现存的近东战争神话中的母题很相似,如描写马尔杜克的史诗《埃努玛·埃利什》、尼努尔塔的神话、尼努尔塔与安祖或阿萨格的战斗,甚至在某种程度上还包括赫梯神话中涉及伊鲁沿卡和乌力库米的部分。

---

① 如品达叙述的残篇 91 和奥维德的《变形记》5.321—331。鉴于埃及起源这一母题,比较 West, *Hesiod Theogony*, p.380。诸神越过天空时变化成动物的形状,可能来源于众神穿越黄道十二宫线的素材。

此类母题要表达的思想是，在集会首领准备打败怪物前，怪物已对诸神造成了威胁。这也是《埃努玛·埃利什》一个普遍的结构性母题（泥版Ⅱ.1—Ⅳ.34）。一个更为明显的相似点在于最初英雄们的战败，关于尼努尔塔的安祖神话和阿萨格神话中，也存在这种复杂的结构性特征。① 在这些美索不达米亚神话中，英雄在山上被打败，然后得到支援，于是返回战胜了怪物。与之相似的是，当提丰在卡西欧斯山打败了宙斯并取走了他的力量——筋腱时，天神最初失败了；赫尔墨斯和艾吉潘前来帮助战败了的宙斯，宙斯拿回筋腱后重新回到战场并战胜了怪物。在美索不达米亚神话中，最初的战败并不包括这场战斗的某些元素，即援助者从怪物那里盗回"神力"。此类元素在稍晚出现的赫梯版本伊鲁沿卡神话中才有所涉及。

赫尔墨斯在这一过程中的援助者角色类似于阿萨格神话中的沙鲁尔——尼努尔塔的武器和使者。当然，艾吉潘也与赫尔墨斯一样起到了援助作用。他的名字令人想起一位住在多山地区的半羊半人的神——潘。② 然而，由于艾吉潘在这个神话中帮助宙斯重新获得力量的情景，他也使人联想到宙斯的盾——各种山羊皮做成的宙斯的武器和象征。由此可见，在人物形象上他与沙鲁尔很相似，沙鲁尔既是尼努尔塔的武器又是他的援助者。

在最初受到挫折并得到支援后，天神重返战场打败怪物。宙斯恢复神力，驾驶套着飞马的战车在空中突然出现，朝怪物猛掷武器。这一母题，尤其让人想起《埃努玛·埃利什》中的描述：马尔杜克驾驶着由四匹烈马拉着的"暴风战车"，从集会上诸神的住所中冲出来与提亚玛特作战（泥版Ⅳ.48—60）。

除最初的挫折外，宙斯和提丰之旅与美索不达米亚战争神话的旅程结构并无甚相似。然而，关于战争本身的情节中却有很多特征与其他近东神话的特征相似。格瑞斯使用诡计诱骗提丰吃下生长在尼萨山上的使人短命的水果，与赫梯神话相似，即旧版的蛇怪伊鲁沿卡神话中提到用食物征服了怪物的母题。③ 女神伊娜拉宴请伊鲁沿卡和他的同伙，当傲慢的怪物伊鲁沿卡无力回到他的洞穴中时，神话中的凡人英雄抓住伊鲁沿卡并用绳索把他捆绑起来，随即他被暴风雪之神杀死了。赫梯神话与提丰神话之间唯一的相似之处在于以下母题：诱骗

---

① 安祖神话，见泥版Ⅱ.1—149 和泥版 Ⅲ. obv. i, 2—12 行；《卢迦勒》，151—297。
② Keith Aldrich, *Apollodorus: The Library of Greek Mythology*, Coronado Press, Lawrence, 1975, p. 118.
③ Pritchard, *Ancient Near Eastern Texts*, pp. 125 – 126.

怪物吃下某种食物，食物起到作用从而征服怪物。因此，两种神话并不完全一致。

但是，还有另外一个母题可能与赫梯神话也有相似之处，即偷窃神身上的某些部位。这一母题出现于新版伊鲁沿卡神话中：伊鲁沿卡打败了特舒卜并取走了他的眼睛和心脏。然而，这两则神话不一致的点是：神被取走的身体部位是不同的，并且使他们恢复力量、毁灭怪物的方法也完全不同。①

最后两则有关提丰战败的插话发生在海摩斯山和埃特纳山上，此处怪物战败的两个例子与关于尼努尔塔的阿萨格神话中描绘的事件很相似，也与 SIR. SIR 编号下的《埃努玛·埃利什》目录部分相似（泥版Ⅶ.70—75）。主要的母题把怪物压在山下面，从山底下流出水或血。史诗中，马尔杜克击落一座高山压在提亚玛特河上。诗中早前关键性的战斗中指出，由于提亚玛特是咸水海洋神，她的血液便是水，流出来淹没了自己（泥版Ⅳ.32，131—132）。阿萨格神话中，尼努尔塔毁损了高山，并把战败的阿萨格变成了一堆石头，用石头在库尔水域上建了胡尔萨格山（《卢迦勒》，327、354—359行），库尔的水从山底流出，淹没了大地（354—359行）。希腊神话中的母题与美索不达米亚的例子存在若有似无的相似点：提丰在色雷斯山区把大山扔向宙斯，但却被宙斯挡回来压在他身上，提丰血流大地，尽管在这则神话中他的血仅仅是流遍海摩斯山。与尼努尔塔在库尔上建山相似的是，宙斯的功绩在于当提丰从海面上逃走之时用埃特纳山把他压在山下。

品达的《皮提亚颂》首先涉及了关于提丰战败的一个母题（15行及以下）。诗中指出提丰是一个水怪，与之接近的是美索不达米亚创世神话中的某个母题。此处，提丰躺在埃特纳火山下，身处库迈（Cumae）城下，而库迈城的海堤正是建在他身上的。这尤其令人想起《阿特拉哈西斯史诗》（泥版 I.15—18）中的埃阿和阿普苏，埃阿在阿普苏身下的海域建了堤坝或栅栏，以确保他不能动弹。

正如阿波罗多罗斯的叙述，这些神话与近东主要的怪物战争神话和其他神话有相似的特征。确实，这源远流长的母题似乎总能让人忆起那些神话元素。初时战败的结构很相似，但是把怪物压在山下和在提丰身上修建堤坝这两处母

---

① 参见 Pritchard, *Ancient Near Eastern Texts*, p. 126., 及 West 在 *Hesiod Theogony* 一书中的注释，第 380、391—392 页。

题看上去更相似。然而，除此之外，其他与美索不达米亚和赫梯素材相似的母题并非特殊的，而是普遍的，用同样的方式来描述提丰，使人依稀记起的不是某一个具体怪物，而是美索不达米亚神话中的一群怪物。另外，大量特征与任何美索不达米亚和赫梯怪物战争神话并不相似。因此，如果把这些神话都归源于近东神话的素材，那么，希腊神话看起来会像是建构在对各种美索不达米亚与赫梯战争神话的模糊回忆上，混合了许多非美索不达米亚神话素材，而不是受某个独立神话的影响。

尽管留意到阿波罗多罗斯叙述与近东神话的相似是有意思的，但是必须强调的是，论述不能建立在早期古希腊神话和美索不达米亚神话相似性的基础上；尤其是阿波罗多罗斯的描述在产生时间上要晚得多，因此更不能建立在二者的影响上。然而，故事的长度和细节都明确表明：和赫西俄德在《神谱》中的简要概括比起来，宙斯与堤福俄斯的古老传说涵盖更多内容。

第九章 潘多拉、普罗米修斯和恩基神话

现在我们进入希腊神话中最引人入胜的一部分,那就是普罗米修斯和潘多拉的神话,其中涉及了创造第一个女人潘多拉的神话。赫西俄德在《神谱》和《工作与时日》这两部作品中都讲到了这个神话,只是在有些方面并不相同。然而,潘多拉的创造只是普罗米修斯反叛宙斯的一部分及其结果,我们这里所关注的是整个神话。这个神话中蕴含了许多深刻的思想。潘多拉的故事是最引人注目的一部分:实际上,它就如同一首歌的旋律,这是一部完整的音乐作品中最美丽动人的一部分,随着和弦的奏响,和弦和合音提供了未曾被注意到的基调。潘多拉的创造实际上只是关于人类的创造和人类整个早期历史信仰的一部分,在《神谱》和《工作与时日》这两部作品中则反映了至高无上的宙斯的另一面。这部分信仰在潘多拉的神话及其他有关人类创造与早期历史的资料中都能看到,其中有些细节在《神谱》和《工作与时日》这两部作品中普罗米修斯和潘多拉的故事之外可以找到。这些细节也可以在赫西俄德的其他作品和别的材料来源中看到。

普罗米修斯和潘多拉的神话展现了很多有关人类创造的观点,但也包含了上升过程,其中应用了为力量而行的观点。可以看出神话中的很多方面与美索不达米亚神话很相似,尤其与一位很重要的神——水神恩基的神话相似。有关恩基的神话涉及了人类的创造及其早期历史中的美索不达米亚传统。

若干年前杰奎琳·杜契明就指出了二者的许多相似之处,尤其在恩基与普罗米修斯的职能和人物特性方面。[①] 然而,除了杜契明和其他学者所注意到的以外,还有更多的相似之处,远远超过了普罗米修斯和恩基神话的范围。另外,创造人类的传统神话和潘多拉神话尤其相似。事实上,普罗米修斯和潘多拉神

---

① Jacqueline Duchemin, *Prométhée: Histoire du mythe, de ses origines orientales à ses incarnations modernes*, Société d'édition «Les Belles Lettres», Paris, 1974, 'Le mythe du Déluge retrouvé dans des sources grecques?', RHR 189 (1976) 142-144, 'Le Zeus d'Eschyle et ses sources proche-orientales', RHR 197 (1980) 27-44; also 'Le mythe de Prométhée et ses sources orientales', REG 88 (1975) vii-x.

话及恩基神话的相似之处是惊人的。特别是与《阿特拉哈西斯史诗》有大量而广泛的相似之处还未被提到，这是美索不达米亚传统中有关创造人类与早期历史的最详尽著作。

创造人类的那些观点可以在赫西俄德的《神谱》《工作与时日》这两部作品中找到，创造了潘多拉——第一个女人，并非男人，就如《神谱》590—593行清晰地写道：①

自从她被创造之后就有了女人，

[她是毁灭的种族和妇女的部落]②

对于和她一起居住的男人来说这是一个巨大的灾难，

在可恨的贫穷中她不是伴侣，

只有在优越富裕的环境中才能与之相伴。

《神谱》570—589行和《工作与时日》60—89行都展现了潘多拉创造的故事。

《神谱》中的版本

普罗米修斯神的智慧与克洛诺斯神至高无上的儿子不相上下，在希腊的墨科涅为神祇与凡人分牺牲的集会上，普罗米修斯施的诡计触怒了这位至上神。聪明的普罗米修斯把献祭的公牛切成碎块，分为两堆。一堆放上肉、内脏，用牛肚遮盖起来，把这堆放在人类的面前；另一堆放的全是牛骨头，巧妙地用牛的脂肪包裹起来，看起来很不错，然后把这堆放在宙斯面前。当宙斯提出祭品分得不公平时，普罗米修斯巧妙地提出让宙斯按自己的心愿挑选一堆。然而宙

---

① 这几行诗普遍被人接受的解释，比较 M. L. West, eds., *Hesiod Theogony*, Clarendon Press, Oxford, 1966, p.305。Heinz Neitzel 提出这样的观点，即赫西俄德的意思不是说潘多拉是第一个女人，他把此文与 Semonides 的关于不同类型的女人的作品进行了比较：'Pandora und das Faβ', *Hermes* 104 (1976) 411 - 413。但是这部作品出现得较晚，而且目的也与前者不同。赫西俄德不赞成女人的真正影响力，此处他指的是所有的女人，就如另外一行所表明的（591行），依赖于赫西俄德把第一个女人起名为潘多拉的字面解释。关于赫西俄德诗中不同章节的矛盾，参考 Robert Mondi, 'The Ascension of Zeus and the Composition of Hesiod's Theogony', GRBS 25 (1984) 325ff。

② 591行与590行任选其一。比较 West, *Hesiod Theogony*, pp.329 - 330。

斯"对普罗米修斯的建议心知肚明",他并没有输,赫西俄德说宙斯能够识破这个诡计。全知全能的神之父宙斯看穿了他在玩弄伎俩,却故意伸出双手去拿表面上看起来更加吸引人的雪白的脂肪。当他剥掉脂肪,看清下面全是剔光的骨头时,非常愤怒。(由于普罗米修斯的这种分配,人类在祭坛上给神祇们烧骨头。)

宙斯受了欺骗,决定报复聪明的普罗米修斯。他拒绝向"凡人的米洛斯种族"提供火种。然而普罗米修斯并不气馁,他设法窃走了天火,偷偷地带给人类。① 当宙斯看到人类有了火,非常恼怒,他制定了一个邪恶的计划,要让人类为此付出代价。按照他的意志,他的儿子火神赫淮斯托斯用泥土捏了一个栩栩如生的少女。雅典娜亲自给这位少女穿上雪白漂亮的衣裙,披上长长的刺绣面纱,看起来美丽极了。她又给少女戴上漂亮的金色花冠,这金色的花冠也是出自赫淮斯托斯之手,是他为了取悦父亲宙斯而作。花冠造型精巧,雕刻了许多奇异的东西,许多陆地上和海里的野生动物,它们就像活物一样能发出声音。

赫淮斯托斯创造了这位美艳绝伦的邪恶女人之后,把她带到众神和人类所在地;在雅典娜的装饰下少女被大加赞扬。众神和人类见了这位美貌绝伦的女人都惊羡不已,而她却是人类无法躲避的陷阱。

从潘多拉开始就有了女人——男人的灾难,只有在优越富裕的环境中才能与之相伴,在可恨的贫穷中她就离开,她们不务正业,依赖他人的劳动生存。宙斯创造了女人,这对于男人来说是无法逃避的祸水,用苦难来折磨他们,成为他们巨大痛苦的根源。

因此要欺骗或以智慧胜取宙斯是不可能的,甚至连聪慧的普罗米修斯都无法逃脱他的盛怒。白天宙斯放一只长翅鹰来啄食他的肝脏。因为他长生不老,所以晚上他的肝脏又总是重新长出来。后来赫拉克勒斯按照统治一切的奥林波斯宙斯的意志,杀了老鹰,将伊阿佩托斯之子普罗米修斯从难以形容的痛苦和折磨中解脱出来(321—322 行)。

---

① 埃斯库罗斯说火是从赫淮斯托斯处偷来的:Desmotes,7,38。

《工作与时日》版本

赫西俄德在《工作与时日》中基本上讲了同样的故事，但有些方面也不同，尤其是创造潘多拉及她的影响上。赫西俄德写《神谱》的主要目的是论述宙斯权力的另一面，而《工作与时日》的首要目的是解释男人为了他们的生存为何要那么艰难、受那么多苦。

宙斯藏了火而普罗米修斯为人类窃取火种以后，宙斯愤怒地宣布要报复（54—58行）：

> 伊阿佩托斯之子普罗米修斯，你的诡计胜过所有人，
> 你为自己欺骗了我而洋洋得意；
> 然而对于你和整个人类来说那将是巨大的痛苦与磨难。
> 作为窃取火种的代价，对于他们，我要降下邪恶，
> 处于邪恶中的人，在精神愉悦的同时却喜欢拥抱邪恶。

众神和人类之父宙斯这样边说边大声笑。他命令儿子赫淮斯托斯赶快把土和水搅拌到一起，造一个面如"长生不老女神"一样美丽迷人的少女；他命令雅典娜为少女打扮并教授她技能，命令阿芙洛狄忒赋予她种种诱人的魅力和痛苦的欲望，但却命令赫尔墨斯把无耻的思想和诡计多端的个性注入她的体内。

于是，赫淮斯托斯把泥土捏成一个受人爱戴的少女形象。雅典娜为她穿衣，佩伊托和卡里忒斯给她戴上金色的项链，季节女神给她头上戴上美丽的春天的花环，雅典娜为她试身上的每件装饰品，让它们看起来非常相配。而赫尔墨斯却把花言巧语和诡计多端的个性注入她的体内；他还给她传授语言的技能，教会她说话，给她起名"潘多拉"，因为奥林波斯山上的每位神祇都送给她一件礼物。

宙斯完成了这个令人完全无法抵抗的陷阱后，派赫尔墨斯把礼物带给普罗米修斯的弟弟埃庇米修斯（Epimetheus）。尽管哥哥已经多次警告他不能接受宙斯送来的礼物，否则将给人类带来灾难，埃庇米修斯（他的名字有"事后聪明"的意思）却还是接受了，直到吃尽苦头，才意识到他招来了灾祸。

在此之前，人类没有灾祸，没有艰辛的劳动，也没有折磨人的疾病。现在，

这个姑娘打开了盒子，里面的灾害像股黑烟似地飞了出来，迅速地扩散，除了盒子底还深藏着唯一美好的东西：希望。从此，各种各样的灾难和疾病充满了人类所在的大地、天空和海洋，疾病日日夜夜在人类中蔓延、肆虐，又悄无声息，因为宙斯不让它们发出声响。因此要逃脱宙斯是不可能的。

赫西俄德作品中创造的潘多拉神话让人想起恩基神话中人类的创造。人类的创造中赫淮斯托斯神和女神雅典娜合作创造人的方法，和恩基与生育女神宁玛赫[Ninmah，也称为玛弥、宁胡尔萨格等等]合作创造人类十分相似。例如，在神话作品《恩基和宁玛赫》中，恩基计划用黏土捏人的塑像，由宁玛赫和其他生育女神陪伴着的母亲女神赋予这些塑像生命，以及他们在社会中已然注定的命运（30—44行）。① 在《阿特拉哈西斯史诗》中，恩基是一个英雄，他与玛弥合作造人，用的方法和创造潘多拉的方法极其相似。恩基把黏土捏成男人和女人的样子，在其他生育女神的帮助下，女神玛弥又赋予他们生命。② 赫西俄德作品中也是同样的过程：赫淮斯托斯把土和水搅拌成黏土，捏成女人的形象，雅典娜完成了创造的任务，给女人穿上衣服，戴上装饰品（《神谱》，571—584行）；在《工作与时日》中，她在其他女神的协助下完成任务（60—66行）。

在希吉努斯（Hyginus）所描述的潘多拉的创造中，女神的角色同样也可以在玛弥神话中找到。希吉努斯说雅典娜给予潘多拉神圣之灵（anima）[《传说》（Fabulae），144]。同样，在《恩基和宁玛赫》中，女神给了男人和女人生命（30—37行）；③ 在《阿特拉哈西斯史诗》中，玛弥完成其任务赋予男女塑像生命。其中，女神用比《恩基和宁玛赫》更复杂的方式完成了创造任务，她用美索不达米亚助产术并借助生育女神的帮助才赋予了他们生命。④ 然而，虽然玛弥

---

① Carlos Benito, 'Enki and Ninmah and Enki and the World Order', Ph. D. diss., University Microfilms, Ann Arbor, 1969; Samuel Noah Kramer and John Maier, Myths of Enki, the Crafty God, Oxford University Press, New York and Oxford, 1989, pp. 31 – 37, 211 – 215.

② Table I. 189 – 260 and K 3399 + 3934 obv. iii lines 1 – 14. 文本与翻译，见 W. G. Lambert and A. R. Millard, Atra-hasis: The Babylonian Story of the Flood, Clarendon Press, Oxford, 1969; 翻译见 Stephanie Dalley, Myths from Mesopotamia, Oxford University Press, Oxford, 1989, pp. 1 – 38。

③ Wilfred G. Lambert, 'The Relationship of Sumerian and Babylonian Myths as seen in Accounts of Creation', in La Circulation des biens, des personnes et des idées dans le Proche-Orient ancient, XXXVIIIe R. A. I., Éditions Recherche sur les Civilisations, Paris, 1992, pp. 130 – 131.

④ K3399 = 3934 obv. iii lines 3 – 14.

在《阿特拉哈西斯史诗》中所用的方法不同,但她的目的和所产生的效果与雅典娜是相同的。

在潘多拉神话中,这种创造特指第一个女人的创造,这似乎也是《恩基和宁玛赫》的一个特色。其中所涉及的创造女人是在创造男人之后,这种观点和《神谱》中男人先于女人存在的假设是相同的。在《恩基和宁玛赫》中,创造能生育孩子的女人是恩基与宁玛赫竞争的结果,神在宴会上庆祝男人的创造解决了诸神为食物而劳作的问题(83—87 行)。① 在《阿特拉哈西斯史诗》中,男人与女人是同时出现的。②

一个对巴比伦人关于马尔杜克的崇拜很像的重要特色也可以在赫西俄德描述的创造情景中找到。在创造中宙斯的角色和巴比伦史诗《埃努玛·埃利什》创造情景中马尔杜克的角色一样(泥版 VI. 1—48)。就如在《阿特拉哈西斯史诗》中,这本著作替换了恩基造人神话,试图把这归功于马尔杜克。③ 就如古巴比伦史诗中可以看到的传统,恩基(他是一个技艺高超的、智慧的、慈爱的神)有了造人的想法和造人的方法,在女神的帮助下创造了人类(泥版 I. 189 及以下)。在马尔杜克史诗中,恩基被称为埃阿,他也做了实际的创造,他把黏土和水混合到一起,捏出了人,等等。但是史诗相当粗略地把这一创造归于马尔杜克,说他首先有了这样的想法而且计划了造人(泥版 VI. 4—7,48)。在赫西俄德的作品中也可以找到同样的角色布局:宙斯指挥造人,文中也说到造人是他所计划的(《工作与时日》,83—84 行甚至说宙斯创造了潘多拉),其实根据恩基神话中的模式,赫淮斯托斯和雅典娜才是真正动手创造潘多拉的神。赫西俄德作品中创造神与女神的合作和我们所看到的恩基神话中的传统是一致的,但由于《埃努玛·埃利什》创造场景中忽略了女神及某些原因,所以与马尔杜克史诗不同。希腊作品中所描述的各种各样的因素对应了这些不同来源的材料所展示的多种传统。

潘多拉神话也展示了另一个创造人类的方法,这个在美索不达米亚神话中也被证明属实,即农业方法,人如同植物一样从泥土中长出来,就像从大地子

---

① 关于《恩基和宁玛赫》的文本,请参阅 Benito,'Enki and Ninmah',pp. 20 - 44。也可参阅 Bendt Alster 在 "'Enki and Ninhursaĝ',Creation of the First Woman"中的评论和解释,UF 10(1978)26 - 27。
② K3399 + 3934 obv. iii lines 9 - 14.
③ J. Bottéro,*Mythes et rites de Babylone*,Slatkine - Champion,Paris,1985,pp. 153 - 154.

宫中孕育出来一样。赫西俄德所描述的潘多拉的创造并没有展示这一方面，但在陶器所描绘的那些画面上，潘多拉是从大地中出来的。

从《恩利尔和锄头》（Enlil and the Pickaxe）中可以看出其美索不达米亚传统：

> （然后恩利尔）把锄头插入大地，
> 满怀希望之下，出现了人的（头），
> （然后）当他的泥土（人）生长起来，
> （如同植物般）向着恩利尔破土而出，
> 他注视着这已然成形的黑色头颅。①

在《恩基前往尼普尔之旅》中（1—4行）：

> 在那遥远的日子里，命运已经注定，
> 在安（上天）所创造的丰硕的一年中，
> 人类就如草本植物一样从土地中生长出来，②
> 然后恩基神，即阿布祖神在埃利都建了自己的神庙。③

潘多拉的创造与农业有关，或者说她出生于大地的观点，在大约公元前440年的一个涡形酒缸上可以看到，那里的人物都被命名。酒缸上描绘着这样一幅画面：埃庇米修斯手中拿着一把农业工具，即一个敲泥块的木槌，潘多拉着装整齐，双手举起从大地出来。很明显，埃庇米修斯在等待着迎接这个女人；当潘多拉的下半身还在泥土下面时，他低头看着她，潘多拉抬头看他，他把手伸给她。画面上，宙斯在她的另一边，似乎在给赫尔墨斯做出指令：宙斯面对着赫尔墨斯，赫尔墨斯回头看着这位至高无上的神，做出要离开的姿势。很明显，两对人物所刻画的事件中间隔了一段时间：一幅图是宙斯给赫尔墨斯说话，另

---

① 翻译和苏美尔原文，见 Thorkild Jacobsen, 'Sumerian Mythology: A Review Article', JNES 5 (1946) 128-152。这篇文章可参阅 William L. Moran, *Toward the Image of Tammuz and Other Essays on Mesopotamian History and Culture*, Thorkild Jacobsen, Harvard University Press, Cambridge (Mass.), 1970, pp.112ff。

② 更准确地说，应该是"当人类像草药或植物那样破地而出"：Dr J. A. Black, The Oriental Institute, Oxford University, private correspondence。

③ 要查找翻译和苏美尔原文，参阅 Abdul-Hadi A. Al-Fouadi, '*Enki's Journey to Nippur*: The Journeys of the Gods', Ph.D. diss., University Microfilms, Ann Arbor, 1969, pp.69-85。

一幅图是埃庇米修斯等待着将要升起的潘多拉。① 这描述了《工作与时日》（83—85 行）中的情景。

在伦敦展出的约公元前 450—前 425 年间的一个有红色人像的双耳细颈椭圆陶罐上也表现了潘多拉上升的图景，同样暗含了农业背景。陶罐的一边是一个女人从大地中升起，半个身子已经出了泥土，两臂高举给一个男人，大概是埃庇米修斯，他拿着一把铁锹站在那里；另外一边，赫淮斯托斯站在那里，凝视着从阔嘴陶罐中冒出来的一个女人的头。②

相似的思想呈现在一个有黑色人像的瓶器上，潘多拉巨大的头颅从大地上出现，两个半人半兽的丰产之神站在她的两边，用木槌敲击着潘多拉伸出地面的头颅。③ 这幅图画也许象征着许多与上升的潘多拉相关的观点，但它尤其让人想到恩利尔造人神话中人类头颅出现的观点（《恩利尔和锄头》）。在这个神话中，神用他的锄头，也就是一个农业工具，敲击着大地，人类的头从大地出现了。

人类从天地相接的地方诞生，或者从雨水滋润的大地诞生的观点是美索不达米亚农业造人方式的一个版本。关于这一点有以下记载④：

当洪水将大地荡涤之后，

从此人类被创造。

自从天上种下人类的种子，

---

① 牛津 525 涡形酒缸；M. L. West, ed., *Hesiod Works and Days*, Clarendon Press, Oxford, 1978, p. 165；ARV 1562 no. 4；对于这个情景，见 JHS 21 （1901） 3, pl. 1。涡形酒缸发现的地点没有记录。根据 Beazley 的说法，画家是 Alkimachos II, ARV 1562。

② 伦敦，大英博物馆，F 147，官方声称来自意大利南部的巴斯利卡塔区；参考 William Berg, 'Pandora: Pathology of a Creation Myth', *Fabula* 17 （1976） 20，关于这个情景的一幅画；A. B. Cook, *Zeus*, vol. III, Cambridge University Press, Cambridge, 1940, p. 352 （评论在 349—353 页）。

③ 发现的地点尚且不知。C. Kerenyi, *The Gods of the Greeks*, Thames & Hudson, New York, 1951, p. 219，有此情景和评论。Charles Lenormant and Jean J. A. M. de Witte, *Elite des monuments céramographiques, matériaux pour l'histoire des religions et des moeurs de l'antiquité, etc.*, tome I, Paris, 1844, pl. 52。参照 bell crater, Stockholm 6, from Magna Graeca, ARV 1053 no. 40 （来自 Polygnotos 和他的小组）。

④ 资料来源见 BM 23103：J. van Dijk, *Lugal ud me-lám-bi nirĝál: Le récite épique et didactique des Travaux de Ninurta, du Déluge et de la Nouvelle Création*, vol. 1, E. J. Brill, Leiden, 1983, pp. 31 - 32。关于苏美尔，参看 E. Sollberger, 'The Rulers of Lagaš', JCS 21 （1967） 280 - 281 （1—5 行）。另外参看 Marie-Joseph Seux, 'La création du monde et de l'homme dans la littérature suméro - akkadienne', in Fabien Blanquart, ed., *La Création dans l'Orient ancient*, Congrès de l'Association Catholique Française pour l'Étude de la Bible, Lille, 1985, Les Éditions du Cerf, Paris, 1987, pp. 60 - 61。

人，黑色的头颅从大地长了出来。

这也可以从赫西俄德的描述中看到，尤其是《神谱》中认为男人的存在先于潘多拉的创造，在潘多拉的插曲中，已经诞生的男人叫作米洛斯人（563—564行）。① 在此情境中，赫西俄德似乎把米洛斯人看作出生于天地的神人；而来源于米洛斯神人的人类种族是最先被知道的普通希腊传统。② 在《工作与时日》（187行）中，米洛斯神人是人类的一个来源，同时也是青铜种族的起源。在《神谱》（174—187行）中，米洛斯人的出生是天地相遇的结果。当克洛诺斯阉割天空时，天空降下来躺在大地上，血点掉下洒遍大地，结果大地生下了万物，其中就包括米洛斯人。两种天地造人的观点——天地相遇造人，上天为大地授精而造人——都在米洛斯人的创造中得到体现，而这与美索不达米亚的传统极为相似。赫西俄德书中提到的人类通过米洛斯从大地降生与品达（N.6.1及以下）所提到的一致，他认为神与人都来自一个共同的起源：大地母亲。③

上升的观点，从地狱的上升，即从地表以下的地方上升的观点，似乎也包含在潘多拉的创造及把她遣送到埃庇米修斯身边的故事中。这可以从照着赫西俄德描述而制造的陶器绘画中非常清晰地看出。在所有以上提到的景象中，都可以看到潘多拉是从大地下面升起的。公元前350—前325年间阿普利亚区（Apulian）的一个酒缸上展现了她上升的另一个例子：她从大地出来时手中握着火炬，头上戴着在赫西俄德的描述中提到的王冠和花环。④ 在这些景象中潘多拉从大地升起的方式，与其他陶器上所画的盖亚、菲蕾法塔（Pherephatta, 珀耳塞福涅）和阿芙洛狄忒从大地升起的景象相同。⑤

----

① 即使省略了第564行，这个肯定是562—563行的意思。

② West, ed., *Heisod Theogony*, p.221. 米洛斯的宁芙，人类母亲：M. L. West, 'The Prometheus Trilogy', JHS 99（1979）130 – 148. 对比 N. B. Booth 在 'The Chorus of *Prometheus Pyrphoros* and Hesiod *Th.* 563'中的 μελιῆσι 问题, JHS 105（1985）149 – 150。

③《工作与时日》108行有关人类和神的共同起源，参看 Duchemin, RHR 189（1976）142 – 144；比较 Reynal Sorel, 'Finalité et origine des hommes chez Hésiode', RMM 87（1982）30, on line 108；G. S. Kirk, *The Nature of Greek Myths*, Penguin Books, Harmondsworth, 1974, p.272。

④ 参看《神谱》，第576—577行；引自 Berg, *Fabula* 17（1976）22. 关于此情景，请看 A. D. Trendall, 'Three Apulian Kraters in Berlin', *Jahrbuch der Berliner Museen* 12（1970）168 – 170, figs 10 and 12。参照 ARV 612 no.1, *c.* 445 BC, Ferrara T. 579 from Spina, in *Hesperia* 24, pl. 88, b and *Rheinisches Museum* 47, 124。

⑤ Patricia A. Marquardt, 'Hesiod's Ambiguous View of Woman', CPh 77（1982）285 – 286, pp.290 – 291. N. J. Richardson, *The Homeric Hymn to Demeter*, Clarendon Press, Oxford, 1974, p.285. West, ed., *Hesiod Works and Days*, pp.164ff.；Martin Nilsson, *Opuscula Selecta*, Lund, 1951 – 1952, pp.611ff.

鉴于陶罐上的描述清楚地证明了其从大地出生，并且赫西俄德叙述中的几点特征也有所表现，这个观点也被认为是以赫西俄德叙述中的潘多拉的创造为基础。然而，正如在赫西俄德书中的上升过程，它缺乏农业方面的叙述。事实上，在潘多拉神话中发现的与之相关的很多想法都对应了 ID 和 AD 中伊南娜/伊什塔尔上升的观点。ID 和 AV 的上升序列中发现的主要思想之一是上层世界中出生和生命的含义，这似乎是潘多拉的主要用法。在美索不达米亚神话中，女神复活回到上界，回到人类的土地上（ID279—290 行，AV118—126 行）。这一得到生命的上升思想的用法可以在希腊神话的《荷马颂歌致阿波罗》（119—142 行）中找到，即得洛斯部分提到的阿波罗的出生。这些在阿波罗一章中对得洛斯部分的讨论中已得到证明。此思想同样可在宙斯神话中发现，天神以上升之姿从大地出生（《神谱》，477—500 行）。① 从大地生出、以上升之姿获得生命的思想明显与陶罐上显示出的潘多拉的情形有共同点。

许多特点都表明上升的观点在赫西俄德叙述中是存在的，而且这些特点和 ID/AV 中所发现的伊南娜/伊什塔尔上升的特点很相似。

旅途中的护航者是上升的一个特点，赫西俄德所描述的上升似乎都是通过一些图案来表示的，人们所知的他书中的描述也都是臆测的。人们发现在潘多拉神话和伊什塔尔上升神话都涉及装扮母题，而且在赫西俄德的一处叙述中充当陪伴者的人物和 AV 中的人物非常相似。当要把伊什塔尔带到上面的世界时，她被打扮了一番，就如将潘多拉打扮之后，就把她带去见众神和埃庇米修斯（118—125 行）一样。伊什塔尔由下界的人物那姆塔尔陪伴；而在《工作与时日》中，潘多拉是由哈德斯的灵魂向导（psychopompos）带去见埃庇米修斯（83—85 行）：

但是当他布成天罗地网后，
天父把荣耀的阿尔戈斯城的凶手送给埃庇米修斯，
带着神的礼物和迅捷的神使。

在《神谱》中潘多拉是由赫淮斯托斯带出来引到众神和人类面前的（585—587 行）：

但是当他创造出来这个惊艳无比的祸水，

---

① 宙斯的诞生与阿波罗的诞生都在阿波罗那一章一起讨论过了。也可以参看关于宙斯的旅途那一章。

> 作为美好的代价,
> 他把她带到众神和人类面前,
> 拥有灰色眼睛的伟大的神的女儿雅典娜用饰品将她装扮,
> 将她衬托得美艳绝伦。

陶器上将潘多拉送给埃庇米修斯的情景明显表明了这种上升,而且其他图案也暗含着这一点。通过《工作与时日》中赫尔墨斯的角色及《神谱》中语言的暗示,这两种描述都表明了上升。尤其在荷马颂歌中,赫尔墨斯在上升过程中的伴护角色从《荷马颂歌致得墨忒耳》中就为人所熟知。他把珀耳塞福涅从下界带到上界,交给得墨忒耳(335 行及以下)。他似乎和此处潘多拉的陪护者有相似的职能。

赫西俄德叙述中隐含的潘多拉从大地中创造的思想与柏拉图《普罗泰戈拉》320c—322d 中关于普罗米修斯的另一个神话是一致的。在这个神话中人是在地表以下被创造的,然后被带到上界,这个观点重复了很多次:从前,世上只有众神,但众神在特定的时间在大地的内部、外部及其他元素中创造了人类和其他生物。随后,这些包括人类在内的生物,被带到日光下。他们从大地诞生出来后,就来到普罗米修斯和他兄弟埃庇米修斯那里,由他们赋予各种各样的品质。这种相似性说明人类从大地创造的观点及随后的上升是普罗米修斯与潘多拉相联系的一个惯有的特点。

潘多拉的上升似乎与神圣人物有关,必须牢记的一点是潘多拉本身不仅仅是一个女人,还是一位女神。她所具有的女神特质在关于这个神话的陶器绘画上尤为明显。在这些绘画上人们可以看到潘多拉和行使生育职能的女神珀耳塞福涅、盖亚和阿芙洛狄忒一样,都是从大地中升起的。潘多拉的名字是盖亚名字的另一种说法($Γηπάνδωρε$, Hom. epigr. 7.1)。根据赫西俄德所说,她的另一名字为安妮斯朵拉(Anesidora)。① 公元前 5 世纪的一个陶器绘画上描绘了潘多拉由赫淮斯托斯和雅典娜创造时,得到了此名。在阿提卡地区,安妮斯朵拉也是土地女神得墨忒耳的代名词。② 赫西俄德的描述也许体现了女人和女神这两

---

① West, ed., *Hesiod Works and Days*, pp.164ff.; Kerenyi, *The Gods of the Greeks*, pl. ix.
② Berg, *Fabula* 17 (1976) 21.

个方面，正如潘多拉的创造是女神的上升和创造人类传统的结合。①

罐子作为《工作与时日》中的一个重要因素，似乎与潘多拉从大地的上升有关。事实上，另一幅图画也表明上升过程是存在的。从大地中出来，事实上潘多拉是从下界出来，赫西俄德描写了潘多拉有害的影响，他把这都归因于潘多拉敌意的、阴间的特征。这些思想再一次对应了 ID 和 AD 中关于伊南娜/伊什塔尔的观点。

人们一般将阔嘴陶罐（pithos）理解为储存东西的罐子，但此神话并没有把它解释成一个女人存放值钱东西的家用储存罐。赫西俄德只是简要提到这个罐子及其作用，但很明显这个罐子装着邪恶与疾病，正日日夜夜在人类中蔓延、肆虐，而又悄无声息（94—104 行）。从神话的角度看，阔嘴陶罐象征着地下世界，与美索不达米亚神话中的地下世界比较就能更清晰地明白这一点，而希腊的资料中也很清楚地表明了这一点。罐子在希腊坟墓中被用来装死人的骨头和骨灰，这种用途也有与下界相联系的含义。与这个观点有关的是，住着很多死人的下界或许被描写成一个罐子。塔尔塔罗斯（地狱）在《神谱》中被描绘成一个巨大的海湾，在顶部有个很窄的开口作为出入口（740—743 行）②，形状貌似坛子。同样，赫梯的地下世界也被描述成一个罐子，鉴于赫西俄德在《神谱》的其他方面很大程度地依赖赫梯的资料，这一相同点在此处就非常重要。③ 从罐子里飞出来各种各样的疾病和灾害似乎是从下界涌出来的一样，而考虑到美索不达米亚神话中疾病与恶魔正是从下界涌出的，我们就能更清楚地理解上面所

---

① 20 世纪早期关于潘多拉来自大地女神的观点已经有很多学者提过，到现在还在讨论着。这个问题没有材料进行研究。上升的观点用在此处有明确的目的，这与通常发现的上升过程的观点是一致的。陶器的图画上关于潘多拉真正出生的方面或许有一些解释或者暗示，但是这些也许与赫西俄德所说的上升并没有关系，在赫西俄德的上升中根本没有涉及农业的观点。有关潘多拉和大地女神，可以参考 West, ed., *Hesiod Works and Days*, p.165, 有总结性的论述。关于大地女神的起源，可以看 P. Gardner, 'A New Pandora Vase', JHS 21 (1901) 4ff.

② F. Poljakiv, 'The Jar and the Underworld', UF 14 (1982) 309–310, 来源在 nn.1 和 2; Berg, *Fabula* 17 (1976) 15ff.; Marquardt, 'Hesiod's Ambiguous View', p.289. 还有从各个不同角度的解释：John D. McLaughlin, 'Who is Hesiod's Pandora?', *Maia* 33 (1981) 17–18; Neitzel, *Hermes* 104 (1976) 387ff.; Simina Noica, La boîte de Pandore et 'l'ambiguité' de l'elpis', *Platon* 36 (1984) 100–124; E. F. Beall, 'The Contents of Hesiod's Pandora Jar: Erga 94–98', *Hermes* 117 (1989) 227–230.

③ Poljakov, UF 14 (1982) 309–310; 要找这个观点的相似用途，赫梯人认为大地下面的铜罐子装着忒勒匹努的愤怒, J. Haratta, 'Zu den kleinasiatischen Beziehungen der griechischen Mythologie', AAntHung 16 (1968) 61–63.

说的。沿着同样的思路，在希腊的下界同样可以发现恶魔。① 在任何情况下，罐子似乎都象征着地下世界。与这点一致的是，潘多拉诞生时很明显也是从这个地方升起的，在伦敦的双耳环细颈陶罐所描绘的画面上，潘多拉是从赫淮斯托斯富有创造力的手中拿着的一个阔嘴陶罐中出来的。

潘多拉突然打开陶盖，藏在里面的一大群灾害立刻飞了出来，关于这个罐子或许也有以上我们谈到的这些说法。它似乎象征第一个女人把下界的病魔和灾祸释放到了人间，她难辞其咎。这样，潘多拉事实上和苏美尔神话中的伊南娜很相似，在 ID 中伊南娜从下界带来了恶魔和其他邪恶的力量，最终这些恶魔袭击了她的丈夫（290—305、347—368 行），从主题上说这和潘多拉对她的丈夫埃庇米修斯的影响一致。《吉尔伽美什》史诗（泥版 VI. 96—100）中有一个相似的情形，伊什塔尔等同于《涅伽尔和埃列什吉伽尔》中的埃列什吉伽尔②，她威胁要把下界敌意的恶魔释放出来吞噬大地上的一切生灵（AV 13—20 行）。此处与伊南娜的情形相似，也和潘多拉的上升和装扮情景一致，而这点直接与美索不达米亚中女神的相同特点对应。在所有例子中，这些或许就是其中一些有关罐子用途的观点，潘多拉打开罐子把恶魔放出来肆虐人间。然而，也许罐子的象征比此处更广泛，这个罐子也承载着"希望"或"期许"（《工作与时日》，96—99 行）。令人费解的是，赫西俄德怎么从同一个装着邪恶的坛子中看到"希望"的。③

上升过程中一个不可分割的部分是为力量而行。这一点在潘多拉的故事和与伊南娜/伊什塔尔神话相似的母题中也能找到。美索不达米亚女神上升时的装扮母题在此处用作潘多拉的权力。这个母题在阿波罗诞生时的上升过程中也可

---

① James B. Pritchard, *Ancient and Near Eastern Texts Relating to the Old Testament*, 3rd edition, Princeton University Press, Princeton, 1969, p.436, *Ludlul Bēl Nēmeqi* III rev.6ff.; Réné Labat et al., *Les Religions du Proche-Orient asiatique*, Fayard/Denoël, Paris, 1970, pp.140ff. 比较 W. G. Lamert, 'An Address of Marduk to the Demons', AfO 19 (1959 - 1960) 117; 以及 *Myth of Erra* TableI. Ⅰ.175. 关于希腊神话地下世界的恶魔，见 G. S. Kirk, ed., *The Baccae of Euripides*, Cambridge University Press, Cambridge, 1979, p.37, 注意 120 行及以下。

② 萨尔坦版本 clo. v 9—12 行。此著作的译本请参考 Manfred Hutter, *Altorientalische Vorstellungen von der Unterwelt*: *Literar-und religionsgeschichtliche Überlegungen zu《Nergal und Ereškigal》*, Universitätsverlag, Freiburg, and Vandenhoeck&Ruprecht, Göttingen, 1985, pp.7 - 9, 20 - 31; Dalley, *Myths from Mesopotamia*, pp.163 - 181。

③ 参考 W. J. Verdenius 关于"预期"：'A "Hopeless" line in Hesiod: *Works and Days*, 96', *Mnemosyne* 24 (1971) 225 - 231。

以看到，用来表达他获得了权力。这点在阿波罗章节已有所论述。在赫西俄德作品中，装扮母题是潘多拉神话中非常引人注目的一部分，雅典娜和其他女神为潘多拉穿衣打扮和装饰。有关潘多拉上升情景的陶器上明显可以看到，她上升时全身衣着整齐，在一幅图画中她的头上戴着王冠和花环。她穿着闪光的银色长裙，挂着遮面的披纱，项配珠链，头戴鲜花扎成的花环或王冠。事实上，这个装扮母题和所发现的伊什塔尔在她上升时的母题很相似。潘多拉的衣着尤其会让人想到伊什塔尔在复活后回到上界时穿戴的衣着和装饰品，那里特别强调了衣着和装饰（AV 118—125 行）。另一个伊什塔尔的着装情景和上升到上界的过程尤其让人联想到她头戴的王冠（125 行）。潘多拉也戴着这样的王冠，很明显，就是这个引人注目的特点引起了赫西俄德特别的关注（《神谱》，578—584 行）。王冠在这些着装情境中的地位和在伊什塔尔的装扮情境中的地位是相同的：给潘多拉戴上王冠以完成她所有的装饰，同时也完成了创造她的过程；同样，在美索不达米亚神话中，女神得到了衣服和装饰品，然后得到了王冠，说明她重新完全得到了权力，回到了地上世界——人类居住的地方。①

装扮母题包含了获得权力和展示权力的观点，这从潘多拉的着装场景中也可以看出来。获得权力和展示权力的特征对应了伊南娜/伊什塔尔神话、阿芙洛狄忒的诞生神话及她与安喀塞斯爱情故事的特征。诞生神话中，阿芙洛狄忒在旅途中通过装扮，她那魅惑人心的神力增长了（《荷马颂歌 VI》，6—18 行）。在此情景中，阿芙洛狄忒所展现的权力的性质和潘多拉权力的性质一样，都是性吸引的力量。潘多拉对男人的征服和阿芙洛狄忒在荷马颂歌及她与安喀塞斯的爱情故事中对男人的征服是一样的，她穿着闪亮的长裙，佩戴着漂亮的装饰，让安喀塞斯为之倾倒（《荷马颂歌 V》，64—67、75—91 行）。和阿芙洛狄忒一样，潘多拉穿着漂亮的衣服，戴着迷人的装饰，她无与伦比的美让众神称羡不已，让埃庇米修斯深深陶醉、无法自拔。就如这位诗人所说的，穿戴着雅典娜给她的服饰，潘多拉艳丽无比，她被带到众神和凡人面前，他们见了这个美得无法比拟的女人都惊羡不已（《神谱》，585—589 行）。

---

① 在 ID 中，伊南娜的衣服是神力，"神圣的权力"，她穿衣和脱衣象征着权力的获得和失去。其追随了 AV 119—125 中伊什塔尔的上升。衣服的力量在神圣的婚姻的沐浴和穿衣顺序中也可以看到：SRT 5 第 1—7 行，尤其是第 7 行。参看 Thorkild Jacobsen, *The Harps that Once...*: *Sumerian Poetry in Translation*, Yale University Press, New Haven and London, 1987, 第 16 页第 7 行译文。

由服饰表现引人注目的权力,这种思想在伊什塔尔神话中也可以看到。古巴比伦史诗中,伊什塔尔服饰的力量是显而易见的,她的爱、迷惑和引诱的才能都通过服饰来表现,表达出女神的伟大和权力(3—6行):

> 歌颂伊什塔尔,最威严的女神,
>
> 荣耀的女主人,
>
> 她是最荣耀的女性,诸神中最伟大的。
>
> 她拥有喜悦和爱情,
>
> 她神力无边①,有迷人的魅力。②

潘多拉也有爱、迷惑和引诱的才能,部分原因是她穿着神赐的服饰。

在这些及其他思想中,阿芙洛狄忒、潘多拉和伊什塔尔这三个人物似乎是相互联系的。潘多拉和伊南娜/伊什塔尔神话极其相似,如服饰主题,迷惑力,作为上升过程组成部分的复活思想及其他的有关上升过程的思想,她在下阴间过程中得到伴护,她从阴间上升后危及人类、把灾难与罪恶释放到人间。在装扮主题及其隐含的思想上,潘多拉与阿芙洛狄忒或许也有联系,这位女神以相似的穿着暗含了相同的意义。③ 就如潘多拉一样,阿芙洛狄忒和伊南娜/伊什塔尔也很相似。在阿芙洛狄忒神话中,沐浴-装扮的情景组成了她上升旅途的主要活动,这一点与伊南娜/伊什塔尔沐浴-穿衣的情景相似,她似乎起源于这位美索不达米亚女神。就如美索不达米亚女神一样,阿芙洛狄忒的衣服用来象征权力,尤其是她的迷惑力和引起人类和众神欲望的能力。④

发光母题是阿芙洛狄忒神话中的重要部分,它与装扮情景中女神权力的展示有关,潘多拉的装扮情景中也出现发光母题,同样也表明她的迷惑力。在《荷马颂歌 V》中用大放光彩来表示权力,当阿芙洛狄忒来到伊达山见到安喀塞斯时,她的衣服和装饰闪闪发光(86—90、161—163 行)。潘多拉的装扮情景中,也同样用了发光母题,她的衣服也在闪闪发光:雅典娜给她穿上银色发光的长裙(《神谱》,574 行)。这也许是要说明装饰的作用是要增加女孩的美丽与

---

① "(性的)吸引力与魅力"。

② 来源:Marie-Joseph Seux, *Hymnes et prières aux dieux de Babylonie et d'Assyrie*, Les Éditions du Cerf, Paris, 1976, p.39。

③ 在阿芙洛狄忒的章节参看关于阿芙洛狄忒的出生神话以及她与安喀塞斯情事的讨论。

④ 在关于阿芙洛狄忒的章节参看此神话的讨论。

吸引力。根据这点，穿戴着雅典娜给她的服饰，潘多拉惊艳无比，身上闪闪发光，被带到众神和凡人面前，他们见了这美得无与伦比的女人都惊羡不已（《神谱》，586—587 行）。这些在装扮和发光母题中所表达的观点是美索不达米亚众神旅途神话中权力主题的特征。在潘多拉神话中，其与上升相联系来表达相关人物的权力。

造人情景中用装扮母题来表达权力，这点也可以在美索不达米亚神话中找到。就如在潘多拉神话中一样，此情景表达了混合的思想，即造人过程由男神与女神共同完成，同时装扮母题又表达了所造之人的权力。恩基和玛弥（或者神话所称的 Bēlet ilī）创造国王的神话，展现了一些与潘多拉的创造和装扮情景非常相似的思想。① 潘多拉神话所体现的思想在创造国王的神话中同样也可以找到：为塑造人像做一切准备，为其着装，一些神把具有各种各样特色与性能的礼物赠送给所创造的人物。塑像是由黏土捏成的，被塑造成非常漂亮的人形。阿努给他王冠，恩利尔给他王位，涅伽尔送给他武器，尼努尔塔神让他焕发出光彩，Bēlet ilī 让他具有美好的容貌，努斯库神给他睿智的忠告。这个情景中众神给予被创造的人特别的天赋与潘多拉神话中众神给予这个女人天赋的情景相似。② 正如潘多拉神话一样，国王的权力也在装扮母题中得以表现，装扮让国王上升到一个荣耀的地位，得到了至上的权威。国王通过装扮来体现权力的母题也可以在他与伊南娜/伊什塔尔的圣婚情景中看到。在这些情景中，国王的衣服表达的是他的权力。在其中一个神话中，国王被描绘成穿着仪式的"神力"衣服，戴着王冠。③ "神力"表示神赐的权力。在 ID 中（14 行及以下）也可以看到衣饰展示了女神的权力。在创造情景中，当接受尼努尔塔神的光辉时（39行），国王光芒四射，这尤其代表了国王获得了权力。潘多拉神话中她的衣饰散发光彩，也表达了同样的观点。而且潘多拉神话中母题的形式也可以在阿芙洛

---

① 瓦尔特·伯克特在《荷马与东方》一文中指出这种相似性，见 Joachim Latacz, ed., *Zweihundert Jahre Homer-Forschung: Rückblick und Ausblick*, B. G. Teubner, Stuttgart and Leipzig, 1991, p. 173。关于此神话，参见 Werner R. Mayer, 'Ein Mythos von der Erschaffung des Menschen und des Königs', *Orientalia* 56 (1987) 55 - 68。

② 在创造情景中涉及很多女神，这是早期神话的一个特点，例如《恩基和宁玛赫》，参看 Lambert, 'The Relationship of Sumerian and Babylonia Myth', pp. 130 - 131；关于此神话，另见 Kramer and Maier, *Myths of Enki*, pp. 31 - 37, 211 - 215。

③ Samuel Noah Kramer, *The Sacred Marriage Rite: Aspects of Faith, Myth, and Ritual in Ancient Sumer*, Indiana University Press, Bloomington and London, 1969, p. 63.

狄忒神话与伊南娜/伊什塔尔神话中找到。

将潘多拉神话中的思想和其他神话相比较，如国王创造的神话及 ID 和 AV 中伊南娜/伊什塔尔的神话，最好地证明了诗人自觉地对这些神话思想进行了创造性的应用。这是一个极好的例子，它证明了这样一个清晰的认识：希腊的很多素材及思想都涉及其中。造人情景与衣饰代表权力的思想相结合，这在国王创造神话和潘多拉的神话中都很相似。但是潘多拉神话中的装扮母题和相关思想都被伊南娜/伊什塔尔从下界回归时的装扮母题和相关思想代替。这位希腊诗人很可能将他对创造潘多拉情景的观点建立在国王创造神话或其他相似神话的基础上，但是还引入伊南娜/伊什塔尔的故事，对原来的神话做了创造性的改变，使得故事便于口耳流传。创造潘多拉的情景涉及了衣着及众神给她的特殊天赋。这个故事还添加了潘多拉上升的故事、她的伴护，潘多拉权力的性质、她邪恶的性格，以及打开罐子后造成的一切危害，使得该神话在表述范围上更宽广、更深刻，而且运用也更为广泛。如果希腊神话吸收了国王创造神话，那么它除了加入伊南娜/伊什塔尔上升的观点之外，还对其他的特点进行了革新，从而融入希腊的环境，使故事变得口语化。明显不同的是，希腊神话中是创造女人而非创造国王，并且故事中所涉及的众神及他们送给所造之人的礼物也有所不同。关于潘多拉的创造、潘多拉的上升及她对人类的影响，这整个神话是诗人创造力的结果，其中融入了许多美索不达米亚的神话思想，包括人类创造神话及 ID 和 AV 中女神伊南娜/伊什塔尔上升的观点。

潘多拉神话和《阿特拉哈西斯史诗》

一旦将这种上升思想的各种元素拆分开来，就可以在美索不达米亚文明的造人传统，特别是恩基神话中发现其余的主要元素，它们存在于潘多拉神话、赫西俄德的作品和其他资料中。① 古巴比伦的《阿特拉哈西斯史诗》是该传统中最全面的作品，实际上这部作品所有的主要元素和主题都围绕潘多拉和普罗米修斯展开，并在这些神话里得到证明。《阿特拉哈西斯史诗》产生于约公元前

---

① 比较 Duchemin, *Prométhée*, p.63, RHR 197（1980）27 and REG 88（1975）viii – ix。

1600年或者更早，被普遍描述为"人类的历史"①；它不仅涉及人类的起源、人类的生命意义及不同的历史事件，还规定了人类在众神管理下的宇宙中的稳固地位。② 在做出有效的比较前，很有必要针对这一点对该史诗做简单叙述。③ 这篇文章虽是故事残篇，1245 行中只有超过 700 行被保存下来，但也足以描绘出故事的细节。④

众神创造宇宙之后，阿努、恩利尔和恩基分别掌管宇宙的三个领域——天界、大地和阿普苏（apsu，深海）。然而一群小神（the Igigi）叛变了他们的父亲恩利尔。叛变源于恩利尔让他们做的苦工太多，命令他们挖渠、干农活来供应众神的日常所需。叛乱的众神选择了一个首领，跟随他到恩利尔的神殿作战。至上神听闻叛乱的众神聚集在门口，惊恐万分地砍断一个可怜的神像，并胆怯地藏在一位大臣后寻求帮助。过了段时间，恩利尔召集众神讨论这个问题和刚度过的危险，他要报复，于是下令处死反叛者的领袖。然而阿努和诸神都反对，阿努甚至认为众神叛乱是事出有因。集会也因此陷入了僵局。

最终这部作品的主人公智慧神恩基找出了解决办法。他提议创造人类来辛苦劳作，并为众神提供食物，这样众神就可以轻松生活。众神为此都很高兴，恩利尔也默许了，并命令创造人类。恩基也是技艺之神，他叫来了母亲创造神玛弥，他俩开始着手创造人类。恩基将黏土与叛变领袖的血肉混合在一起，并用这些材料创造了十四个男女小塑像。他把这些塑像交给了玛弥，让她行使自己创造女神及助产女神的特有职能，赋予人类生命。借助于十四个"母亲－子宫"和生产女神，以及美索不达米亚助产术的帮助，这些小神像就有了生命。作为材料的一部分，叛乱神的血肉解决了人类的生命问题。因此人类的心跳被解释为神的生命在人体内的标志，同时神的肉也提供了人的灵魂。

---

① Anne Draffkorn Kilmer, 'The Mesopotamian Concept of Overpopulation and its Solution as reflected in the Mythology', *Orientalia* 41 (1972) 160. 也可见 Jeffrey H. Tigay, *The Evolution of the Gilgamesh Epic*, University of Pennsylvania Press, Philadelphia, 1982, p.215。
② William L. Moran, 'Atrahasis: The Babylonian Story of the Flood', *Biblica* 52 (1971) 58 – 59; W. G. Lambert and A. R. Millard, *Atra – hasis*: *The Babylonian Story of the Flood*, Clarendon Press, Oxford, 1969, pp.13ff.
③ 文本来源：Lambert and Millard, *Atra-hasis*, *passiam*；另见 Dalley, *Myths from Mesopotamia*, pp.1 – 38。
④ Moran, *Biblica* 52 (1971) 51 – 52；Kilmer, *Orientalia* 41 (1972) 106.

人类被创造近1200年后，恩利尔又恢复了无情自私的本性。他抱怨大量增多的人群引起噪音，扰乱了他的睡眠，因此决定减少人类的数量。他的第一个尝试是疾病，命令瘟疫神攻击人类。然而，恩基同情人类，他建议阿特拉哈西斯王命令人类只向瘟神奉献食物。瘟神对此感觉羞愧，于是他放过了人类。

恩利尔的计划没有生效，他就命令阿达德不再为人类降下雨水，让其他神创造饥荒。恩基又一次以同样的建议帮助人类免受灾难，恩利尔再一次被阻碍。最终，随着人类数量的继续增加，恩利尔逐渐意识到他被玩弄了。为了不再遭受任何欺骗，他要诸神特别是恩基发誓，不能帮助人类，也不能将解决人类问题的计划透露给人类。然而聪明的恩基很快与誓言打了个擦边球，又一次哄骗了恩利尔，他通过苇子墙做的小屋与阿特拉哈西斯交流，透露了恩利尔想要用大洪水彻底毁灭人类的阴谋，这样传递秘密的是苇子，并非恩基。

阿特拉哈西斯听从了恩基的建议，他建了大船，洪水来临了。所有曾经同意毁灭人类的神，包括玛弥——众神的女王，又叫 Bēlet ilī，自从创造了人类，她就有了这样的称谓——都不满于要发生的事情，最主要是他们不愿意失去人类的献祭。他们坐在尘土上，Bēlet ilī 大声叱责恩利尔，说他的行为愚蠢又残忍。

然而阿特拉哈西斯和他的妻子在大洪水中幸存下来，他们刚刚登岸就马上谨慎地向又饥又渴的众神献祭，诸神在馨香的牺牲里显现。恩利尔也显现，同时发现恩基又一次欺骗了他，他对此暴跳如雷。这时，母亲女神报复性地建议恩利尔不要接受奉献。大家继续对至上神恩利尔提出反对意见，向他施压，直到他公开承认自己的愚蠢行为给大家带来了麻烦。

智慧神恩基又想出一个方法来解决恩利尔与人类的问题。他承诺，为了防止人类继续打扰，他和 Bēlet ilī 会通过建立社会和自然法则来限制人口数量，建立新秩序和新文明。①

通过对这个作品与潘多拉神话的元素进行对比，显示了它们的一致性，二者表面上差异很大，有不同的诗句，但许多主要元素都一样。事实上，史诗所有的主题，尤其是恩基神话中体现的这部作品的特有主题，都能在潘多拉神话

---

① 关于这点，见 Moran，*Biblica* 52（1971）59。

里面找到：

1. 对至上神的反叛；
2. 创造人类；
3. 强迫人类做苦工和向神提供奉献；
4. 同样角色的重复：至上神下令创造人类，但却不参与创造；创造神、智慧神、人类施助者的角色也被重复；
5. 恩基和赫淮斯托斯使用的造人方法相同：技艺方法，用黏土做雕像，每个女神都有相同的角色；
6. 叛变的神因为反对至上神受到惩罚；
7. 对灵魂的观念及对反叛神的惩罚；
8. 智慧神愚弄至上神来赐福人类；
9. 至上神扮演人类仇敌的角色并且要毁灭他们；
10. 至上神受到严厉批评：故事表现出对他的反对态度；他很严酷，他的行为不负责任且有失公正；
11. 洪水的主题；
12. 人类历史的观念及种族起源。

这些元素在《阿特拉哈西斯史诗》和希腊神话中都很常见。如果美索不达米亚资料不是支离破碎的，在它们之间可能还会找到更多的共同点。证明赫西俄德神话和《阿特拉哈西斯史诗》有直接关系的特征是，二者都省略了造人神话的农业方面。这一方面在其他希腊神话和各种美索不达米亚有关恩基、恩利尔和安的神话中都有显现。① 从这个主要的素材中可以看到，在普罗米修斯和潘多拉的希腊神话与美索不达米亚传统之间存在着一致性，而现在我们能够对其进行详细研究了。

人物角色

普罗米修斯和潘多拉神话复制了《阿特拉哈西斯史诗》的主要人物及他们充当的角色。《阿特拉哈西斯史诗》中作为主角的神灵是至上神恩利尔，恩基在这里特指创造者，是机智聪明的智慧神、人类的施助者，玛弥则是创造人类的

---

① 希腊陶器来源：见上；美索不达米亚来源：如《恩基前往尼普尔之旅》《恩利尔和锄头》。

母亲女神。在希腊神话里，宙斯扮演恩利尔的角色，他反对人类，总想毁灭人类。宙斯毁灭人类的意图在埃斯库罗斯和阿波罗多罗斯的叙述中被保留下来。①从埃斯库罗斯三部曲中可以看到他与恩利尔一样严酷与残忍。恩基是人类的工匠/创造者、反叛神、人类的施助者，他是一位聪明的神灵，他的角色由赫淮斯托斯和普罗米修斯共同承担：赫淮斯托斯扮演恩基的工匠的角色，而普罗米修斯扮演反叛神、人类的护佑及智慧神的角色。与恩基一样，普罗米修斯也是人类的朋友及施助者，反对并愚弄至上神，拯救人类摆脱宙斯的诅咒（《被缚的普罗米修斯》，246 行及以下），给他们文明，教他们手艺（《被缚的普罗米修斯》，270、458—486、492—522 行）："所有人类艺术都来自普罗米修斯"（522 行）。在其他希腊神话中，普罗米修斯也充当恩基创造人类的角色。② 因此，赫淮斯托斯和普罗米修斯一起再现了该传统里恩基的方方面面。在雅典学院里，这两位希腊神被金属制造工和制陶工共同敬仰，也体现了二者的联系。二神在奉献浮雕上会同时出现，一个年老（普罗米修斯），一个年轻。③

雅典娜扮演人类创造者玛弥的角色。雅典娜的角色从《神谱》中可以清楚看到，在《工作与时日》中也很清楚，在那里她仍是主角：负责所有着装打扮的工作（76 行）。其他的女神扮演了雅典娜的帮助者的角色，她们与《恩基和宁玛赫》（30—36 行）及《阿特拉哈西斯史诗》所描述的帮助宁玛赫/玛弥的那些生产女神们是对应的。④ 作为雅典娜的主要帮助者，荷赖和卡里忒斯当然是希腊神话里女神上升观点和装扮母题的一部分。

叛变和结果

两个神话都有相同的反叛至上神的主题，并且反叛的结果也一样：创造人

---

① Aeschylus, *Prometheus Desmotes*, 246ff.; Apollodorus I.46; Jacqueline Duchemin, 'La justice de Zeus et le destin d'Io. Sources proche-orientales d'un mythe éschyléen', REG 91 (1978) xxiii ff. 对普罗米修斯三部曲的原著者始终有争论：例如见 Mark Griffith, *The Authenticity of 'Prometheus Bound'*, Cambridge University Press, Cambridge and New York, 1977; 比较 M. L. West, 'The Prometheus Trilogy', JHS 99 (1979) 130ff., 他认为埃斯库罗斯并不是原作者；比较 Lutz Lenz, 'Feuer in der Promethie', *Grazer Beiträge* 9 (1980) 24. 这个问题在本研究中并不重要，正如其产生时间仍只能确定于公元前 5 世纪的某个时候。

② Apollodorus I.45; Rudhardt, MH 35 (1978) 6; Walter Burkert, *Greek Religion*, Harvard University Press, Cambridge, (Mass.), 1985, p.171.

③ Walter Burkert, *Greek Religion*, Harvard University Press, Cambridge, (Mass.), 1985, p.171; Noel Robertson, 'The Origin of the Panathenaea', RhM 128 (1985) 259–260.

④ 泥版 I.231—260 及 K 3399 + 3934 obv. iii 3—14 行。

类及强迫人类做苦工和奉献。① 在《阿特拉哈西斯史诗》中有两种反对至上神的方式：年轻的神在一个神的带领下反对恩利尔的残暴统治（泥版 I. ii. 57 以及下）；恩基的反叛行为，他愚弄恩利尔，帮助人类。② 普罗米修斯担当起两种反叛神的角色：受惩罚的反叛神领袖，以及阻碍至上神毁灭人类意图的聪明睿智的神灵，如恩基就扮演了这样的角色。

《阿特拉哈西斯史诗》中，神叛乱的结果是创造人类。③《神谱》中普罗米修斯叛乱的结果是创造了一个女人。《阿特拉哈西斯史诗》中，众神反叛的结果是人类承受辛苦的劳作（泥版 I. 189—191）。而在赫西俄德的作品中则是宙斯通过这个女人实施报复。这是同一个主题的不同应用。然而，正如《工作与时日》中对潘多拉神话的复述一样，对辛苦的劳作来源的解释是《阿特拉哈西斯史诗》的中心主题。

人类在《阿特拉哈西斯史诗》中的角色是为众神提供食物。同样的，在希腊的神话传统中，因普罗米修斯在墨科涅宴会上对食物的分配，祭祀传统就规定下来了。在美索不达米亚史诗里，向神祭祀是创造人类的原因：人被创造出来以向神供奉食物（泥版 I. 189—197）。在希腊，人要祭祀是对人和神分配的结果，这也是发生在墨科涅的事情。④ 因此，就有了不同结构的主题，也展示了这个观念的不同应用。在宴会上，普罗米修斯向宙斯奉献公牛的一部分体现了向神奉献食物的观念。

美索不达米亚神话里，神依靠人来奉献食物，而人类的毁灭会使众神陷入困境，因为他们将失去食物，这种情况在《阿特拉哈西斯史诗》中就发生了（泥版 III. iii. 15 及以下）。希腊神话里有着相同的观念——关于祭祀的本质含义，失去牺牲会对众神产生的威胁——这在《荷马颂歌Ⅱ》里有所描述。⑤ 在这

---

① 作为背叛下场的牺牲，见 Sorel, RMM 87 (1982) 25。
② 泥版 II. 9ff., III. i. 1ff.; K 3399 + 3934 rev. iv 21 – 30。
③ 泥版 I. 189—191 及 BM 78257 col. ii 1—12 行。
④ 祭祀作为人类生活的角色及作为背叛的结果，给神与人的分配: Sorel, RMM 87 (1982) 25。《神谱》535 行在宴会上给神与人的分配: West, ed., *Hesiod Theogony*, pp. 317 – 318; Kirk, *The Nature of Greek Myths*, p. 228. 比较 C. W. Querbach, 'Hesiod's Myth of the Four Races', CJ 81 (1985) 10: 分配作为一种"假设的解释"。牺牲的刺激作为分配的象征: Jenny Strauss Clay, 'The Hekate of the *Theogony*, GRBS 25 (1984) 37; 另见 J. Rudhardt, 'Les mythes grecs relatifs à l'instauration du sacrifice: les rôles corrélatifs de Prométhée et de son fils Deucalion', MH 27 (1970) 9。
⑤ 祭品对于众神的重要性: Sorel, RMM 87 (1982) 26ff。

首颂歌里，得墨忒耳威胁要毁灭人类种族，宙斯害怕会因此失去祭品。说到这里，这首颂歌里失去馨香的祭品使人想起这个情景：众神对阿特拉哈西斯的祭品飘散的香气蠢蠢欲动，当然，尽管这是不同情况。① 在《工作与时日》中，白银时代的人类由于对神不敬、不向神供奉而遭受毁灭，这体现了供奉观念是人类与神关系的主要元素。②

叛变和欺骗

在赫西俄德的作品和《阿特拉哈西斯史诗》中，都有聪明的神来帮助人类，破坏至上神毁坏人类的计划。普罗米修斯融合了恩基智慧神和反叛领袖的角色。与反叛神及其同伴一样，普罗米修斯的行为导致了人类的创造，以及压迫人类劳苦工作的结果。与恩基的计谋一样，普罗米修斯也来帮助人类反对至上神。普罗米修斯的帮助导致了矛盾的结果，而他的双重角色正是其中一个原因。

然而，普罗米修斯的诡计与恩基有些不同，但在为人类分配食物方面这两个角色很相似。普罗米修斯欺骗宙斯，把食物分给人类。而在恩利尔打击人类、减少人类的数量时，恩基欺骗雨神和谷物神从而减轻饥荒（泥版Ⅱ.9及以下）。恩基对恩利尔及众神的欺骗涉及了向神献祭，而祭祀则与希腊神话很像。关于食物的观念和欺骗的目的都很相似，但是在赫西俄德的叙述中，实际素材和它们的应用方式是不同的。

普罗米修斯的第二个计谋——盗火，与献祭和食物有关，因为"这一对（献祭与火）是希腊神话里少数不能分开的特例"③；火是牲畜祭祀的一部分，这是普罗米修斯第一个计谋的基础。在埃斯库罗斯的作品中，火也被视为文明的基本工具，普罗米修斯通过将火作为礼物送给人类，传授给他们文明的所有

---

① 比较，失去烧烤贡品时飘散着的芳香美味的气味，对于宙斯来说是一个威胁：Aristophanes' *Birds*, 1514–1524。"野蛮的众神"失去了牺牲只能半饥半饱。

②《工作与时日》，136；参见 Sorel, RMM 87（1982）28；另见 Querbach, CJ 81（1985）11。

③ William D. Furley, *Studies in the Use of Fire in Ancient Greek Religion*, Ayer, New Hampshire, 1981, p. i; Berg, *Fabula* 17（1976）15; Rudhardt, MH 27（1970）6; Kirk, *The Nature of A Greek Myths*, p.139; Marcel Detienne, *Dionysos Slain*, Johns Hopkins University Press, Baltimore, 1979, p.57. 同时关于普罗米修斯三部曲中的火，参见 Lenz, *Grazer Beiträge* 9（1980）26ff。比较《梨俱吠陀》1.1.1中的火及献祭之神阿耆尼。

方法和技艺（《被缚的普罗米修斯》，270、458 行及以下）。① 这个因素对应了《阿特拉哈西斯史诗》里文明同样是恩基赠予的礼物。大洪水过后，技艺之神恩基和玛弥确定并建立了新文明②，火可能也是在这时出现的。然而，美索不达米亚史诗的这一部分已经完全被毁坏。③

对至上神的反抗

人类的仇敌宙斯是被反叛的至上神，他对应了史诗中恩利尔的角色。《阿特拉哈西斯史诗》是彻底反对至上神的，甚至把他的性格描述得一无是处。他被描述得愚蠢、卑鄙、懦弱、严酷且对人类残忍。④ 然而与此相反，恩基是受称赞的神，他被描述为聪明灵巧的智慧神，也是人类的朋友。赫西俄德的《神谱》中，有相似的角色和同样的对比。尽管希腊诗人尽力表述宙斯比普罗米修斯聪明，来为这位至上神严酷的行为辩护。赫西俄德对这个材料的处理与他写《神谱》的目的是一致的，因为西方传统倾向于将宙斯当作英雄。⑤ 埃斯库罗斯写普罗米修斯三部曲的最终目的是拥护宙斯，他确实做到了，但是也描述了宙斯对人类及普罗米修斯的苛刻及残忍。他好像是以另外一种或许是更成功的方式来向宙斯的敌对角色做出妥协。⑥

在整个美索不达米亚神话体系中，全面反对恩利尔是这部作品的独特性所在。《埃努玛·埃利什》可能是另外一部怀疑、轻视恩利尔的作品，其目的是由巴比伦主神马尔杜克代替恩利尔。然而，在作品中，马尔杜克的统治是通过简单删去大部分恩利尔的内容造就的，由马尔杜克代替他的位置，另外还借用了其他神话，如勇士尼努尔塔的神话来抬升这位神。在《阿特拉哈西斯史诗》中，反对至上神的原因在于美索不达米亚史诗的仪式崇拜背景，这是以恩基为主人

---

① 另见 Duchemin, RHR 189（1976）142 – 143：普罗米修斯教导艺术与工艺。火作为文明之基：West, JHS 97（1977）28。

② Lambert and Millard, *Atra-hasis*, p. 13.

③ 泥版 III cols vi. 43ff., vii. 1ff。

④ 泥版 I. 352 – 360, II. 7-21, III. iii. 39 – 40, III. vi. 5 – 26。比较 Moran, *Biblica* 52（1971）60。

⑤ West, ed., *Hesiod Theogony*, p. 321：宙斯被彻底欺骗了，这是早有所知的。赫西俄德典型地在为宙斯的全能和威望做补救。类似的，见 Kirk, *The Nature of Greek Myths*, p. 138；另见, Jens-Uwe Schmidt, 'Die Einheit des Prometheus-Mythos in der "Theogonie" des Hesiod', *Hermes* 116（1988）130。

⑥ 见 Jacqueline Duchemin, 'Le Zeus d'Eschyle et ses sources procheorientales', RHR 197（1980）27 – 44。

公的众多神话之一。理由是尼普尔地区祭祀恩利尔，而埃利都地区敬拜恩基，这也是美索不达米亚地区的政治宗教环境的一部分。① 与至上神的冲突及反对至上神的角色是美索不达米亚神话的特征，但希腊神话及希腊环境并没有为此类角色提供强制的原因。如此看来，赫西俄德和埃斯库罗斯似乎都将潘多拉传统中的宙斯形象与希腊其他传统神话中全知全能的宙斯形象保持一致。

反叛神的惩罚

在《阿特拉哈西斯史诗》和希腊神话里，反叛神因为反对至上神而受到惩罚。在《阿特拉哈西斯史诗》中，他的被杀似乎成为人类创造过程的一个组成部分（泥版 I. 208—230）。② 普罗米修斯也为他的反叛受到惩罚。他并没有死，因为希腊人认为他们的神是永恒的，然而宙斯把他派往阴间，其象征意义与死亡一样。他被束在高加索山，后来又被送往塔尔塔罗斯，在那里待了三万年。③

在美索不达米亚史诗里，人体的灵魂生命观念与反叛神的惩罚有关。史诗里，反叛者的死是创造人类的一部分：他被杀，身体与黏土混合④，为人类提供了生命元素，神的生命在人体内的标志是"跳动"，就是心跳（泥版 I. 225—230）。⑤ 这位神的身体也为人类提供了灵魂，赋予人类他的精神（泥版 I. 228—230）。⑥

生命和灵魂的主题也在对反叛者普罗米修斯的惩罚中得以体现。他被缚在山上，鹰白天飞下来啄食他不朽的肝脏，晚上肝脏又会重新长出来。在美索不达米亚，肝脏所在即为灵魂所在，"肝脏"这个词就有"灵魂"的意思。⑦ 在希腊，这个器官有时候会有相同的功能。举个例子，柏拉图的《蒂迈欧》70 a、e 中，"心和脏的位置是凡人灵魂的地方（一个上等，一个下等），而头部是不灭

---

① Benito, '*Enki and Ninmah*', p. 7.
② Moran, *Biblica* 52（1971）52；Kilmer, *Orientalia* 41（1972）163.
③ 参照 Kirk, *The Nature of Greek Myths*, p. 260："比起美索不达米亚，更强调了希腊诸神的永生性"。
④ William L. Moran, 'The Creation of Man in Atrahasis I, 192 – 248', BASOR 200（1979）50；Lambert and Millard, *Atra-hasis*, pp. 9, 22.
⑤ Kilmer, *Orientalia* 41（1972）170.
⑥ Moran, BASOR 200（1979）53 – 55. 雅各布森关于心跳的解释：同上，56 页；Kilmer, *Orientalia* 41（1972）162 – 163；及 Lambert and Millard, *Atra-hasis*, p. 22。
⑦ Pritchard, *Ancient and Near Eastern*, p. 436n. 4.

的灵魂"。① 另外，这与祭牲剖肝占卜术传入希腊也有关系。

神死去为人类提供生命的主题在希腊创造潘多拉的神话中并没有出现。这里正好形成对比，这个女人是由于女神雅典娜及其助手的关注才有了生命，通过上升过程，完成了潘多拉的创造，使她得以在地上世界获得生命。无论如何，人类创造的其余场景还是使用了相同的模式。事实上，《阿特拉哈西斯史诗》中的死亡主题看起来是早期《恩基和宁玛赫》中创造方法的附加，这本书也与赫淮斯托斯和雅典娜创造潘多拉的神话一样。②

洪水母题及人类的起源

洪水既是《阿特拉哈西斯史诗》中的重要母题，也是希腊神话中关于潘多拉和普罗米修斯的故事的主题。在柯克和其他学者眼里，这一母题很明显来自美索不达米亚。③ 普罗米修斯和潘多拉与洪水的联系很少受到关注，我们应当予以重视。尽管赫西俄德的《神谱》和《工作与时日》中的潘多拉创造故事并没有洪水的特征，但洪水和其他历史事件如人类起源，在谱系记载中重复出现，成为潘多拉神话的一个组成部分。此处显示的谱系证据来源，大部分是引用赫西俄德。④

在谱系中，人类历史的观念、人类的创造与大洪水在美索不达米亚史诗中并列出现。希腊洪水英雄丢卡利翁与普罗米修斯和潘多拉相联系，他被认为是民族祖先。比如，这在赫西俄德残篇 2 中很清楚（潘多拉和普罗米修斯在这里是创造神，如同《阿特拉哈西斯史诗》中的恩基和母亲女神）。⑤ 阿波罗尼奥斯（Apollonius Rhodius）第 3 章 1086 行的注释表明赫西俄德在《名媛录》里说丢卡利翁是普罗米修斯和潘多拉的儿子，而普罗米修斯或丢卡利翁与皮拉生下了赫楞，即希腊人（Hellenes/Hellas）的祖先。

---

① Silvestro Fiore, *Voices from the Clay*, University of Oklahoma Press, Norman, 1965, p.99 n.268.
② Kilmer, *Orientalia* 41 (1972) 161, 165.
③ Kirk, *The Nature of Greek Myths*, pp. 262 – 263; Duchemin, REG 88 (1975) ix.
④ 此处引用的来源：F. Solmsen, *Hesiodi Theogonia Opera et Dies Scutum*, 包括 R. Merkelbach and M. L. West, ed., *Fragmenta Selecta*, Clarendon Press, Oxford, 1970, pp.114 – 115; West, ed., *Hesiod Works and Days*, p.166; Apollodorus I.46 – 48。
⑤ Berg, *Fabula* 17 (1976) 24.

阿波罗多罗斯的叙述中也记载了同样的关于洪水神话的事件①，在《工作与时日》中，埃庇米修斯是潘多拉的丈夫，而在残篇 2 中则由他的哥哥普罗米修斯扮演丈夫角色。这里埃庇米修斯与潘多拉生了皮拉，即丢卡利翁的妻子。②洪水消退以后，丢卡利翁和皮拉把石头扔过肩膀，后来石头变成了人。品达对此也有记载（O.9.40 及以下）。在《工作与时日》的注释记录中，埃庇米修斯同样是潘多拉的配偶，丢卡利翁和皮拉是埃庇米修斯和潘多拉的孩子。③

另外的谱系版本，赫西俄德残篇 5 中，丢卡利翁是潘多拉的父亲。在这个版本里，宙斯和潘多拉是格雷科斯（Graikos）和拉丁纳斯（Latinos）的父母，兄弟俩分别是希腊人和拉丁人的始祖。潘多拉是丢卡利翁的女儿这个说法可能是因为格雷科斯的家谱从属于丢卡利翁的家谱，因此导致出现了两个潘多拉。④宙斯的出现及他的角色对应了马尔杜克版的人类创造，此处至上神参与了创造。

正如阿波罗多罗斯所述，所有这些资料都展现了丢卡利翁和他妻子是以下人类种族的始祖：赫楞、格雷科斯、拉丁纳斯，总的来说就是人类的始祖。另外赫西俄德残篇 7 中，丢卡利翁也是马其顿人的始祖。丢卡利翁和妻子作为始祖是与美索不达米亚传统一致的：《阿特拉哈西斯史诗》中，洪水英雄及其妻子是大洪水后唯一幸存者，自然也是现有人类的始祖。

人类的创造（主要体现在此处涉及的神灵形象上面），大洪水及人类起源在这些素材中都有涉及。尽管这些元素在不同谱系材料中有不同的安排，比如说，同样角色的不同身份，比如埃庇米修斯、普罗米修斯和宙斯都是潘多拉的配偶——显示了在美索不达米亚传统和大部分《阿特拉哈西斯史诗》中，这些神灵和人类角色的相互关系及发生事件的一致性。

这里对潘多拉/普罗米修斯神话和美索不达米亚神话相关性本质和范围的讨论清楚表明了它们之间有直接关系，并且希腊神话受到美索不达米亚的影响。根据所知的线索，《阿特拉哈西斯史诗》和其他有关早期人类历史的美索不达米

---

① Apollodorus 1.46-48. 见 West, ed., *Hesiod Works and Days*, p.166, 关于其他来源。
② 比较品达 O.9.68 的注释。关于其他埃庇米修斯的谱系人物，见 West, ed., *Hesiod Theogony*, p.309。
③ 维斯特将此视为一致的版本：*Hesiod Works and Days*, p.166。
④ *Hesiod Works and Days*, p.166.

亚作品存在于公元前一千纪。① 有关伊南娜/伊什塔尔的作品也是在这时期出现的,这在关于阿波罗章节的结尾处谈到过。它们的相同点证明了本书引言提出的标准,因为在具体的美索不达米亚神话里可以发现很多关于人类创造和早期人类历史的具体共同点。另外,其中许多神话很复杂,是美索不达米亚和希腊神话的中心特色。希腊神话里的故事与《阿特拉哈西斯史诗》及有关恩基的神话截然不同,然而,其中隐含的主要思想、事件及主要元素本质上都一样。实际上,有关潘多拉和普罗米修斯的神话似乎是美索不达米亚传统中有关人类创造和早期人类历史的希腊阐释,特别是在恩基神话中,加上了上升的思想,这些思想似乎来源于伊什塔尔神话。事实上,希腊神话创造性地对同样的元素进行了巧妙运用。其中很多神话,尤其是赫西俄德记载的潘多拉的上升神话,都清晰地理解了对于它们来说必不可少的、来自美索不达米亚神话的思想和目标。在希腊的新故事里,对相同元素有多种改变和不同应用,但都与对现存传统的创造性运用相一致。

---

① Lambert and Millard, *Atra-hasis*, pp. 31 – 39.

第十章　雅典娜的诞生

230　　雅典娜的诞生神话是一个被极度浓缩了的神话例子。它广用象征，引经据典将各种错综复杂的观点结合了起来。但是，研究界对此神话的分析只停留在这一层面上，因为要使其主旨目的和暗含的思想彰显眉目，需要熟悉希腊神话如何借用美索不达米亚思想的方法。这些方法在这个神话中交织成趣，只有通过之前章节中讨论的知识才能得以解释。

尽管荷马颂歌中只有一首简短的诗歌提及这个神话，但是其完整的上升情节和与之相伴的为力量而行的观念却是显而易见的。品达的《奥林波斯颂》中有一首颂歌详细描述了雅典娜诞生的些许情景及一系列有关女神诞生的思想。要如实地揭示这两个来源中有关这个神话的思想，就得谙熟赫西俄德作品及美索不达米亚神话中恩基和恩利尔的造人神话，并对关于伊南娜/伊什塔尔的女神及其配偶的神话有所了解。因此，如潘多拉神话所隐含的，这两个来源必然有联系的素材，但表达的思想却大相径庭，因为这里讲的是强大的战神雅典娜的诞生。

讲述雅典娜诞生的材料甚多，其中最主要的还要数现存荷马颂歌第 28 首《荷马颂歌致雅典娜》及品达《奥林波斯颂》中第 7 首了。献给雅典娜的颂歌仅叙述了雅典娜从宙斯的头颅中蹦出来，其情形令人敬畏。

231　　宙斯从其令人敬畏的头颅中生出了特里托尼娜（Tritogeneia）。当时雅典娜身着盔甲，金光闪闪，从神灵宙斯的头颅中蹦出来。她猛地跳到宙斯面前，挥动锋利的长矛，威风凛凛，震惊了众神。雄伟的奥林波斯山在这个目光炯炯的女神震慑下摇摇欲倾，邻近的地面也可怕地晃动不已；大海翻滚，碧浪滔天，海水喷射而出。许佩里翁光芒四射的儿子停下他狂奔的飞马，驻足许久。直到女神帕拉斯·雅典娜从肩头卸去神灵的盔甲，英明的宙斯才重拾欢颜。

无论赫西俄德的《神谱》（924—926 行）还是荷马颂歌中的雅典娜诞生都没有提到赫淮斯托斯或普罗米修斯的作用。然而，品达提到了雅典娜诞生中有关赫淮斯托斯的故事：他用一把斧子劈开了宙斯的头部（Ol. 7. 34—38）：

因而，这众神之王在城市上空飘扬起金色的雪花。

当雅典娜，伴着赫淮斯托斯黄铜斧，

娴熟的技艺，从父亲的头颅中跳出来，

喊声响彻云霄。

天公地母随即颤动。

欧里庇得斯的悲剧《伊翁》452—457行中，挥动斧子的神灵变成普罗米修斯。阿波罗多罗斯在提到这个故事时，也认为这个角色是普罗米修斯，然而若再加考虑便知，应该是赫淮斯托斯（I.20）："雅典娜将要出生，普罗米修斯（有些人认为是赫淮斯托斯）在特里同河旁边用斧头砍开宙斯的头颅，雅典娜从其王冠中跳将而出，披盔戴甲。"

荷马颂歌在诞生场景的描述中，对权力上升趋势的暗示是通过形形色色的象征手段实现的。这里最明显的标志是穿着，是权力上升的一部分。雅典娜诞生时全身盔甲，宛若处于战事之中，其威力不言而喻。这一系列事件中的标志，同伊南娜/伊什塔尔从阴间归来上升的情况一致（ID 281—310行，AV 118—126行）。就像在ID和AV中伊南娜/伊什塔尔的诞生，雅典娜诞生时全副武装，威风凛凛。如同苏美尔神话中的女神，她的穿着打扮标志着她的权力。在雅典娜这个例子里，衣物是盔甲。她全身披盔戴甲，与此处所表现的战士身份一致。她没戴王冠，也不像伊什塔尔那样珠光宝气，却手持盾牌和长矛，不停挥动，还戴着头盔。权力上升中的穿着母题也可以从《荷马颂歌致阿波罗》中（120—122行）得洛斯部分对阿波罗诞生场景的描述看出来。阿波罗身着亮白色衣服，腰系金色皮带，这是权力上升的一部分。与之相似，在他归来的场景中，也就是在去奥林波斯山参加集会的途中，为了展示他的权力，他穿的衣服光彩夺目、坚不可摧（182—184、202—203行）。这发光的场面，体现了衣服的权力作用及女神在此场面中的威力；在这里，雅典娜的故事就如同阿波罗权力的两个场面一样，阿波罗诞生时身穿白色的衣服，在他去奥林波斯山途中穿着光芒万丈、坚不可摧的长袍。同样，雅典娜金色的衣服也是闪闪发光的（6行）。这些场面都是女神出生时表现出来的典型的上升或归来场面。

雅典娜和伊什塔尔一样，都从阴间上升。这可以通过她的来源地，即宙斯的头颅推断出来。表示宙斯之头的单词有"山尖"之意。例如，《伊利亚特》第

1卷44行和第8卷12行提到奥林波斯山的山尖:"奥林波斯山的山顶"。欧里庇得斯的《伊翁》457行及品达的《奥林波斯颂》第7首36行中单词κορυφή是指宙斯的头,这也有"山顶"之意。

这点不管是在苏美尔神话还是希腊神话中都相当重要。苏美尔神话中,一座山或很多山都象征着图像和神话中的阴间,献给阿波罗的颂歌中,山出现在阿波罗从地下诞生/上升的情景里,也出现在宙斯诞生的场面里,显然他出生并来自大地之下。①

正如从苏美尔的艺术中所看到的那样,雅典娜的诞生/从高山上升同伊什塔尔从阴间上升密切关联。在印章图像上,伊什塔尔或站在象征阴间的山上,或从两山之间出来,这也说明她来自阴间。② 提到雅典娜与伊什塔尔都来自阴间这一联系,有趣的是,因雅典娜而著名的鸟,她的猫头鹰,也对伊什塔尔很重要,这鸟似乎象征着女神的阴间特质。猫头鹰常同裸体带翅的女神一同被刻在古巴比伦或伊辛-拉尔撒时期大规模的烤制泥版上。③

雅典娜的诞生对众神有震慑之力,他们个个惊慌不已:奥林波斯山摇摇欲倾,大地剧烈震动,大海也随即波涛汹涌。就连赫利俄斯也勒马驻足(9—16行),正如品达描述的:"天公地母随即颤动"(Ol. 7. 38)。这特征同《伊南娜下冥府》里的伊南娜完全恢复元气后上升、震惊陆地众神的情形一样。杜姆兹就像陶器的一个场景中所描绘的赫淮斯托斯那样,从她身边逃离了。④ 在赞歌 in-nin šà-gur₄-ra 中伊什塔尔的回归也有同样惊惧的影响。集会上,她使安和众神惊慌失措(104—109行)。在所牵涉的母题中,雅典娜的上升也同《安基姆》中战神尼努尔塔的回归一样,他通过震慑众神来显示其威力。他从群山中回归,当时雷声响彻四海,战车上有象征其威力的标志,威力四射(51—89行)。雅典娜也具有同样的母题,她对众神有同样的震慑力。品达描述了穿着和发光母

---

① 献给阿波罗的荷马颂歌中得洛斯部分有关阿波罗诞生场面的上升以及宙斯诞生讨论,参照史诗的阿波罗章节中得洛斯部分的阿波罗诞生。

② 同样,乌图早上从东方的山间升起。有关乌图从山间升起的圆筒印章图,请参看 Jeremy Black and Anthony Green, *Gods, Demons and Symbols of Ancient Mesopotamia*: *An Illustrated Dictionary*, British Museum Press, London, 1992, pp. 182 – 183。参看 BM 89115, 一位神从山间出现的相似情形。

③ 对此情形的描述,请参看 Black and Green, *Gods, Demons and Symbols of Ancient Mesopotamia*: *An Illustrated Dictionary*, British Museum Press, London, 1992, 卷首插图以及下页对此插图的相应说明。

④ Kylix from Vulci by the painter Phrynos: London E 15, Beazley, ARV 136 no. 1. 该情形请看 C. Kerenyi, *Gods of the Greeks*, Thames & Hudson, New York, 1951, p. 119。

题，尤其是声音母题，雅典娜的声音之大，使得天地抖动（Ol. 7. 37—38）。荷马颂歌中，这喊声使地面震颤（10—11 行）。此声音母题，如同《荷马颂歌致阿波罗》中描述阿波罗三次回归中的声音一样。第一次，阿波罗诞生时众女神欢呼（119 行）；第二次，在他回到奥林波斯山时，他一路弹奏竖琴，并在聚会上让众神随之翩翩起舞（184—206 行）；第三次，阿波罗回到德尔菲神庙，如一道刺眼的亮光，克利萨的妇女们因而欢呼惊叫（444—447 行）。与之相似，在宙斯从山中诞生的神话里，克瑞忒斯人敲击着他们的盾牌，震耳欲聋。雅典娜诞生中的场面因此成为这些上升-回归场面的典型代表，在这些场面中，此类母题用以象征众神的权力。

不同的资料叙述了这个神话的不同部分。荷马颂歌只提出了诞生/上升场面，赫西俄德在《神谱》中同样也只提到这个场面（924—925 行）。然而，品达的作品和其他资料在这个场面中加进了普罗米修斯或赫淮斯托斯。品达第一个提到赫淮斯托斯用铜斧砍破了宙斯这位至上神的头颅，让女神跳了出来（Ol. 7. 35—36）。

品达的叙述，在原先荷马颂歌中上升场面的基础上加进了人类创造的思想。在这些有关人类创造的神话中，雅典娜起着相当重要的作用。就像从潘多拉诞生的神话中看到的那样，或许可以猜测在她诞生的神话中描述了女神的另一个核心特征，即她的武士特征。创造人类的思想，在这儿是由神话中的其他神灵及抢斧这个加速女神诞生的象征性动作来展现的。宙斯、雅典娜、普罗米修斯或赫淮斯托斯同时出现在这个神话中，而他们是潘多拉诞生中的主要人物。潘多拉也同雅典娜一样来自阴间。另外，赫淮斯托斯或普罗米修斯是女人的创造者，或拥有其他起源的人类的创造者，正是这两位神灵充当了雅典娜诞生的催生力。

作为创造人类的一部分，抢斧可以在创造潘多拉的农业模型中看到。在大约公元前 440 年的一个涡形酒缸上，标注了描绘形象的名字，其中潘多拉正从地底出来，她身体一半尚在土里，只伸出了两只胳膊。显然埃庇米修斯正在接收她，他靠着锄头站着，低头看她，一只手朝她伸去。① 这个场面的农业性质说

---

① 牛津 525 环形壁龛；M. L. West, ed., *Hesiod Works and Days*, Clarendon Press, Oxford, 1978, p. 165；ARV 1562 no. 4；关于此情形，见 JHS 21（1901）3, pl. 1。未记录环形壁龛的发现地点。根据 Beazley，这幅画是 Alkimachos II, ARV 1562。

明，锄头已被用来挖坑了。在另一个瓶器上，这个思想是通过动作表达的。在一个有黑色画像的瓶器上，潘多拉巨大的头伸出了地面，两个半人半兽的丰产之神各站一边，用木槌敲打着缓缓伸出的头颅。① 苏美尔神话中，有个场面与这幅画的情形十分相似，人类也是以农业的方式诞生的。在《恩利尔和锄头》中，神灵恩利尔挖掘地面，并在所挖的坑里创造了人类的头颅。② 雅典娜的诞生同潘多拉的诞生一样，也有向上伸头的场景。在一个陶器图画上，她头戴钢盔，手拿盾牌和长矛从宙斯的头顶飞出，赫淮斯托斯惊慌失措地从她的右边逃走了。③

女神如伊什塔尔的诞生及人类诞生这两套思想，同时在这个神话中得到呈现。雅典娜是同伊南娜/伊什塔尔一样具有威慑力的女战神，但是她又是人类创造神话中的一个主角。这一角色使她再次与伊什塔尔相类似。标准巴比伦版本的《吉尔伽美什史诗》中，伊什塔尔出现于公元前二千纪末，她的首要角色是人类的创造者；在古巴比伦的《阿特拉哈西斯史诗》里，她承担的是玛弥/宁图的角色。④

这两种有关权力上升及创造人类的思想对希腊读者来说相当熟悉，在女神的神话故事里大概也起着相当重要的作用。这使人想起女神的神话和崇拜中包含的思想，这些思想对于女神的概念及崇拜来说十分重要。它们以高度凝练的形式呈现出的事实已经清楚地说明，这些暗含的思想——最早在美索不达米亚神话中出现，已经得到了充分理解。象征性地涉及了创造人类的思想可能唤起了第一个女人潘多拉的诞生中雅典娜的作用，强调了她在人类的创造及延续中的重要作用。

因此，女战神及人类的创造者是雅典娜神话的两个重要方面，它们在雅典娜的诞生神话中以一种浓缩的形式被一同表现了出来。它们的意义以另一种方式表现了出来：同时被刻画在雅典帕特农神庙中的处女雅典娜神像上。女神的

---

① 黑色画像的花瓶，出土地点未知。查看该场面，请参考 Kerenyi, op. cit., p.219；查看该场面及评论，请参考 Charles Lenormant and Jean J. A. M. de Witte, *Élite des Monuments céramographiques*: *Matériaux pour l'histoire des religions et des moeurs de l'antiquité*, etc., tome, I Paris, 1844, pl.52. 比较，钟形壁龛，Stockholm 6，来自 Magna Graeca, ARV 1053 no.40（来自 Polygnotos 与他的小组）。

② 查询相关原文，请参看前面章节有关潘多拉和普罗米修斯神话。

③ Kylix from Vulci by the painter Phrynos：London E 15, Beazley, ARV 136 no.1. For the scene, see Kerenyi, op. cit., p.119.

④《吉尔伽美什史诗》，泥版 XI. iii. 116—123。

盾牌上可以看到阿玛宗人和巨人之间的战斗，而在底座上描绘了潘多拉诞生得到解救的图像。①

这类诞生神话表达了有关权力上升的复杂思想及创造人类的作用。这两套不同的思想通过象征手法得到表现，而且所表达的概念对雅典娜来说是独一无二的。它们相互联系形成一个新的与众不同的神话。其实，创造人类的思想可能是在赫西俄德和荷马颂歌创作之后才加上的，因为普罗米修斯或赫淮斯托斯用铜斧劈开宙斯头颅的处理在这两种资料中都未曾提及，而是最早出现在品达时期的文学作品或艺术作品中，时间是约公元前 570 年之后。另一方面，这些书籍只简短地提到这个神话，而普罗米修斯或赫淮斯托斯的角色也许是猜测的。

对雅典娜诞生神话中美索不达米亚思想的讨论，完成了古希腊神话追求与美索不达米亚神话平起平坐的分析。这个神话中对众多主题的叙述，主要是通过大量的典故和象征实现的。然而，对冗长的荷马颂歌中其他神话及赫西俄德的系统分析，需要谙熟美索不达米亚思想及这些思想在希腊神话中运用的方法，这使得透析这个神话的意义，以及雅典娜同时作为女战神和第一个女人创造者的微妙思想，成为可能。

---

① Pausanias 1.24.7; Georg Wissowa, ed., *Paulys Realenzyklopädie der klassischen Altertumswissenschaft*, II, 2, J. B. Metzlersche Verlagsbuchhandlung, Stuttgart, 1896, p.2015.

结　　语

237　　相似性的研究得出一个引人关注的结论，那就是荷马颂歌和赫西俄德的作品中美索不达米亚神话产生的广泛影响。通常来说，这些作品都属于古风时代。这种影响似乎具有某种基本特性，其思想和主题是神话中有关神的事件和行为的基础。对本文献的研究得出，希腊人似乎已经对美索不达米亚神话中的许多中心思想和概念及从中所表现出来的主题有了很好的了解。这是由本研究中希腊神话与特定的美索不达米亚神话的相似性表现出来的，因为这些美索不达米亚神话体现了美索不达米亚宗教神话集的主要特点。显然，希腊人充分认识到了美索不达米亚神话所体现的两大情节的中心思想和诸多主题：女神及其配偶情节、英雄情节，希腊人对其了解颇深。他们在某种程度上也清楚地了解与一位重要的神——恩基有关的人类创造神话。对希腊颂歌和赫西俄德作品中与美索不达米亚神话的相似性研究已经明确指明这三组神话的思想主题。同时，很明显，不管希腊人是否认识到美索不达米亚神话中的大量关于神话、宗教及宇宙的观点，他们都没有将之继承和接受。其中有些思想似乎对希腊有着很大的影响，而另一些则根本没有出现。同样，某些美索不达米亚神话似乎具有特殊的影响，因为希腊神话与这些美索不达米亚神话在思想和主题方面的一些相似性数目巨大且意义深远。而在其他美索不达米亚神话的事例中，只能看到很少的相似之处。

238　　以希腊神话中的相似思想所描绘出的大体图像为诗人、广泛的希腊人和听众有意暗示了这些文学作品，他们很熟悉并能够很好地欣赏赋予神话意义的那些思想和母题，也很了解首见于美索不达米亚神话并且作为其核心特征的思想主题。这些思想全面而广泛，在献给阿波罗雅典娜的颂歌中有所表现。在阿波罗的颂歌中，象征和暗示材料的高度运用表现了受众能很好地理解基本的宗教思想和母题的重要性。同样，在雅典娜的颂歌中，以象征和暗示的手法表现思想的叙述特点也表明思想和材料被很好地理解和接受了。同时也假设了象征和省略的表述的重要性，这一重要性虽不甚明显，但很快就会被认识。

颂歌显然通晓本研究中美索不达米亚神话所表现的一整套宗教和神话思想的部署。尽管故事不同且母题众多，但是它们都忠实地表达了美索不达米亚神话中的思想。这些差异不是对思想和母题错误理解的结果，而是为了创造一个适合于希腊宗教和背景的故事，细心构思、创造性地以新的框架结构来表达思想的结果。这在《荷马颂歌致阿波罗》中尤为明显，体现了同样隐含在美索不达米亚神话中的深层次意义，只是采用与自身文化语境相适应的来源将其忠实地重构了。这些思想和母题的重要性得到了很好理解，以至于诗人在正确展示材料和思想的基础上，以这种方式集中起来形成了一个阿波罗的新故事。这个新故事从未误读其中所隐含的资料和概念，正如这些思想和母题在美索不达米亚神话中展现的一样，没有一点模糊。故事情节很复杂，得洛斯部分中将女神及其配偶神话之旅与上升场景联系起来；而皮提亚部分表现了英雄神话的三次旅程。所有这些神话中，旅行情节与美索不达米亚神话的情节紧密结合，并且所有关于这些情节的思想都以正确运用神及其神力的前提被呈现出来。

目前的神话明显是对较晚产生的美索不达米亚素材进行有意识的创造性改造的结果，而不是史前就被采用、从不同方面进行改造并逐渐被吸收到希腊传统中以使其希腊化的结果。从所有这些古风时代的作品来看，它们详尽移植了美索不达米亚神话思想中那些未以新的方式表现出来的内容。然而，颂歌通晓这些思想，将其表现在作品中以期受众也能更好地了解。

这些神话来源表明，它们的影响持续了很长一段时间，至少从荷马和赫西俄德之前的好几代人持续到公元前6世纪初。这些来源同时也表明，它们在这一时期内对美索不达米亚神话主要思想的认识是普遍而广泛的。

诸多神话表明在荷马和赫西俄德之前，影响就已经存在很长一段时间了，荷马和赫西俄德是最早的希腊文学的创造者。得墨忒耳和珀耳塞福涅的神话在赫西俄德的《神谱》诞生之前便已经存在了，赫西俄德在《神谱》中对这则神话有所提及（912—914行）。阿芙洛狄忒和安喀塞斯的神话同样为荷马（《伊利亚特》，2.819—821）和赫西俄德（《神谱》，1008—1010行）所知。这些作品对此类神话只是一笔带过，好像作为一种背景知识，暗示了它们已被希腊传统接受并且确立了地位。同样，显然普罗米修斯和潘多拉的故事在被赫西俄德吸收之前，就已成为被宗教神话传统接受的一部分。《神谱》中，诗人试图使普罗米修斯神话中的宙斯和其他宗教神话中有关宙斯的部分和谐统一起来，但这并没有取得完全成功。事实上，诗人对神话的处理证明其已经被人们熟知和接受。他似乎不能擅自在材料上改变传统，而仅仅改变了对英雄宙斯的攻击方式，他试图建立这样一个情形：宙斯似乎知道一切并且已经预知了普罗米修斯的伎俩，这为他严酷地对待人类提供了很好的借口。然而，赫西俄德很可能改变了某些部分以强调普罗米修斯的过失，但他试图误传神话的原始讯息仍然证据确凿。顺便要说的是，尽管赫西俄德努力了，但是传统观点仍然至少持续到古典时期，那时，埃斯库罗斯也曾试图使普罗米修斯神话中的对于宙斯的看法和其他神话传统中无所不知的、万能的宙斯形象达成一致。

赫西俄德的努力说明，在他以前至少好几代希腊人已经接受了美索不达米亚神话传统，并且也已经产生了普罗米修斯和潘多拉的故事。按照这个思路，这种接纳应当早于现存记忆，以至于这个故事在赫西俄德时代已被传统接受并成为其中的重要组成部分。

赫西俄德作品中的神话与《神谱》的系列神话都受到这些早期神话的影响。鉴于《伊利亚特》的第8章和第14章，这个神话似乎是荷马假设的内容，提到了克洛诺斯在地下最终被释放。① 《伊利亚特》是荷马在公元前750年到公元前700年间创作的。普遍认为赫西赫德的《神谱》比荷马的创作稍微晚一点。这表明，对于美索不达米亚神话和赫梯神话的素材相关的系列神话，赫西俄德在处理时，正如对普罗米修斯神话和潘多拉神话的处理方式一样，他仅对传统的素材进行复制。

由此可以判断，赫西俄德的作品似乎不是要表现一个新的宗教体系，而只是一个传统的体系。同样，他似乎没有打算改变大量的素材，而大多数只是表现编写的能力。在《神谱》中，关于宙斯力量提升的系列神话是主干，他强调宙斯的至高无上以与之保持一致。在普罗米修斯部分，他试图表现至高无上神的统一思想，使任何事件都与他的神学保持一致。根据这个目的，改造普罗米修斯神话以强调宙斯的至高无上不再是呈现一个新的神学体系，而仅仅是赫西俄德要使普罗米修斯的故事同他观念下的宙斯的权威保持一致的愿望。在谈到宙斯威力提高的系列神话中也表明他对旧的神谱系和神学体系的坚持。这个神

---

① 见 G. S. Kirk, *The Iliad: A Commentary. Volume II, Books* 5–8, Cambridge University Press, Cambridge, 1990, p. 3; H. S. Versnel, 'Greek Myth and Ritual: The Case of Kronos', in Jan Bremmer, ed., *Interpretations of Greek Mythology*, Croom Helm, London and Sydney, 1987, p. 124。

话很明显比赫西俄德和荷马都要早,而宙斯的权威已经是诗歌中有关宗教传统的组成部分了。

赫西俄德是一位深有影响的编写者。他的《神谱》的另一个特点就是其所呈现的材料要比作者自己的时代更古老。宙斯诞生的故事(477—500行)表现了美索不达米亚人的思想。在形式上与荷马颂歌相像,连同作品的其他部分——提坦之战、提丰之战和普罗米修斯的故事——都表明,诗歌是与古老的材料和思想结合起来的,以一个相当简洁的方式呈现出一个全面的、很可能极富传统的画卷,展现了现今的神性世界和宇宙秩序的源头。

然而,从赫西俄德的作品及得墨忒耳、阿芙洛狄忒的故事来看,这个影响似乎源远流长。荷马颂歌大体上展现了公元前7世纪末,即东方化艺术时代或之后,美索不达米亚神话思想都被很好地理解了。荷马颂歌中有关阿波罗、得墨忒耳、珀耳塞福涅、阿芙洛狄忒和雅典娜的故事在那时似乎已经被构建或者重构了。其中的相关性也表明诗人和读者已很好地领会其神话思想。因为有了与近东紧密联系的素材证据,这些神话说明广为人知的美索不达米亚文化思想的重要知识在此时已为希腊所欣赏。因此,这个时期甚至更早期的神话都表明,从荷马和赫西俄德以前的公元前7世纪和公元前6世纪及之后的一段时间——至少两个多世纪,美索不达米亚宗教神话文化一直都广为流传。

美索不达米亚的宗教和神话素材本已波及早期古希腊文化的范围。但表面上看,这些作品似乎是与公元前一千纪,即始于公元前9世纪中期的素材密切联系、相互作用的结果。公元前12世纪末以前的迈锡尼时代晚期同样被认为是一个影响时期,这归因于迈锡尼时代的希腊和近东有着密切联系。同样,如近期考古发现表明,这种影响也可能是在迈锡尼各个城市衰败后,交往减少的那段时间里发生的。在这段时间,尤其是在迈锡尼时代晚期,应该有很多外借现象,对荷马和赫西俄德留下来的作品中的宗教和神话产生深远影响。但在本书研究的神话中,已知的相似性在荷马和赫西俄德以前就已经存在了,即得墨忒耳和珀耳塞福涅、阿芙洛狄忒和安喀塞斯,以及普罗米修斯和潘多拉的神话似乎就是在公元前第一个千年,大概从公元前9世纪时开始受到影响。相似性的具体特征和美索不达米亚神话中的这类神话的许多相同因素能说明这一点。经过很长一段时间的口头流传,这种影响也已经模糊了很多,以至于希腊神话的思想和主题几乎没有表现出与美索不达米亚神话之间存在任何可靠的相关内容。

这大概就是迈锡尼素材的一个典型例子,因为迈锡尼时代后期距离现存的远古时代素材还有很长一段时期。

鉴于所有相似性的体现,肯定会提出一个问题:这些与众神有关的观点是否源于美索不达米亚神话。然而,相似性仅仅表明是受了宗教神话思想和素材的影响。这些神话涉及大量的神,如宙斯、雅典娜、阿波罗、赫拉、得墨忒耳、珀耳塞福涅、哈德斯、阿芙洛狄忒、普罗米修斯、赫淮斯托斯、勒托、阿尔忒弥丝、波塞冬、赫尔墨斯、忒弥斯及大地神等等。很明显,并非所有的神都可以在美索不达米亚的神话中找到来源。他们中仅有一位可由相似性得出来源于美索不达米亚的结论,即阿芙洛狄忒,有其他独立的证据说明她来源于东方。的确,这些相似性仅仅支持了她的起源,却不能说明她本身。因此由这种相似性所看出的影响具有宗教性和神话思想,而不具有新的神性。当然,由赫淮斯托斯和普罗米修斯也可看出潘多拉神话中与恩基有关的许多相似性,尽管其他材料能证明他们是早期的美索不达米亚神,但是此处的宗教素材仅仅显示出他们具有美索不达米亚神话故事中与恩基相同的角色职能。

显然,在远古时期甚至更早,就存在着大量美索不达米亚神话思想。正如我们在四首长篇荷马颂歌中的三首看到的,处处都与美索不达米亚神话有着相似性,而此处讨论的两首较短的荷马颂歌同样与美索不达米亚神话有明显的相似性。此外,与早期素材分不开的赫西俄德的《神谱》和《工作与时日》在早期古希腊作品文集中处于中心位置,其中也展示出大量这样的相似。在效果上,这些故事都是基于美索不达米亚神话思想的。许多宗教的中心思想似乎被继承和吸收了。这无疑改变了希腊人对他们的宗教和神所持有的理解,至少表现在宗教神话世界里的时候是这样的。人类的起源和历史及神学吸收了新思想,还创造了和这些神有关的新故事,忠实地展现了被继承下来的宗教思想和材料意义。因此,大部分神话中也许遵循传统表现了诸神,但关于他们的思想似乎已经被改变或增加了意义。

然而,我们很清楚地看到,诗人将神话思想和母题巧妙地表达成一个整体的信仰体系,现代学者仍然不能洞悉其中大量与神话及其思想和母题有关的内容。在此研究中,希腊遵循了美索不达米亚的神话思想和母题,鉴于美索不达米亚神话的起源,可以理解希腊神话神权主题的功能和重要性。它们在很大程度上阐明了希腊神话,但是在探索的程度上却有所限制。可以从中看出其功能,但在宗教或者其他信仰层面下要洞察所有的过程并理解这些母题真正的重要性是不可能的。例如，可以表现上升或者回归情节，声音、沐浴、着装、光和食物等母题，而它们对于上升情节的重要性在希腊神话中得以体现。但要传达给美索不达米亚人和希腊听众真正的重要性大概在这种用法中被传承了下来，只是这已超出了现代学者的研究范围。任何单一的或多方面的母题的重要性都一定是影响重大且强有力的，导致母题不断被不同的神话一次又一次全面复制。比如在美索不达米亚神话中的伊南娜、尼努尔塔、吉尔伽美什和希腊神话中重复出现的阿波罗、阿芙洛狄忒、潘多拉和雅典娜。这样的母题和思想，在新的文明中及两千多年来被重复复制的信仰体系中一定有着很大的重要性。因为以往没有关于它们真正价值的明确陈述，仅能试图从其意义上做出猜测。那些相信这类宗教思想的人很好地理解和接受了这些总是虚构的母题意义。

　　同样，神话不会以其他方式来解释它所显示的一切。许多观点似乎作为背景知识只是一带而过，而没有给予解释。比如那些黑色的波浪就是在阿波罗诞生的时候，在狂风的驱使下打击得洛斯岛人的。还有漂浮的岛屿本身的象征意义也从未有一个令人满意的解释。假设受众对某些神话的来龙去脉有着清晰而准确的了解，细节似乎都是建立在此基础之上的：事件的发生顺序，尤其是宇宙的建立和在这一时期诸神的诞生都为人所知。尤其《神谱》中的众多神话都是面向渊博的受众，似乎也涉及阿波罗的诞生。在这一阶段里，当时的受众察觉到了我们的时代所没有存留下的大量素材，并且意识到了一个旁观者所不能看到的远远多于神话暗示下的意义，至少运用目前阶段所掌握的知识是无法理解的。就好像一个古代人被丢下，万分沮丧地注视着我们，因其对古代抽象世界的概念是掌握不足的，几乎仅能感知其模糊形态。

　　因此，本文对这些神话的分析揭示了较多希腊和美索不达米亚神话思想的关系，以及它们在希腊资料中的相关表达。另外，还应该考虑更多的希腊神话，以及更多的在此次研究中未被讨论到的美索不达米亚神话。众多的研究动态都意在继续探索希腊神话和美索不达米亚神话之间的相似性。充分调查的关键是对美索不达米亚神话的思想及这些思想的表达方式有一个全面了解。另外要补充的是，熟悉了解希腊神话中运用的这些思想非常必要，并且这仅能通过应用于本次研究的对希腊神话进行系统分析的手段获得，总体上依靠理论性的哲学方式。所有在这里分析到的神话都表明这些思想的不同运用。但对于更进一步的研究，尤其是对宗教神话的研究而言，最有用的也许就是雅典娜诞生的神话，其明确表明了神话思想何以能被浓缩和集中到某一特定情节。通过一系列的象征和暗示，思想被素描般表达出来，读者清晰全面地掌握了深层次的思想内涵和所有必要的背景材料。有关希腊神话思想应用的知识也许会很有用，因为希腊神话中并不缺乏象征和暗示的手法。

  本研究主要关注大致为远古时期的希腊神话，但并未将所有那一时期的现存资料加以分析。本书着重研究荷马颂歌和赫西俄德的作品《神谱》《工作与时日》中的部分内容。另外，荷马史诗的其他内容在这里也显得尤为突出。关于这些作品的诸多比较性的工作已经展开，产生了各种结论，但是将本研究引申开来会发现这两部伟大的作品可能还存在更大的意义。尽管它们包含宗教神话，但显然具有英雄时代的作品特性，而不同于荷马颂歌和赫西俄德作品中宗教神话所表现出来的英雄特性。因此，将需要不同的研究方法。关于史诗和早期古代的其他作品的近期研究已经提出了许多有趣的可能性，并且对紧随本研究的线索进行调查可能会引发很多结论。然而这又是另外一个截然不同的话题了，只能留到其他场合来讨论。

附录一 阴间女王埃列什吉伽尔

该附录将继续讨论第二章的第16页脚注②，即伊南娜下冥府的目的。

有观点认为伊南娜下冥府是为了获取埃列什吉伽尔的宝座，即阴间的统治权，但是这个观点和《伊南娜下冥府》故事中展现的其他重要元素相互矛盾。如果伊南娜是为了获取埃列什吉伽尔的王座，那么她似乎并不打算永久保留它，因为不久之后她就离开了阴间。她给宁舒布尔的命令表明她打算回到上界：如果她没有在特定的时间出现，那么宁舒布尔就需要保护她返回上界。伊南娜的话表明，如果她没有出现，那么她有可能会被征服或者死亡（43行及以下）。正如乔治（A. R. George）在他的文章《对〈伊南娜下冥府〉文章的观察》所翻译的诗行——它似乎涉及一种消解的象征意义，对女神像的亵渎和对组合部分的重新利用［JCS 37（1985）109—113］：

  噢，天父恩利尔，不要让阴间的任何人伤害你的孩子！
  不要让任何人嗅到你的纯银的原矿石！
  不要让任何人发觉你的宝贵的青金石！
  不要让任何人砍伐你的上好的黄杨木！
  不要让阴间的任何人杀害年轻的伊南娜！

《伊南娜下冥府》中的其他元素也表明伊南娜并没有打算统治阴间，至少没打算永久统治。要下到阴间，她必须放弃她在上界的尊贵地位和权力，放弃她的庙宇，而这样做无疑会使她走向毁灭。如果她想保持这些，那么她必须返回上界，而她也是如此打算的。阿卡德版本的神话也表明女神失去了她在上界的权力：当伊什塔尔下到阴间，地上的万物失去生机。正是这个可怕的结果使得她的信使前去劝服上界的众神重新迎回伊什塔尔。然而，伊南娜坐上埃列什吉伽尔宝座的目的仍然充满谜团，她下阴间是否是为了获取阴间的统治权也依然不得而知。但看起来她坐在王座上的行为似乎是以某种方式来实现这个目的。但通过这种方法获得力量的尝试失败了，她的第二个计划是通过战胜阴间的特性来获取上升的力量。占领埃列什吉伽尔的宝座似乎并不是她最终的目的，因为即使那样做她依然会在阴间殒命。她真正的目的是通过某种方式获取阴间的力量以增强她在上界的神力，最终帮她躲避属于阴间死亡。应该说，如果没有伊南娜安排给宁舒布尔的任务，即将上界的神力带给身在阴间的她，和占领埃列什吉伽尔宝座的部分，就不会有她之后返回上界接管女神王座和职责的行为。此外，伊南娜的命令似乎并不是简单地为了在她失败的时候帮助她逃离困境，因为她因此获得了一股重要的阴间的力量，这种力量在此前从未获得过，并且她成为首位完成下阴间之后再回归的神，从而在苏美尔宗教生活的仪式中占据重要地位。

附录二 美索不达米亚文学的若干资料

Alster, Bendt, ' "Ninurta and the Turtle", UET 6/1 2', JCS 24 (1972) 120 – 125. Sumerian text and translation.

—— 'Sumerian Love Songs', RA 79 (1985) 127 – 159. Sumerian texts and translations.

—— 'Incantation to Utu', *Acta Sumerologica* 13 (1991) 27 – 96. Sumerian text and translation.

Attinger, P., 'Enki et Ninhursğa', ZA 74 (1984) 1 – 52. Sumerian text and translation into French.

Behrens, Hermann, *Enlil und Ninlil. Ein sumerischer Mythos aus Nippur*, Biblical Institute Press, Rome, 1978. Sumerian text and translation into German.

Berlin, A., *Enmerkar and Ensuhkešdanna: A Sumerian Narrative Poem*, The University Museum, Philadelphia, 1979.

Civil, Miguel, 'Enlil and Namzitarra', AfO 25 (1974 – 1977) 65 – 71. Sumerian text and translation.

—— 'Enlil and Ninlil: The Marriage of Sud', JAOS 103 (1983) 43 – 66. Sumerian text and translation.

Cooper, Jerrold S., *The Return of Ninurta to Nippur: an-gim dím-ma*, Analecta Orientalia 52, Biblical Institute Press, Rome, 1978. Sumerian text and translation.

—— 'A Critical Review [of Hermann Behrens, *Enlil und Ninlil*]', JCS 32 (1980) 175 – 188.

—— *The Curse of Agade*, Johns Hopkins University Press, Baltimore and London, 1983. Sumerian text and translation.

Dalley, Stephanie, *Myths from Mesopotamia*, Oxford University Press, Oxford, 1989. Translations of many important Akkadian texts.

Farber-Flügge, Gertrude, *Der Mythos 'Inanna und Enki' unter hesonderer*

Berücksichtigung der Liste der me, Studia Pohl, Series Minor 10, Biblical Institute Press, Rome, 1973. Sumerian text and German translation.

Ferrara, A. J. , *Nanna-Suen's Journey to Nippur*, Studia Pohl, Series Maior 2, Biblical Institute Press, Rome, 1973. Sumerian text and translation.

Gardner, John and Maier, John, *Gilgamesh: Translated from the Sîn-leqiunninnî Version*, Alfred A. Knopf, New York, 1984. Translation of the Akkadian epic.

Gurney, Oliver R. and Kramer, Samuel Noah, *Sumerian Literary Texts in the Ashmolean Museum*, Clarendon Press, Oxford, 1976. Sumerian texts and translations.

Hallo, William W. , 'Lugalbanda Excavated', JAOS 103 (1983) 165 – 180. Sumerian text and translation.

Hallo, William W. and Moran, William L. , 'The First Tablet of the SB Recension of the Anzu-Myth', JCS 31 (1979) 65 – 105. Akkadian text and translation.

Hallo, William W. and Van Dijk, J. J. A. , *The Exaltation of Inanna*, Yale University Press, New Haven and London, 1968. Sumerian text and translation of nin-me-šár-ra, a hymn to Inanna.

Heimpel, W. , 'The Nanshe Hymn', JCS 33 (1981) 65 – 139. Sumerian text and translation.

Jacobsen, Thorkild, *The Harps that Once...: Sumerian Poetry in Translation*, Yale University Press, New Haven and London, 1987. Many Sumerian works in translation.

Klein, Jacob, *Three Šulgi Hymns: Sumerian Royal Hymns Glorifying King Šulgi of Ur*, Bar-Ilan University Press, Ramat-Gan, 1981.

Kramer, Samuel Noah, The Death of Ur-Nammu and his Descent to the Netherworld', JCS 21 (1967) 110 – 122. Sumerian text and translation.

——*The Sacred Marriage Rite*, Indiana University Press, Bloomington, 1969. Translations of Sumerian texts.

Labat, Réné, Caquot, André, Sznycer, Maurice and Vieyra, Maurice, eds, *Les Religions du Proche-Orient asiatique*, Fayard/Denoël, Paris, 1970. Translations into French of Babylonian, Ugaritic and Hittite works.

Lambert, Wilfred G. , 'The Gula Hymn of Bulluṭ sa-rabi (Tab. VIII – XXIII)', Or 36 (1967) 105 – 132. Akkadian text and translation.

Limet, Henri, 'Le poème épique "Innina et Ebih": une version des lignes 123 à 182', An Or 40 (1971) 11–23. Sumerian text and French translation.

Livingstone, Alasdair, *Mystical and Mythological Explanatory Works of Assyrian and Babylonian Scholars*, Clarendon Press, Oxford, 1986. Akkadian texts and translations of first-millennium BC ritual and mythological explanatory texts.

Pritchard, James B., ed., *Ancient Near Eastern Texts Relating to the Old Testament*, 3rd edition, Princeton University Press, Princeton, 1969. Translations of many Sumerian, Akkadian and Hittite texts.

Reiner, E. and Güterbock, H. G., 'The Great Prayer to Ishtar and its Two Versions from Bogazköy', JCS 21 (1967) 255–266. Akkadian text and translation.

Reisman, Daniel, 'Ninurta's Journey to Eridu', JCS 24 (1971) 3–8. Sumerian text and translation.

—— 'Iddin-Dagan's Sacred Marriage Hymn', JCS 25 (1973) 185–202. Sumerian text and translation.

Saggs, H. W. F., 'Additions to Anzu', AfO 33 (1986) 1–29. Important for the third tablet of the Anzu myth. Akkadian text and translation.

Shaffer, Aaron, *Sumerian Sources of Tablet XII of the Epic of Gilgamesh*, University Microfilms, Ann Arbor, 1963.

Sjöberg, Ake W., 'Nungal in the Ekur', AfO 24 (1973) 19–46. Sumerian text and translation.

—— 'in-nin šà-gur$_4$-ra: A Hymn to the Goddess Inanna by the en-Priestess Enheduanna', ZA 65 (1976) 161–253. Sumerian text and translation.

Sladek, William R., 'Inanna's Descent to the Netherworld', Ph. D diss., University Microfilms, Ann Arbor, 1974. Sumerian text and translation. Includes text and translation of the Akkadian work *Ishtar's Descent to the Netherworld*.

Van Dijk, J. J., *Lugal ud me-lám-bi nir-ğál: Le récit épique et didactique des Travaux de Ninurta, du Déluge et de la Nouvelle Création*, vols 1 and 2, E. J. Brill, Leiden, 1983. Sumerian text of *Lugale* and translation into French. Cuneiform texts: vol. 2.

Vogelzang, M. E., *Bin šar dadmē: Edition and Analysis of the Akkadian Anzu Poem*, Styx Publications, Groningen, 1988. Akkadian text and translation.

Wilcke, Claus, *Lugalbandaepos*, Otto Harrassowitz, Wiesbaden, 1969. Sumerian text and translation into German.

参 考 书 目

Alderink, Larry J. , 'Mythical and Cosmological Structure in the Homeric Hymn to Demeter', *Numen* 29 (1982) 1 – 16.

Aldrich, Keith, *Apollodorus: The Library of Greek Mythology*, Coronado Press, Lawrence, 1975.

Al-Fouadi, Abdul-Hadi A. , '*Enki's Journey to Nippur*: The Journeys of the Gods', Ph. D diss. , University Microfilms, Ann Arbor, 1969.

Allen, T. W. , Halliday, W. R. and Sikes, E. E. , *The Homeric Hymns*, 2nd edition, Oxford University Press, Amsterdam, 1963.

Alster, Bendt, ' "Ninurta and the Turtle", UET 6/1 2', JCS 24 (1972) 120 – 125.

—— ' On the Interpretation of the Sumerian Myth "Inanna and Enki"', ZA 64 (1975) 20 – 34.

—— ' "Enki and Ninhursaĝ", Creation of the First Woman', UF 10 (1978) 15 – 27.

—— 'Sumerian Love Songs', RA 79 (1985) 127 – 159.

—— ' Edin-na ú-sàĝ-ĝá: Reconstruction, History, and Interpretation of a Sumerian Cultic Lament', in Karl Hecker and Walter Sommerfeld, eds, *Keilschriftliche Literaturen. Ausgewählte Vorträge der XXXII. Rencontre Assyriologique Internationale*, Münster, 8. – 12. 7. 1985, Dietrich Reimer Verlag, Berlin, 1986, pp. 19 – 31.

Amadasi, Maria Giulia Guzzo, 'Influence directe de la Mésopotamie sur les inscriptions en phénicien', in Hartmut Kühne, Hans-Jörg Nissen and Johannes Renger, eds, *Mesopotamien und seine Nachbarn. Politische und kulturelle Wechselbeziehungen im Alten Vorderasien vom 4. bis 1. Jahrtausend v. Chr. : 25. Rencontre Assyriologique Internationale, Berlin, 3. bis 7. Juli 1978*, Berliner Beiträge zum Vorderen Orient, Band 1, Dietrich Reimer Verlag, Berlin, 1982 pp. 383 – 394.

Appel, W. , 'Das Problem der Zerteilung des homerischen Apollonhymnus', *WZ Rostock* 34 (1985) 6 – 8.

—— 'Ultrum hymnus Homericus ad Apollinem unus sit in duas partes dividendus', *Meander* 40 (1985) 21–25.

Arthur, Marylin, 'Politics and Pomegranates: An Interpretation of the Homeric Hymn to Demeter', *Arethusa* 10.1 (1977) 7–47.

Attinger, P., 'Enki et Ninhursaĝa', ZA 74 (1984) 1–52.

Auffarth, Christoph, *Der drohende Untergang: 'Schöpfung' in Mythos und Ritual im Alten Orient und in Griechenland am Beispiel der Odyssee und des Ezechielbuches*, Walter de Gruyter, Berlin and New York, 1991.

Ballabriga, Alain, 'Le dernier adversaire de Zeus: le mythe de Typhon dans l'épopée grecque archaïque', RHR 207 (1990) 3–30.

Baltes, Matthias, 'Die Kataloge im homerischen Apollonhymnus', *Philologus* 125 (1981) 25–43.

Barnett, Richard D., 'Ancient Oriental Influences on Archaic Greece', in Saul S. Weinberg, ed., *The Aegean and the Near East: Studies Presented to Hetty Goldman on the Occasion of Her Seventy-Fifth Birthday*, J. J. Augustin Publisher, Locust Valley (NY), 1956, pp. 212–238.

Baumgarten, Albert I., *The Phoenician History of Philo of Byblos: A Commentary*, E. J. Brill, Leiden, 1981.

Beall, E. F., 'The Contents of Hesiod's Pandora Jar: Erga 94–98', *Hermes* 117 (1989) 227–230.

Behrens, Hermann, *Enlil und Ninlil. Ein sumerischer Mythos aus Nippur*, Studia Pohl, Series Maior 8, Rome, 1978.

Benito, Carlos, '*Enki and Ninmah* and '*Enki and the World Order*', Ph.D diss., University Microfilms, Ann Arbor, 1969.

Berg, William, 'Eleusinian and Mediterranean Harvest Myths', *Fabula* 15 (1974) 202–211.

—— 'Pandora: Pathology of a Creation Myth', *Fabula* 17 (1976) 1–25.

Bergren, Ann L. T., 'Sacred Apostrophe: Re-Presentation and Imitation in the Homeric Hymns', *Arethusa* 15 (1982) 83–108.

—— '*The Homeric Hymn to Aphrodite*: Tradition and Rhetoric, Praise and Blame',

CA 8 (1989) 1-41.

Bianchi, Ugo, 'Ο ΣΥΜΠΑΣ ΑΙΩΝ', in C. J. Bleeker, S. G. F Brandon and M. Simon, eds, *Ex Orbe Religionum. Studia Geo Widengren*, vol. 1, E. J. Brill, Leiden, 1972 pp. 277-286.

——*The Greek Mysteries*, E. J. Brill, Leiden, 1976.

Bickerman, E. J., 'Love Story in the Homeric Hymn to Aphrodite', *Athenaeum* 54 (1976) 229-254.

Black, Jeremy, 'The Slain Heroes - Some Monsters of Ancient Mesopotamia', SMS Bulletin 15 (1988) 19-25.

Black, Jeremy and Green, Anthony, *Gods, Demons and Symbols of Ancient Mesopotamia: An Illustrated Dictionary*, British Museum Press, London, 1992.

Blaise, Fabienne, 'L'épisode de Typhée dans la *Théogonie* d'Hésiode (v. 820 - 885): la stabilisation du monde', REG 105 (1992) 349-370.

Bleeker, C. Jouco, 'Die aktuelle Bedeutung der antiken Religionen', in *Perennitas: Studi in onore di Angelo Brelich*, Edizioni dell'Ateneo, Rome, 1980, pp. 37-49.

Blome, Peter, 'Die dunklen Jahrhunderte - aufgehellt', in Joachim Latacz, ed., *Zweihundert Jahre Homer-Forschung: Rückblick und Ausblick*, B. G. Teubner, Stuttgart and Leipzig, 1991, pp. 45-60.

Boardman, John, *The Greeks Overseas*, Penguin Books, Harmondsworth, 1964.

—— 'Tarsus, Al Mina and Greek Chronology', JHS 85 (1965) 5-15.

Boedeker, Deborah D., *Aphrodite's Entry into Greek Epic*, Mnemosyne Supplement 32, E. J. Brill, Leiden, 1974.

—— 'Hecate: A Transfunctional Goddess in the *Theogony*?', TAPhA 113 (1983) 79-93.

Bonner, Campbell, 'ΚΕΣΤΟΣ ΙΜΑΣ and the Saltire of Aphrodite', AJPh 70 (1949) 1-6.

Booth, N. B., 'The Chorus of *Prometheus Pyrphoros* and Hesiod *Th.* 563', JHS 105 (1985) 149-150.

Bottéro, J., 'La création de l'homme et sa nature dans le poème d'Atrahasîs', in M. A. Dandamayev, J. Gerschevitch, H. Klengel, G. Komoróczy, M. T. Larsen and J. N. Postgate, eds, *Societies and Languages of the Ancient Near East: Studies in*

Honour of I. M. Diakonoff, Aris & Phillips, Warminster, 1982, pp. 24–32.

—— *Mythes et rites de Babylone*, Slatkine – Champion, Paris, 1985.

Buccellati, Georgio, 'The Descent of Inanna as a Ritual Journey to Kutha?', *Syro-Mesopotamian Studies* 4/3 (1982) 2–7.

Burkert, Walter, 'Apellai und Apollon', RhM 118 (1975) 1–21.

—— 'Rešep-Figuren, Apollon von Amyklai und die "Erfindung" des Opfers auf Cypern. Zur Religionsgeschichte der "Dunklen Jahrhunderte"', *Grazer Beiträge* 4 (1975) 51–79.

—— 'The Homeric Hymn to Demeter, Ed. by N. J. Richardson', Rezension, *Gnomon* 49 (1977) 440–446.

—— 'Kynaithos, Polycrates and the Homeric Hymn to Apollo', in G. W. Bowersock, W. Burkert and M. C. J. Putnam, eds, *Arktouros: Hellenic Studies presented to Bernard M. W. Knox on the occasion of his 65th birthday*, Walter de Gruyter, Berlin, 1979, pp. 53–62.

—— *Structure and History in Greek Mythology and Ritual*, Sather Classical Lectures 47, University of California Press, Berkeley and London, 1979.

—— 'Literarische Texte und Funktionaler Mythos: Zu Ištar und Atrahasis', in Jan Assmann, Walter Burkert and Fritz Stolz, eds., *Funktionen und Leistungen des Mythos. Drei altorientalische Beispiele*, Universitätsverlag Freiburg and Vandenhoeck & Ruprecht, Göttingen, 1982, pp. 63–78.

—— 'Itinerant Diviners and Magicians: A Neglected Element in Cultural Contacts', in Robin Hägg, ed., *The Greek Renaissance of the Eighth Century BC: Tradition and Innovation*, Proceedings of the Second International Symposium at the Swedish Institute in Athens, 1–5 June, 1981, P. Aström, Stockholm, 1983, pp. 115–122.

—— 'Oriental Myth and Literature in the *Iliad*', in Robin Hägg, ed., *The Greek Renaissance of the Eighth Century BC: Tradition and Innovation*, Proceedings of the Second International Symposium at the Swedish Institute in Athens, 1–5 June, 1981, P. Aström, Stockholm, 1983, pp. 51–60.

—— *Die orientalisierende Epoche in der griechischen Religion und Literatur*, Carl Winter Universitätsverlag, Heidelberg, 1984.

—— *Greek Religion*, Harvard University Press, Cambridge (Mass.) and London, 1985.

—— 'Oriental and Greek Mythology: The Meeting of Parallels', in Jan Bremmer, ed., *Interpretations of Greek Mythology*, Croom Helm, London and Sydney, 1987, pp. 10-40.

—— 'Homerstudien und Orient', in Joachim Latacz, ed., *Zweihundert Jahre Homer-Forschung: Rückblick und Ausblick*, B. G. Teubner, Stuttgart and Leipzig, 1991, pp. 155-181.

—— *The Orientalizing Revolution: Near Eastern Influence on Greek Culture in the Early Archaic Age*, Harvard University Press, Cambridge (Mass.) and London, 1992.

Caplice, R., 'É. NUN in Mesopotamian Literature', Or 42 (1973) 299-305.

Càssola, F., *Inni omerici*, Mondadori, Milan, 1975.

Cessi, Camillo, 'L'inno omerico ad Apollo', *Atti del Reale Istituto Veneto diScienze, Lettere ed Arti* 87/2 (1927-8) 864-883.

Chadwick, John, 'The Descent of the Greek Epic', JHS 110 (1990) 174-177.

Cheyns, André, 'La structure du récit dans l'*Iliade* et l'*Hymn homérique à Déméter*', *Revue belge de philologie et d'histoire* 66 (1988) 32-67.

Clay, Jenny Strauss, 'Immortal and Ageless Forever', CJ 77 (1981-1982) 112-117.

—— 'The Hekate of the *Theogony*', GRBS 25 (1984) 27-38.

—— *The Politics of Olympos: Form and Meaning in the Major Homeric Hymns*, Princeton University Press, Princeton, 1989.

Clinton, Kevin, *The Sacred Officials of the Eleusinian Mysteries*, Philadelphia, American Philosophical Society, 1974.

—— 'The Author of the Homeric *Hymn to Demeter*', OAth 16 (1986) 43-49.

Cook, J. M., *The Greeks in Ionia and the East*, Thames & Hudson, London, 1965.

Cooper, Jerrold S., *The Return of Ninurta to Nippur: an-gim dím-ma*, Analecta Orientalia 52, Biblical Institute Press, Rome, 1978.

—— 'Critical Review [a review of Hermann Behrens, *Enlil und Ninlil*, 1978]', JCS 32 (1980) 175-188.

Cowell, J. H., 'Foreign Influence on Greek Religion (to the End of the Fifth Century)', *Pegasus* 13 (1971) 8-29.

Culican, William, The *First Merchant Venturers*, Thames & Hudson, London, 1966.

Dalley, Stephanie, *Myths from Mesopotamia*, Oxford University Press, Oxford, 1989.

Deichgräber, Karl, 'Eleusinische Frömmigkeit und homerische Vorstellungswelt im homerischen Demeterhymnus', *Akademie der Wissenschaften und Literatur in Mainz, Geistes-und Sozialwissenschaftlichen Klasse* 6 (1950) 503-537.

Detienne, Marcel, *Dionysos Slain*, Johns Hopkins University Press, Baltimore, 1979.

Dirlmeier, Franz, 'Homerisches Epos und Orient', RhM 98 (1955) 18-37.

Dornseiff, Franz, 'Der homerische Aphroditehymnos', ArchRW 29 (1931) 203-204.

Drerup, Engelbert, 'Der homerische Apollonhymnos. Eine methodologische Studie', *Mnemosyne* 5 (1937) 81-134.

Duchemin, Jacqueline, *Prométhée: Histoire du mythe, de ses origines orientales à ses incarnations modernes*, Société d'édition « Les belles lettres », Paris, 1974.

—— 'Le mythe de Prométhée et ses sources orientales', REG 88 (1975) viii-x.

—— 'Le mythe du Déluge retrouvé dans des sources grecques?', RHR 189 (1976) 142-144.

—— 'La justice de Zeus et le destin d'Io. Sources proche-orientales d'un mythe éschyléen', REG 91 (1978) xxiii-xxv.

—— 'Les mythes de la Théogonie hésiodique. Origines orientales: essai d'interpretation', in Jean Hani, ed., *Problèmes du mythe et de son interprétation*, Actes du Colloque de Chantilly (24-25 avril 1976), Société d'édition « Les belles lettres », Paris, 1979, pp. 51-67.

—— 'Le Zeus d'Eschyle et ses sources proche-orientales', RHR 197 (1980) 27-44.

—— 'Contribution à l'histoire des mythes grecs: les luttes primordiales dans l'*Iliade* à la lumière des sources proche-orientales', in φιλίας χάριν: *Miscellanea di studi classici in onore di Eugenio Manni*, Tomo III, Giorgio Bretschneider, Rome, 1980, pp. 837-879.

Falkenstein, Adam, 'Der sumerische und der akkadische Mythos von Inannas Gang zur Unterwelt', in Erwin Gräf, ed., *Festschrift Werner Caskel. Zum siebzigsten Ge-

burtstag 5. März 1966 gewidmet von Freunden und Schülern, E. J. Brill, Leiden, 1968, pp. 96 – 110.

Faraone, Christopher A. , 'Hephaistos the Magician and Near Eastern Parallels for Alcinous' Watchdogs', GRBS 28 (1987) 257 – 280.

—— 'Aphrodite's ΚΕΣΤΟΣ and Apples for Atalanta: Aphrodisiacs in Early Greek Myth and Ritual', *Phoenix* 44 (1990) 219 – 243.

Farber-Flügge, Gertrude, *Der Mythos 'Inanna und Enki' unter besonderer Berücksichtigung der Liste der me*, Studia Pohl, Series Minor 10, Biblical Institute Press, Rome, 1973.

Farnell, Lewis, *The Cults of the Greek States*, vol. II, Clarendon Press, Oxford, 1896.

Ferrara, A. J. , *Nanna-Suen's Journey to Nippur*, Studia Pohl, Series Maior 2, Biblical Institute Press, Rome, 1973.

Ferri, Silvio, 'L'inno omerici a Afrodite e la tribu anatolica degli Otrusi', in *Studi in onore di Luigi Castiglioni*, vol. I, G. C. Sansoni – Editore, Florence, 1960, pp. 293 – 307.

Fiore, Silvestro, *Voices from the Clay*, University of Oklahoma Press, Norman, 1965.

Flintoff, E. , 'The Date of the Prometheus Bound', *Mnemosyne* 39 (1986) 82 – 91.

Fontenrose, Joseph, *Python. A Study of Delphic Myth and its Origins*, University of California Press, Berkeley, 1959.

Förstel, Karl, *Untersuchungen zum homerischen Apollonhymnos*, Studienverlag Dr N. Brockmeyer, Bochum, 1979.

Frankfort, Henri, *Kingship and the Gods*, University of Chicago Press, Chicago, 1948.

Freed, Grace and Bentman, Raymond, 'The Homeric Hymn to Aphrodite', CJ 50 (1955) 153 – 159.

Friedrich, Paul, *The Meaning of Aphrodite*, University of Chicago Press, Chicago, 1978.

Furley, William D. , *Studies in the Use of Fire in Ancient Greek Religion*, Ayer (New Hampshire) , 1981.

Gardner, John and Maier, John, *Gilgamesh: Translated from the Sîn-leqi-unninnī Version*, Alfred A. Knopf, New York, 1984.

Gardner, P., 'A New Pandora Vase', JHS 21 (1901) 1–9.

Geller, Markham J., 'Notes on Lugale', BSOAS 48 (1985) 215–223.

George, A. R., 'Observations on a Passage of "Inanna's Descent"', JCS 37/1 (1985) 109–113.

—— 'Sennacherib and the Tablet of Destinies,' Iraq 48 (1986) 133–146.

Giacomelli, Anne, 'Aphrodite and After', Phoenix 34 (1980) 1–19.

Gjerstad, E., 'The Stratification at Al-Mina (Syria) and its Chronological Evidence', Acta Archaeologica 45 (1974) 107–123.

Graf, Fritz, *Eleusis und die orphische Dichtung Athens in vorhellenistischer Zeit*, Walter de Gruyter, Berlin, 1974.

—— 'Religion und Mythologie im Zusammenhang mit Homer: Forschung und Ausblick', in Joachim Latacz, ed., *Zweihundert Jahre Homer-Forschung. Rückblick und Ausblick*, B. G. Teubner, Stuttgart and Leipzig, 1991, pp. 331–362.

Green, M. W., '*Der Mythos "Inanna und Enki" unter besonderer Berücksichtigung der Liste der me.* By Gertrud Farbe-Flügge...', (Rezension), JAOS 96 (1976) 283–6.

Gresseth, Gerald K., 'The Gilgamesh Epic and Homer', CJ 70/4 (1975) 1–18.

Griffith, Mark, *The Authenticity of 'Prometheus Bound'*, Cambridge University Press, Cambridge and New York, 1977.

Griffiths, J. Gwyn, *Plutarch's De Iside et Osiride*, University of Wales Press, Cardiff, 1970.

Groneberg, Brigitte, 'Die sumerisch-akkadische Inanna/Ištar: Hermaphroditos?', WO 17 (1986) 25–46.

—— 'Atramhasis, Tafel II iv–v', in D. Charpin and F. Joannès, eds, *Marchands, diplomates et empereurs: Études sur la civilisation mésopotamienne offertes à Paul Garelli*, Éditions Recherche sur les Civilisations, Paris, 1991, pp. 397–410.

Gurney, Oliver R., 'The Sultantepe Tablets: the Myth of Nergal and Ereshkigal', AnSt 10 (1960) 105–131.

Güterbock, Hans Gustav, 'The Hittite Version of the Hurrian Kumarbi Myths: Oriental Forerunners of Hesiod', AJA 52 (1948) 123–134.

Hallo, William W. and Moran, William L, 'The First Tablet of the SB Recension of the Anzu-myth', JCS 31 (1979) 65–115.

Hallo, William W. and Van Dijk, J. J. A., *The Exaltation of Inanna*, Yale University Press, New Haven and London, 1968.

Hani, Jean, *La Religion égyptienne dans la pensée de Plutarque*, Société d'édition « Les belles lettres », Paris, 1976.

Harmatta, J., 'Zu den kleinasiatischen Beziehungen der griechischen Mythologie', AAntHung 16 (1968) 57–76.

Heath, Malcolm, 'The Structural Analysis of Myth [a review of R. L. Gordon, ed., *Myth, Religion and Society*, Cambridge University Press, Cambridge, 1981]', CR 33 (1983) 68–69.

Hegyi, Dolores, 'Die Griechen und der Alte Orient in 9. bis 6. Jahrhundert v. Chr.', in Hans-Jörg Nissen and Johannes Renger, eds, *Mesopotamien und seine Nachbarn. Politische und kulturelle Wechselbeziehungen im alten Vorderasien vom 4. bis 1. Jahrtausend v. Chr.*, 25e Rencontre Assyriologique Internationale (1978 Berlin), Berliner Beiträge zum Vorderen Orient, Band 1, Dietrich Reimer Verlag, Berlin, 1982, pp. 531–538.

Heidel, Alexander, *The Gilgamesh Epic and Old Testament Parallels*, University of Chicago Press, Chicago, 1949.

Heimpel, Wolfgang, 'The Nanshe Hymn', JCS 33 (1981) 65–139.

—— 'A Catalog of Near Eastern Venus Deities', *Syro-Mesopotamian Studies* 4/3 (1982) 9–22.

—— 'The Sun at Night and the Doors of Heaven in Babylonian Texts', JCS 38 (1986) 127–151.

Helck, Wolfgang, *Die Beziehungen Ägyptens und Vorderasiens zur Ägäis bis ins 7. Jahrhundert v. Chr.*, Wissenschaftliche Buchgesellschaft, Darmstadt, 1979.

Herter, Hans, 'Die Ursprünge des Aphroditecultes', in *Éléments orientaux dans la religion grecque ancienne*, Travaux du Centre d'Études Supérieures specialisé d'histoire des religions de Strasbourg, Colloque de Strasbourg, 22–24 mai 1958, Presses Universitaires de France, Paris, 1960, pp. 61–76.

—— 'Hermes. Ursprung und Wesen eines griechischen Gottes', *Rheinisches Muséum für Philologie* 118 (1975) 193 – 241.

Heubeck, Alfred, 'Gedanken zum homerischen Apollonhymnos', in *Festschrift für Konstantinos J. Merentitis*, Athens, 1972, pp. 131 – 146.

Hoekstra, A., *The Sub-Epic Stage of the Formulaic Tradition: Studies in the Homeric Hymns to Apollo, to Aphrodite and to Demeter*, Verhandelingen der Koninklijke Nederlandse Akademie van Wetenschappen, AFD. Letterkunde, North Holland Publishing Company, Amsterdam and London, 1969.

Hopkinson, N., 'Callimachus' *Hymn to Zeus*', CQ 34 (1984) 140 – 148.

Hunter, Richard, 'Apollo and the Argonauts: Two Notes on Ap. Rhod. 2, 669 – 719', MH 43 (1986) 50 – 60.

Hurwit, Jeffrey H., *The Art and Culture of Early Greece*, 1100 – 480 BC, Cornell University Press, Ithaca and London, 1985.

Hutter, Manfred, *Altorientalische Vorstellungen von der Unterwelt. Literar- und religionsgeschichtliche Überlegungen zu « Nergal und Ereškigal »*, Orbis Biblicus et Orientalis 63, Universitätsverlag, Freiburg, 1985.

Jacobsen, Thorkild, 'Sumerian Mythology: A Review Article', JNES 5 (1946) 128 – 152.

—— 'Inanna and Bilulu', JNES 12 (1953) 160 – 187.

—— 'The Myth of Inanna and Bilulu', in William L. Moran, ed., *Toward the Image of Tammuz and Other Essays in Mesopotamian History and Culture*, Thorkild Jacobsen, Harvard University Press, Cambridge (Mass.), 1970, pp. 52 – 71.

—— 'Religious Drama in Ancient Mesopotamia', in Hans Goedicke and J. J. M. Roberts, eds, *Unity and Diversity : Essays in the History, Literature and Religion of the Ancient Near East*, Johns Hopkins University Press, Baltimore, 1975, pp. 65 – 97.

——*The Treasures of Darkness : A History of Mesopotamian Religion*, Yale University Press, New Haven and London, 1976.

——*The Harps that Once...: Sumerian Poetry in Translation*, Yale University Press, New Haven and London, 1987.

James, A. W., 'The Homeric Hymn to Demeter, Ed. by N. J. Richardson ...', JHS 96 (1976) 165 – 168.

Jameson, Michael H., 'The Homeric Hymn to Demeter', *Athenaeum* 54 (1976) 441 – 446.

Janko, Richard, The Structure of the Homeric Hymns: A Study in Genre', *Hermes* 109 (1981) 9-24.

——*Homer, Hesiod and the Hymns : Diachronic Development in Epic Diction*, Cambridge University Press, Cambridge, 1982.

Jansen, H. Ludin, 'Die eleusinische Weihe', in C. J. Bleeker, S. G. F. Brandon and M. Simon, eds, *Ex Orbe Religionum : Studia Geo Widengren*, vol. 1, E. J. Brill, Leiden, 1971, pp. 287-298.

Kamerbeek, J. C. , 'Remarques sur l'*Hymne à Aphrodite*', *Mnemosyne* 20 (1967) 385-395.

Karageorgis, Vassos, *The Ancient Civilization of Cyprus*, Nagel, Geneva, 1969.

Keaney, John J., 'Hymn. Ven. 140 and the Use of "Α ΠΟΙΝ ', AJPh 102 (1981) 261-264.

Kerenyi, C. , *The Gods of the Greeks*, Thames & Hudson, New York, 1951.

——*Eleusis*, Routledge & Kegan Paul, London, 1967.

Kilmer, Anne Draffkorn, 'The Mesopotamian Concept of Overpopulation and Its Solution as Reflected in the Mythology', Or 41 (1972) 160-179.

Kinnier-Wilson, J. V. , *The Rebel Lands*, Cambridge University Press, Cambridge, 1979.

Kirk, G. S. , ' Aetiology, Ritual, Charter: Three Equivocal Terms in the Study of Myths', YCS 22 (1972) 83-102.

—— 'Greek Mythology: Some New Perspectives', JHS 92 (1972) 74-85.

——*The Nature of Greek Myths*, Penguin Books, Harmondsworth, 1974.

——ed. , *The Bacchae of Euripides*, Cambridge University Press, Cambridge, 1979.

——*The Iliad : A Commentary. Volume II, Books* 5-8, Cambridge University Press, Cambridge, 1990.

Klein, Jacob, *Three Šulgi Hymns*, Bar-Ilan University, Ramat Gan, 1981.

Kolk, Dieter, *Der pythische Apollonhymnus als aitiologische Dichtung*, Beiträge zur Klassischen Philologie 6, Verlag Anton Hain, Meisenheim am Glan, 1963.

Komoróczy, G. , 'The Separation of Sky and Earth', AAntHung 21 (1973) 21-45.

Kopcke, Günter, *Handel*, Archaeologia Homerica, Kapitel M, Vandenhoeck & Ruprecht, Göttingen, 1990.

Kragerud, A. , 'The Concept of Creation in Enuma Elish', in C. J. Bleeker, S. G. F. Brandon and M. Simon, eds, *Ex Orbe Religionum : Studia Geo Widengren*, vol. 1, E. J. Brill, Leiden, 1971, pp. 39 – 49.

Kramer, Samuel Noah, ' "Inanna's Descent to the Netherworld" Continued and Revised', JCS 4 (1950) 199 – 211.

—— 'Revised Edition of "Inanna's Descent to the Netherworld"', JCS 5 (1951) 1 – 17.

——*The Sumerians*, Chicago University Press, Chicago, 1963.

—— 'Dumuzi's Annual Resurrection: An Important Correction to "Inanna's Descent"', BASOR 183 (1966) 31.

—— 'The Death of Ur-Nammu and his Descent to the Netherworld', JCS 21 (1967) 110 – 122.

——*The Sacred Marriage Rite : Aspects of Faith, Myth, and Ritual in Ancient Sumer*, Indiana University Press, Bloomington and London, 1969.

——*From the Poetry of Sumer*, University of California Press, Berkeley, 1979.

Kramer, Samuel Noah and Maier, John, *Myths of Enki, The Crafty God*, Oxford University Press, New York and Oxford, 1989.

Krischer, Tilman, 'Der homerische Aphroditehymnus als poetische Konstruktion', *Hermes* 119 (1991) 254 – 256.

Kroll, Josef, 'Apollon zu Beginn des homerischen Hymnus', Studi Itali Filol Class 27 – 28 (1956) 181 – 191.

Kuhrt, Amélie, 'Assyrian and Babylonian Traditions in Classical Authors: A Critical Synthesis', in Hartmut Kühne, Hans-Jörg Nissen and Johannes Renger, eds, *Mesopotamien und seine Nachbarn. Politische und kulturelle Wechselbeziehungen im Alten Vorderasien vom 4. bis 1. Jahrtausend v. Chr. : 25. Rencontre Assyriologique Internationale, Berlin, 3. his 7. Juli 1978*, Berliner Beiträge zum Vorderen Orient, Band 1, Dietrich Reimer Verlag, Berlin, 1982, pp. 539 – 553.

Labat, Réné, Caquot, André, Sznycer, Maurice and Vieyra, Maurice, *Les religions du Proche-Orient asiatique*, Fayard/Denoël, Paris, 1970.

Lambert, Wilfred G., 'An Address of Marduk to the Demons', AfO 19 (1959 – 1960) 114 – 119.

—— 'The Gula Hymn of Bullutsa-rabi', Or 36 (1967) 105 – 132.

—— 'The Historical Development of the Mesopotamian Pantheon: A Study of Sophisticated Polytheism', in Hans Goedicke and J. J. M. Roberts, eds, *Unity and Diversity: Essays in the History, Literature, and Religion of the Ancient Near East*, Johns Hopkins University Press, Baltimore, 1975, pp. 191 – 200.

—— 'The Mesopotamian Background of the Hurrian Pantheon', RHA 36 (1978) 129 – 134.

—— 'Studies in Marduk', BSOAS 47 (1984) 1 – 9.

—— 'The Pair Lahmu-Lahamu in Cosmology', Or 54 (1985) 189 – 202.

—— 'Ninurta Mythology in the Babylonian Epic of Creation', in Karl Hecker and Walter Sommerfeld, eds, *Keilschriftliche Literaturen: Ausgewählte Vorträge der XXXII. Rencontre Assyriologique Internationale, Münster, 8.-12. 7. 1985*, Dietrich Reimer Verlag, Berlin, 1986, pp. 55 – 60.

—— 'Another Trick of Enki?', in D. Charpin et F. Joannès, eds, *Marchands, diplomates et empereurs: Études sur la civilisation mésopotamienne offertes à Paul Garelli*, Éditions Recherche sur les Civilisations, Paris, 1991, pp. 415 – 419.

—— 'Three New Pieces of Atra – hasis', in D. Charpin et F. Joannès, eds, *Marchands, diplomates et empereurs: Études sur la civilisation mésopotamienne offertes à Paul Garelli*, Éditions Recherche sur les Civilisations, Paris, 1991, pp. 411 – 414.

—— 'The Relationship of Sumerian and Babylonian Myth as Seen in Accounts of Creation', in *La circulation des biens, des personnes et des idées dans le Proche-Orient ancien, XXXVIIIe R. A. I.*, Editions Recherche sur les Civilisations, Paris, 1992, pp. 129 – 135.

Lambert, Wilfred G. and Millard, A. R., *Atra-hasis: The Babylonian Story of the Flood*, Clarendon Press, Oxford, 1969.

Lambert, Wilfred G. and Parker, Simon B., *Enuma eliš, the Babylonian Epic of Creation: The Cuneiform Text*, Blackwell, Oxford, 1974.

Lambert, Wilfred G. and Walcot, Peter, 'A New Babylonian Theogony and Hesiod',

Kadmos 4 (1965) 64 –72.

Leclerc, Christine, 'Le mythe hésiodique entre le silence et les mots', RHR 194 (1978) 3 –22.

Lenz, Lutz, 'Feuer in der Promethie', *Grazer Beiträge* 9 (1980) 23 –56.

—— [Review of P. Smith, *Nursling of Mortality*, Peter D. Lang, Bern, 1981], *Gymnasium* 89 (1982) 531 –533.

Limet, Henri, 'Étude sémantique de ma. da, kur, kalam', RA 72 (1978) 1 –12.

Lincoln, Bruce, 'The Rape of Persephone: A Greek Scenario of Women's Initiation', HThR 72 (1979) 223 –235.

Linforth, Ivan M., *The Arts of Orpheus*, University of California Press, Berkeley, 1941.

Livingstone, Alasdair, *Mystical and Explanatory Works of Assyrian and Babylonian Scholars*, monograph of Ph. D thesis, Clarendon Press, Oxford, 1986.

Loucas, Ioannis, 'La déesse de la prospérité dans les mythes mésopotamien et égéen de la Descente aux Enfers', RHR 205 (1988) 227 –244.

Maclennan, G. R., *Callimachus, Hymn to Zeus*, Edizioni dell' Ateneo e Bizzarri, Rome, 1977.

Mair, A. W. and Mair, G. R., *Callimachus, Lycophron, Aratus*, Heinemann, London, 1955.

Marquardt, Patricia A., 'Hesiod's Ambiguous View of Woman', CPh 77 (1982) 283 –291.

Mayer, Werner R., 'Ein Mythos von der Erschaffung des Menschen und des Königs', Or 56 (1987) 55 –68.

McLaughlin, John D., 'Who is Hesiod's Pandora?', *Maia* 33 (1981) 17 –18.

Meltzer, Edmund S., 'Egyptian Parallels for an Incident in Hesiod's *Theogony* and an Episode in the Kumarbi Myth', JNES 33 (1974) 154 –157.

Mendelsohn, Isaac, *Religions of the Ancient Near East*, New York, 1955.

Miller, Andrew M., 'The Address to the Delian Maidens in the Homeric Hymn to Apollo: Epilogue or Transition?', TAPhA 109 (1979) 173 –186.

——*From Delos to Delphi: A Literary Study of the Homeric Hymn to Apollo*, Mnemosyne

Supplementum 93, E. J. Brill, Leiden, 1986.

Miller, D. Gary and Wheeler, P., 'Mother Goddess and Consort as Literary Motif Sequence in the Gilgamesh Epic', AcAn 29 (1981) 81–108.

Mondi, Robert, 'The Ascension of Zeus and the Composition of Hesiod's *Theogony*', GRBS 25 (1984) 325–344.

—— 'Greek Mythic Thought in the Light of the Near East', in Lowell Edmunds, ed., *Approaches to Greek Myth*, Johns Hopkins University Press, Baltimore and London, 1990, pp. 142–198.

Moran, William L., *Toward the Image of Tammuz and Other Essays on Mesopotamian History and Culture*, Thorkild Jacobsen, Harvard University Press, Cambridge (Mass.), 1970.

—— 'Atrahasis: The Babylonian Story of the Flood', *Biblica* 52 (1971) 51–61.

—— 'The Creation of Man in Atrahasis I 192–248', BASOR 200 (1979) 48–56.

—— 'Notes on Anzu', AfO 35 (1988) 24–29.

Muhly, James D., 'Homer and the Phoenicians: The Relations between Greece and the Near East in the Late Bronze and Early Iron Ages', *Berytus* 19 (1970) 19–64.

Murray, Oswyn, *Early Greece*, The Harvester Press, Brighton, 1980.

Naddaf, Gérard, 'Hésiode, précurseur des cosmogonies grecques de type «évolutioniste»', RHR 203 (1986) 339–364.

Neitzel, Heinz, 'Pandora und das Faβ', *Hermes* 104 (1976) 387–419.

Neschke-Hentschke, Ada, 'Geschichten und Geschichte', *Hermes* 111 (1983) 385–402.

Niles, J. D., 'On the Design of the *Hymn to Delian Apollo*', CJ 75 (1979) 36–39.

Nilsson, Martin P., *The Mycenaean Origin of Greek Mythology*, Sather Classical Lectures 8, University of California Press, Berkeley, 1932.

—— 'Die eleusinischen Gottheiten', *Archiv für Religionswissenschaft* 32 (1935) 79–141.

——*Opuscula Selecta*, Lund, 1951–1952.

——*The Mycenaean Religion and its Survivals in Greek Religion*, Lund, 1968.

Noica, Simina, 'La boîte de Pandore et "l'ambiguité" de l'elpis', *Platon* 36 (1984) 100 – 124.

Notopoulos, James A., 'The Homeric Hymns as Oral Poetry: A Study of the Post-Homeric Oral Tradition', AJPh 83 (1962) 337 – 368.

Oppenheim, A. Leo, '*pul(u)h(t)u* and *melammu*', JAOS 63 (1943) 31 – 34.

—— *Ancient Mesopotamia*, University of Chicago Press, Chicago, 1964.

Ory, Thérèse, 'L'animal et le végétal dans l'*Hymne Homérique à Aphrodite*', LEC 52 (1984) 251 – 254.

Parker, Robert, 'The *Hymn to Demeter* and the *Homeric Hymns*', G&R 38 (1991) 1 – 17.

Patzek, Barbara, 'Mündliche Dichtung als historisches Zeugnis. Die "Homerische Frage" in heutiger Sicht', HZ 250 (1990) 529 – 548.

Podbielski, Henri, 'Le mythe cosmogonique dans la *Théogonie* d'Hésiode et les rites orientaux', LEC 52 (1984) 207 – 216.

Poljakov, F., 'The Jar and the Underworld', UF 14 (1982) 309 – 310.

Porter, H. N., 'Repetition in the Homeric Hymn to Aphrodite', AJPh 70 (1949) 249 – 272.

Powell, Marvin A., 'Aia ≈ Eos', in Hermann Behrens, Darlene Loding and Martha T. Roth, eds, *Dumu-e$_2$-dub-ba-a. Studies in Honor of Ake W. Sjöberg*, University Museum, Philadelphia, 1989, pp. 447 – 455.

Pritchard, James B., ed., *Ancient Near Eastern Texts Relating to the Old Testament*, 3rd edition, Princeton University Press, Princeton, 1969.

Querbach, Carl W., 'Hesiod's Myth of the Four Races', CJ 81 (1985) 1 – 12.

Quirini, Bruno Zannini, 'L'aldila nelle religioni del mondo classico', in Paolo Xella, ed., *Archeologia dell'Inferno: L'aldilà nel mondo antico vicinoorientale e classico*, Essedue Edizioni, Verona, 1987, pp. 263 – 307.

Race, William H., 'Aspects of Rhetoric and Form in Greek Hymns', GRBS 23 (1982) 5 – 14.

Reisman, Daniel, 'Ninurta's Journey to Eridu', JCS 24 (1971) 3 – 8.

—— 'Iddin-Dagan's Sacred Marriage Hymn', JCS 25 (1973) 185 – 202.

Richardson, Nicholas J., *The Homeric Hymn to Demeter*, Clarendon Press, Oxford, 1974.

Riis, P. J., *Sukas I*, Copenhagen, 1970.

Ringgren, Helmer, 'Remarks on the Method of Comparative Mythology', in Hans Goedicke, ed., *Near Eastern Studies in Honor of William Foxwell Albright*, Johns Hopkins University Press, Baltimore and London, 1971, pp. 407–411.

——*Religions of the Ancient Near East*, SPCK, London, 1973.

Robertson, Martin, *A History of Greek Art*, Cambridge University Press, Cambridge, 1975.

Robertson, Noel, 'The Origin of the Panathenaea', RhM 128 (1985) 231–295.

Römer, W. H. Ph., 'Einige Überlegungen zur "Heiligen Hochzeit" nach altorientalischen Texten', in W. C. Delsman, J. T. Nelis, J. R. T. M. Peters, W. H. Ph. Römer and A. S. van der Woude, eds, *Von Kanaan bis Kerala. Festschrift für Prof. Mag. Dr Dr J. P. M. van der Ploeg O. P. zur Vollendung des siebzigsten Lebensjahres am 4. Juli 1979*, AOAT 211, Neukirchener Verlag, Neukirchen-Vluyn, 1982, pp. 411–428.

Rose, H. J., 'Anchises and Aphrodite', CQ 18 (1924) 11–16.

Roux, Georges, 'Sur deux passages de l'hymne homérique à Apollon', REG 77 (1964) 1–22.

Rubin, Nancy Felson, and Deal, Harriet M., 'Some Functions of the Demophon Episode in the Homeric Hymn to Demeter', QUCC 34 (1980) 7–21.

Rudhardt, Jean, 'Les mythes grecs relatifs à l'instauration du sacrifice: les rôles corrélatifs de Prométhée et de son fils Deucalion', MH 27 (1970) 1–15.

—— 'A propos de l'hymne homérique à Déméter', MH 35 (1978) 1–17.

—— 'Pandora: Hésiode et les femmes', MH 43 (1986) 231–246.

—— 'L'hymne homérique à Aphrodite', MH 48 (1991) 8–20.

Saggs, H. W. F, 'Additions to Anzu', AfO 33 (1986) 1–29.

Said, Suzanne, 'Les combats de Zeus et le problème des interpolations dans la *Théogonie* d'Hésiode', REG 90 (1977) 183–210.

Schachter, A., '*Homeric Hymn to Apollo*, lines 231–238 (The Onchestos Episode):

Another Interpretation', BICS 23 (1976) 102–113.

Schmidt, Jens-Uwe, 'Die Einheit des Prometheus-Mythos in der "Theogonie" des Hesiod', *Hermes* 116 (1988) 129–156.

Schmökel, Hartmut, *Sumer et la civilisation sumérienne*, Payot, Paris, 1964.

Schretter, Manfred K., *Alter Orient und Hellas : Fragen der Beeinflussung griechischen Gedankengutes aus altorientalischen Quellen, dargestellt an den Göttern Nergal, Rescheph, Apollon*, Institut für Sprachwissenschaft der Universität Innsbruck, H. Kowatsch, Innsbruck, 1974.

Schröder, Joachim, *Ilias und Apollonhymnos*, Verlag Anton Hain, Meisenheim am Glan, 1975.

Seaford, R., ed., *Euripides Cyclops*, Clarendon Press, Oxford, 1984.

Segal, Charles, 'The Homeric Hymn to Aphrodite: A Structuralist Approach', CW 67 (1974) 205–212.

Seux, Marie-Joseph, *Hymnes et prières aux dieux de Babylonie et d'Assyrie*, Les Éditions du Cerf, Paris, 1976.

—— 'La création du monde et de l'homme dans la littérature suméroakkadienne', in Fabien Blanquart, ed., *La Création dans l'Orient ancien*, Congrès de l'Association Catholique Française pour l'Étude de la Bible, Lille, 1985, Les Éditions du Cerf, Paris, 1987, pp. 41–78.

Sjöberg, Ake W., ' in-nin šà-gur$_4$-ra: A Hymn to the Goddess Inanna by the en-Priestess Enheduanna', ZA 65 (1976) 161–253.

Sladek, William R., 'Inanna's Descent to the Netherworld', Ph. D diss., University Microfilms, Ann Arbor, 1974.

Smith, Peter M., 'Notes on the Text of the Fifth Homeric Hymn', HSCP 83 (1979) 29–50.

—— 'Aeneiadai as Patrons of *Iliad* XX and the Homeric *Hymn to Aphrodite*', HSCP 85 (1981) 17–58.

——*Nursling of Mortality : A Study of the Homeric Hymn to Aphrodite*, Studien zur klassischen Philologie 3, Verlag Peter D. Lang, Bern, 1981.

Snell, B. and Maehler, H., eds., *Pindar Carmina cum Fragmentis*, Part 1, B. G.

Teubner, Leipzig.

Snodgrass, A. M., 'An Historical Homeric Society?', JHS 94 (1974) 114 – 125.

Sollberger, Edmond, 'The Rulers of Lagaš', JCS 21 (1967) 279 – 286.

Solmsen, Friedrich, 'Zur Theologie im großen Aphrodite-Hymnus', in Friedrich Solmsen, *Kleine Schriften*, vol. 1, Georg Olms Verlagsbuchhandlung, Hildesheim, 1968, pp. 55 – 67.

——*Hesiodi Theogonia Opera et Dies Scutum*, including R. Merkelbach, and M. L. West, eds, *Fragmenta Selecta*, Clarendon Press, Oxford, 1970.

—— 'The Two Near Eastern Sources of Hesiod', *Hermes* 117 (1989) 413 – 422.

Sorel, Reynal, 'Finalité et origine des hommes chez Hésiode', RMM 87 (1982) 24 – 30.

Sourvinou-Inwood, Christiane, 'The Boston Relief of Locri Epizephyrii', JHS 94 – 95 (1974 – 1975) 126 – 137.

Sowa, Cora Angier, *Traditional Themes and the Homeric Hymns*, Bolchazy-Carducci Publishers, Chicago, 1984.

Steiner, Gerd, 'Der Gegensatz "Eigenes Land": "Ausland, Fremdland, Feindland" in den Vorstellungen des Alten Orients', in Hartmut Kühne, Hans-Jörg Nissen and Johannes Renger, eds, *Mesopotamien und seine Nachbarn. Politische und kulturelle Wechselbeziehungen im Alten Vorderasien vom 4. bis 1. Jahrtausend v. Chr.* : *25. Rencontre Assyriologique Internationale, Berlin, 3. bis 7. Juli 1978*, Berliner Beiträge zum Vorderen Orient, Band 1, Dietrich Reimer Verlag, Berlin, 1982, pp. 633 – 663.

Talon, Philippe, 'Le mythe de la Descente d'Ištar aux Enfers', *Akkadica* 59 (1988) 15 – 25.

Tigay, Jeffrey H., *The Evolution of the Gilgamesh Epic*, University of Pennsylvania Press, Philadelphia, 1982.

Unte, Wolfhart, *Studien zum homerischen Apollonhymnos*, doctoral diss., Philosophische Facultät der Freien Universität Berlin, A. Wasmund-Bothmann/Höpfner, Berlin, 1968.

Van der Ben, N., 'Hymn to Aphrodite 36 – 291. Notes on the Pars Epica of the Homeric Hymn to Aphrodite', *Mnemosyne* 39 (1986) 1–41.

Van der Valk, Marchinus, 'On Apollodori *Bibliotheca*', REG 71 (1958) 100–168.

—— 'A Few Observations on the Homeric *Hymn to Apollo*', AC 46 (1977) 441–452.

Van Dijk, J. J., 'Les contacts ethniques dans la Mésopotamie et les syncrétismes de la religion sumérienne', in Sven S. Hartman, ed., *Syncretism*, Almqvist & Wiksell, Stockholm, 1967, pp. 171–206.

—— *Lugal ud me-lám-bi nir-ĝál: Le récit épique et didactique des Travaux de Ninurta, du Déluge et de la Nouvelle Création*, vol. 1, E. J. Brill, Leiden, 1983.

Van Windekens, A. J., 'Réflexions sur la nature et l'origine du dieu Hermès', *Rheinisches Museum für Philologie* 104 (1961) 289–301.

Verbruggen, H., *Le Zeus crétois*, Collection d'études mythologiques X, Société d'édition « Les belles lettres », Paris, 1981.

Verdenius, W. J., 'A "Hopeless" Line in Hesiod: *Works and Days* 96', *Mnemosyne* 24 (1971) 225–231.

Versnel, H. S., 'Greek Myth and Ritual: The Case of Kronos', in Jan Bremmer, ed., *Interpretations of Greek Mythology*, Croom Helm, London and Sydney, 1987, pp. 121–152.

Vogelzang, M. E., *Bin šar dadmē : Edition and Analysis of the Akkadian Anzu Poem*, Styx Publications, Groningen, 1988.

Walcot, Peter, *Hesiod and the Near East*, University of Wales Press, Cardiff, 1966.

—— 'The Homeric *Hymn to Aphrodite*: A Literary Appraisal', G&R 38 (1991) 137–155.

Walker, Christopher B. F., *Cuneiform*, British Museum Press, London, 1987.

Walton, Francis R., 'Athens, Eleusis, and the Homeric Hymn to Demeter', HThR 45 (1952) 105–114.

Wehrli, Fritz, 'Die Mysterien von Eleusis', ArchRW 31 (1934) 77–104.

West, Martin L., 'The Dictaeon Hymn to the Kouros', JHS 85 (1965) 149–159.

—— ed., *Hesiod Theogony*, Clarendon Press, Oxford, 1966.

—— 'Cynaethus' Hymn to Apollo', CQ 25 (1975) 161–170.

—— ed., *Hesiod Works and Days*, Clarendon Press, Oxford, 1978.

—— 'The Prometheus Trilogy', JHS 99 (1979) 130–148.

—— 'Hesiod's Titans', JHS 105 (1985) 174–175.

—— 'The Rise of the Greek Epic', JHS 108 (1988) 151–172.

Wilcke, Claus, 'Politische Opposition nach sumerischen Quellen', in *La Voix de l'opposition en Mesopotamie. Colloque organisé par l'Institut des Hautes Études de Belgique, 19 et 20 mars 1973*, Institut des Hautes Études de Belgique, Bruxelles, 1975, pp. 37–65.

—— 'König Šulgis Himmelfahrt', in *Festschrift László Vajda*, Münchner Beiträge zur Völkerkunde, Band 1, Hirmer Verlag, Munich, 1988, pp. 245–255.

Will, Ernest, 'Le rituel des Adonies', *Syria* 52 (1975) 93–105.

Xella, Paolo, 'L'influence babylonienne à Ougarit, d'après les textes alphabétiques rituals et divinatoires', in Hartmut Kühne, Hans-Jörg Nissen and Johannes Renger, eds, *Mesopotamien und seine Nachbarn. Politische und kulturelle Wechselbeziehungen im Alten Vorderasien vom 4. bis 1. Jahrtausend v. Chr.: 25. Rencontre Assyriologique Internationale, Berlin, 3. bis 7. Juli 1978*, Berliner Beiträge zum Vorderen Orient, Band 1, Dietrich Reimer Verlag, Berlin, 1982, pp. 321–338.

索 引

(所注页码为英文原书页码，即本书边码)

abduction of Persephone 珀耳塞福涅被诱拐 156

abzu 阿布祖城 39, 43, 108

Abzu 阿布祖 22, 41 – 44, 52, 61 – 63, 65, 108 – 109, 204

Academy, in Athens 雅典学院 221

Achilles 阿喀琉斯 127, 151

Adad 阿达德 24, 53, 190

Adonis 阿多尼斯 178 – 179; annual descent 一年一度降入阴间 128; myth of 阿多尼斯神话 178

adornment 装饰物 81

aegis of Zeus 宙斯盾 194

Aeschylus 埃斯库罗斯 12, 220, 224 – 225; Prometheus myth of 普罗米修斯神话 240

aetiological 原因论 122

affaire 47 事件; of Aphrodite 阿芙洛狄忒 74, 115; of Aphrodite with Anchises 阿芙洛狄忒和安喀塞斯 159 – 160, 165, 169, 170 – 172, 175 – 178, 212 – 213

agricultural creation of mankind 人类的农业创造 203 – 207, 235

agriculture 农业 49, 54, 67, 135

Aigipan 艾吉潘 193; helper 援助者 194

Akkad 阿卡德 24 – 25, 45

Akkadian language 阿卡德语 12 – 14

Akkadian Version = *Ishtar's Descent to the Netherworld* 阿卡德版本 =《伊什塔尔下冥府》15, 22, 24 – 25, 27 – 31, 36, 41 – 43, 46, 58 – 59, 91, 93 – 94, 113, 133, 135 – 136, 138, 142 – 146, 150, 154, 167, 173, 179, 207 – 208, 210, 215 – 216, 232

232

Alkestis 阿尔克斯提斯 138

Alpheios 阿尔甫斯 182, 184

Alphesiboia 艾菲西波亚 178

Alster, Bendt 本特·阿尔斯特 22, 26, 32 – 33, 44, 60

alternating ascent and descent 上升与下降 84 – 86, 94

Amazons, battle of 阿玛宗的战斗 236

ambrosia 仙肴 129; see also nectar and ambrosia 另见神酒仙肴

An 安 23, 44 – 46, 56, 58, 63, 65, 67, 168, 215, 233; myths 安的神话 220

Anatolia 安纳托利亚 173

Anchises 安喀塞斯 74, 116, 141, 159, 165, 169 170 – 117, 174 – 176; afraid 安喀塞斯的担忧 170; and Aphrodite 和阿芙洛狄忒 239; herdsman 牧羊人 170, 175

androgynous, Aphrodite and Ishtar, 阿芙洛狄忒和伊什塔尔雌雄同体 162

Anesidora 安妮斯朵拉 209

Angim《安基姆》51, 55 – 60, 63 – 64, 67 – 69, 100 – 102, 108 – 110, 114, 233

ἄνοδος, ascent 上升 207

anthropological approach 人类学探究 10

Antu 安图 4

Anu 阿努 4, 53, 217; see also An 另见安

Anunna gods 阿努那众神 17 – 18, 21, 42, 45 – 46, 56 – 57, 59, 68; see also Anunnaku 另见阿努那库

Anunnaku 阿努那库 21, 28, 52, 54, 144, 153; see also Anunna gods 另见阿努那众神

Anzu 安祖 49 – 55, 60 – 62, 66 – 67, 70, 103 – 105, 109, 141, 190 – 191, 193

Anzu myth 安祖神话 20, 61, 67 – 70, 81, 103, 105, 108, 115

Aphrodite 阿芙洛狄忒 74, 116, 128, 136, 159 – 180, 213, 242 – 243; age of myth of Anchises 安喀塞斯神话 239; and Anchises 和安喀塞斯 159, 169 – 177, 212; ascent of 上升 207, 209; date of influence in myth 神话中的影响 241; epiphany 显灵 175; eyes and neck of 眼睛与脖子 175; Kypris 库普里斯 162; lying story 撒谎故事 141, 170; as Mylitta 米莉塔 161; origins 起源 3, 160 – 165; Ourania 乌剌尼亚 161 – 162; Pandora, helps create 帮助创造潘多拉 200; sexual reproduction, goddess of 性感女神 173; as warrior 作为战争女神 163; wounded by Diomedes 为狄俄墨得斯所伤 4

Apollo 阿波罗 1, 9, 73 – 125, 128, 140, 159, 186, 180 – 184, 191, 207, 228, 232, 242 – 243; ascent of 上升 212; birth of 出生 86, 91, 186, 244; first arrival in Assembly 首次出现在众神集会上 1, 98, 100; Olympian 奥林波斯的 110; sun god 太阳神 87

Apollodorus, *Bibliotheca* 阿波罗多罗斯《书库》12, 83 – 84, 105, 152, 178 – 179, 181, 191 – 192, 196, 220

apple tree, the great 苹果树 18, 31

apsu 阿普苏 52, 217; *see also* abzu 另见阿布祖

Apsu 阿普苏 4, 196

Apulian crater 阿普利亚酒缸 207

Arabs 阿拉伯人 161

Arali 阿拉里 33

arrow 箭 53, 98, 104, 191

Artemis 阿尔忒弥丝 74, 94, 128, 242; kills Adonis 杀死阿多尼斯 178

Asag 阿萨格 49, 51, 55, 63 – 68, 70, 103 – 106, 108, 110, 141, 189, 191, 194

Asag myth 阿萨格神话 193, 195; *see also* Lugale 另见《卢迦勒》

Asakku 阿萨库 66; *see also* Asag 另见阿萨格

ascent 上升 21 – 22, 24, 26, 28, 30 – 32, 36 – 38, 43 – 46, 82 – 85, 113, 133, 138 – 139, 187, 203, 206, 212 – 213, 215, 221, 228, 238, 243; of Apollo 阿波罗 82 – 95; of Athena 雅典娜 231 – 235; of Damu 达穆 31; from earth 从大地 207; of Inanna 伊南娜 216; of Pandora 潘多拉 206 – 216, 226; symbolic 象征的 82, 83, 93

Askalon 阿斯卡隆 161

Assembly 集会 1, 50 – 51, 53 – 55, 67 – 68, 71, 73, 96, 99 – 103, 108 – 112, 123 – 124, 141, 145, 183, 193; in Babylon 在巴比伦 189; at Ekur 在埃库尔 49, 101, 108, 191, 217, 233; at Olympos 在奥林波斯 108 – 110, 119, 122 – 123, 125, 138, 132, 143, 168

assinnu 阿西努 27 – 28

234

Assur 阿舒尔 51, 69 – 70, 191

Assurnasirpal II 亚述那西尔帕二世 50, 191

Assyria 亚述 50, 69, 161 – 163, 165, 178, 191; influence on Greece 对希腊的影响 6; libraries 图书馆 113; temple 庙宇 110

Astarte 阿斯塔特 162 – 163, 165

Asushunamir 阿苏舒那米尔 27, 29

Athena 雅典娜 74, 94, 98, 199 – 200, 221, 222, 230 – 238, 242 – 243; *anima*, gives Pandora 潘多拉的阿尼玛 202; birth of 出生 230 – 237, 244; creates Pandora 创造潘多拉 201, 203, 212 – 214; date of influence in myth 神话影响 241; helps Persephone 帮助珀耳塞福涅 148; Pallas 帕拉斯 231; Parthenos 处女 236; threatening 威胁 233; Tritogeneia 特里托尼娜 231

Athens 雅典 135, 161, 173, 221

Atrahasis 阿特拉哈西斯 218

Attica 阿提卡 156, 209

AV, see Akkadian Version《伊什塔尔下冥府》，见阿卡德版本

Babylon 巴比伦 49, 109

Babylonia 巴比伦的 162; influence on Greece 对希腊的影响 6

Babylonian myths 巴比伦的神话 2; cult 崇拜 202

Bacchae《酒神的伴侣》173

Badtibira 巴得提比拉 18, 24

barrier, between lower and upper worlds 阴阳两界之间的障碍 153

bathing motif 沐浴母题 47, 52, 90 – 95, 171 – 173, 213 – 214, 243

bed 床 157

beer 啤酒 131, 143 – 144

Bēlet ilī 玛弥 214 – 215, 218; *see also* Mami belief system 另见玛弥信仰 9 – 10, 12, 243

Belili 比利利 28

Bilulu 比鲁鲁 29; *see also* Belili 另见比利利

birds 鸟 59

Birdu 贝尔杜 53 – 54

birth 出生 79; of Apollo 阿波罗 77 – 96, 98, 111 – 125; of Damu 达穆 82; *see also* birth myth 另见出生神话

birth goddess 女神出生 78, 80

birth myth 出生神话 74, 78, 86; of Aphrodite 阿芙洛狄忒 159, 162, 166 – 169, 177; of Apollo 阿波罗 78 – 96, 184; of Athena 雅典娜 230 – 237; of Hermes 赫尔墨斯 180 – 185; of Zeus 宙斯 84, 186 – 188

blood, of Pythian serpent 皮提亚巨蟒的血 104; of monster 怪物 193; of rebel leader 反叛领袖 217; of Tiamat 提亚玛特 103, 195

Boat of Heaven 天国之舟 41 – 42

Boedeker, Deborah 黛博拉·保戴克尔 163

booty 战利品 56 – 58, 60, 153

bow 弓 90, 95, 100 – 101, 110, 118, 120, 123, 188, 191

bow and quiver 弓和箭筒 1

bridge 桥 106

Buccellati, Georgio 乔治·巴克拉提 24 – 25

Burkert, Walter 瓦尔特·伯克特 4, 128

Byblos 比布鲁斯 150 – 115

Callimachos: *Hymn to Apollo* 卡利马科斯:《阿波罗颂歌》105; *Hymn to Delos*《得洛斯颂歌》104; *Hymn to Zeus*《宙斯颂歌》84

catalogue section of *Enuma Elish*《埃努玛·埃利什》目录 104, 106 – 107, 195

catalogue of ships 清点海船数目 121

Catalogue of Women or Eoiai《名媛录》178, 227

Caucasus 高加索 225

Cessi, Camillo 卡米洛·切西 121

champion of the gods 众神首领 49, 53, 103, 186, 189

chariot: of Hades 马车: 哈德斯 129 – 130, 144; of Ninurta 尼努尔塔 8, 56 – 59, 101 – 102, 233; at Onchestos 奥切斯托斯 107; of Zeus 宙斯 193 – 194

Charites 卡里忒斯 143, 201, 221

charm 魅力 42 –43

charm, love- 魅力，爱 158

child 孩子 81，91，129，132 –133，143，145，151，153 –154；birth from earth 从土地诞生 187；male 男性 150；Persephone 珀耳塞福涅 156，158；return of 回归 150；recovery of 恢复 154

chiton 长袍 97，102，110，174，188

civilization, new 新文明 223

clothes 衣服 23 –24，52，59，91，94，96，101，166 –169，175，201，212 –214，232；of Aphrodite 阿芙洛狄忒 214；of Inanna 伊南娜 23 –24；of Ishtar 伊什塔尔 213；of king 国王 215；of Pandora 潘多拉 213；of power 力量 47，91，167

coffin 棺木 151 –152

combats 战斗 50，106

conspiracy of Zeus, Hades and Earth 宙斯，哈德斯和大地神的阴谋 144，148 –149

conspirator 同谋 151

contact, Near East and Greece 接触，近东和希腊 5 –6；periods of 时期 5 –6

Cooper, Jerrold 杰罗尔德·库伯 40，58，62，70

Corinth 科林斯 163

corn 谷物 135

cosmological myths 宇宙神话 2；Babylonian 巴比伦的 4

creation, of king 国王创造 214，216；of Pandora 潘多拉 3；see also creation of mankind myths 另见创造人类神话

creation of mankind myths 造人神话 197 –198，201 –203，209，217，234，237；agricultural 农业的 203 –207，235；in earth 大地 209

Cretan 克里特岛 122

Cretan sailors 克里特水手 108 –109，112

Cretan story of Demeter 得墨忒耳关于克里特岛的故事 141

Cretans 克里特人 84，98 –99

Crete 克里特 82，97，174，186

Crisa 克利萨 98，110

criteria, for influence 影响标准 228

crown 王冠 52 – 53；of Aphrodite 阿芙洛狄忒 167；of Ishtar 伊什塔尔 167, 199, 212；of king 国王 215；of Pandora 潘多拉 212

Cumae 库迈 195

Cybele 库伯勒 161, 163, 173, 176；adoption of 接纳 161

cycle, descent and return 下降和返回循环 136, 139, 143 – 144, 153, 155, 157 – 158, 247

Cyprus 塞浦路斯 161 – 162, 166, 168 – 169, 172, 174

Dagan 农神达甘 53

Damu 达穆 32 – 36, 38 – 39, 40, 43, 46, 71, 78, 80, 82, 85 – 88, 87, 94 – 95, 113 – 114 130 – 131, 134, 141, 144, 179；and Adonis 和阿多尼斯 178；brings prosperity 带来繁荣 139；death of 死亡 31, 39；and Dumuzi 和杜姆兹 31；fertility 富饶 135 – 136；identification with Dumuzi 和杜姆兹一致 16, 128；liturgies 礼拜仪式 16, 31 – 38；male child 男孩 133；search for 寻找 31

Damu, myths of 达穆神话 16, 31 – 38, 40, 82, 85 – 86, 88, 94, 113, 136, 143 – 144, 150, 186 – 187；date of 时期 146

Dark Ages 黑暗时代 5, 115, 146

dark wave 黑色的波浪 243

dawn, Hermes born at 黎明，赫尔墨斯诞生 184

dawn goddess 黎明女神 164

dead, the 死亡 28, 30, 127, 131, 138

definitions of terms 术语的定义 8 – 9

Delian section 得洛斯部分 77 – 96, 112 – 114, 117 – 125, 146, 187, 207

Delos 得洛斯 77 – 89, 97, 99, 113, 118, 122, 140, 186 – 187, 243

Delphi 德尔菲 76, 97 – 99, 102 – 104, 108 – 112, 117, 188；temple 111；神庙 temple and cult 神庙和崇拜 109

deluge 洪水 56

Demeter 得墨忒耳 73 – 74, 116, 126 – 159, 175, 180, 242；against Persephone's marriage 反对珀耳塞福涅的婚事 148；age of myth 神话时代 239；as Anesidora 作为安妮斯朵拉 209；date of influence in myth 神话影响时期 241；discomforts

Zeus 令宙斯恼火 155; epiphany of 显灵 175; influence of 影响 152; nurse 照顾 151; rejects Helios' advice 拒绝赫利俄斯的建议 154; threatening 威胁 222

demons 恶魔 18, 21, 31, 36, 42, 59, 211; gallu- 伽鲁 141; in Greek netherworld 希腊冥府 211; from netherworld 来自冥府 210-211

Demophoon 德墨芬 129, 140, 144, 150-152; male child 男孩 150

descending and returning god 下降又返回的神 82-83

descent 下降 21-22, 24, 26, 28, 32, 36, 43-44, 86-88, 93, 108, 130, 133, 136, 138-139, 247; annual 一年一度 30; of helper 援助者 142; of mother goddess 母亲女神 133; to the netherworld 前往冥府 145; symbolic 象征性的 39, 43, 92; of young male 年轻男子 141

descent and return 下降和返回 19

destination 目的地 40

Deucalion 丢卡利翁 227-228

diction, dating 措辞，鉴定日期 114-115, 123

Dilmun 迪尔姆恩 35, 91-93, 166, 168

Diomedes wounds Aphrodite 狄俄墨得斯弄伤阿芙洛狄忒 4, 159

Dione 狄娥奈 4

Dionysos 狄奥尼索斯 109, 173; cult of 崇拜 161; descent to Hades 下到冥界 153

disaster of lover 情人之灾 171, 177-178

diseases 疾病 201, 210-211

divine functions 神圣的权力 36, 46

divine powers 神力 51

division of year 时间划分 139, 153, 179

dogs, seven great 七头巨犬 45

dolphin 海豚 98, 108-109

doves 鸽子 163

dressing motif 装扮母题 23-24, 28, 31, 47, 58-59, 91-95, 101, 118, 144, 166, 168-170, 172, 202, 208, 212-215, 221, 232, 243

drought 干旱 128

drumbeat 鼓声（比喻心跳）217, 225

Duchemin, Jacqueline 杰奎琳·杜契明 3, 197 – 198

Dumuzi 杜姆兹 16, 18, 21, 23, 25, 28, 30 – 34, 37 – 40, 46 – 48, 59, 71, 74, 80, 85 – 86, 94 – 95, 110, 113 – 114, 128, 130 – 131, 133, 135, 144 – 145, 150, 170, 174, 176, 179; and Adonis 和阿多尼斯 178; in annual cycle 一年一度循环 139; death of 死亡 39, 47, 172; descent and return 下降和回返 152; flees 逃跑 233; herdsman 牧人 165, 169, 170; return of the dead 还阳 138; 'wild bull' 野牛 171

Dumuzi and Geshtinanna 《杜姆兹和格什提南娜》21

Dumuzi's Dream 《杜姆兹的梦》141; date 时期 146

Dumuziabzu 杜姆兹阿布祖 47

Duttur 杜图尔 32 – 34, 94, 131, 134

e-ne-è ĝ-gá-ni i-lu-i-lu 礼拜仪式 39

Ea, 埃阿 27, 52 – 53, 190, 196, 203; *see also* Enki 另见恩基

eagle 鹰 51, 200, 225

early archaic period 古风时代早期 1, 3 – 4, 12, 73, 75, 165, 191, 237, 244

Earth 大地 52, 79, 82 – 84; Gaia 盖亚 82, 98, 129, 144, 148, 186 – 188, 192, 206, 234, 242; Ki 基 62, 203, 205; motivation in Demeter's hymn 得墨忒耳颂歌里的动机 149; shrieks 尖叫 233

earth goddess 大地女神 81 – 83; *see also* Earth 另见大地

Ebih 埃比赫 47

edin-na ú-saĝ-gá 礼拜仪式 32 – 34, 37, 82, 86, 114, 130 – 131, 133, 139, 141, 144 – 146, 150, 154, 179, 187

Egime 艾吉迈 39

Egypt 埃及 191 – 192

Egyptian myth 埃及神话 151 – 152

Eileithyia 厄勒提亚 78, 81 – 82

Ekur 埃库尔 51, 53, 55 – 58, 61, 63, 65 – 66, 68, 73

Elam 埃兰 65

Eleusinian section, implant 厄琉西斯章节 149 – 150

Eleusis 厄琉西斯 130, 135, 143, 156

en-ship 地位 247

Enbilulu 恩比卢卢 40

encounter in journey sequence 旅行遭遇 86 – 88, 103 – 106, 108, 111, 118, 170, 188 – 189; at destination 目的地 43; intercessory 调解 134

Enheduanna 恩西杜安娜 15, 23, 45, 59

Enki 恩基 3, 19, 22, 25, 35, 41, 43, 46, 51, 61 – 63, 67, 80, 90, 108 – 109, 197 – 198, 201 – 204, 214, 217, 219 – 221, 225; clever, benefactor 聪明, 施助者 220, 224; craftsman 工匠 220; creates mankind 创造人类 202, 217; drunk 喝醉 41; god of wisdom 智慧之神 18; helps Inanna 帮助伊南娜 18; myths of 神话 197, 203, 216, 219, 230; and Ninmah 和宁玛赫 201 – 202, 226; trickster 骗子 223

Enki's Journey to Nippur《恩基前往尼普尔之旅》204

Enkidu 恩启都 68

enkum 神庙的财政人员 41

Enlil 恩利尔 18 – 19, 23, 25, 39 – 40, 46, 49, 52 – 58, 61 – 63, 66 – 68, 73, 96, 100, 102, 137, 168, 215, 217 – 218, 221, 224 – 225, 235, 246; antagonistic role 反抗角色 220, 224; myths 神话 220, 230; and pickaxe 锄头 235

Enlil and Ninlil《恩利尔和宁里尔》39

Enlil and the Pickaxe《恩利尔和锄头》203, 205, 235

Enuma Elish《埃努玛·埃利什》4, 49, 70, 96, 103 – 106, 109, 111, 114, 189 – 95, 202 – 203, 224; date 时期 49; religious change 宗教变革 155

Enzag 恩扎格 69 – 70

Eos 厄俄斯 164

Epic of Atrahasis《阿特拉哈西斯史诗》81, 196, 198, 201 – 203, 216 – 229; date 时期 216

Epic of Erra《埃拉史诗》70

Epic of Gilgamesh《吉尔伽美什史诗》4, 7 – 8, 15, 20, 26, 39, 48, 68, 70, 81, 91, 114, 171, 211, 235

Epimetheus 埃庇米修斯 201, 204 – 205, 211, 227 – 228, 235; husband of Pandora

潘多拉的丈夫 227; receives Pandora 接收潘多拉 201, 204-205, 208

Erebos 厄瑞波斯 130, 143

Ereshkigal 埃列什吉伽尔 18, 20, 24-28, 36, 44, 59-60, 80, 140, 153-154, 211, 246-247; swears netherworld oath 在冥府发誓 140; threatens mankind 威胁人类 211

Eridu 埃利都 41, 44, 46, 51, 62-64, 108-109, 225

Errakal 埃拉可尔神 70

Eshumesha 埃苏麦沙 49, 56, 66

Euboea 埃维厄岛 5

Eubouleus 欧部琉斯 133

Euphrates 幼发拉底 24, 44, 49, 106

Eucripides: *Bachae* 欧里庇得斯:《酒神的伴侣》173; *Ion*《伊翁》231; *Iphigeneia in Tauris*《伊菲革涅亚在陶里斯》105

eyes and neck of Aphrodite 阿芙洛狄忒的眼睛和脖子 175

eyes and heart 眼睛和心脏 195

Fabulae《传说》202

famine 饥荒 218, 223; in Damu's myth 达穆神话 150

feet of Apollo 阿波罗的双脚 87, 97, 102, 110, 174, 188

female 女性 38, 104

ferry-boat man 摆渡人 40

fertility 富饶,丰饶 22-23, 30-31, 35-36, 39-40, 46-47, 49, 54, 63, 65, 67, 71, 85, 88, 91, 95, 97, 128, 131, 135-136, 139, 157, 173, 235, 247; animal 动物 135; in ascent 溯源 84; of Enlil 恩利尔的 40; human and animal 人类和动物 136; seasonal 季节的 145

festival, on Delos 得洛斯节日 122-124

festivals 节日 79-80, 86

figurine 设想 201-202, 214-215, 217

fire 火 129, 200; theft of 盗火 223-224

first arrival of Apollo in Assembly 阿波罗首次出现在众神集会 1, 99-101

floating island 漂浮的岛屿 243

flood 洪水 128, 135

Flood 大洪水 3, 67, 92, 218 – 219, 223, 226 – 228

flute 长笛 28, 138

food 食物 92, 94, 112, 131; netherworld 冥府 145; sacrifices 祭祀 222

food and drink 食物和饮料 43

food of life 生命之食 8 – 9, 24, 42, 80, 135, 141, 143

food motif 食物母题 33 – 34, 43, 90, 92, 112, 131, 136, 194, 243

formulaic tradition 惯用传统 90, 122

Friedrich, Paul 保罗·弗里德里希 164

Gaia 盖亚 105, 190, 207; ascent of 盖亚的上升 209; see also Earth 另见大地

gala-tur-ra 卡拉图鲁 18, 29

ganzir 甘泽尔 17, 24 – 26

garza 加尔萨 45 – 46

genealogies 谱系 226 – 227

George, A. R. 乔治 246

Geshtinanna 格什提南娜 20 – 21, 32, 34, 37, 39, 86, 94, 131, 134, 139, 141, 152, 154; in annual cycle 一年循环 139; descent and return 下降和返回 152; holy fold of 神盖 141; screams 尖叫声 141

Gigantomachy 与巨人之间的战斗 236

Gilgamesh 吉尔伽美什 4, 8, 26, 68, 81, 91 – 94, 171, 243; insults Ishtar 轻侮伊什塔尔 171

Gilgamesh, Enkidu and the Netherworld《吉尔伽美什、恩启都和冥府》15, 26

Girra 吉拉 53

goddess and consort strand 女神和配偶 38 – 40, 71, 74, 78 – 80, 86, 88, 91 – 97, 114, 118, 120, 127, 183, 186, 230, 237 – 238

golden cords 金绳带 90

golden necklace 金项链 78

golden peg 金钩 1

Gordian knot 戈尔迪之结 77

Graikos 格雷科斯 227

Great Goddess 大女神 163，173

great gods 伟大的神 45

great oath 伟大的誓言 27，78，140，145，153；*see also* oath, netherwold 另见冥府誓言

groves 树林 78–79，86，98，107

Gudea Cylinder 古地亚·塞林德 63

Gula 古拉 69

Gunura 古努拉 32–33，94，154

Gutians 库提人 55

Hades 哈德斯 74，126–133，136，138–139，141，144，149，153–154，157，242；in bed 床上 156；forbearing 宽容 157；receives Zeus' command 接受宙斯的命令 143

Hades, as netherworld place 哈德斯，作为冥府之地 179，208

Hashur 哈舒尔 35

Hattusha 哈图沙 7

heaven 天上，天堂 45，57，59，137，141，194，217

Heaven：An 天神：安 65，68，168，205；Ouranos 乌拉诺斯 129，140，166，168，206，234

Hekate：hears Persephone 赫卡忒：听见珀耳塞福涅 129；mediating goddess 调停众女神 134

Helen 海伦 175

Helios 赫利俄斯 129，133–134，148–149，154，233；stops horses 勒马驻足 233

Hellas 赫拉斯（希腊人）227

Hellen 赫楞（希腊）227

Hellenistic sources 希腊文化来源 151，191

helper 援助者，拖助者 28，30，37，39，43，81，136，138，142–144，145

hepatoscopy 祭牲占卜术 226

Hephaistos 赫淮斯托斯 199, 205, 208, 211, 219, 226, 233, 235 – 236, 242; and axe 和斧头 231, 234; creates Pandora 创造潘多拉 201, 203, 209; and Enki 和恩基 219 – 220; flees 逃跑 235

Hera 赫拉 78, 81, 98, 105, 242; with Aphrodite 和阿芙洛狄忒 159

Heracles 赫拉克勒斯 70, 200; descent to Hades 降入冥府 153

Hermes 赫尔墨斯 130, 180 – 185, 242; helper 援助者 138, 143, 193 – 194; helps create Pandora 帮助创造潘多拉 200 – 201; messenger 送信 154, 156; myth of 神话 181 – 185; psychopompos 灵魂向导 208; Slayer of Argos 阿尔戈斯城的凶手 208; and Zeus 和宙斯 204

Herodotus 希罗多德 155, 160 – 161; on Egyptian religion 有关埃及宗教 152

heroic strand 英雄拿到 69 – 70, 74, 96 – 102, 109 – 112, 119, 180, 191, 193, 237 – 238

Hesiod 赫西俄德 2, 4, 12, 82 – 84, 116, 120, 122 – 123, 127, 134, 147, 153 – 154, 169, 179, 181, 185, 189, 190 – 191, 196 – 197, 199 – 203, 206 – 209, 211 – 212, 216, 223 – 227, 229 – 231, 234, 236 – 237, 239, 241 – 242, 245; and the Atrahasis epic 阿特拉哈西斯史诗 219; compiler 汇编者 240 – 241; theology 神谱 240

Hittite 赫梯 7, 115, 146, 168, 177, 190 – 191, 194 – 196, 210, 240; myths 神话 193; texts 文本 185

holy fold of Geshtinanna 格什提南娜的神盖 141

Homer 荷马 4, 76, 116, 121 – 123, 154, 169, 177, 239 – 241; date 时期 4

Homeric epic 荷马史诗 4, 123, 154, 178, 245

Homeric Hymn to Aphrodite, *Homeric Hymn V*《荷马颂歌致阿芙洛狄忒》《荷马颂歌 V》74, 116, 136, 141, 162, 165, 169, 181; age of myth 神话时代 239; date of influence in 影响时期 175 – 177, 241

Homeric Hymn to Apollo《荷马颂歌致阿波罗》1, 74, 76 – 125, 127, 132, 140, 146, 175, 180 – 181, 184, 187, 207, 238; date of influence in 影响时期 114 – 116, 241

Homeric Hymn to Athena《荷马颂歌致雅典娜》230 – 238; date of influence in 影响时期 241

Homeric Hymn to Demeter, Homeric Hymn II《荷马颂歌致得墨忒耳》《荷马颂歌II》126 – 158, 174, 181, 208, 222; age of myth 神话时代 239; date 时期 147; date of influence in 影响时期 146 – 148, 241

Homeric Hymn to Hermes《荷马颂歌致赫尔墨斯》127, 180 – 185

Homeric Hymn VI《荷马颂歌VI》166 – 169, 213

Homeric hymns 荷马颂歌 1, 12, 73, chapters 章节 4 – 11 passim; date of 多处; 时期 1

Homeridai 荷马史诗传统的传人 76

honour 荣耀 119

honours 荣誉 130; see also Τιμαί 另见"荣誉"

hope 希望 201, 211

Horae, Seasons 荷赖, 季节女神 143, 166, 169, 201, 221

hur-sag 胡尔萨格 65, 106, 195

Hurrian 胡利安人 169

Hurrian/Hittite myths 胡利安/赫梯神话 2

Huwawa 胡瓦瓦 68

Hyginus, Fabulae 希吉努斯,《传说》202

Hyperion, son of (Helios) 许佩里翁, 赫利俄斯的儿子 231

ID, see Inanna's Descent to the Netherworld 见《伊南娜下冥府》

Ida 伊达 170, 173 – 175

ideas, definition of term 主题, 术语定义 8 – 10; underlying 隐含的 10

ἱερὸς λόγος 献祭演说 30

Igigi 伊吉吉 52; rebel 反叛 217

Iliad《伊利亚特》4, 76, 116, 121, 132, 154, 162, 169, 188, 239 – 240, 245; date 时期 4

Illuyanka 伊鲁沿卡 193 – 195

immortality 长生不老 92 – 93, 126, 140, 151

Inanna 伊南娜 15 – 48, 50, 58, 60, 71, 74, 80 – 81, 86, 91, 93 – 95, 127 – 128, 130, 135 – 137, 140, 145, 150, 152, 154, 165 – 166, 169 – 170, 172, 174,

208, 210, 212 – 213, 215 – 216, 228, 243; and Athena 和雅典娜 232 – 233; causes Dumuzi's death 引发杜姆兹死亡 18, 172; creatrix of mankind 创造人类 235; descent myth 下降神话 17 – 19; descent and return 下降和回归 22; descends to Abzu 下降至阿布祖 108; Dumuzi, courtship with 杜姆兹, 求爱 47; fails 失败 19 – 20; false story 歪曲的故事 141; lamenting 哀悼 131; marriage with Dumuzi 和杜姆兹结婚 47; myths of 神话 15 – 48, 113, 214; and Pandora 和潘多拉 207, 211; powers 力量 138; return 回归 153; seeks rulership of netherworld 争夺阴间的领导权 246 – 247; threatening 威胁 45 – 46; warrior goddess 战争女神 235

Inanna and Bilulu《伊南娜和比鲁鲁》29

Inanna and Ebih《伊南娜和埃比赫》15, 44, 46

Inanna and Enki《伊南娜和恩基》15, 22, 41 – 44, 46, 108

Inanna and Shukalletuda《伊南娜和舒卡雷图达》15, 44

Inanna Nin – egala《伊南娜宁埃旮勒》44

Inanna's Descent to the Netherworld《伊南娜下冥府》15 – 26, 28 – 31, 36 – 39, 41 – 44, 46, 58 – 59, 68, 80, 86, 90, 93 – 94, 114, 131, 136 – 137, 139, 141 – 146, 167, 179, 207 – 208, 210 – 211, 215 – 216, 232 – 233, 246 – 247; analysis of 分析 16 – 26

Inara 伊娜拉 194

Indo-European origin of Aphrodite 阿芙洛狄忒的印欧起源 160, 163 – 164

influence, see Near-Eastern (including Mesopotamian influence on Greece) 影响, 见近东 (包括美索不达米亚对希腊的影响)

initial defeat 最初的失败 20, 28, 37, 43, 55, 68, 78, 80 – 81, 95, 137 – 138, 142, 145, 190, 193 – 194; lack of 缺乏 190

initiates 创始 143

in-nin šà-gur$_4$-ra 15, 23, 45 – 46, 59, 233

Inopos 伊诺波斯 78

invocation 祈祷 121

Ion《伊翁》231

Iphigeneia in Tauris《伊菲革涅亚在陶里斯》105

Iris 伊里丝 78, 80 – 81, 130

Ishtar 伊什塔尔 3, 8, 15 – 16, 24 – 25, 27 – 31, 36, 48, 59, 91 – 94, 105, 135 – 136, 138, 144, 154, 163, 166 – 169, 171 – 174, 176 – 177, 208, 210, 212 – 216, 228, 232 – 233, 235; and Athena 和雅典娜 232 – 233; as corpse 作为尸体 29; causes Dumuzi's death 引发杜姆兹死亡 172; creatrix of mankind 创造人类 235; dressing 穿戴 8; and Gilgamesh 和吉尔伽美什 4; goddess of sexual reproduction 性感女神 173 – 174; Great Goddess 大女神 15; myths 神话 27 – 31, 214; nurse 照顾 105; and Pandora 和潘多拉 207; power of attraction 吸引的力量 213; return of the dead 复活 138; threatens mankind 威胁人类 211; warrior goddess 战争女神 47, 105, 163, 235

Ishtar's Descent to the Netherworld 《伊什塔尔下冥府》, *see* Akkadian Version 见阿卡德版本

Ishtaran 伊什塔伦 31, 39

Isimud 伊西穆德 41

Isin 伊辛 36

Isin-Larsa period 伊辛 – 拉尔撒时期 233

Isis 伊西斯 150 – 152; as nurse 作为照料者 151

Jacobsen, Thorkild 托基尔·雅各布森 33, 38, 70 – 71

jar 罐子 210 – 211, 216; *see also pithos* 另见陶制的大酒瓮

jewellery 珠宝 168, 170, 201

journey, annual 每年的旅行 145; horizontal 水平的 26, 41, 93; horizontal and vertical 水平的和垂直的 24; outward 向外的 108, 111; structural composition 结构的组成 8; vertical 垂直的 93; wandering 漫游的 92, 96, 102

journey for power 寻求力量的旅程 2, 8, 16, 19, 21, 26, 28, 31, 41 – 42, 44 – 46, 50 – 51, 71 – 72, 74, 78 – 79, 85, 90, 97, 103, 112, 119, 165, 176, 183, 192, 212; in Mesopotamian myths, chapters 2 and 3 *passim* 在美索不达米亚神话中, 第二、三章多处

journey myths *passim* 旅行神话多处; ritual 仪式的 25

journey stages 旅行阶段 17, 27 – 28, 40, 42, 44, 59

Kalhu 卡尔胡 50–51, 191

Kassite 喀西特 55

Keleus, King of Eleusis 克勒乌斯，厄琉西斯国王 129, 135, 151

Kerberos 克贝洛斯 153

ki-bal, rebellious land 尬贝勒，反判之地 60

ki-gal, 'great below' 伟大的下界 26

king, see creation 国王，见创造

Kingship in Heaven《诸神在天堂》185

Kinnear-Wilson, J. V. J. V. 金尼尔·威尔逊 45

Kirk, G. S. G. S. 柯克 128, 226

Knossos 克诺索斯 98

Kore, Persephone 科尔，珀耳塞福涅 143

Kouretes 克瑞忒斯人 83, 234

κοὐρσς 库罗斯 134

Kronos 克洛诺斯 132, 166, 168, 186, 188, 296, 143

κυκεὼν 143

Kulab, plain of 库拉布平原 18

Kumarbi 库马比 168

kur 库尔 25–26, 40, 44, 56–57, 59, 64–66, 103, 106, 195; enemy of Ninurta 尼努尔塔的敌人 106

kur-gar-ra 库尔迦鲁 18, 22, 29

Kurnugi 库尔努基 30

Kutû 库图 24–25, 44

Kyllene 基里尼 182

Kynthos, mountain 金托斯山 78–79, 83, 85–86, 187

Kypris, Aphrodite 库普里斯，阿芙洛狄忒 162

Kythera 库塞拉 166–167

lagar-ship 权力 247

Lagash 拉加什 55, 66

Lahar and Ashnan《拉哈尔和阿什南》23 – 24

lament 哀悼 33 – 34

Land of No Return 不归之地 20, 27, 30, 153

Langdon, Stephen 斯蒂芬·朗登 60

Latinos 拉丁纳斯 227

Lefkandi 勒夫甘迪 5

Lesbos 莱斯博斯 178

Leto I, 勒托 76 – 78, 80 – 83, 86 – 87, 90, 94, 97, 100 – 101, 118 – 120, 140, 242; swears oath 誓言 140

Lévi-Strauss 列维 – 斯特劳斯 10

lie: of Aphrodite 谎言：阿芙洛狄忒 170; goddess's 女神的 141, 145

life, acquisition of 获得生命 140

light 光 55, 79, 83, 97, 110, 118, 120, 169 – 170, 188, 212 – 214, 232, 234, 243; motif 光母题 96, 117

Lil 利尔 39

lion 狮子 51

lions, seven 七头狮子 46

literary material 文学材料 6 – 7, 11 – 12, 172; extant in the NA period 存在于新亚述时期 7, 114; mythological, religious 神话的，宗教的 9; Sumerian 苏美尔的 15 – 16; time of composition 创作时间 6 – 7; transmission 传递 7

literary work 文学作品 40

liturgies of Damu 达穆礼拜仪式 31 – 39, 46

liver 肝脏 200, 225 – 226

lord of heaven and earth 天上和大地之主 40

lord of the lands 大地之主 56, 58

lost child 失去孩子 126, 130 – 131, 133 – 134, 145, 147

love poems 情诗 47

love story 爱情故事 158

love-and-death motif 爱情与死亡母题 172

lover of love-goddess 爱神的爱情 171 – 172

Lugale《卢迦勒》20, 51, 55, 60, 63 – 69, 70, 81, 102 – 103, 106, 108, 110, 114, 141, 189, 195

Lulal 卢拉 18, 23

Lyktos 莱克托斯 186

lyre 竖琴 90, 95, 97, 110, 118, 174, 183 – 184, 188

lyre and bow 竖琴与弓 79, 90, 95, 101, 118

Maia 迈亚 181, 184

Maiden Well 处女泉 129, 151

male 男性 38

Mami 玛弥 15, 39, 52 – 53, 81, 201 – 202, 217 – 218, 221, 223, 235; creates mankind 创造人类 217; queen of the gods 众神的王后 218

mankind, origin and history 人类起源和历史 3, 216

Marduk 马尔杜克 49, 50, 69, 71, 96, 102, 103 – 108, 111 – 112, 165, 180, 189 – 191, 193 – 195, 224, 227; champion 首领 186; creation of mankind 创造人类 202 – 203

me "圣" 17 – 18, 23 – 24, 42 – 43, 61 – 63, 215; divine powers 神圣的权力 17; of Enki 恩基的 41; hundred 一百 41; for life 终身 43, 63

Mekone 墨科涅 222

me-lám 命运簿 55, 102, 110

melammū, see me-lám 命运簿 55

Melian 米洛斯的 199; nymphs 宁芙 206

Menelaos 墨涅拉俄斯 175

Mesopotamia, Mesopotamian myths, passim 美索不达米亚, 美索不达米亚神话, 多处

messenger 信使 55, 80, 154; returns from netherworld 从阴间返回 153; Sharur 沙鲁尔 194

Metaneira 美塔尼拉 129, 175

mice 鼠 59

Minoan 米诺斯 164

mistress of animals 动物的女主人 163, 173

251

Mistress of the Gods 众神之主 53

Moirai 摩伊拉 143, 193 – 194

Mondi, Robert 罗伯特·蒙蒂 186, 188 – 189

monster 怪物 51, 57, 190 – 191, 193, 196; male and female 雄性和雌性 105

monsters 怪兽 42, 49, 55 – 56

mother goddess 母亲女神 15, 32 – 33, 37, 81 – 82, 126, 130 – 134, 143 – 145, 154, 156 – 158, 179, 201

mother's search 母亲的寻找 33 – 34

motifs, definition 解释母题 8 – 9

mountain 山 39, 82 – 84, 88 – 89, 95, 102 – 106, 112, 141, 187, 190, 195 – 196, 232 – 233; in art 在艺术中 233; hur-sag 胡尔萨格 73

mountain house 山屋 65

mountains 山脉 36, 44, 51, 53 – 57, 59 – 60, 65, 67, 89, 102, 110, 194, 232 – 233

Mt Aigaios 埃该俄斯山 82, 84, 186 – 187

Mt Casios 卡西欧斯山 192

Mt Dikte 迪科特山 82 – 84

Mt Etna 埃特纳山 191, 193, 195

Mt Haimos 海摩斯山 195

Mt Hibi 黑贝山 54

Mt Kynthos, see Kynthos 金托斯山

Mt Nysa 尼萨山 193 – 194

Mt Parnassos 帕纳索斯山 98

Muses 缪斯 121

Mycenaean 迈锡尼 5, 146 – 147, 161, 164, 176

Mycenaean period 迈锡尼时期 241

Mylitta, Aphrodite 阿芙洛狄忒·米莉塔 161

mysteries 秘密仪式 143, 156, 158; of Eleusis 厄琉西斯 126; of Isis cult 伊西斯崇拜 152

myth: creation of Greek myth 神话:希腊神话的创造 46; definition of myth 神话的

阐释 8

Myth of Anzu《安祖神话》51 – 55, 62

Myth of Ullikummi《乌力库米神话》185

mythological tradition 神话传统 50

Nabû 纳布 49 – 50, 69 – 70, 96

Namtar 那姆塔尔 28, 208

Nanna-Suen 南纳 – 辛 16, 18 – 19, 25, 39 – 40, 64

narcissus 水仙花 129, 144; purpose in hymn 在颂歌中的目的 149

Near East, artifacts and pottery 近东, 古器物和陶器 5 – 6; parallels 相似 2 – 4, 8

Near-Eastern (including Mesopotamian) influence on Greece 近东（包括美索不达米亚）对希腊的影响 2, 3 – 8, 74 – 75, 112 – 115, 128, 145, 148, 169, 177, 179, 237 – 245; criteria for 标准 5 – 8, 228; date of 时期 146 – 147, 238; of Demeter's hymn 得墨忒耳颂歌 152; on Greek gods 对希腊诸神 242 – 243; on Greek religion and mythology 对希腊宗教和神话 242 – 243; historical possibility 历史可能性 5 – 7; Mesopotamian 美索不达米亚 2 – 4, 237 – 245; method for defining 阐释的方法 5 – 8; in Mycenaean period 在迈锡尼时期 241; mythological 神话的 2 – 4, 7 – 8; oral not literary 口头的非书写的 145, 176; from Phoenicia 从腓尼基 179; of religious concepts 宗教的概念 242 – 243

necklace 项链 81

nectar and ambrosia 神酒和仙肴 1, 78, 90, 100

Nergal 涅伽尔 24, 40, 49 – 50, 69 – 70, 215

Nergal and Ereshkigal《涅伽尔和埃列什吉伽尔》137, 154, 211

netherworld 冥府, 阴间 17 – 18, 22, 24 – 26, 29 – 30, 32 – 33, 39 – 41, 43, 46, 63, 87 – 89, 93, 128, 130 – 134, 137 – 139, 141, 143, 152 – 153, 167, 190, 208, 210 – 211, 213, 225, 232; Athena's ascent from 雅典娜从冥府上升 232; deities of 冥府女神 40; descent to 下降至冥府 167; evils 邪恶 213; figure 外观 143, 213; food of 食物 130, 157; gate of 大门 141; local toponyms 当地地名 40; Pandora's rise from 潘多拉的上升 206; Persephone in 珀耳塞福涅 157; Prometheus in 普罗米修斯 225; road to 前往冥府之路 131; rulership of 冥府的统治

136; symbolic 象征的 25, 40

Neti 尼提 24

Nilsson, Martin 马丁·尼尔森 132

Nimrud 尼姆鲁德 50

Ninazu 尼那祖 40

Nineveh 尼尼微 51-52, 55

Ningal 宁卡尔 39

Ningirsu 宁吉尔苏 51-52, 63-65, 67, 69-70; see also Ninurta 另见尼努尔塔

Ningishzida 宁吉什兹达 31, 33, 39

Ninhursag 宁胡尔萨格 39, 65, 201

Ninlil 宁里尔 40, 57, 100

Ninmah 宁玛赫 65, 201-202, 221

Ninmenna 宁门娜 39, 62

nin-me šár-ra 15, 23, 59

Ninnibru 尼尼布茹 57

Ninshubur 宁舒布尔 17-18, 20, 23, 25, 42, 80, 137, 246-247

Nintu 宁图 15, 56, 81, 235

Ninurta 尼努尔塔 9, 20, 38-39, 41, 49-73, 81, 96-99, 100-115, 121, 141, 165, 180, 189, 191, 193-195, 215, 224, 233, 243; on return 回归 101; symbols of power 力量的象征 110; threatening 威胁 57, 67, 100, 233

Ninurta and the Turtle《尼努尔塔和神龟》51; see also UET 6/1 2

Ninurta's Journey to Eridu《尼努尔塔前往埃利都之旅》51, 100, 108, 115; see also STVC 34

Nippur 尼普尔 8-9, 18, 24, 40, 49, 54-57, 64-67, 73, 108-109, 225

noise motif 声音主题 9, 63, 83, 101, 110, 112, 187, 233-234, 243

nurse, Demeter 保姆得墨忒耳 151; of Apollo 阿波罗 187

Nusku 努斯库 56, 100, 215

Nysa 尼萨 129

oath, netherworld 冥府誓言 140, 145; see also great oath 另见伟大的誓言

objectivity, philosophical approaches 哲学方法客观性 11

ocean, fresh and salt water oceans 海洋 4, 108

Odysseus 奥德修斯 127

Odyssey《奥德赛》76, 127, 154, 245

Okeanos 俄开阿诺斯 4, 181

Olympian, Apollo 奥林波斯的, 阿波罗 111, 119

Olympos 奥林波斯 1, 4, 73, 78, 80, 82, 97 – 99, 100 – 102, 109, 123, 129 – 130, 132, 137, 159, 166 – 168, 188, 190, 201, 231 – 233

On Isis and Osiris《伊西斯和奥西里斯》150

Onchestos 奥切斯托斯 98, 107

oral tradition 口头传统 177; reliability of 可靠的 242

Orientalizing period 东方化时期 6, 114 – 115, 146, 241; date of 时期 6

origin, of all 起源 4; of the gods 诸神 4, 40, 74; of mankind 人类 3, 216; of man and gods from Earth 从大地而来的人和神 206; Near Eastern 近东 2, 185; of races 种族 219, 226 – 228

Orpheus, descent to Hades 俄耳甫斯, 下降到哈德斯 153

Orphics 俄耳甫斯教 127

Osiris 奥西里斯 150 – 152

owl, of Athena and Inanna 雅典娜和伊南娜的猫头鹰 233

ox 公牛 199, 122

Pabilsaĝ 帕皮尔萨格 69 – 70

Palaikastro hymn 帕莱卡斯特罗颂歌 82 – 85, 187

Pallas Athena 帕拉斯·雅典娜 231

Pan 潘 194

Pandora 潘多拉 3, 74, 197 – 216, 218, 226 – 227, 229 – 230, 234 – 236, 243; agricultural creation of 农业创造 203 – 206, 234 – 235; ascent of 上升 205, 207, 209 – 210; creation of 创造 197, 201 – 207, 209; divine 神圣 209; head of 头颅 205; and jar 和罐子 211; journey for power 寻求力量之旅 212; and netherworld 和冥府 210; pottery depiction of 陶器描绘 204 – 205; power of 力量 213

255

Pandora myth 潘多拉神话 197 – 201, 218, 222, 225, 230, 240; age 时代 239; date of influence in 影响时期 241

panhellenic religion 泛希腊宗教 155

pantheon：Hurrian/Hittite 万神殿：胡利安/赫梯 168; Sumerian 苏美尔 49, 138

Panyassis 帕尼亚西斯 135, 178 – 179

Paphos 帕福斯 161, 176

Papsukkal 帕普苏卡尔 27, 30

parallels, criteria for 标准的相似之处 5, 7 – 8

Paris 帕里斯 175

Parthenon 帕特农神庙 94, 236

Parthenos, Athena 处女雅典娜 236

Pausanias 鲍桑尼亚斯 105, 160 – 162

pedestal, of Athena's statue 雅典娜雕像底座 236

Peitho 佩伊托 201

Persephone 珀耳塞福涅 74, 85, 126 – 158, 178 – 179, 208 – 209, 239, 242; and Adonis 和阿多尼斯 178; age of myth 神话时代 239; annual descent 一年一度降入冥府 128, 152; annual return 一年一度返回阳间 139; ascent from earth 从大地升起 209; authority of 权威 155; female child 小女孩 133; as Pherephatta 作为菲蕾法塔 207; reluctant 勉强的 157 – 158; rise of 上升 208; screams 尖叫声 141; wife of Hades 哈德斯的妻子 157; young girl 年轻女孩 154, 156

Persian 波斯人 161

Phaleron 帕勒隆 94

Pherephatta, Persephone 菲蕾法塔，珀耳塞福涅 207

philosophical approaches, avoidance of 避免哲学的方法 10 – 11, 244

Phoenicia 腓尼基 114, 161, 163, 177, 178 – 179

Phoenician 腓尼基人 85, 115

Phoinix 非尼克斯 178 – 179

Phrygia 弗里吉尼亚 161, 163, 173

pickaxe 锄头 203, 205, 234 – 235

Pieria 皮埃利亚 182

pillar 柱子 200

Pindar 品达 12, 85, 138, 188, 195, 206, 230, 233 – 234, 236

pithos 陶罐 201, 205, 209 – 211, 216; netherworld symbolism of 冥府的象征 210 – 211

plague 瘟疫 218

plant of life 生命的植物 8, 18, 92 – 93; with Gilgamesh 吉尔伽美什 8

Plato: *Protagoras* 柏拉图:《普罗泰戈拉》209; *Timaeus*《蒂迈欧》226

Pleistos 皮雷斯托斯 104

Ploutos 普路托斯 134 – 135; brings prosperity 带来繁荣 139 – 140

Plutarch 普鲁塔克 150 – 151

pomegranate seed 石榴籽 130, 143, 158 – 159

Poseidon 波塞冬 98, 107 – 108, 242

poverty 贫穷 198

power 力量 19, 49 – 50, 52, 55, 58 – 60, 78 – 79, 90, 92 – 97; acquisition of 获得 91, 136, 189; acquisition and demonstration of 获得和证明 2, 90, 97, 99, 111 – 112, 160, 169, 174, 212; acquisition of netherworld power 从冥府获得力量 247; of Aphrodite 阿芙洛狄忒 167 – 169, 171, 175, 213; of Apollo 阿波罗 80, 87, 90, 100 – 103, 108 – 114, 125; of Asag 阿萨格 65; of Athena 雅典娜 232; of attraction 吸引 213; by combat 通过战斗 103; cultic and oracular 宗教的和神谕的 102 – 103; cultic and political 宗教的和政治的 53, 67; of Damu 达穆 87; over death 经历死亡 22; divine 神圣 55, 77; of Enlil 恩利尔 54, 61; of Inanna 伊南娜 19 – 20, 22, 71, 91; of Ishtar 伊什塔尔 213; of king 国王 215; of life and death 生和死 23, 138; in netherworld 在冥府 138; of netherworld 冥府的 247; in netherworld and upperworld, 在冥府和在阳间 136, 145; of Ninurta 尼努尔塔 51, 54, 56 – 59, 61, 64, 66 – 67, 71, 101, 109, 233; omnipotence 无限威力 23; of Pandora 潘多拉 212 – 214, 216; in return sequence 返回的后续 110; of returning god 正在返回的神灵 102; symbols of 象征 8, 17, 23 – 24, 42, 54, 59, 102, 110, 174, 188, 193, 214, 234; in temple 在神庙中 112; in upperworld 在阳间 23; of Zeus 宙斯 155, 186, 188, 192

powers 力量 59, 63, 67; of Apollo 阿波罗 109; of Persephone 珀耳塞福涅 138

pre-Greek 前希腊 164

priests 祭司 110

Prometheus 普罗米修斯 3, 74, 197 – 201, 209, 216, 220 – 222, 234, 236, 240 – 242; and axe 和斧头 231, 234; clever god, benefactor 聪明的神, 施助者 220; husband of Pandora 潘多拉的丈夫 227 – 228; punished 被惩罚 225; trickster 欺骗者 223

Prometheus Desmotes《被缚的普罗米修斯》220, 223

Prometheus and Pandora myth 普罗米修斯与潘多拉神话 197 – 229, 239 – 240; age of 时代 239 – 240; date of influence in 影响时期 241

Proppian structuralism 普洛普结构主义 43

prosperity 繁荣 46, 64, 135, 139 – 140, 145

prostitution 卖淫 163

proto-Indo-European 原始印欧 164

psychoanalytic approach 精神分析方法 10

pukku and mekku 布库和美库 26

Pylos 皮洛斯 98, 182

Pyrrha 皮拉 227

Pythian section 皮提亚部分 77 – 78, 90, 96 – 116, 118, 120 – 124, 188, 238

Pythian serpent 皮提亚巨蟒 191; *see also* serpent of Pytho 另见皮同巨蟒

Pytho, monster of 怪物皮同 98, 104 – 105

Qingu 沁古 105

queen, of Byblos 比布鲁斯王后 151 – 152; of the gods 众神 218; of heaven 天上 44, 162; of the netherworld 地下 21, 154; Persephone, queen of netherworld 珀耳塞福涅, 冥府的王后 137

Queen of Heaven 天之女王 44

quest for power 寻求权力 42, 51, 61 – 62, 144

radiance 发光, 光辉 53, 55, 98 – 99, 102, 110, 112, 174 – 175, 186 – 188, 231 – 233; of king 国王 215

rape of Persephone 抢夺珀耳塞福涅 156

rebel 反叛 219, 221, 225; Enki 恩基 220; Prometheus 普罗米修斯 220

rebellion 反叛 219, 221, 223, 225

rebirth 再生 80

return 返回 36, 43, 54, 58, 62, 64, 90-93, 101, 108-109, 112, 131, 135, 243; of Apollo 阿波罗 107; of Damu 达穆 31; of Ninurta 尼努尔塔 108-110; of souls 灵魂 85

returning child of plenty 回归的孩子带来丰饶 134

Rhea 瑞亚 130, 180, 186-187

Richardson, Nicholas 尼古拉斯·理查森 133

rise 上升 30, 37, 45-46; *see also* ascent 另见下降

rite at Onchestos 奥切斯托斯仪式 107

river 河流 29, 35, 38, 104, 106, 135; 'man-devouring' 食人河 40

River Ocean 大洋河 129

Ruhnken 茹肯 116

rulership 统治 58

sacred marriage 神圣婚礼 30, 47, 91, 113, 166, 170, 176; kings perform 国王履行 47

sacrifice 献祭 129, 219, 222-223

Sappho 萨福 178

Sargon 萨尔贡 15, 45

scream 尖叫 141, 145; great supernatural scream 异常响亮的尖叫 141

sea 大海 108-109, 112, 166-167, 190, 231

Sea 海 129

sea dykes 海堤 195-196

search 寻找 82, 92, 95, 131, 133, 141, 145, 150; of Isis 伊西斯 150

Seasons, *see also* Horai 季节女神，另见荷赖

separation of Heaven and Earth 天空和大地分离 166, 168, 206

serpent of Pytho 皮同巨蟒 98, 103-105, 195

Seth 赛特 151

sexual encounter 交合 39, 42

Shakan 沙坎 24

Shamash 沙玛什 68; *see also* Utu 另见乌图

Shara 沙拉 18, 23, 53

Sharur 沙鲁尔 19, 53, 65, 67, 194

shield：of Athena 盾牌：雅典娜 236; of Kouretes 克瑞忒斯人 234

Shulgi 舒尔吉 60

Sicily 西西里 191

sickle, adamantine 锋利的镰 192

Sîn 辛 27, 39, 40; *see also* Nanna-Suen 另见南纳-辛

sinews 筋腱 193

SIR. SIR epithet SIR. SIR 编号 104, 195

sister 姐妹 32–34, 37, 39, 94, 131, 134, 144, 150

Sjöberg, Ake 阿克·萧伯格 45

Sladek, William 威廉姆·斯莱德克 24, 25, 29

Slain Heroes 被杀害的英雄 56, 59

Smith, P. P. 史密斯 172

Smyrna 斯玛瑞纳 178

snare, Pandora 潘多拉陷阱 201, 208

snow, golden 金色的雪花 231

sociological approach 社会学方法 10

son of Iapetos (Prometheus) 伊阿佩托斯之子（普罗米修斯）200

soul 灵魂 225–226

Sowa, Cora Angier 科拉安吉尔·索瓦 120, 122–123

spirit, in man 人身上的精神 217

spring 春天 30, 130, 135

SRT 31 47

statue of the god 神的雕像 25; of Athena 雅典娜 94

stone of Kronos 克洛诺斯的石头 186

stones become mankind 石头变成人 227

storm god 暴风雪之神 195

storm-chariot 暴风战车 194

Strabo 斯特拉博 163

stream 溪流 98, 106, 112

strike of Demeter 得墨忒耳的袭击 150

STVC 34 51, 62, 64, 100; see also Ninurta's Journey to Eridu 另见《尼努尔塔前往埃利都之旅》

Styx 冥河 78, 140

substitute 替代 18, 21-23, 28, 38-40, 61, 80, 143-144, 152-153

substitution 替代品 22, 30, 37, 40, 86, 131, 139, 143

succession myth 继承神话 2, 240

Sultantepe 萨尔坦 51, 54

Sumer 苏美尔 26, 49, 52, 65-66, 80, 89, 93

Sumerian language 苏美尔语 12-14

sun 太阳 65-66, 85, 89, 110, 120, 134

sun god 太阳神 153-154; Apollo 阿波罗 88

sunrise 日出 88-89

supreme god 至上神 1, 51, 56, 58, 73, 76, 90, 96, 100, 102, 111-112, 119, 155, 189, 219-220, 224, 240; antagonistic 敌对 224; rebellion against 反叛 221; Zeus 宙斯 102, 155

supreme power 至高无上的权力 103, 190

Susa 苏萨 52

sweet wine 甜酒 41

symbol, erotic 性爱象征 158

symbolism 象征主义 44

Syria 叙利亚 5, 54, 60, 115, 146, 177, 179, 161, 191-192

Table of An 安的泥版 41

Tablet of Destinies 命运簿 52-54, 62, 109, 193

Tammuz 塔姆兹 48; see also Dumuzi 另见杜姆兹

Tarsus 塔尔苏斯 5

Tartaros 塔尔塔罗斯 153, 182, 225, 190, 192; jar-shaped 貌似坛子 210

Telepinu 忒勒匹努 128

Tell Sukas 台尔·苏卡斯 6

Telphousa 泰勒芙莎 98, 102, 106 – 107

temple 神庙 56 – 57, 99; of Apollo 阿波罗 108; in Babylon 巴比伦 109

temple scenes 神庙场景 50, 67; of Apollo 阿波罗 100, 108

temples 庙宇 87 – 88, 95 – 99, 100 – 102

Teshub 特舒卜 189 – 190, 195

Tethys 忒堤丝 4

Thebes 忒拜 161, 173

Theias 忒伊亚斯 178

Themis 忒弥斯 80, 90, 242

theogonic and theological system, age 神谱系和神学体系,时代 240

Theogony《神谱》1 – 3, 74, 82 – 85, 98, 104, 105, 116, 121, 123, 127, 134, 147, 153 – 155, 168 – 169, 177, 180, 185 – 186, 188 – 189, 192, 196 – 199, 202, 208, 210, 224, 226, 231, 234, 239 – 240, 242, 244 – 245

Thetis 忒提斯 151

Thrace 色雷斯 191, 193, 195

threatening, Asag 威胁,阿萨格 65; Ninurta 尼努尔塔 57, 67, 100

throne: of Ereshkigal 宝座: 埃列什吉伽尔 246 – 247; of Ereshkigal, Inanna seizing it 埃列什吉伽尔,伊南娜争夺它 21; of king 国王的 215

thunderbolt 雷电 170 – 171, 190, 192; of Zeus 宙斯的 148

thunderstorm 雷暴 101

Tiamat 提亚玛特 4, 50, 69, 103 – 106, 109, 189, 191, 194 – 195; as nurse 作为照顾者 105; river 河流 195; salt water ocean 咸水海洋 4, 195; the sea 大海 108

Tiglath-Pileser III 提革拉-帕拉萨三世 6

Tigris 底格里斯河 49, 52, 106

τιμαί powers and privileges 权力和特权 137, 167 – 168

Titanomachy 提坦之战 189, 241

Titans 提坦 188, 190

toil 苦工 200, 219, 221

torch 火炬 207

tortoise 乌龟 181

traditional divine journey 传统的神圣旅程 25, 41-44, 51, 62-64

tree goddess 树之女神 35

trick 欺骗 199, 223; of Enki 恩基的 218, 221; of Prometheus 普罗米修斯的 239

trio motif 三人组母题 94-95, 134, 150

tripod 三足鼎 98, 111

Triptolemos 特里普托勒摩斯 135

Tritogeneia, Athena 特里托尼娜, 雅典娜 231

Triton 特里同 231

Troy 特洛伊 173

TRS 8 16, 32, 34, 38, 82, 114, 131, 135, 146, 179, 187; date 时期 146

Typhaon 堤丰 97, 103, 105, 122, 151, 186

Typhoeus 堤福俄斯 180-181, 186, 189-190, 196

Typhon 提丰 186, 191-196; myth 神话 192-196

Typhonomachy 提丰大战 241

ù-u_8-ga-àm-du_{11} 39

Udanne 尤坦尼 56

UET 6/1 2 39, 51, 61-62, 109, 115

Ugaritic 乌加里特 185

Ullikummi 乌力库米 189, 190, 193

Umma 乌玛 18

unity 完整 123; of the hymn to Apollo 致阿波罗颂歌 116-125; of Hermes hymn 致赫尔墨斯颂歌 182

Unte, Wolfhart 沃尔夫哈特·翁特 122-123

unwashed, Demeter and Duttur 未清洁的, 得墨忒耳和杜图尔 131

upperworld 地上世界 17, 22-23, 26, 28, 30, 41, 44, 46, 80, 91, 126, 136-138, 141, 153, 207, 212; rise to 上升至 143

Ur 乌尔 16, 18, 36, 38 – 39, 55, 135

Ur-nammu 乌尔 – 纳姆 38, 135

Uruk 乌鲁克 24 – 25, 35, 40 – 42, 44, 91, 109

Ushas 乌莎斯 164

Utnapishtim 乌塔那庇什提姆 92 – 93

Utu 乌图 18, 39 – 40, 65, 89

Van Dijk, J. J. J. J. 冯·戴伊克 70

veil 面纱 199

Venus 维纳斯 46

war cry 战争呐喊 231

warrior god 战神 49, 54, 64, 69, 141

warrior goddess：Athena 战争女神：雅典娜 230, 236; Aphrodite, Ishtar 阿芙洛狄忒, 伊什塔尔 163; Ishtar 伊什塔尔 235

water 水 42 – 43

water of life 生命之水 18, 24, 28 – 29, 42, 80, 91, 141

waters of death 死亡之水 92 – 93

weapon, of king 国王的武器 215

weapons 武器 57, 112

Wilcke, Claus 克劳斯·维尔克 37

wind 风 53, 190

Works and Days《工作与时日》1, 3, 74, 197 – 200, 202 – 203, 208 – 209, 221, 226 – 227, 242, 245

Zababa 扎巴巴 69

Zabalam 扎巴拉姆 24

Zagros Mts 扎格罗斯山 60

Zeus 宙斯 1, 73 – 74, 78 – 79, 82 – 85, 96, 100 – 103, 105, 119, 129 – 130, 132, 143 – 144, 148, 153, 155, 159, 169, 170 – 171, 174, 178, 180 – 182, 184,

185 – 196, 201, 207, 220 – 222, 224 – 245, 227 – 228, 230 – 231, 233 – 236, 239 – 242; and Adonis 和阿多尼斯 178; *aegis* of 宙斯盾 194; angry with Aphrodite 生阿芙洛狄忒的气 169; antagonistic role 敌对角色 224; and Aphrodite 和阿芙洛狄忒 4; bears Athena 忍受雅典娜 231; birth of 出生 82 – 85, 180, 186 – 189, 241; champion 首领 186; creation of Pandora 创造潘多拉 201, 202 – 203; death of 死亡 84; and Dione 和狄娥奈 4; discomfiture by Demeter 因得墨忒耳受挫 155; emerges from earth 从大地中出现 187; head of 头颅 230 – 231, 234 – 236; with Hera 和赫拉 159; and Hermes 和赫尔墨斯 204; husband of Pandora 潘多拉的丈夫 227 – 228; Olympian 奥林波斯的 155; omnipotent 万能 225; and Pandora 和潘多拉 199 – 200; and Prometheus 和普罗米修斯 199 – 201; revenge of 报复 159, 169, 221; supremacy of 至高权力 240; tombs of 坟墓 84; and Typhon 和提丰 191 – 196

Zeus Kretagenes 克里特大地孕育的宙斯 82 – 85, 184, 207, 233 – 234

ziggurat 金字形神塔 50

译校者名单

本书初稿由叶舒宪教授 2009 年在西安外国语大学开设"比较神话学"课程时组织的翻译组集体翻译。西安外国语大学高级翻译学院张旭负责初稿的组织分工，统稿和补译工作。2012 年中国社会科学院重大项目 A 类"中华文明探源的神话学研究"结项时，作为结项的 20 部译著成果之一，由四川大学文学与新闻学院博士生祖晓伟对初稿做过一次审校和译文修订。本次正式出版，再由中国社会科学院外国文学研究所唐卉副研究员全面审校，并补足书稿中与希腊文和拉丁文相关的翻译工作。

本书翻译初稿的译者和两次审校者的名单与分工如下：

主译：张旭　祖晓伟

校译：唐卉

致谢、缩略语、年代顺序表	宋珊
第一章	丁学松、谭笑笑
第二章	梁宇彬、王春妮、孟楠、谭笑笑
第三章	王玮、尹利华、谭笑笑
第四章	梁宇彬、王春妮、孟楠、谭笑笑
第五章	张帆、王晓林、蒋淑芳、李敏
第六章	刘佩佩、张存钊、李敏
第七章	宋珊、张联鹏、李元俏
第八章	郑文慧、李元俏
第九章	张莉、乃瑞华、李元俏
第十章	龚菊菊、张海峡、李元俏
结语	张海峡、李元俏
附录一	李元俏、谭笑笑、李敏
索引	唐卉